Hans Joachim Iwand – Theologie in der Zeit

Hans Joachim Iwand – Theologie in der Zeit

Lebensabriß und Briefdokumentation
Bibliographie

Herausgegeben von Peter Sänger
und Dieter Pauly

Chr. Kaiser

Der Lebensabriß und die Briefdokumentation sind entnommen aus: Hans Joachim Iwand, Briefe, Vorträge, Predigtmeditationen, hg. von Peter-Paul Sänger, Evangelische Verlagsanstalt Berlin 1979

Die Hans-Iwand-Stiftung e.V. unterstützte die Veröffentlichung dieses Buches mit einem Druckkostenzuschuß.

CIP-Titelaufnahme der Deutschen Bibliothek

Hans Joachim Iwand - Theologie in der Zeit : Lebensabriß und Briefdokumentation ; Bibliographie / Peter Sänger ; Dieter Pauly. - München : Kaiser, 1992
(Kaiser-Taschenbücher ; 85)
ISBN 3-459-01856-9
NE: Sänger, Peter [Hrsg.]; GT

Umschlag: Ingeborg Geith, München
ISSN 0931-7732

Satz: Buch- und Offsetdruckerei Wagner GmbH, Nördlingen
Druck u. Bindung: Breklumer Druckerei Manfred Siegel KG

Vorwort

Dieses Buch ist aus zwei Wünschen heraus entstanden: dem Wunsch nach einer Biographie und dem nach einer Bibliographie Hans Joachim Iwands. Nachdem wir aufgerufen waren, fürs erste eine Abhilfe zu schaffen, haben wir an Hand von Vorarbeiten bei einem Studienaufenthalt in Beienrode das vorliegende Ergebnis erarbeitet.

Die *Bibliographie* strebt über alle ähnlichen älteren Versuche hinaus Vollständigkeit an. Sie verzeichnet erstmals die Sekundärliteratur. Selbstverständlich hält sie damit nur den gegenwärtigen Stand.

Eine *Biographie*, so nötig sie wäre, ist zur Zeit noch nicht lieferbar. An ihre Stelle tritt das Kapitel »Briefe und Lebensgang« aus der kommentierten Iwand-Auswahl der Evangelischen Verlagsanstalt Berlin von 1979, wie es für deren zweite [nicht mehr erscheinende] Auflage vorgelegt wurde – hier unter etwas anderem Titel. Kürzungen der Briefe, soweit die benutzten Vorlagen sie enthielten, sind mit eckigen Klammern, andere, für diese Ausgabe vorgenommene, mit runden Klammern vermerkt.

Der *Versuch einer Einführung* ist eine Art Wanderung von der Lebenslandschaft Iwands auf einen erhöhten Punkt, wo Perspektiven seines Denkens sichtbar werden. Von dort steigt sie ab auf die Ebene der äußeren Werkbeschreibung, der Schriften und Briefe. Wer die Anstrengung des Weges scheut, beginne mit dem Lebensabriß. Wem die Einführung zu allgemein ist, lese die entsprechenden Partien in der Berliner Iwand-Auswahl. Dort findet sich eine andere, detailliertere Darstellung. Für die ebenso kritische wie anregende Diskussion der hier veröffentlichten Einführung sei allen Beteiligten in Berlin und Wuppertal herzlich gedankt.

Unser Dank gilt den Institutionen, die uns den Studienaufenthalt gewährten, allen voran der Hans-Iwand-Stiftung in Beienrode (Königslutter). Für vielerlei freundliche Hilfe fühlen wir uns besonders Frau Veronika Geyer-Iwand und Frau Emmy Walther verbunden.

Beienrode, im Januar 1989

Dieter Pauly, Peter Sänger

Die Herausgabe dieses Buches verzögerte sich durch urheberrechtliche Fragen, die sich nach 1989 ergaben.

Herausgeber und Verlag haben sich darauf verständigt, daß der Lebensabriß Iwands – trotz aller Situationsgebundenheit – in der Fassung der Evangelischen Verlagsanstalt Berlin von 1979 beibehalten wird. Er ist in seiner Art auch ein Dokument der Iwand-Rezeption in der ehemaligen DDR.

Beienrode/München, im Sommer 1992

Inhalt

Peter Sänger

Annäherung an Iwand

Versuch einer Einführung

Neben Karl Barth und Dietrich Bonhoeffer steht Hans Joachim Iwand als der dritte noch lebendige, weithin wirkende Zeuge der Bekennenden Kirche. »Bekennend« heißt nach ihm für die Gemeinde Jesu Christi: aus Gottes Wort und Geist die Umkehr auf rechte, gute Wege zu vollziehen. Soweit die evangelische Kirche bekennende Kirche sein will, wird sie gut daran tun, sich auch seiner zu erinnern, werden ihre Theologen sich mit Iwands Leben und Lehre befassen müssen. Gerade er führt hinein in die so folgenschwere Zeit des Nachkriegsdeutschlands mit dem Problem seiner Schuld, seiner Teilung, seiner Flüchtlinge, seines Neu- und Wiederaufbaus, der Kriegsgefahr zwischen Ost und West und in den Kampf um Frieden für Europa und die Welt – alles im Lichte von Gottes Gebot und Verheißung gesehen. Die Beziehung des Wortes Gottes auf Kirche und Gesellschaft ist bei ihm weit vorangetrieben. Sie kehrt in immer neuen Fragestellungen und Einsichten, Entscheidungen und Aktionen wieder. Im Einsatz für Gerechtigkeit und Frieden erlangt sie ökumenische Bedeutung.

Leben und Lehre

Er sprach schon früh von der Einheit von »Leben und Lehre« – ihm wird nachgerühmt, daß er selbst diese Einheit fand. Ganz ebenso konnte er auf der »theologischen Existenz« als Ethos bestehen. Er hat es 1929 in dem Vortrag »Theologie als Beruf« beschrieben, noch bevor Barth es zum Stichwort der so entscheidenden Stunde von 1933 machte. Theologische Existenz heißt nach Iwand, um der Lehre willen – um des rechten Glaubens und Erkennens willen – hineingehn ins Leben, in den

Aufbau von Kirche und Gemeinde. Das geistliche Medium, in dem das geschieht, ist die Liebe, die ungeteilte Zuwendung zum Menschen. Sie läßt sich nicht enttäuschen, weil sie eine Hoffnung hat: die gewisse Zuversicht, daß Gott seine Verheißungen wahrmacht. Wohl aber führt das Hineingehn ins Leben in Kämpfe und Niederlagen. Es führt unter das Kreuz. Es führt bis dahin, wo die Einheit von Leben und Lehre im Leiden und Sterben bewährt werden muß. Iwand ist Hitlers und Himmlers Konzentrationslagern nur um Haaresbreite entgangen. Der Weg in den politischen Widerstand lag damals noch nicht so vor ihm, wie Bonhoeffer ihn gegangen ist. Iwand war jedoch einer von denen, die in Bonhoeffers letztem Schritt die Konsequenz aus der gelebten theologischen Existenz begriffen und begreifen konnten. Das Wort des Apostels von dem Gott, der spricht: »Laß dir an meiner Gnade genügen, denn meine Kraft ist in den Schwachen mächtig«, konnte ihm der Inbegriff des Evangeliums sein. Mit annähernd seinen Worten: Die theologische Existenz achten heißt, das Kreuz Christi achten. Was *seine* theologische Existenz gewesen ist, kann nur im Miteinander von Zeitgeschichtlichem und Biographischem erfahren werden. Beides ist bei Iwand nicht zu trennen.

Äußere Stationen – inneres Themengefüge

Die Folge der äußeren Stationen wird den nötigen Anhalt bieten: Schlesien – die Herkunft; Königsberg – Verselbständigung und erste Konflikte; Riga – Zuflucht im Osten; Bloestau in Ostpreußen – Berufung und Bewährung im Dienst der Bekennenden Kirche; Jordan in der Neumark – Herberge des vertriebenen ostpreußischen Predigerseminars; Dortmund – Zuflucht im Westen und Auflösung des Seminars, Dienst an der Kirchengemeinde; Göttingen und Bonn – die beiden Universitäten; von dort die Reisen, nach Paris, Stockholm und Helsinki und vor allem die in die Sowjetunion, nach Ungarn und in die Tschechoslowakei. Der geographischen Weite dieser Räume entspricht das weitgespannte Gefüge der Themen und Aufgaben: das Lutherstudium, in Schlesien begonnen, zeitlebens fortgesetzt; die Frage nach der Religionsphilosophie als Grundlegung der Dogmatik, die schon im Königsberg der zwanziger Jahre negativ entschieden wird; die Situation vor 1933, immer von dem praktischen Dienst am theologischen Nachwuchs gesehen. Es folgen der Kirchenkampf mit der Parteinahme für Karl Barth; der kirchliche Wiederaufbau nach 1945 mit dem Problem: Neubau oder Restauration; der Einsatz bei der Arbeit an der Predigt mit Hilfe von Predigtmeditationen; die diakonische Sorge für die umgesiedelten ostpreußischen Schwestern und Brüder; der Schritt in die Friedensbewegung; der Kampf der Bruderschaften gegen die Wiederaufrüstung, für eine Ächtung der Atomwaffen, um den Verzicht auf die ehemaligen deutschen Ostgebiete; die Bitte um Versöhnung gegenüber den Völkern des Ostens, vornehmlich der Sowjetunion; die Begründung einer christlichen Friedenskonferenz. Es entsteht das Bild eines äußeren Umgetriebenseins, einer inneren Rastlosigkeit, die kaum jemals Ruhe kannten. Und doch ist es auch oder eher der zeitbezogene, der sachbedingte Wechsel von der Theorie zur Praxis und von der Praxis wiederum zur Theorie. Nichts sollte gelehrt werden, was nicht die Probe des Lebens bestand, und was das Leben erforderte, sollte der rechten Lehre gemäß sein. Man wird nach der einen Lichtquelle zu fragen haben, die durch das breite Spektrum in so verwirrende Facetten zerlegt erscheint. Man wird die Brechungen und Brüche zu beobachten haben, die den Prozeß des Zerlegens und Entfaltens nur zu einem bruchstückhaften Ganzen werden ließen.

Lebensbild

All das ergibt noch kein Bild des Lebens. Auch ein Überblick über das Werk stellt sich so noch nicht ein. Überhaupt scheint zur Zeit eine umfassende Biographie oder Monographie über Iwand nicht möglich. Sein Nachlaß ist weithin unpubliziert, das Verborgene kaum bekannt. Ein Großteil der Briefe, die Masse der Predigten, wichtige Vorlesungen gehören dazu. Ganze Zusammenhänge von Leben und Werk werden noch erforscht, sie bleiben vorerst hypothetisch. So auch die folgende Skizze eines

Lebensbildes. Sie entsteht, indem auf Lebensstationen und Themengefüge die von ihm selbst formulierten Motive »Aufbau« und »Kampf« projiziert werden. Beide gehören in die Beschreibung der theologischen Existenz, wobei der Kampf im Leiden, der Aufbau in der Liebe begründet ist; denn die Liebe baut auf (Bernhard von Clairvaux).

Die Anfänge. So lassen sich die Jahre bis 1923 bezeichnen. Hauptschauplatz ist Schlesien.

Erste Periode des Aufbaus. Es ist die Zeit von 1923 bis 1934. Sie ist mit Aufenthalt und Arbeit in Königsberg identisch. Widerstände ergeben sich, die immer deutlicher als solche erkannt werden. Auf weiten Strecken fehlt die bewußte politische Dimension.

Erste Periode des Kampfes. Die Jahre 1934 bis 1938 – die Rigaer Zeit ist hinzuzunehmen – sind dem Ringen um das rechte Hören des Evangeliums und insofern »um den rechten Glauben« in der Kirche gewidmet. Es ist eine Zeit des Unstet-und-flüchtig-Seins. Sie scheint mitten im Dortmunder Aufenthalt eine Wendung erfahren zu haben, die zur politischen Stellungnahme.

Neuanfang und zweite Periode des Aufbaus. Die Zeit von 1939 bis 1950, im Dortmunder Pfarramt und im Göttinger Lehramt verbracht, sollte als Einheit gesehen werden, da die Liebe, die aufbaut, ihre Wurzel im Auferbaut*werden* hat. Die erste Phase, die des Neubeginns, fällt namentlich auf Dortmund. Es ist eine Zeit bisher unbekannter Erfahrungen und tiefer innerer Neubesinnung. Die zweite Phase, die des frisch angepackten Neuaufbaus, macht die ersten Göttinger Jahre aus. – Auf höherer Ebene, diesseits der eingetretenen Wendung, wiederholen sich Motive der Königsberger Zeit, nun in der politischen Dimension. Aufs neue treten Widerstände auf, jetzt als Kräfte der Restauration und der Reaktion durchschaut.

Zweite Periode des Kampfes. Die Jahre 1951 bis 1960 zeigen wieder den Kämpfer Iwand. Die Dimensionen sind gewachsen. Nun ist es ein Kampf um gesellschaftlichen Fortschritt in einem wiedervereinten Deutschland, um die Erhaltung des Lebens auf diesem Kontinent und um den Frieden der Menschheit. Nicht die Übersiedlung nach Bonn, vielmehr die schwerste Niederlage, die Zustimmung der evangelischen Kirche zum Militärseelsorgevertrag, bildet einen Einschnitt (1957). Die letzte Phase bringt die verschärfte Auseinandersetzung um die Anerkennung der Christlichen Friedenskonferenz, um den Frieden mit den osteuropäischen Nachbarn und um die Realität zweier deutscher Staaten. –

Die Skizze mag die Übersicht erleichtern, ist aber eher eine Erwägung als ein Ergebnis. Das Hypothetische liegt durchweg darin, daß die Motive »Aufbau« und »Kampf« sich nicht trennen, sondern nur nach dem Vorrang einzelnen Lebensperioden aufprägen lassen. Auch sie sind stets ineinander verwoben. Wichtig ist jedoch festzuhalten, daß Iwand kein bloßer Neinsager, kein den Streit um seiner selbst willen Suchender war, wie ihn manchmal seine Gegner sehen wollten. Das von ihm geleistete Aufbauwerk, schon allein in den Konvikten und in der Flüchtlingshilfe, die sich an den Namen Beienrode heftet, spricht unablässig ja.

Traditionen und Brüche

Mit der Wechselbeziehung von Leben und Lehre läßt dieses Lebensbild auf eine Wende in der theologischen Entwicklung Iwands schließen, wenn nicht gar auf eine Mehrzahl von vollzogenen Brüchen. Dementgegen ist zunächst die Festigkeit hervorzuheben, mit der er auf dem einmal Erkannten beharrte. Er hat es sich niemals und nirgends leicht gemacht, früher bezogene Positionen aufzugeben. Für ihn sieht es eher so aus, daß er seinen Lehrern und Freunden bis zum Äußersten theologisch die Treue hielt. Er konnte mitunter nicht glauben, daß sie ihn im Stich ließen. Er besaß aber ein Gespür für die Hinfälligkeit und das Zerbrechen so mancher geistiger Voraussetzungen, etwa im nationalen Sinn, die für Grundlagen der evangelischen Kirche und des deutschen Protestantismus gehalten wurden.

Das Verhältnis zu seinen Lehrern Rudolf Hermann und Erich Seeberg war durchaus zwiespältig. Bei Hermann in Breslau hatte er, wie er zeitlebens bekannte, die Berufung zur Theologie erfahren. Ihm verdankte er die Einführung in Luthers

Lehre, aber auch in die Religionsphilosophie im Anschluß an Schleiermacher und den deutschen Idealismus. Es gelang ihm nicht, etwa wie Seeberg daraus eine ungebrochen einheitliche Anschauung zu gewinnen. Er machte sich den Kampf des jungen Luther um die Freiheit der Theologie von philosophischen Vorgaben zueigen. So behielt er zwar die in der Religionsphilosophie gestellten Fragen, bestritt jedoch den darauf gebauten Systemen ihre fundamentaltheologische Brauchbarkeit und Notwendigkeit. Das hinderte ihn nicht, mit deren Vertretern im engeren Austausch zu stehen, besonders im gemeinsamen Lutherstudium. Von seinen Lehrern Hermann und Seeberg sah er sich erst durch Ausbruch und Verlauf des Kirchenkampfes getrennt. Und selbst da war im Verhältnis zu Hermann das letzte Wort noch nicht gesprochen – es sollte menschlich versöhnlich sein.

Die Beziehung zu den älteren Freunden Julius Schniewind und Karl Barth war eindeutig von der Verbundenheit im heraufziehenden Kirchenkampf und in der Bekennenden Kirche bestimmt. Was Schniewind betrifft, scheint sie unproblematisch. Ihm verdankt Iwand die gründliche Kenntnis dessen, was in der Bibel Evangelium heißt. Schniewind fand es schon im Alten Testament vorgeprägt. Das traditionelle Schema von Gesetz und Evangelium im Wort Gottes war bei ihm in einer Wandlung begriffen zu der Fassung: Verheißung und Gebot. Der Verheißungscharakter stand ihm zuletzt auch am Wort der Weisung fest. Als Karl Barth gegen die Nomoslehre einer deutschchristlichen Theologie die Umstellung: Evangelium und Gesetz vornahm, war Iwand darauf nicht unvorbereitet. Er teilte sie, verstand sie aber letztlich tiefer: in der »Predigt des Gesetzes« als Vorwort der Gnadenverkündigung sah Iwand bei sich selbst einen Schaden, der die lutherische Theologie seit der Reformation, seit den Tagen des alten Luther schwächte. Und hier vollzieht sich nun die Wende in seiner Theologie, die als solche dadurch erwiesen ist, daß sie lange und schwer erkämpft war und Folgen in fast allen Bereichen hat. In Band 4 der Nachgelassenen Werke: »Gesetz und Evangelium« stehen die wichtigsten Texte, die Belege seiner Entscheidung, erst ganz am Ende, im Anhang. Am klarsten äußert er sich in Band 5: »Luthers Theologie«. Der Weg dahin ist bezeichnet durch die überwundenen Stufen zur erreichten Anschauung.

Ein damit verbundener Bruch durchzieht das traditionelle Verhältnis von »Kirche und Judentum«. Israels Erwählung steht weiterhin in Kraft. Die Christenheit, als ein Wildling von Gottes Gnaden, ist mit Jesus in den edlen Ölbaum Israel eingepflanzt. Iwand ist nicht mehr dazu gekommen, die aktuelle Anwendung von Römer 9–11 umfassend auszuarbeiten. Dies gehört ebenso wie das revidierte Verhältnis zum Sozialismus, zum Pazifismus, zu den Völkern Osteuropas und zur Dritten Welt, zu den Aufgaben in Iwands Vermächtnis, die es fortzuführen und zum Teil sogar erst anzupacken gilt.

Fäden der Überlieferung

Sein Denken folgt einer Bewegung, die seine Ergebnisse wieder und wieder überholt und zu vorläufigen gemacht hat. Trotzdem geht es an bestimmten Überlieferungen entlang und behält die darin vorgegebenen Motive bei. Als solche durchlaufende Stränge seien drei hervorgehoben.

Deutscher Idealismus und Philosophie. Iwand gilt unter den Theologen seiner Generation als einer der besten Kenner Kants, Fichtes und Hegels. Von Max Scheler, Max Weber und Georg Lukács hat er sich bleibend anregen lassen. Er ist von idealistischen Positionen, denen er immer verbunden blieb, zur Kenntnisnahme sozialgeschichtlicher und materialistischer Betrachtungsweisen fortgeschritten. In der Philosophie – wie in Literatur und Kunst ebenfalls – spricht sich der Mensch über sich selbst und von selbst über Gott und die Welt aus. Dies hat der Theologe zu beachten. Von dort laufen Pfade zum Verständnis so mancher Züge protestantischen Denkens: »Immanuel Kant als Theologe und Philosoph«. Jedoch ein gangbarer Weg in die biblisch fundierte Lehre von Gott, Welt und Mensch eröffnet sich nicht.

Luthers reformatorische Lehre. Der wahre Zugang tut sich im Leben und Leiden auf, wo uns das Wort von Gott her trifft, verwandelt, in Bewegung setzt und überholt. Das findet er bei

Luther exemplarisch ausgedrückt. Dadurch fühlt er sich in die Schrift gewiesen. Darum steht nicht nur am Anfang, sondern auch am Neubeginn 1939 in Dortmund ein intensives Studium Luthers: »De servo arbitrio / Daß der freie Wille nichts sei«, für die Münchener Ausgabe von Iwand kommentiert. Luther ist ihm der immer wieder um Rat befragte, nach Entdeckungen durchforschte Erste Bibelhermeneut.

Die Heilige Schrift ist für Iwand das grundlegende Zeugnis des lebendigen Gottes. Der Bibelexegese kommt in der Arbeitsgemeinschaft der Theologie die fundamentale Aufgabe zu. Iwand ist immer aufs neue zur Exegese zurückgekehrt – in Riga 1934/35 war er selbst Dozent für Neues Testament. Die lange Reihe der biblischen Meditationen zeigt, wie er sich als Prediger in das Wort der Schrift vertiefen konnte. Aber auch die Predigten, die Bibelarbeiten mit Studenten und Gemeinden, wie die von einer Ostberliner Freizeit: »Die Gegenwart des Kommenden«, beweisen, wo die eigentliche Triebkraft, die ihn in Bewegung hielt, ihren Ursprung hat, wo der eigentliche rote Faden seines Werkes liegt. –

Vielleicht ergibt der erste dieser festgehaltenen und durch das Ganze hindurchlaufenden Fäden, das Studium der Philosophie, nur eine unterbrochene Linie in Iwands Werk. Lutherstudium und Bibelarbeit durchziehen es als geschlossene Linien, die keine Unterbrechung, wohl aber den Wechsel von Theorie und Praxis aufweisen – er konnte sogar Luthers Römerbriefvorlesung einem Kreis in der Gemeinde darbieten!

Einsichten

Den angezeigten Überlieferungen sind einige der wichtigsten theologischen Motive zuzuordnen, die zeitlebens beibehalten wurden.

»Glauben und Wissen«. Die von Iwand benutzte Formel entstammt der Philosophie des deutschen Idealismus. Sie wurde bereits von Hegel als unzulänglich kritisiert. Gemeint sind Glauben und Erkennen (Joh 6,69), Glaube und Vernunfterkenntnis. Die Worte: »Wir haben geglaubt *und erkannt*« im

Christusbekenntnis des Petrus sind zunächst nur verstärkende Wendung. Im Anschluß an scholastische Denker wird sie von Iwand als ein Credimus et intelligimus auseinander-gesetzt. Das richtet sich gegen ein Verständnis der Erkenntnis des Glaubens als reine Subjektivität, etwa als bloßes *Glaubens*wissen. Was der Glaube weiß und zu sagen hat, folgt zwar aus dem *für uns* Geschehenen und *von mir* Gehörten. Doch es soll verkündigt werden als das *von allen* zu Hörende und *für die Welt* Geschehene. Der Prediger kann nicht beim Zeugnis des eigenen Glaubens stehenbleiben. Er muß vor die Vernunft seiner Hörer treten, um sie vom Sinn des ihm Aufgetragenen nach Möglichkeit zu überzeugen. Die Erkenntnis, die dem Glauben folgt, reicht darum hinein in die Einheit aller Erkenntnis – so daß die Wahrheit letztlich eine ist. Hat die exegetische Arbeit an der Bibel für die Theologie eine fundamentale Aufgabe, so ist die systematische Besinnung für sie von eminenter Bedeutung. In ihr geht es um die Frage nach der Wahrheit und von daher um den rechten Glauben. Iwand kehrt oft und in immer neuen Variationen zu dieser Frage zurück.

»Rechtfertigung und Christusglaube«. Luthers Lehre von der Rechtfertigung des Sünders im Glauben aus Gnade allein geht ebenfalls nach zwei Seiten. Auch hier gilt, daß der Glaubensartikel, mit dem die evangelische Kirche steht und fällt, nicht auf der subjektiven Glaubenserfahrung des Reformators ruhen kann. Es muß das Versöhnungswerk dessen, an den Luther sich *hielt*, im Fundament sein; die Kirche muß es sich objektiv gegeben sein lassen. Die Lehre von der Rechtfertigung des Sünders kann daher nur als Ergebnis der Versöhnungslehre und diese wiederum allein als Ergebnis der Christologie, der Lehre von Person und Wirken Jesu Christi, zustande kommen. Christologie ist jedoch im Innersten Theologie, theologia crucis. Im Kreuz Jesu zeigt Gott uns sein Angesicht, und im Wort vom Kreuz hören wir, daß er uns gnädig ansehen will. So greifen Versöhnung und Rechtfertigung ineinander, sie meinen ein und dasselbe Heilsgeschehen. Sie bedeuten, eschatologisch gesehehen, das neue Leben, in das der Gekreuzigte als Auferstandener schon eingegangen ist. *Wir* vernehmen es im Wort der Verheißung, aber der Verheißung *seiner selbst*: »Ich bin der rechte

Weinstock« und: »Ihr seid schon rein *um des Wortes willen*, das ich zu euch geredet habe«, spricht der von Gott Gesandte (Joh 15,1.3). Der Verheißene kommt und versöhnt – Gott ist gegenwärtig –, und der Kommende erlöst. Man muß diesen hinreißenden Zug von der Frage nach der Rechtfertigung – der Frage nach Gottes Gerechtigkeit und des Menschen Verantwortlichsein – bis hinein in die neue Schöpfung entdecken: und man wird das sich ins Offene bewegende Wort gewahren, dem Iwands Denken zu folgen sucht.

Das An- und Übereinanderlegen von Rechtfertigungs- und Versöhnungslehre, Christologie und Eschatologie bringt nicht nur die Starre der Dogmatik in Fluß. Es erweckt auch die theologische Ethik zu neuem Leben. Auch ihr Angelpunkt ist das Kreuz Christi. Am Kreuz ist Gottes Gerechtigkeit nicht bloß als verheißene Wirklichkeit offenbar, sondern auch als zugewandte Parteilichkeit. Und zwar mit denen, die mit Gesetz und Moral um ihres Elends willen nichts mehr anzufangen wissen. Mit denen, deren Schrei nach Gerechtigkeit das verlorene Rufen zu Gott ersetzt. Der ganze Zusammenhang von Rechtfertigung und Versöhnung hat so auch eine soziale und politische Seite. Die Parteinahme für die gesellschaftlich Entrechteten und Unversöhnten, die darin liegt, ist ebenso in Gottes Willen begründet wie das Ereignis des Kreuzes selbst. Nun braucht nicht mehr absolut nach dem Sinn des Lebens gefragt zu werden, jedenfalls nicht nach Art religiöser Selbstbehauptung. Jetzt kann rein relativ um gerechtere Verhältnisse gerungen werden, durchaus im Sinne sozialer und politischer Befreiung. Alle falschen Legitimationen, alle bloßen Kompromisse aber werden aufgedeckt durch die Selbstbezeugung dessen, der vom Kreuz her spricht, sei es in Gebot oder Verheißung.

»Daß Gottes Verheißung immer Verheißung bleibt.« Bei Iwand wird keine Theologie bloßer heilsgeschichtlicher Fakten zu erwarten sein. Denn das alles Bewegende sieht er darin, daß Gott aus Fakten neue Verheißungen macht. Wie alles aus seinem Wort hervorgeht, so wird auch alles wieder zu seinem Wort. Nichts bleibt beim Alten, den Elementen des Faktischen sind immer schon die promissorischen Momente voraus. Das Neue, das sein heilverheißendes Wort erschafft, überholt auch

die Vorstellungen des Glaubens davon. Der Christusglaube lebt nicht nur im Erinnern, sondern ebensosehr im Hoffen. Iwand kann darum den Rang des Evangeliums gegenüber dem Gesetz, der Verheißung gegenüber dem Gebot im Worte Gottes auch so ausdrücken: der Logos über dem Nomos. Der Logos als das Wort, das im Anfang war, durch das alles geschaffen ist, hat auch weiterhin die Führung. Er ist wahrlich auch gebietendes Wort, aber so, daß es freisetzt – *nicht* als der Nomos eines Religionsgesetzes, einer Metaphysik, einer Moralität, der menschlichen Existenz oder Sozialität, die uns statisch in Bann schlagen wollen. In diese Richtung weisen immer neue Variationen desselben Themas.

In der Selbstbewegung des Wortes Gottes liegt ebenso die Dialektik von Alt und Neu begründet, das Überholen des alten durch den Einbruch des neuen Äons. Die Eschatologie als Lehre von der mit Christi Kreuz ermöglichten Wende der Welt und des vorausentworfenen Neuen, in dem »er selbst« kommt, ruht nur auf der Verheißung. Die Verheißungen Gottes sind alle Morgen neu, sie haben noch kein Ende, jedoch ein ganz gewisses Ziel, das allein bei »ihm selbst« liegt. Gott macht sein Wort wahr, doch jede Erfüllung entläßt eine neue Verheißung. Darum läßt sich Erfüllung auf die Dauer nicht halten, so als sei sie die Fülle und als komme nichts mehr darüber hinaus. Das hieße, lehrgesetzlicher Orthodoxie verfallen oder übergehen vom Glauben ins Schauen. Und hier liegt auch der Grund, warum die Wahrheiten von gestern unsere Lügen von morgen sein können.

Das Wort als Gebot und Verheißung erschließt sich als verkündigtes Wort im Heute der Gnade Gottes. Durch seinen Geist, der lebendig macht, ist es uns nahe im gemeinsamen Hören. Es schafft sich eine Gemeinde, die von ihm bewegte Schar, der wiederum das Hören und Bezeugen des weiterwirkenden Wortes aufgetragen ist. Predigen – im weitesten Sinn: von der Bibelarbeit bis zur Kanzelrede, vom Vortrag bis zur Vorlesung im Hörsaal –, predigen heißt, Gemeinde sammeln und leiten, Kirche halten, Kirchenleitung ausüben. Und Kirchenleitung, was immer dazu nötig sein mag, muß sich als Wortverkündigung verstehen und am Worte messen lassen. –

Das sind nur einige der wichtigsten Einsichten Iwands, die sich als durchgehaltene Motive durch sein ganzes theologisches Werk ziehen, zuletzt immer überraschender neu formuliert. Sie machen keineswegs das Ganze, wohl aber gewisse Schwerpunkte seines Lehrens aus.

Fragen und Tendenzen

Er vermittelt im übrigen die Lehre der Kirche in ihren Bekenntnissen mit Hilfe der Neuorientierung von Barmen. Er zeichnet die klassische theologische Begriffsbildung nach. Für ihn charakteristisch werden diese Partien seines Lehrens erst durch den Umgang mit den einzelnen Elementen. Grundlegend sind die zustimmenden Sätze, die Assertionen: »Christus ist auferstanden.« Sie sind Ist-Sätze, die nicht fortgelassen werden können, ohne den christlichen Glauben aufzugeben. Diese Sätze sind umgeben von solchen, die eine Gleichsetzung an sich verschiedener oder nicht unbedingt übereinstimmender Sachverhalte formulieren; das sind die Identifikationen: »Jesus Christus, wie er uns in der Heiligen Schrift bezeugt wird, ist das eine Wort Gottes ...« Sie werden wiederum begleitet von anderen Sätzen, die verschiedene Begriffe als gleichbedeutend für dieselbe Sache erkennen, die Äquivokationen: »Rechtfertigung« und »Versöhnung« sind in bestimmter Hinsicht gleichbedeutend (äquivok) für das durch Gott in Christus für die Menschheit gewirkte Heil. Durch das staunende Entdecken neuer Identifikationen und Äquivokationen kommt es zu neuen Ist-Sätzen, zu neuen Assertionen also, aber auch zur kritischen Betrachtung der vorhandenen Lehrschemata. Es entstehen Fragen, die nach Antwort verlangen; Antworten werden gegeben, die neue Fragen entlassen. Aber eins gibt es für Iwand nicht: ein favorisiertes theologisches Prinzip, einen einmalig kultivierten Ansatz. In der Bonner Vorlesung über Christologie von 1953/54 heißt es: »Indem die Theologie einen Anfang hat, ein principium, hat sie aufgehört, Theologie zu sein ...« (bei R. Heinrich, Verheißung des Kreuzes, 152). Der Theologe hat, in seiner theologischen Existenz selbst hineingenommen in die Geschichte Gottes mit den Menschen, diese Geschichte von ihrer Mitte her zu erzählen – er muß also ihre Mitte kennen. Um diese Mitte und ihr Geheimnis kreisen zunächst jene Ist-Sätze. Auch alle anderen theologischen Sätze erhalten von daher als von ihrem Angelpunkt die schwingende Bewegung. Doch soll das alles nicht konstruiert, nicht künstlich in Gang gesetzt und gehalten werden. Es darf nichts Ausgedachtes sein – es soll ein nur Nachgedachtes bleiben. So kommt es, daß einmal die Menschwerdung Jesu Christi, ein andermal sein Kreuz, dann wieder seine Auferstehung und die neue Schöpfung besonderen Akzent zu tragen scheinen. Helmut Gollwitzer hat die Eschatologie bei Iwand als das Prägende empfunden, Joachim Gandras die Inkarnation. Rolf Heinrich hat die Theologia crucis und Martin Hoffmann eine trinitarische Struktur als tragende Gestalt des Angelpunktes aufgedeckt. All diese Ansichten treffen insofern zu, als jeder seinen eigenen Zugang zu der von Iwand vorgetragenen Sache finden darf und muß. Auch er schlägt immer wieder andere Schneisen, um das Ineinander von Wort und Wirklichkeit, die Beziehung von Leben und Lehre neu zu entdecken. Seine später intensivere Hinwendung zur Theologia crucis (des jungen Luther) deutet freilich darauf hin, daß er den heimlichen Schnittpunkt all jener möglichen Schneisen im Kreuz Christi erblicken gelernt hat, wenn auch nicht als ein handhabbares Prinzip. Einen Patentschlüssel zu der Reihe der durchmessenen gedanklichen Räume wird man von Iwand vergeblich erwarten. Und ebenso ein systematisches Gebäude mit ausgeführtem Grundriß. Immerhin hat er dafür Hinweise gegeben.

Hier darf an das Ganze der Theologie im Lichte der alten Frage nach deren Studienreform erinnert werden. Iwand hatte die Gräben, die seit langem die theologische Arbeitsgemeinschaft zerreißen und lähmen, anfangs als Kluft zwischen Exegese und Dogmatik zu erkennen geglaubt. Er hielt dann aber diese Analyse und die darauf beruhenden Reformvorschläge für absolut unzureichend. In einem Brief an Georg Eichholz vom 4. April 1953 schreibt er, warum: »Es geht bei der augenblicklichen Stagnation [der theologischen Lage] um eine ganz konkrete Wendung in der Dogmatik, es geht um den von daher erfolgten *Bruch* mit der Zweiteilung (und ihrer Dialektik) in der üblichen Theologie [gemeint ist die systematische Theologie], wie sie das ganze 19. Jahrhundert beherrschte und eben nun neu wieder ›restauriert‹ werden soll, was de facto nicht geht! Darum vollzieht sich diese Restaurierung der alten dogmatischen Methode, die auf der Dialektik von natürlicher und offenbarer Religion beruht, auf dem Umweg über die Exegese. Diese ist zum Aufmarschgebiet der Restauration geworden unter der im eigentlichen Sinne ›hinterhältigen‹ Führung Bultmanns. Auf dieses Feld ist man ausgewichen, um dem unter schwerem Geschützfeuer von Basel her liegenden eigentlichen dogmatischen Kampfplatz ferne zu bleiben ... Es geht heute um die Beseitigung des in der Dogmatik erfolgten Aufbruchs von der Exegese her. – ... Hier gibt es nur eins: ein entschiedener und entschlossener Rückgriff auf die Ansätze, die wir seit 1919 gehabt und gemacht haben ... Und wir sollten sehen, daß es eigentlich nur *ein* opus grande gibt, welches in steter Zielstrebigkeit vorwärtsgegangen ist, ohne zurückzuschauen, das ist die großartige, freilich nur in ihrer *Bewegung* richtig zu erfassende Leistung der Kirchlichen Dogmatik [Barths] ... Sie ist inkomparabel mit all den ›stehenden Gewässern‹, die wir seit A. Ritschls Preisgabe der Dogmatik (ich meine der Dogmatik als solcher) an die Ethik erlebt haben ... – Studienreform? Ich würde sagen: Reform ist gar kein Ausdruck für das, was wir brauchen. Uns tut not ein *Ereignis* im Raum der Theologie, es gilt, die Säule zu finden in diesem Philistertempel, die dieses ganze Gebäude trägt, um sie mit der Kraft der letzten Verzweiflung – geblendeten Angesichts – wegzureißen, damit das Allotria, das die Philister auf dem Söller treiben, endlich aufhört« (nach EvTh 44, 1984, 125 f.). Iwand sah die zu stürzende Säule in allem, was gewöhnlich zum Vor- und Unterbau der Dogmatik gemacht wird, vielfach heidnischen Ursprungs und nur schlecht aus der Bibel gerechtfertigt. Er sah das bis in die lutherische Lehre vom Gesetz hineinragen. Indem er hier die Hand anlegte, kehrte sich ihm das ganze Gebäude um. Was sonst am Eingang stand – die Theologia naturalis, Religionsphilosophie und selbst gewisse Teile der Lehre von Offenbarung und Wort Gottes –, rangiert nun am Ausgang der Theologie, wo sie ihre offenbleibenden Fragen stellt im Hinweis auf das Schauen der vollendeten Gerechten. Dazu gehören nicht bloß die sogenannten großen Fragen der abendländischen Metaphysik. Dazu gehören eben auch unerledigte und vorerst nicht befriedigend zu lösende Probleme derart: Wie steht es um vernünftige Gotteserkenntnis schlechthin? Wie können Offenbarungserkenntnis und Seinsinterpretation zusammengehen? Ist das Geheimnis der Einheit von Evangelium und Gesetz, Gebot und Verheißung schon jetzt oder nicht vielmehr erst dann erkennbar? Alle diese Anliegen gehören als explizite Ziele in die Schau der eschatologischen Zukunft. Sie sind erst noch implizit Geheimnis des Glaubens. Der aber ist mit dem vernünftigen Fragen und Suchen, Denken und Arbeiten mitten im Leben dahin unterwegs. Wie immer eine Theologia viatorum im einzelnen aussehen mag: würde Iwands Umbau akzeptiert, könnte es das Ereignis sein, das die lutherische, im weiteren Sinn die protestantische Theologie vom Kopf auf die Füße stellte. Es könnte das Ereignis sein, das ihr aus alter und neuer Erstarrung zu der bei Barth schon gesichteten Bewegung und darüber hinaus in Gang verhülfe: sie würde wieder laufen, sie würde wieder frei und aufrecht gehen lernen.

Werke und Werkgruppen

Theologie wird also hineingenommen in eine ins Offene führende Bewegung. Sie wird sich, wie angedeutet, zu bescheiden haben, solange sie Theologie in der Zeit ist. Eben so, in der Bescheidung, ist sie nach Iwand Wissenschaft. Theologie ist Wissenschaft von der Versöhnung – mit seinen Worten: »Theologie als Wissenschaft ist Soteriologie« (GA II, 176). Und da Gott seine Ehre in den Menschen gesetzt hat, ist Theologie auch immer Lehre vom Menschen, vom Menschen als Gesellschaftswesen – Gesellschaftswissenschaft.

Diesem letzten einheitlichen Fluchtpunkt kontrastiert die Sprödigkeit des weithin Fragment gebliebenen Werkes. Es muß zum Teil wie ein Mosaik aus kleinen Steinchen zusammengefügt werden. Dem will die Bibliographie von Dieter Pauly – die bisher umfangreichste, auf Vollständigkeit hin angelegte – als Orientierungshilfe dienen. In der dort gewählten konsequenten chronologischen Anordnung führt sie Iwands Schriften, soweit sie publiziert sind, nach Erscheinen und Entstehen auf. Ein bedeutender Teil des Werkes ist noch gar nicht veröffentlicht. Auch die Trennung in zugängliche und – für die meisten – unerreichbare Schriften erschwert den Umgang mit Iwands Werk. Es umfaßt, literarisch gesehen, Abhandlungen, Studien und Aufsätze, Vorlesungen und Vorträge, Predigten und Bibelarbeiten, Predigtmeditationen, Artikel für Zeitungen und Lexika sowie Briefe.

Grundsätzlich empfiehlt sich, ein Thema von den Predigtmeditationen her zu erschließen – da erscheint die biblische Grundlage. Das gilt auch thematisch für die theologische Existenz. In der Meditation zu 2. Korinther 2,14–17 fällt das Stichwort: »Paulus predigt über das Predigen« (PM I,184–187). Danach wären die frühen Vorträge »Theologie als Beruf« (NW 1,219–227) und »Die Sachlichkeit der theologischen Arbeit« (GA I,75–86) zu lesen. Sodann die Einleitung der ersten Vorlesung über »Gesetz und Evangelium«, zumindest deren Schluß (NW 4,18–20). Schließlich die spätere Vorlesung über »Theologie als Beruf« (NW 1,228–274). Iwands Äußerungen zum Thema sind damit nicht erschöpft. »Über das Verhältnis von Theologie und Kirche«, also auch über den Theologen vor und in der Kirche, hielt er die Festrede zum hundertjährigen Bestehen des Evangelisch-Theologischen Stifts an der Universität Bonn (1954, erschienen 1956). – Dieses eine Beispiel zeigt, daß die Themen das Werk und seine Publikationen wie die Schichten das Erdreich durchziehen. Auch wer zunächst nur einzelne Grabungen macht, muß eine wenigstens ungefähre Übersichtskarte benutzen.

Abhandlungen. Iwands theologische Monographien sind nur wenige und nicht von allzu großem Umfang, dafür aber reich an Ideen und von eigener Prägung. Dazu gehören die Habilitationsschrift »Rechtfertigung und Christusglaube« (1930) und die (teilweise überholte) Einführung in Luthers Theologie: »Glaubensgerechtigkeit nach Luthers Lehre« (1941). Die Promotionsschrift zur Religionsphilosophie ist nicht im Druck erschienen.

Studien und Aufsätze. Seine Studien beziehen sich fast alle auf Luther, darunter die zu »De servo arbitrio«, etwa die in der Zeitschrift für Systematische Theologie erschienenen »Studien zum Problem des unfreien Willens« (1930), aber auch »Theologische Einführung« und »Erläuterungen« zur deutschen Übersetzung »Daß der freie Wille nichts sei« in der Münchener Lutherausgabe (1954). Spätere Aufsätze dieser Art sind als Vorarbeiten zu der geplanten großen Darstellung von Luthers Theologie zu betrachten. Die meisten der hierher gehörenden Arbeiten finden sich heute in den beiden Bänden der Gesammelten Aufsätze (GA I und II).

Vorlesungen und Vorträge. Die Vorlesungen – Vorlagen und Nachschriften, die den lebendigen Vortrag nur zum Teil wiedergeben – teilen sich in solche, die im Predigerseminar der ostpreußischen Bekennenden Kirche gehalten wurden, und in Universitätsvorlesungen nach 1945. Aus dem Predigerseminar ist außer »Gesetz und Evangelium« (NW 4) ein Homiletikkolleg erhalten. An Universitätsvorlesungen sind zum Beispiel veröffentlicht: »Glauben und Wissen« (NW 1) und »Luthers Theologie« (NW 5). Nicht veröffentlicht sind zum Beispiel die Vorlesungen über Christologie und über Ethik. – Iwands Vorträge zeigen eine erstaunliche Vielfalt an Themen und Themenvariationen. Der Sammelband »Vorträge und Aufsätze« (NW 2) ist von ihnen geprägt und darf als typisch gelten.

Predigten und Bibelarbeiten. Schon der Band »Ausgewählte Predigten« (NW 3) läßt etwas von der Eigenart und Vollmacht Iwandscher Wortverkündigung erkennen. Die weit überwiegende Masse des Materials ist bis heute jedoch weder gesammelt noch publiziert. Eine erste Übersicht gibt Rolf Heinrich, Verheißung des Kreuzes, 326–328.

Predigtmeditationen. Dagegen sind die Meditationen, etwa 150 an der Zahl, umfassend in zwei Bänden ediert (PM I und II). In diesen Meditationen wird Iwands theologische Hauptleistung gesehen. Das ist von der Seite des Einsatzes wie nach der Seite der Wirkung völlig gerechtfertigt. Überdies belegen diese promissorisch-homiletischen Versuche seine komplexe theologische Methode am besten. Manche seiner Gedanken erscheinen nur hier deutlich genug ausgearbeitet. Die erreichten Stufen der Entwicklung sind sämtlich vertreten und von bemerkenswerten Unterschieden. Sie müssen kritisch daraufhin betrachtet werden.

Artikel für Zeitungen und Lexika. Hierher gehört das für Flugblätter der Bekennenden Kirche wie für das Beienroder Umsiedlerblatt »Die Hilfe« Geschriebene. Dann aber alles in Tageszeitungen und Monatsschriften, wie zum Beispiel der von Iwand mitverantworteten »Jungen Kirche«, Erschienene. Tages- und Zeitfragen, wie die von Frieden und Abrüstung, stehen im Vordergrund. Der Sammelband »Frieden mit dem Osten« gibt ein gutes Bild davon. Ein großer Teil des vorhandenen Materials ist jedoch nicht wieder nachgedruckt worden. – Die Zahl der Lexikonartikel ist klein. Unter ihnen stehen die im Evangelischen Soziallexikon (1954) an Bedeutung obenan (etwa »Gerechtigkeit«).

Briefe. Die »Briefe an Rudolf Hermann« (NW 6), die den größten und geschlossensten Komplex an einen einzigen theologischen Adressaten bilden, sind nur ein kleiner Teil des im Ganzen Erhaltenen. Die große Masse befindet sich im Besitz von Privatpersonen und kirchlichen Archiven. Nur weniges davon wurde verstreut publiziert. Nach bisherigen Erkundungen ragen die Briefwechsel mit Hans Meiser, Karl Barth, Josef Hromádka und Josef Souček hervor. Auch diesen Blättern hat Iwand Gedanken anvertraut, die sich sonst nicht wiederfinden. Seine außerordentliche Spontaneität ist in den Briefen noch unmittelbar erlebbar. –

Das Ziel dieses Buches wird sein, Zugang zu dem zu erschließen, was die Einheit von Leben und Lehre, Leben und Werk bei ihm gewesen ist: diese theologische Existenz. Sie ist vom Zeitgeschichtlichen und Biographischen nicht zu trennen, nicht einmal in der Bibliographie, geht aber auch nicht darin auf. Darum wird ihr selbst wieder Stimme verliehen – in einer Dokumentation von Briefen aus allen Stationen seines Lebens, hinreichend eingeleitet und kommentiert. Auf diese Weise wird das Ineinander von kollektivem Schicksal, individuellem Lebensgang und theologischen Themen, das bei Iwand besonders eng geschlungen ist, umrißhaft deutlich werden.

Lebensabriß und Briefdokumentation

Peter Sänger

Sunt ... qui scire volunt eo fine tantum, ut sciant: et turpis curiositas est. Et sunt qui scire volunt, ut sciantur ipsi: et turpis vanitas est ... Et sunt item qui scire volunt, ut scientiam suam vendant, verbi causa, pro pecunia, pro honoribus: et turpis quaestus est. Sed sunt quoque qui scire volunt, ut aedificent: et charitas est. Et item qui scire volunt, ut aedificentur: et prudentia est.

Es gibt ... Leute, die nach Wissen verlangen, nur um zu wissen: elende Neugier ist das. Und es gibt solche, die nach Wissen verlangen, um selbst ein Gegenstand des Wissens zu werden: schändliche Eitelkeit ist das ... Und es gibt andere, die nach Wissen verlangen, um damit ein Geschäft zu machen, etwa um Geld, um Ruhmesbeweise: ein schmutziger Erwerb ist das. Aber es gibt auch solche, die nach Wissen verlangen, um aufzubauen: und das ist Liebe. Und ebensolche, die nach Wissen verlangen, um sich auferbauen zu lassen: und das ist Klugheit.

Bernhard von Clairvaux
Sermones in Cantica canticorum XXXVI,3
PL 183, 968D

Wissenschaftlichkeit als solche ist kein Kriterium der sachgemäßen theologischen Arbeit, das Kriterium liegt nicht in einem System oder in einer abstrakten Begrifflichkeit, sondern darin, daß dies Wissen erworben und benutzt wird, Aufbauarbeit zu leisten bei dem Werke, das Gott mit der Gründung der Kirche begonnen hat. Das nennt Bernhard und längst vor ihm Paulus »Liebe«.

Iwand
Die Sachlichkeit der theologischen Arbeit
GA I,81

Schlesien
1899–1922

1888 Wilhelm II. deutscher Kaiser, König von Preußen

1899 *Am 11. Juli wird in Schreibendorf, vierzig Kilometer südlich der preußischen Provinzhauptstadt Breslau (heute Wroclaw), dem Pfarrer Otto Iwand und seiner Frau Lydia ein Sohn Hans Joachim als erstes von sechs Kindern geboren.*

1910 *Er kommt in das Haus seines Großvaters, des Tuchfabrikanten Moritz Iwand, nach Görlitz, um das Gymnasium zu besuchen.*

1912 nach den Reichstagswahlen die Sozialdemokraten stärkste Partei

1914 *Die Familie Otto Iwand siedelt in das südwestlich vor Breslau gelegene Jordansmühl über.*
1. August: Beginn des ersten Weltkriegs
4. August: Bewilligung der Kriegskredite mit Zustimmung der Sozialdemokraten und Gelöbnis des innenpolitischen Burgfriedens

1917 *Iwand legt die Reifeprüfung ab und beginnt das Studium der evangelischen Theologie an der Universität Breslau.*
6. und 7. November: sozialistische Oktoberrevolution in Rußland

1918 *Er wird zum Grenadierregiment Nr. 10 eingezogen und kommt nach kurzer Ausbildung als Fahnenjunker an die Front.*
seit 30. Oktober: Revolution in der Kriegsflotte, am 9. November in Berlin, durch Bündnis der rechten sozialdemokratischen Führung mit dem Heer schließlich mit bürgerlichem Ausgang
31. Dezember: Kommunistische Partei Deutschlands gegründet
Er steht mit dem schlesischen Grenzschutz bei Zduny und Rawicz.

1919 15. Januar: Karl Liebknecht und Rosa Luxemburg ermordet
11. Februar: Friedrich Ebert Reichspräsident
Ende des Frühjahrs wird Iwand vom Grenzschutz entlassen, nimmt zum Sommersemester das Studium in Breslau wieder auf und lernt als Studieninspektor des Stifts Johanneum den Privatdozenten (späteren Professor) Rudolf Hermann kennen, dem er lange freundschaftlich verbunden bleibt.

1920 gemäß dem Frieden von Versailles Besetzung Oberschlesiens durch die Alliierten
März: Teilnahme am Kapp-Putsch
20. März: Volksabstimmung für Verbleiben Oberschlesiens beim Deutschen Reich
2. Mai: erster oberschlesischer Aufstand mit Hilfe des polnischen Abstimmungskommissars Wojciech Korfanty
Iwand geht zum Wintersemester nach Halle.

1921 *Er kehrt nach Breslau zurück, tritt den Freikorps bei, die den dritten oberschlesischen Aufstand niederwerfen wollen, und beginnt als Hauslehrer im niederschlesischen Machnitz auf Anregung Hermanns mit dem selbständigen Studium Luthers.*
15. August: Sturz der Mark an der Berliner Börse, Beginn der Inflation

1922 *Er legt im Juli beim evangelischen Konsistorium in Breslau die erste theologische Prüfung ab und hält sich später, dem vorgezeichneten Weg ins Pfarramt folgend, kurze Zeit im Predigerseminar in Wittenberg auf.*
28. Oktober: Marsch auf Rom, Begründung der Herrschaft des Faschismus in Italien unter Mussolini

Schon der erste Lebensabschnitt Iwands lag im gespannten Kräftefeld von Revolution und Konterrevolution, der gesellschaftlichen Dialektik, von der er sich zu Anfang wie gegen Ende seines Lebens herausgefordert fühlte, am Anfang freilich mit sehr anderem Bewußtsein als zuletzt. Er war von Hause weder pazifistisch noch unpolitisch. Der deutsch-nationalen Tradition der Pfarrers- und Kaufmannsfamilie entsprach sein Eintreten für die Reaktion. Wahrscheinlich glaubte er sogar, daß diese 1919 verloren hatte. Das zu verstehen ist wichtig für die Betrachtung seiner so unpolitisch scheinenden Haltung in der Zeit der Republik und des anscheinend so toleranten Hinnehmens des faschistischen Aufstiegs. Es ist ebenso wichtig für die Bewertung seiner späteren Wende vom Konservativen zum progressiven bürgerlichen Friedenskämpfer.

Außer dem aufgezeigten Rahmen der Erziehung, der ihm dann zerbrach, haben ihn zwei andere geistige Größen für immer beeinflußt: das Erbe des deutschen Idealismus, den er vorzüglich kannte und dem er in seinen besten Überlieferungen stets die Treue hielt, ja dessen Hochschätzung der Vernunft seine eigene Wandlung mitbestimmt hat, und das Erbe Luthers, das in seiner Studienzeit zu neuentdeckter Blüte kam. Ohne Luther, den Iwand nicht historisch sah, sondern den er gegenwärtig nahm, als Ersten Lehrer der Heiligen Schrift, sind seine theologische Arbeit, sein Predigtzeugnis und wohl auch sein kirchlicher Kampf nicht zu denken.

Von Breslauer Lehrern haben ihn angeregt: Erich Schaeder, der aus der bibeltheologischen und zugleich so problemoffenen Schule Martin Kählers kam und eine theozentrische Konzentration des theologischen Denkens versuchte; Hans von Soden, der Neutestamentler mit dem hohen theologischen und kirchlichen Verantwortungsbewußtsein, dem er wichtige systematische Fragestellungen verdankte und später in wiederholten Begegnungen immer näher trat; und vor allem Rudolf Hermann, der in fruchtbarer Freundschaft zu dem Philosophen Richard von Hönigswald, einem Gegner der phänomenologischen und damit der beginnenden existenzanalytischen Methode, selbst Ansätze des Idealismus weiterdachte und als Schüler Carl Stanges die theologische Gedankenwelt des jungen Luther erforschte. Was Hermann damals seinen Schülern gewesen ist, hat Iwand wiederholt, zum Beispiel im Vorwort seiner Schrift »Glaubensgerechtigkeit nach Luthers Lehre« (1941), ausgedrückt: »Ihm verdanke ich, wie mancher andere, der damals nach dem Weltkrieg bei ihm studierte, daß wir diesen Eingang in Luthers Theologie fanden, daß wir hier selbst zu Theologen geworden sind. Wir wurden auf die Lehre von der Rechtfertigung gewiesen, auf die Fragen von Glauben und Werk, Gesetz und Evangelium, Sünde und Gnade, also mitten in das Zentrum von Luthers Theologie und der Theologie überhaupt ... Über Luther hinweg haben wir zu Paulus und dem christlichen Glauben gefunden. So meinten wir, Luther recht verstanden zu haben, als einen Ausleger der Schrift, als einen, der uns dazu verhelfen will, an Christus glauben zu lernen.«

1.

AN RUDOLF HERMANN — Machnitz, d. 5. VIII. 21.

Sehr verehrter Herr Licentiat!

Wenn ich heute an Sie schreibe und Sie damit wieder ein paar Augenblicke in Anspruch nehme, so müssen Sie mir das schon erlauben. Denn erstens möchte ich Ihnen nochmals recht schön danken für Ihre große Mühe, die Sie während des letzten schönen Semesters auf mich verwandten. Denn ich bin Ihnen wirklich sehr dankbar dafür, weil es sich ja letzten Endes um mehr als Wissen oder Berufsfragen handelt. Und was wäre ich denn, wenn nicht gerade diese Tatsache der Bedeutung einer letzten großen Lebensfrage, der christlichen, mir klar und immer klarer geworden wäre. Und das muß ich Ihnen auch schon einmal schreiben, denn es ist eben wahr.

Mit Begeisterung lese ich Luther. Hier, wo man seine glänzende Ruhe hat, so, wie ich sie wohl noch niemals hatte, wo man sich um nichts zu kümmern braucht, da kann man so recht sich in die großen Gedanken Luthers versenken. Einige Sätze muß ich Ihnen auch schreiben, – bis jetzt habe ich nur die ersten

2 Kapitel gelesen – zunächst den schönsten bisherigen Satz aus den Scholien: »Unde ergo accipiemus defendentes? non nisi a Christo et in Christo. Cor enim credentis in Christum, si reprehenderit eum et accusaverit eum, testificans contra eum de malo opere, mox avertit se et ad Christum convertit dicitque: ... Quodsi peccatum meum suum fecit, iam ego illud non habeo, et sum liber.

Major est defensor quam accusator, etiam in infinitum, *deus defensor, cor accusator.*[1]

Nur das ist satisfactio[2]. Und dies nun in dem wundervolltiefen Zusammenhang, es muß jedem zur Erlösung werden. An solchen Stellen könnte man wirklich aufspringen und vor Freude wer weiß was tun.

Dann eine andere Stelle, die Erklärung dafür, warum jene einen so ergreift. Von den Pfaffen und Schriftauslegern: Alligant onera importabilia super humeros hominum, qui autem digito suo nolunt ea movere, ... quod docent, quod lex opere tantum sit implenda.[3] Aber es ist wirklich so, anstatt einem zu helfen, reiten einen diese Leute mit ihren Gesetzen und Anstandsregeln immer weiter rein, und man wundert sich immer nur, wie sie es fertig bringen, anständiger zu sein als unsereiner, und müht sich, es ihnen gleich zu tun, und immer geht es vorbei, immer wieder entgleist man bei einem neuen Gesetz. Jetzt, bei Luther merke ich, daß man ja entgleisen muß, weil es sich immer um ein opus legis handelt, wobei er auch eine feine Unterscheidung zwischen dem menschlich relativen opus legis und der von der Gnade in unser Herz geschriebenen lex universalis macht[4].

Nun muß ich aber mit Stellenangaben aufhören; ich bin begierig, ob und welche Stellen Ihnen auffallen werden in den ersten beiden Capiteln. Aber Sie werden ja wohl nicht so gleich zur Lektüre kommen.

Aber ein anderes Citat muß ich Ihnen noch schreiben, aus dem Fridericus von Molo, einem nicht gerade im Ganzen sehr großartigen, aber doch in den Einzelheiten feinen Büchlein. Da quält der Sekretär des Königs den alten Fritz, er möge doch zugeben, daß es einen Schöpfer gibt und demonstriert das nun so schlankweg und recht breit. Da läßt der Molo den Fritz sagen: Jede Creatur erweist mir Gottes Existenz. Was ich hasse, ist bloß Eure unverschämte, leichtfertige Erklärung des Unerklärlichen, die Art, wie Ihr es für Euren kläglichen Hausgebrauch auf Flaschen zieht und anmaßlich und unversöhnlich damit in der Welt herummedizinert.

Das ist eben bei Luther so ganz anders, da fehlen diese leichtsinnigen Phrasen und da steht alles in einem großen Rahmen. – Auch die Gedanken über das Böse, über die Sekten, den Sinn des Evangeliums sind glänzend.

Nebenbei lese ich ein wenig Treitschke, Deutsche Geschichte. Im Neuen Testament ist Johannesevangelium und 2. Korintherbrief am dransten. Aber ich kann garnicht viel lesen, heute las ich Joh. 6 und kam da zu dem glänzenden V. 29[5], wie man alles dann anders liest, wenn man nur den Blick offen hat. Ich hoffe ja, daß mir bei Luther noch viel aufgehen wird.

Mein Stundengeben macht mir auch Spaß, der Junge ist recht nett und kann denken, ich merke es gleich, wenn er bei irgend etwas noch nicht ganz klar ist und kann dann nachhelfen. Botanik strengt mich am meisten an, denn darin kann ich ja absolut nichts. Aber es ist mir sehr heilsam, auch davon einmal etwas zu erfahren.

Nun würde ich sehr gern einmal nach B. kommen, vielleicht wenn es schön ist, nächste Woche, etwa Mittwoch; ich hoffe, daß dann auch Than in Breslau ist und darf wohl auch bei Ihnen guten Tag sagen. Den 21. halte ich mir frei und freue mich schon riesig darauf. Im Monat September werden meine Eltern einmal verreisen, es ist möglich, daß ich dann einmal zu Hause predige. Daneben kommt mein Heim-Vortrag,[6] der leicht verständlich sein soll, denn man meinte im Bunde,[7] in der ersten Zeit seien Füxe[8] da, die sollten lieber *Fuxen*wissenschaften hören, was sie anzöge, worauf ich versicherte, ich würde mich auch bemühen, Fuxenjargon einzuschlagen, so daß man mir großzügig die Wissenschaft überließ. Auch in Spengler[9] las ich einmal wieder, über den Begriff und die Rolle der Religion bei ihm wäre auch einmal ein netter Vortrag zu halten. Denn der Begriff Religion ist öfters sehr grundlegend von ihm in Kunst und Geschichtsbetrachtung verwandt.

Nun seien Sie, sehr verehrter Herr Licentiat, nochmals bestens gegrüßt von Ihrem sehr ergebenen und dankbaren

Hans Iwand

1 Luther, Vorlesung über den Römerbrief 1515/16, hrsg. v. J. Ficker, II,44,2 = WA LVI,204: Woher nehmen wir also dann die Gedanken, die uns entschuldigen? Nur von Christus und in Christus. Denn wenn das Herz dessen, der an Christus glaubt, ihn tadelt und verklagt, und wider ihn zeugt, er habe Übles getan, so wendet er sich alsbald davon ab, nimmt seine Zuflucht zu Christus und spricht: ...Hat er meine Sünde zu der seinigen gemacht, so habe ich sie nicht mehr und bin frei ... Größer ist der Verteidiger als der Verkläger, so unendlich viel größer. Gott ist der Verteidiger, das Herz der Ankläger (Übersetzung nach E. Ellwein, Münchner Lutherausg. Erg. Bd. 2, 1937, S. 73 f.).

2 Genugtuung.

3 Römerbriefvorlesung (Ficker II, 45,14 = WA LVI, 205): Sie binden unerträgliche Bürden und legen sie den Menschen auf die Schultern; aber sie selbst wollen dieselben nicht mit einem Finger regen ... (Matth. 23,4), denn sie lehren, daß das Gesetz nur durch das Werk erfüllt werden könne (Ellwein, S. 76 f.).

4 Werk des Gesetzes – Allgemeines Gesetz.

5 Joh. 6,29: Das ist Gottes Werk, daß ihr glaubt an den, den er gesandt hat.

6 Vortrag über Karl Heim.

7 In Iwands Verbindung »Neuer evangelisch-theologischer Studenten-Verein«.

8 Erste Semester (Studenten des ersten Studienjahres).

9 Der Untergang des Abendlandes. Umrisse einer Morphologie der Weltgeschichte, 1917.

Königsberg
1923–1934

1914 und 1915: schwere Kämpfe in Ostpreußen. Verluste der Pfarrerschaft, Zerstörung von Kirchen

1917 Paul Gennrich Generalsuperintendent und Professor für Praktische Theologie in Königsberg (heute Kaliningrad)
Zum 31. Oktober: Gründung des Theologenkonvikts »Lutherheim« mit 21 Plätzen für Studierende aus der Kirchenprovinz

1919 im Frieden von Versailles Abtretung westpreußischer Gebiete an die Republik Polen und die Freie Stadt Danzig, Entstehung des »Korridors« als Zugang Polens zur Ostsee

1921 1. Auflage von Karl Holl, Gesammelte Aufsätze zur Kirchengeschichte, Band 1: Luther

1922 Gründung des Deutschen Evangelischen Kirchenbundes
2. Auflage von Karl Barths Erklärung des Römerbriefs

1923 *Gennrich beruft auf Vorschlag Hermanns den Kandidaten Iwand als Studieninspektor des Lutherheims zum 1. Mai nach Königsberg.*
Vierhundertjahrfeier der Reformation in Ostpreußen
9. November: Putsch Hitlers in München gescheitert

1924 *Iwand legt Martin Schulze, Professor für Systematische Theologie an der Universität, seine Dissertation »Über die methodische Verwendung von Antinomien in der Religionsphilosophie. Dargestellt an Karl Heims ›Glaubensgewißheit‹« vor.*
22. April: Zweihundertjahrfreier von Kants Geburtstag
25. November: Karl Barths Vortrag »Menschenwort und Gotteswort in der christlichen Predigt« im Tragheimer Gemeindehaus, abschließend Diskussion im Lutherheim
29. November: Iwand wird von der theologischen Fakultät zum Lizentiaten (Doktor) der Theologie promoviert.

Aufenthalt und Wirken in Königsberg machten die zweite Periode seines Lebens aus. Hier, bei den Menschen dieser Stadt und der weiträumigen ostpreußischen Landschaft, fand er seine andere Heimat. Man muß es so sagen, weil er selbst seine Kompetenz und Glaubwürdigkeit im Kampf mit der Ideologie der Vertriebenenverbände auf die Weise unterstrich. Der aus pruzzischen und kurischen, sächsisch-niederdeutschen, holländischen, schottischen, schweizerischen, salzburgischen und hugenottischen Elementen geformte Menschenschlag bezeichnete sich gern als preußisch und evangelisch. Darin lagen auch Gefahren, zumal der Landadel eine Macht, die Arbeiterklasse klein, Ostpreußen selbst rein protestantisch war und die südöstliche Nachbarschaft von Preußen nichts wissen wollte. In der als Isolierung empfundenen Nachkriegslage wurden lutherische, preußische, kantische Traditionen und das Deutschtum, vor allem in den Hundertjahrfeiern, mit Betonung gepflegt. Hitler und Goebbels, die demagogisch darauf eingehen konnten, hatten dann nicht immer leichtes Spiel, fanden aber vielfach bereiteten Boden.

Iwands Verbundenheit mit der zweiten Heimat beruht zu gutem Teil auf der Bruderschaft, die durch das Lutherheim gestiftet wurde. Sie bildete später den Stamm der ostpreußischen Bekennenden Kirche und hat ihn sein Leben hindurch begleitet, hat ihn sogar überlebt. Anfangs herrschte die Inflation und im Heim finanzielle Not, die nur mit Hilfe der Gemeinden überstanden wurde. Rückhalt fand er bei dem Generalsuperintendenten Professor Gennrich. In Kirche und Fakultät hat Gennrich die Fähigkeit bewiesen, den richtigen Mann an den richtigen Platz zu stellen. Die Berufung Iwands und die spätere Förderung Schniewinds sind Entschlüsse gewesen, die Pfarrern und Gemeinden einen anders kaum zu denkenden bleibenden Gewinn brachten.

Außer dem jüngeren Kirchenhistoriker Erich Seeberg, der Sachverständiger für Luther und zweiter Gutachter der Dissertation war, wirkte die theologische Fakultät auf Iwand menschlich zwar freundlich, geistig jedoch öde. Dafür empfand man ihn als unklar und hochgestochen und vermutete in ihm sehr bald einen jener »Dialektiker«, für die der Name Barth das Stichwort abgab. In den Briefen an Hermann wird davon oft geschwiegen, vielleicht aus Rücksicht auf den Empfänger. Doch hatte Iwand von Hermann so eigene Anregungen empfangen und war ein so selbständiger Kopf, daß er, über den Durchschnittstyp des Theologen der jüngeren Generation hinaus, auch von sich aus entdeckte, was dann »dialektisch« und »jungreformatorisch« zur Geltung kam. Dazu gehört bereits, daß er der von Stange und Hermann wie von Heim getriebenen Religionsphilosophie langsam den Abschied gab – nicht aber den darin berechtigten Problemen. Was er statt dessen bevorzugen wollte, mußte vom jungen Luther herkommen, mit dem er mehr Ernst machen würde als selbst sein Lehrer Hermann. Das Ineinander der Rechtfertigung aus geschenktem Glauben und der Ohnmacht des menschlichen Wollens vor Gott, beide im Römerbrief verankert, ging ihm zunehmend auf. Wie er gerade die Unfreiheit des Willens aus dem Denken Luthers in die Gegenwart übertragen wollte – ein lebenslang wiederholter Versuch –, mit welch kühnen, ja anstößigen Sätzen er dabei umzugehen dachte, zeigen folgende von 1924 stammende Thesen (NW 6,77/78):

(...)

Die Religion ist das Streben des Menschen über sich hinaus. Wenn das Gehorsam ist, ist es gut. Wenn es freier Wille ist, ist es böse.

Gut ist die Anerkennung der Vollständigkeit der Schöpfung. Ein gutes Leben führen heißt, durch sein Leben anerkennen (nicht: zum Ausdruck bringen), daß die Welt gut ist.

Böse ist das Bestreben, die Welt gut zu *machen*. Denn Gutes tun kann nur, wer gut ist.

Schlecht ist, das Gute zu wollen und das Böse nicht zu wollen. Gut ist, zu wollen, nicht zu wollen. Denn nicht wollen, daß man Gutes *tue*, ist die Anerkennung, daß man schlecht ist. Das ist Demut und gefällt Gott.

Wer meint, es sei nichts, zu wollen, daß man das Gute nicht wolle, irrt. Das ist ebensoviel, als wenn man zu einem Schiffbrüchigen sagt, er solle die Planke, an die er sich klammert, loslassen.

Die Mystiker haben eine besonders feine Verdrehung gefunden: Der Mensch soll nichts wollen. Aber nicht wollen und nichts wollen ist so verschieden wie tot sein und schlafen.

Niemand hat um Gott Angst, wenn ich sage: Du sollst wollen, daß du nicht willst. Daß Gott damit keinen Schaden hat, sieht jeder ein.

Jeder hat um seine Gerechtigkeit Angst, die er doch nicht hat. Aber damit gibt er auch die Hoffnung auf.

Gott lebt. Das heißt, wenn du noch lebst, dann dankst du es Gott. Denn er blieb bei dir, als du in die Einsamkeit gingst und starbst. Frage *deinen* Geist, ob er noch Leben zeugen kann.

Wer meint, Gott habe das Gesetz gegeben, damit wir etwas tun, hält Gott für schwach. So schwach ist nur die Idee. Er gab es, damit wir es alle mit *ihm* tun, d. h. damit wir es anerkennen.

Sünde ist, sich über die Trennung hin zu Gott sehnen. Denn dann glaubt der Mensch nicht, daß die Trennung zu Recht erfolgt ist.

Religion ist, seine Gottessehnsucht im Herzen halten, damit meine böse Sehnsucht nicht den reinen Gott beflecke. Christus ist die Erfüllung des Sehnens und der Tod der Sucht.

2. Königsberg, d. 25. IV. 24.

Sehr verehrter Herr Professor!

Sehr vielmals danke ich Ihnen für Ihr so freundliches und genaues Eingehen auf die Thesen. Ich hatte sie mir so für mich aufgeschrieben und weiß, daß man sie im weiteren Kreis erläutern müßte. Ihr Brief darüber war mir sehr lieb, und ich habe ihn oft gelesen. Sie haben durchaus recht, daß die Gnadenerkenntnis nicht in einer Erweiterung des Gesichtskreises »aus der Enge in die Weite« bestehen kann; ich sehe das ein und muß zugestehen, daß ich unbewußt dies mehr oder weniger erwartet habe. Die Gnade kann eben nicht erlebt werden, wenn ich mir nur immer wieder sage, daß Gott die Tatsünde vergeben hat. Die Gnade darf keine Lebensregel sein. Damit wird sie zum Gesetz und führt zum Leichtsinn. Die Gnade muß Erlebnis bleiben.

Unter Erlebnis verstehe ich ein Ereignis, welches seine Einheit durch die causale Erklärung verliert, also etwa, wenn ich versuche, mir das Gnadenerlebnis dadurch vorzuhalten, daß *ich* mir die Liebestat Gottes *einrede*, würde ich ja doch immer bei der Illusion enden, weil *ich* die causa[1] des Erlebnisses wäre. Glauben heißt eben nicht, wissen, daß die Gottesidee der Liebe konsequent durchgeführt werden muß, sondern Glauben heißt, wissen, daß Gott will, daß mir die Sünde nicht schade und das nicht nur wissen, sondern diesen Gotteswillen auch anerkennen. Im selben Moment ist die Einheit des Erlebens da, in dem Gott zu mir sagt, ich will, daß du nicht mit deiner Tat verkettet bist, sondern ein getrenntes Dasein von deinen Taten führst. Ich gebe zu, daß die Sünde eine Tat ist – aber ich muß daran festhalten, daß die Verkündigung des Christentums die Einheit des Menschen von Willen und Tat löst. Erst der Christ will *wirklich* die Sünde nicht. Der natürliche Mensch will sie nur in abstracto[2] nicht, d. h. er schließt, von dem Moment vor der Sünde und von dem nach der Sünde auf seine Gesinnung im Moment der Sünde selbst. Aber in Wirklichkeit kann er keinen

Grund anführen, daß er nicht im Augenblick der Tat mit ihr identisch ist.

Der Christ kann aber solch einen Grund anführen. Nämlich eine *rückwirkende*, nicht vorwärts wirkende Lösung seiner Selbst von seiner Sünde, weil Gott es so will. Und daß Gott es will, ist nicht meine Einbildung, sondern ist die Anrede der christlichen Verkündigung und des Neuen Testamentes an mich. Das habe ich mir nicht gesagt, sondern ist mir gesagt worden.

Immer wieder blitzt dann eine großartige Gewißheit auf und mit einem Male verstehe ich die ganze Geschichte der christlichen Überlieferung. Ich verstehe sie darum, weil sie sich mit meinem augenblicklichen Stand und meiner inneren Lage zu einer unerschöpflichen Fülle von Leben verbindet; ich kann nicht sagen, ich glaube, weil es geschrieben steht – so würde ich den Buchstaben objektivieren; ich kann auch nicht sagen, weil ich glaube, lese ich es heraus, und darf nicht das Subjekt verabsolutieren, sondern ich muß die Einmaligkeit des Erlebnisses stehen lassen. Ich darf nicht fragen, *woher* weiß ich das, sondern muß fragen, wie wirst du nun mit deiner ganzen Lebensanschauung und deinem Leben diesem Erlebnis *gerecht*; d.h. die Dogmatik neigt zur Ethik und nicht zur Philosophie, der Glaube wirkt eine praktische und keine theoretische Haltung. Aber ich weiß und muß es sagen, es ist unmöglich, an der Gnade im Glauben festzuhalten, wenn man nicht in der Bibel es von neuem liest oder in der Kirche es von neuem hört oder von einem anderen es gesagt bekommt, bezw. es einem anderen zu sagen hat. Der Glaube beruht also auf einem Geschehen, auf einer Tat. Nicht auf einer Gesinnung, die man haben könnte, sondern auf einem Wort, das man hören und sagen muß. Ohne das ist kein Glaube. Mir ist das alles durch Sie klar geworden. Ich weiß, daß ich oft in die Irre ging, weil ich meinte, man könnte sich selbst vorsagen, was man glauben soll. Ich wollte mir selbst Gesetz und Erlösung sein. Aber ich sehe ein, das geht nicht. Ich sehe ein, daß man eine Offenbarung annehmen muß, wenn man der Wirklichkeit des Glaubenserlebnisses gerecht werden will. Die Offenbarung ist meine intellectuelle Bejahung dessen, was ich durch die Gnadenpredigt erlebte, und das Gesetz die praktische. Aber, und daran halte ich weiter fest, man kann die Offenbarung nicht vom Autoritätsglauben aus verstehen, sondern nur von der Einmaligkeit aller, auch der empirischen Erlebnisse. Und zwar denke ich mir das so: Die Einheit alles Lebens hat man nur unter gleichzeitiger Bejahung seiner Einmaligkeit. Wer das Leben auf einen Begriff zu bringen trachtet, etwa auf den der Bewegung, zerlegt es immer in den Beweger und den Bewegten, Subjekt und Objekt und vergißt, daß die Einheit des Bewußtwerdens durch die Kategorien des Bewußtseins verloren geht. Diese Zerreißung von Einheit und Einmaligkeit führt dann zur Antinomie. Sie führt auch zum *Problem* des freien, bezw. unfreien Willens, weil sie nun den Willen in das psychologische Gebiet verlegt und ihm bald Schöpferkraft, bald gar keine Freiheit zulegen muß. Insofern als man ein Erlebnis einmalig nennt, meint man damit, daß es sich nicht in den Kategorien des Bewußtseins ausdrücken läßt. Ein Erlebnis ist sozusagen die Unfreiheit des Willens, der doch dabei Mitte bleibt. In diesem gegenseitigen Ineinanderfassen meines Willens und eines freien, allmächtigen Willens liegt das Geheimnis alles ewig unerschöpflichen Lebens.

In jedem Erlebnis der Natur – etwa, wenn ich den Baum vor meinem Fenster wachsen sehe – bin ich versucht, dies Leben causal zu erklären, aber als Leben empfinde ich es erst, wenn ich einsehe, daß dieser Fall unwiederholbar ist. Denn einmal wird der Baum eingehen und dann ist es zuende.

Aber ich gebe zu, daß ich hier noch nicht weiter kann. Das vitale Leben der Natur und das Erlebnis Gottes an der Natur bringe ich nicht zusammen.

Jedenfalls klar ist mir, daß mit dem Versuch, das Leben auf einen Begriff zu bringen, seine Einmaligkeit zerstört und seine Einheit Illusion wird und daß dies Ineinander von Einheit und Einmaligkeit die Realität des unfreien Willens bedeutet.

Ich weiß nicht, ob ich Ihnen noch auf die Fragen antworten soll, was mir die Offenbarung und der Gottesbegriff bedeutet. Ich glaube, daß man ohne die Tatsache der Sünde die Offenbarung nicht versteht, die mir eben in dem Erlebnis meiner eigenen Getrenntheit von meiner Sünde und in der Willenseinheit mit Gottes Gnadenwillen zu bestehen scheint. Der Gläubige hat nicht mehr die Sünde an sich, sondern in sich. Wir sind gestorben. Während das natürliche Erlebnis eine Einheit ist, spaltet das Gotteserlebnis meine persönliche Einheit, d. h. aus der Autonomie wird Heteronomie. Und doch eine Heteronomie, die mich psychologisch frei läßt. Was im natürlichen Erlebnis nicht möglich ist, daß ich *bewußt* unfrei sein kann, sondern die Unfreiheit des Willens ist mir nur immer indirekt bewußt als *Einmaligkeit* im Sinne einer Abgrenzung gegen das Verständnis des Erlebnisses vom Standpunkt des Bewußtseins aus – was also im natürlichen Leben erst zu merken ist, wenn ichs verloren habe, das ist mir durch die Offenbarung zu gewinnen möglich. Hier kann ich sagen, Gott, ich gehorche und glaube dir mehr als meinem schmutzigen Kleid. Ich werde zu deinem Schauplatz und zu deiner Larva.[3] Denn damit wollte doch wohl Luther auch nur sagen, daß die Unfreiheit des Willens Gott freie Bahn gibt.

Und der Gottesbegriff endlich. Gott ist mir der Herr des Lebens. Nicht der causale Grund, sondern, wenn ich das Leben als ein Ganzes sehe, dann merke ich, daß Gott sein Schöpfer ist. Ich kann nicht Gott dem Leben irgendwie als prima causa überordnen. Ich kann nur in dem Leben leben, das er mir gab und um mich her erschuf. Ich kann nur überall Leben sehen, Gott sehe ich nicht, aber sein Werk. Und es ist das Geheimnis des Lebens, daß man bei ihm nicht zu fragen braucht, wer hat's gemacht – sondern weiß, daß Gott es machte, wenn anders man das Leben spürte.

Nun quäle ich Sie schon wieder mit vielen unverständlichen Dingen. Aber ich hoffe, daß ich von Ihren Bemerkungen nicht unbeeindruckt geblieben bin. Hoffentlich merken Sie nicht das Gegenteil.

Auch ist dieser Brief nur so schnell geschrieben. Bitte nehmen Sie ihn nur als einen Versuch, Ihnen einen Reflex Ihres so freundlichen Gedankenmaterials zu übermitteln. Ich bin so dankbar, daß Sie sich noch die Mühe machen, meine Zungenreden zu verdolmetschen.

(...)

Mit meiner Arbeit[4] mag es seine Richtigkeit gehabt haben. Sie war wohl schlecht. Mir ist ja auch alles so unklar und ich muß jeden Morgen von neuem anfangen. Ich komme zu keinem Ergebnis. Ärgerlich ist es nur, wenn alles schreit Klarheit, Klarheit – und man wäre froh, wenn man die Wahrheit hätte. Welcher Diamant ist denn geschliffen, wenn er gefunden wird. Aber viele kaufen lieber unechte, wenn sie nur blitzen. Mich macht dieses Geschrei rasend. Ja, was soll man sagen, Klarheit ist ja nötig, aber ist auch eine Frage der Zeit und der Tiefe, nicht des Denkens allein.

Das Heim selbst blüht. Ich wohne jetzt sehr gut, lebe sehr gut und habe es eigentlich zu gut. Aufsicht habe ich überhaupt kaum und kann auch im ganzen Betrieb anordnen, was ich will. Wir leben jetzt von einer Hauskollekte, die in Ostpreußen durch Kollektanten – seit 1. IV. – gesammelt wird, vorher schrieb ich an die Pfarrer. Die Pfarrerschaft tut viel. Nebenbei bauen wir unsern Vereinscharakter aus und suchen interessierte Mitglieder. Seit 14 Tage haben wir einen Hausmann. Handwerker sind den ganzen Tag hier und ich bin mehr Kaufmann als Theologe. Es ist schön, so vorwärts zu kommen. Jetzt wollen wir uns Bretter schenken lassen und dann durch den Hausmeister die Möbel ausbessern. Der Hausmeister ist Tischler. Auch ich habe viel Einblick in das kirchliche Leben der Provinz und wohne jetzt mit dem Provinzialjugendpfarrer in einer Wohnung zusammen. Der ist ein feiner Kerl und wir beiden Junggesellen führen eine gute Ehe.

Manchmal ist das Leben so schön, daß ich vor Freude nach Schlesien fahren und mich dort austoben möchte. Ich kann noch gar nicht so eisern am Schreibtisch sitzen. Than ist schlapp und Schott läßt wenig von sich hören. Reichel will das Gut seiner Väter halten, das freute mich recht. Es ist seit 1640 in der Familie und droht ganz zu verfallen. Endlich fängt er an, eine wackere Arbeit zu tun.

Hier möchte ich manchmal alle [alte?] Freunde zu Besuch haben.

Jetzt wird mich der Herr v. Friderici besuchen, mit dem ich in Machnitz viel zusammen war.

Nun sende ich Ihnen, sehr verehrter Herr Professor, noch viele Grüße und bin mit aufrichtigem Dank Ihr sehr ergebener

Hans Iwand

1 Ursache, Grund.
2 Dem bloßen Gedanken nach.
3 Larve, Maske.
4 Die Dissertation.

3. Königsberg, d. 11. XII. 24.

Sehr verehrter Herr Professor!

Nun muß ich doch einmal an Sie schreiben, denn da ich schon gar nichts mehr von Ihnen höre, bin ich fast bange, daß ich Ihnen gegenüber mir habe irgend etwas zuschulden kommen lassen, so daß Sie sich in mir getäuscht zu haben glauben. Wenn das sein sollte, dann würde mich das sehr belasten, denn einerseits weiß ich ja selbst, daß ich viele Fehler habe, um diesen Gemeinplatz zu gebrauchen, d. h. daß man von mir nichts erwarten kann, was irgendwie auf Qualität aufbaut – aber andererseits bin ich Ihnen doch immer aufrichtig dankbar gewesen, daß Sie mich nahmen, wie ich bin, und mir mehr etwas »zutrauten« als etwas von mir »erwarteten«, denn das ist ja nicht dasselbe, und ich möchte Sie doch bitten, nicht zu meinen, daß ich dessen nicht bedürfte.

Vielleicht ist diese Bedenklichkeit auch eine nebensächliche, vielleicht hindern Sie die laufenden Arbeiten – aber ich habe so das unangenehme Gefühl, als ob dem nicht so wäre und möchte Sie bitten, mich doch nicht ganz zu vergessen.

Mein hiesiges Dasein wird jetzt etwas ruhiger – mit der Ruhe finde ich auch etwas zu mir selbst zurück, zurück zu den Quellen, aus denen ich doch wohl mein ganzes Leben lang werde schöpfen müssen, vornehmlich zu Luther, dessen Psalmenkommentar ich jetzt lese und der mich wieder etwas hoch bringt.

Fast beneide ich ihn um die souveräne Beschränkung seiner Studien, die sich an einzelne, oft herausgerissene Psalmworte anschließen, einzelne Gedanken, die man ja oft mühsam genug aus dem Geröll der exegetischen Stücke [?] heraussucht, denn er hat nichts getan, um sie glänzend herauszustellen. Er bricht oft zu früh ab, kurz, arbeitet eben im Hinblick auf Gott und nicht auf die Menschen.

Immer mehr komme ich zu der Einsicht, daß das Leben auch

dem Wissenschaftler gerecht seine Gaben verteilt. Dem einen gibt es Ruhm zu Lebzeiten, meistens den Compilatoren – man denke an Troeltschs Historismus, wie mager ist der Gedankeninhalt – dem anderen gibt er die Wahrheit und enthält ihm meist den Ruhm. Ich wenigstens glaube kaum zu denen zu gehören, die beides verbinden könnten, nicht, daß ich welchen hätte und aus Erfahrung redete, aber schon die Ruhmsucht legt sich wie ein Band um mein Denken und die Wahrheit wird zur Aufmachung und Konstruktion herabgewürdigt.

Gewiß, damit will ich nicht sagen, daß die Wahrheit immer im Winkel sitzen müßte – aber doch, daß sie niemals im Triumphwagen sitzt, der auf den blumenbestreuten Gängen der sogenannten Wissenschaft daherrollt, sondern darin sitzt höchstens die Dirne Vernunft. Wenn die Wahrheit aktuell wird, dann höchstens im Kampf gegen die Unwahrheit, und auch hier ist sie nicht Angreifer, sondern Angegriffene, in ihrem Leben bedrohte, wodurch sie erst Recht zum Hervortreten erhält. Die Vernunft richtet sich stets gegen den äußeren Feind – sie ist befriedigt mit dessen Erledigung. Die Wahrheit muß bei allem Kampf nach außen stets die Linie der Gerechtigkeit dem Gegner gegenüber innehalten und hat daher mehr Bindungen als jene. Daher wird sie nie siegen, sie wird aber auch nicht untergehen und ich glaube fest, auch der nicht, der es mit ihr hält.

Immer klarer wird mir, daß man niemals ein Stück mit jener gehen kann – mit der Vernunft – um dann, wenn jene geleistet hat, was sie sollte, also Stellung, Ansehen etc. die gelehrte Resignation zu vollziehen und wie ein Greis zur Geliebten der Jugend zurückzukehren – die Wahrheit altert nicht und hat für Sentimentalitäten keinen Sinn.

Hier steht man immer vor einer absoluten Notwendigkeit, entweder das ganze Leben mit der Wahrheit, oder man findet sie niemals wieder. Je klarer mir das wird, desto glücklicher werde ich und ich glaube, daß es nicht nur die besseren äußeren Verhältnisse sind, die diese Überlegung in mir zum Durchbruch brachten. Denn wenn mich auch eine Zeitlang meine Schicksale etwas verwirrten, gemerkt habe ich dabei doch immer, daß man keine Wege gehen kann, weil sie zu netten äußeren Zielen führen, und wenn ich sie gehen wollte, bin ich dabei gestrauchelt. Sie lächeln vielleicht über dies, – ich mache aber kein Festessen für die Rückkehr des verlorenen Sohnes daraus, ich will diese Einsicht nicht zum Ereignis stempeln. Nur eins muß ich allerdings sagen, daß ich in Bedrängnis geriet, als ich eben nicht mehr so ziellos arbeitete und mich bemühte, auf den Eindruck der Menschen Rücksicht zu nehmen. Veritas und vanitas[1] sind nicht zu vereinigen. Wie viel schöner wäre alles, wenn beides nicht so eng aneinander stände. Denn ich fürchte, daß hier die rechte Grenze zu finden, das ganze Leben lang Aufgabe bleibt.

Es ist viel leichter, diese Grenze auf der Kanzel zu ziehen als auf dem Katheder, da, wo die Theologie immer in Gefahr ist, sich anzupassen. Und auf dem Katheder ist es vielleicht noch leichter als in der literarischen Arbeit, denn da ist die Sensationslust die größte. Aber das sind mehr meine Gedanken und Empfindungen, ich möchte das nicht verallgemeinern. Ich glaube, daß Sie anders darüber denken.

Das Tragische an diesem Wesen der Wahrheit ist ihre Verborgenheit. Diejenigen, die ihre Aufgabe in ein Programm zu fassen vermögen, die umgehen gerade die persönliche Unsicherheit, die allem Wahrheitsstreben anhaftet. Dann ist Denken nur Halten der Position, Ausführung des Programms, und Aufmachung und Niedertracht finden Gelegenheit, sich zu betätigen. Sobald es auf ein Erreichen von gesteckten Zielen ankommt, findet man nur noch Mittel. Wir sollen aber das Ziel finden. Und wenn es Menschen gibt, die äußerlich unangefochten leben, diese Anfechtung wird die schwerste sein und wird auf jedem lasten.

Aus ihr resultieren recht eigentlich die äußeren Nöte. Denn die Menschen wollen noch immer Begriffe, sie wollen das Bekenntnis zur Endlichkeit und zur Subjektivität. Begriffe sind die Aufhänger, an denen man alle Denker an den Galgen bringt. Hängt er da, dann ist er in 5 Minuten eine Leiche und kommt ins Massengrab, solches Geschäft will ich nicht betreiben. Die gewesenen Kämpfer des Wahren und Tiefen in ein System zu bringen und Dummköpfe und Faulpelze durch das Altertumsmuseum der geistigen Charakterköpfe zu führen, dazu habe ich keine Lust.

Dahin kommt man aber, wenn man der heutigen Methode wissenschaftlicher Arbeit im *Prinzip* huldigt, freilich ist dies ausgeglichen durch eine große Anhäufung von Material, mit Fleiß und Kunst zusammengetragen und ich wünschte, dies beides hätte ich. Aber wenn man diesem Prinzip huldigt, dann kann man auch leicht »fleißig« sein. Das ist ja doch nur ein Sich-mit-Asche-Bestreuen vor den Augen der Leute. Ist das nicht auch Fleiß, wenn wir die Gedanken nicht mehr losbekommen? Es ist freilich keine freiwillige Tat, aber man ist doch »eingespannt«, ja, zuweilen so, daß man vor Gedanken keine Zeit zur Arbeit hat. Freilich ist das gefährlich, aber diese Gefahr haben andere garnicht zu überwinden.

Damit sei es genug für heute. Sie werden es verstehen, daß ich soviel über das eine Thema schreibe, aber ich fürchte, Sie meinen, ich gehörte auch zu denen, die vom Wege abbiegen. Und gewiß war und ist es oft der Fall, aber ich bemühe mich auch um die Rückkehr. Bitte empfehlen Sie mich Ihrer sehr verehrten Frau Gemahlin und verstehen Sie bitte diesen Brief auch dann, wenn er Situationen voraussetzt, die nicht da sind. Damit bleibe ich Ihr sehr ergebener und dankbarer

Hans Iwand

1 Wahrheit und Nichtigkeit.

1925 26. April: Hindenburg Reichspräsident
18. Juli: Hitlers Buch »Mein Kampf«, erster Band
20. Oktober: Iwand verlobt sich mit Ilse Ehrhardt, Tochter des Königsberger Professors für Chirurgie Oscar Ehrhardt.
30. Oktober: Thälmann Vorsitzender der Kommunistischen Partei

1926 Ludwig Müller Wehrkreispfarrer in Königsberg, durch ihn Beziehung Hitlers zur Reichswehr
Im Sommerhaus der Familie Ehrhardt im Ostseebad Neuhäuser arbeitet Iwand an der Habilitationsschrift über Luthers Christologie.

1927 *15. Januar: Er gibt die Habilitationsschrift, die später »Rechtfertigungslehre und Christusglaube« heißt, Professor Schulze ab.*
26. Februar: Er hält die Antrittsvorlesung über »Luthers Lehre vom unfreien Willen« – so die von der theologischen Fakultät genehmigte

Themenstellung; gemeint ist »Der menschliche Wille, die Grenze der menschlichen Freiheit«.

5. März: Iwand heiratet Dr. jur. Ilse Ehrhardt; beide in Italien.

Sommersemester: Er hält seine erste Vorlesung als Privatdozent, über mittelalterliche Theologie, speziell Christologie.

Juni: 2. Kirchentag des Deutschen Evangelischen Kirchenbundes in Königsberg mit öffentlicher vaterländischer Erklärung

Am 15. August beginnt die erste von Iwand organisierte Freizeit der theologischen Fachschaft – das sog. »Wissenschaftslager« – in der Anstalt Carlshof bei Rastenburg (Ketrzyn) mit Hermann und Schniewind als Referenten.

Wintersemester: Iwand hält sein erstes Seminar über Luthers Theologie.

27. Dezember: Das erste von fünf Kindern wird geboren.

Das Jahr 1927 fügte Iwands Leben außer der im Lutherheim gestifteten Bruderschaft weitere bleibende Elemente ein. In Ilse Ehrhardt gewann er die Gefährtin seines Lebens, Wirkens und Denkens. Zugleich fiel mit der Habilitation die Entscheidung für die Laufbahn des Hochschuldozenten, das heißt für die Mitwirkung an dem dauernden großen Dialog zumal der theologischen Wissenschaft. Es begann die Zeit der ersten, von den Studenten des Lutherheims besonders genutzten Vorlesungs- und Seminarstätigkeit an der Universität. Zusammen mit den exegetischen Übungen im Lutherheim legte sie eine Grundlage, die bis 1934 intensiv verbreitert wurde. Auf ihr konnte Iwand in den beiden folgenden Lebensperioden immer neu und immer ideenreicher aufbauen. Das Fundament bildete außer der biblischen Exegese die Interpretation Luthers.

Die Habilitationsschrift hatte die Erkenntnis gebracht, daß Luthers Lehre von der Gerechtmachung des Sünders im Glauben aus Gnade allein von der geltenden Kirchenlehre über Person und Werk Jesu Christi nicht zu trennen ist. Im Gegenteil gehört sie in die Christologie hinein, sie ist deren schriftgemäße Formulierung im Bereich der Frömmigkeit, um sie von allem Buß-, Werk- und Sakramentsaberglauben zu reinigen. Auch die überführende Rede Gottes im Gesetz und die befreiende im Evangelium gehören aufs engste zur Christologie, ja selbst die Frage der Religionsphilosophie nach der Gewißheit des Glaubens ist hier beantwortet. Denn der so Überführte und Befreite ist seines Glaubens, ist Gottes selbst in Christus gewiß, obwohl er jede Werke vorweisende Sicherheit (securitas) fahrenlassen mußte. Um so stärker ist seine innere Gewißheit (certitudo). Sie läßt sich nur im Akt der Rechtfertigung und nur als Werk des Christus am Sünder, nicht durch vor- und außertheologische Abstraktionen begreifen.

Nach so verändertem Erkenntnisstand war es ein im Grunde unmögliches Unterfangen, die Dissertation über Heim wie geplant zum Druck zu bearbeiten. Im Sommer 1927 war Iwand zwar in Carlshof und vorher schon in Neuhäuser und Königsberg mit Hermann im Gespräch zusammen. Es scheint jedoch, als sei das eigentliche Thema über all den anderen Eindrücken nicht berührt worden oder als sollte der Damm Hermann gegenüber, der Religionsphilosophie zeitlebens befürwortete, erst nach und nach brechen. Nun ließ sich der Durchstoß nicht länger verbergen. Nicht die Dissertation – die Habilitationsschrift sollte im Druck erscheinen.

4. Königsberg, d. 24. X. 27.

Sehr verehrter Herr Professor!

Da ich doch einsehen muß, daß ich meine Arbeit nicht besser machen kann, weil ich nicht alles umändern will und kann, so mag sie nun erscheinen. Was ich geändert habe, verdanke ich zu allermeist Ihnen und ich habe auch fast alle Einwendungen sachlicher Natur berücksichtigt, d.h. eben nicht nur formal geändert. Vielen Dank schulde ich Ihnen für Ihre Randbemerkungen, ich hoffe, daß Sie auch die Änderungen billigen werden. Die Einleitung habe ich neu geschrieben. Ich dachte an Bertelsmann zu schreiben, ob und unter welchen Bedingungen er die Arbeit nimmt. Dürfte ich etwa hinzusetzen, daß Sie unter Umständen eine Empfehlung geben würden oder ist das nicht recht? Ich denke nur deswegen daran, weil ich doch dem Verlage gänzlich unbekannt bin. Muß man in solchem Falle das Exemplar gleich mitsenden? Ich wollte zunächst einmal brieflich anfragen, ob es überhaupt geht.

Für die Übersendung Ihres Artikels[1] danke ich Ihnen noch sehr vielmals. Ich habe noch darin gelesen, kann aber heute nichts mehr schreiben. Die nahenden Vorlesungen bedrängen mich; einen längeren Brief, den ich an Sie darüber schrieb, mußte ich in den Papierkorb wandern lassen, weil er zuviel Unsinn enthielt.

Mir ist der Zweck der Religionsphilosophie eben gar nicht klar. Denn wenn alles nur auf eine Begriffsbestimmung (das

Übersinnliche, das Schöpferische etc.) hinausläuft, dann hat die Untersuchung ihren Gegenstand vernichtet.

Eher meine ich, daß Religion mit der Frage des menschlichen Daseins zu tun hat. Dahin weist das Christentum. Allein so ist sie kein Abstraktum von vielen Religionen. Auch glaube ich, daß Schleiermacher dahin will.

Stange, der vom Bewußtsein ausgeht, wirft das alles um. Denn wo bleibt die Schleiermacher so wertvolle Unmittelbarkeit. Man kann doch nicht einfach Methoden transplantieren. Ihre Kritik an Stange (Fragen und Erwägungen)[2] las ich wieder, sie ist doch sehr weitgehend. Besonders was den Begriff des Übersinnlichen angeht.

Nur ist mir bei Schleiermacher fraglich, ob die schlechthinige und die teilweise Abhängigkeit von einerlei Art sind. Damit würden lediglich dem Bewußtsein entstammende Gegensätze als Ansätze benutzt. Mir scheint es wichtig, daß menschliches Dasein zwischen dem creatürlichen und dem zeitlichen Sein steht, denn der Mensch vereinigt Creatur und geschichtliches Dasein in seinem Wesen. Ja, Geschichte ist doch nichts anderes als das Dasein dieser Menschheit in der von Gott geschaffenen Welt. Somit steht der Mensch zwischen Zeit und Ewigkeit, die Menschheitsgeschichte scheint mir die *Mitte*.

Der Begriff des Schleiermacherschen Universums scheidet nicht zwischen diesem Mensch und aller sonstigen Creatur. Daher fehlt dem schlechthinnigen Abhängigkeitsgefühl irgend ein Specificum. Vielleicht die Unterscheidung, die diese schlechhinige Abhängigkeit in praxi[3] sowohl als amor creaturae[4] als auch als oboedientia[5] erscheinen läßt. Kann die Abhängigkeit nicht mit dem Gefühl der Hingabe an die Welt, des Sich-Verlierens – an die Welt harmonieren?

Der Begriff des »Erlebens«, auf den es hinauskommt, hängt doch wie auf des Messers Schneide teils nach der Seite des Schöpfers – teils nach der der Schöpfung hin. Die Sünde kann doch nicht erst dadurch hineinkommen, daß die schlechthinnige Abhängigkeit durch das Bewußtsein in eine teilweise abgeändert wird. Sie muß in sich schon – weil sie nicht in der Creatur als solcher, sondern im Menschen liegt, Verkehrung sein. Die Wirklichkeit Gottes kann nicht das Correlat unserer schlechthinigen

Abhängigkeit sein, denn entweder ist der Satz eine Selbstverständlichkeit oder es findet eine Subreption im Ausdruck Abhängigkeit statt. Diese ganze Begriffsbildung läßt eben die Teleologie vermissen, die im Begriffe des menschlichen Seins steckt. Denn ich bin doch auf dem Wege von einem Woher – nach einem Wohin! Ich bin doch nicht ein Mensch – und innerhalb dessen erst ein *Werdender*, sondern bin ein Werdender, weil ich Mensch bin. Geht nicht aus diesem *Werden* eine ganz andere Abhängigkeit hervor? Weil dies *Werden* nicht innerhalb des Menschen liegt – (sein Leben zum Kunstwerk machen), sondern Mensch-Sein notwendiges Werden ist.

So unterliegt unser Werden nicht unserem Willen, jedenfalls nicht, sobald wir andere Menschen werden wollen. Hier finde ich absolute Freiheit und absolute Abhängigkeit miteinander im Streite. In diesem Streite sein – das ist Mensch-Sein. In diesem Streit greift Gott ein mit Gesetz und Gnade; weil beides in ihm Einheit ist, haben wir in ihm *Leben*. Denn im Gesetz nimmt er uns als absolut freie – in der Gnade – der Tod Christi für uns – als absolut abhängige Menschen an, und somit mein ganzes, widereinander streitendes Leben.

Es könnte auch sein, daß ich niederfiele, nicht mehr begehrte, anders zu sein – das heißt – mir selbst gefiele; dann weiß ich nichts mehr von der schlechthinigen Abhängigkeit und das Dogma vom liberum arbitrium[6] mit seinem Gefolge von superbia, incertitudo[7], Moralismus und eigenem Werk hält seinen Einzug. Damit hört mein Leben auf, Kampf zu sein; wird Ausbildung des Erreichten – Bildung im Sinne von Charakterbildung von Höhenmenschen, die dann Scholz zur Abfassung einer Religionsphilosophie verhelfen.

Ist das denn eitel Hochmut, wenn man überall – ich denke jetzt an die modernen Religionsphilosophen – nur leere und luftige Construction findet, Programme, die, wenn sie ausgeführt würden, ein Zauberland der Gewißheit schaffen könnten: Stoffsammlungen, die nicht auf das impedimentum[8] eines Soldaten und Kämpfers, als den sie sich bekennen, sondern auf das Lager eines Krämers schließen lassen – kurz, man hat den Eindruck, sie schreiben, weil sie Professoren sind und sind es, weil sie schreiben. Und nun tue ich es auch. Bitte verzeihen Sie mir –

ich bin nicht froh, daß ich so wenig Ernst beibringe – aber warum schreiben sie nicht lieber Luther ab als all die unverständlichen leeren Dinge. Damit werden wir auch nicht weiter kommen, Verbeugungen vor dem Zeitgeist sind für den zuschauenden Dritten keine reine Freude – und ich denke, Sie werden mich nicht schelten, daß ich so schreibe, denn dann müßten Sie mir es verargen, daß ich mich bemühe, einiges darin von Ihnen zu lernen. Freilich das Moralisieren am wenigsten. Bitte empfehlen Sie mich Ihrer verehrten Frau Gemahlin – meine Frau läßt sehr grüßen. Schön, daß Schniewind in Greifswald ist. Ich habe mich so gefreut. Ihr sehr dankbarer

H. Iwand

1 Vielleicht: R. Hermann, Die Bekenntnisfrage als theologisches Problem. Christentum und Wissenschaft 3, 1927, 49–60.

2 R. Hermann, Fragen und Erwägungen zu Stanges Religionsphilosophie, 1921.

3 In Wirklichkeit.

4 Liebe zum Geschöpf.

5 Gehorsam.

6 Freier Wille.

7 Hochmut – Ungewißheit.

8 Gepäck.

5. Königsberg, d. 27. XII. 27

Sehr verehrter Herr Professor!

Wer weiß, ob ich die nächsten Tage dazu komme, Ihnen einen Neujahrsgruß zu senden. Daher will ich es heute schon tun und den stillen Abend benutzen, um Ihnen zu schreiben. Das Semester war anstrengend und setzte mich am 22. abends wie einen Bettelmann an den Straßenrand aus, ich hätte auch nicht eine Minute länger lesen oder das Konvikt besorgen können. Aber die zwischenliegende Woche hat nun wieder ein übriges getan.

Heute abend brachte ich meine liebe Frau in die Klinik, vielleicht wird uns noch diese Nacht ein Kind geschenkt. Es ist nicht schön, daß man seine Frau so allein lassen muß und es ist bei uns das erstemal seit unserer Verheiratung. Aber wir haben es vor tausend anderen so gut, wir haben ja auch das seltene Glück, so zuverlässige Hilfe dazuhaben, daß wir wohl wissen, daß wir nicht klagen dürfen. Immerhin sind es keine leichten Tage für meine Frau. Heute hat sie mir noch gekocht; am Abend aber war dann ihre Kraft zuende.

Wir freuen uns so, daß es in den Ferien ist; denn da habe ich doch mehr Zeit. Freilich ist es nicht leicht, nebenbei die notwendigen Kollegs vorzubereiten und ich habe manchmal Angst, wie alles gehen wird. Daß wir unser Auskommen immer noch ohne all mein Verdienst und Würdigkeit haben, ist ja auch nicht das Richtige. Aber es läßt sich nicht ändern.

In diesen Tagen bin ich etwas – vielleicht über Gebühr – entzückt über das neue Buch von Heidegger: Sein und Zeit. Wenn ich auch der Phänomenologie gegenüber etwas stutzig und den letzten Ergebnissen gegenüber zurückhaltend bin – er erschließt Dasein als Sorge – so bin ich doch sehr angetan von der Art, die Probleme aufzurollen, die Geschichtlichkeit des Seins ohne den Begriff des Du zu gewinnen, Zeitlosigkeit *und* Zeitlichkeit als Zeitformen anzusehen u.s.w. Ich glaube, das Buch würde Sie auch sehr interessieren, zumal er im II. Teil eine eingehende Behandlung des cogito – sum[1] bei Descartes verspricht.[2] Das Problem von »Ich denke und Ich bin« kommt auf jeder Seite vor und ich habe den Eindruck, daß hier viel tiefere Fragen aufgeworfen werden, als man es sonst gewohnt ist, daß auch der Zeitbegriff bei H. W. Schmidt mitsamt der Beisteuer, die Koepp, wie er schreibt, dazu geliefert hat, dadurch überholt ist. Aber das sind nur Gefühlsurteile.

Ebenso lese ich jetzt die Dogmatik von Barth.[3] Etwas breit und in der Citatverwendung etwas oberflächlich – wie mir scheint – aber beim längeren Lesen sehr angenehm und ernst. Ein scharfer Denker ist er nun eben einmal nicht, dafür aber doch ein sehr leidenschaftlicher.

Meine Theologie schiebt sich, unter derlei Impressionen, langsam in die Ecke. Überhaupt, oft zweifle ich daran, ob es recht von mir ist, weiter Akademiker zu bleiben, weil viele andere es soviel besser machen und man in Versuchung gerät, sie einfach zu übernehmen. Die vielen anderen sind ja z. T. die alten, aber man wagt es kaum, noch zu hoffen, daß wir ihnen Ebenbürtiges leisten könnten. Aber alle diese Empfindungen kommen im Grunde von einem Übel her: davon, daß mir je länger – je mehr das Verhältnis von Wissenschaft und Christentum zum Problem wird. Daher kann ich leicht predigen und schwer lehren.

Ich halte mich immer noch daran, daß unser Denken Wahrheit sucht und unser Glaube Wahrheit ist, und hoffe, es wird nicht zweierlei Art von Wahrheit sein, die da in uns ist. Und ich meine auch, daß wir vor und im Denken und immer derselbe sind, das muß wohl irgendwie mit der Wahrheit zu tun haben, denn zwar das entindividualisierte Ich der transzendentalen Apperception[4] hat gewiß die Identität des Subjektbegriffs, aber daß ich mich stets identisch *weiß*, im individuellen Leben, das muß wohl mit dem Glauben daran zusammenhängen, daß etwas sich gleich sein kann im Wechsel der Zeiten. Dies aber ist das Wissen um Wahrheit.

Nun kann der Mensch auch in keiner anderen Form um seine Identität wissen als in der Form des: Ich will. Daher würde der Wille nichts anderes sein als der Glaube an die Wahrheit im praktischen Verstande. So würde Wille und Wahrheit miteinander im Begriffe der geschichtlichen Individualität zusammentreffen und das eben würde zeigen, daß die Trennung zwischen Theorie und Praxis, zwischen logischen Urteilen und Werturteilen kein letztes Wort über die Wahrheit ist. Wahrheit gibt es *für mich* nicht (im Sinne des pro me[5]), ohne daß ich mich als einen zu allen Zeiten sich gleichen setze, d. h. ein Wollender sein heißt an die Wahrheit glauben und umgekehrt. Schließt aber Wille die Beziehung zur Wahrheit in sich, dann kann die Wahrheit durch eine individuelle Stellungnahme nicht entwertet, das Individuum durch diese Stellungnahme nicht überindividuell bewertet werden. Sondern Gewißheit liegt gerade in der individuellen Form des Seins und das ist das Werden. Darum sind wir als werdende gewiß und nur darum wieder stets Gewiß-Werdende! Das Gewiß-Werden ist nicht – wie bei Heim – ein Aufstieg von der Ungewißheit zur Gewißheit, sondern das auf der Ebene des Werdens verharrende Gewiß-Sein. Ich hoffe, daß ich damit nicht allzu weit neben Ihnen stehe, ich glaube, nicht einfach nachzusprechen, aber würde mich freuen, wenn es nicht allzu fern von dem liegt, was Sie über Gewißheit sagen.

Von diesem Wahrheitsbegriff aus finde ich noch den Zusammenhang zwischen Christentum und Wissenschaft, weil Wahrheit noch das individuelle Ich respektiert. Und das ist doch des Christentums A und O. Der Gedanke der Gemeinschaft ist damit gut zu vereinigen. Die Brücke ist das Und aus dem höchsten Gebot. Denn weil Gott nicht ohne die Seinen ist und die Seinen meine Nächsten sind, darum liebe ich Gott und den Nächsten. Aber die Gottesliebe ist ebenso etwas Ganzes wie die Nächstenliebe, und dort werde ich überhaupt erst die Individualität, die in der Lage ist, zu *lieben*.

Am Ich hängt bei mir schließlich alles; ich meine nicht, am Ich-Begriff, sondern an diesem merkwürdigen, mir noch unerklärlichen Phänomen, daß alles, was nicht mit meinem Ich, hier und jetzt zu tun hat, leeres Stroh ist und geistlose Construction und daß, um die Wirklichkeit zu fassen, ein Leben eingesetzt werden muß, und daß dies mir nur einmal gegeben ist. Nur daß wir ja gar nicht wissen, wo wir nun wirklich unser Leben einsetzen sollen, das ist es ja, wir können es eben nicht wissen und wissen doch, daß wir sonst umsonst leben.

Dann kommen oft die schweren Gedanken, ob unser Christentum wirklich Christentum ist; was schaffen wir? (d. h. ich – aber auch andere) und muß man nicht einmal danach fragen? Es ist viel leichter, den Menschen im täglichen Dasein zu helfen, als Studenten zu belehren, die ja überhaupt meist viel klüger sind. Dazu kommt hier die grenzenlose theologische Vereinsamung, und immer nur mit Studenten umgehn, ist auch nicht das Bildendste. Aber ich klage und klage, und schreibe Ihnen gar keinen Brief, der Sie freuen könnte. Nun, daß ich im Grunde entschlossen bin, mich durch das alles durchzubeißen, das danke ich ja nur dem, daß andere mich damit betraut haben und nicht umsonst mir ihr Gut anvertraut haben sollen; ich weiß, daß ich gar nicht so frei über mein Leben verfügen darf und daher bringe ich auch jene remurmuratio auf, von der Luther sagt, daß sie jeder desperatio hinzutreten könne und damit aus der desperatio eine tentatio spei[6] mache. Ich weiß auch, daß ich Ihnen das danke und ich möchte nur, sehr verehrter Herr Professor, mein Dank bliebe allzeit aufrecht und Ihnen lieb. Bitte bleiben Sie mir doch auch im kommenden Jahr so freundlich gesinnt, wie bisher. Ich würde Ihnen gern noch die Freude bereiten, etwas Neues über mein Manuskript[7] zu schreiben, aber vorläufig ist es noch bei Prof. Seeberg und vor Ende der Ferien erhoffe ich kaum Nachricht. Obschon ich nicht glaube, daß sie dort gedruckt wird, war das Ganze unvermeidlich. Die Arbeit über Heim werde ich nicht vergessen, die Antinomie interessiert mich wieder; die antinomische Methode muß ein Grundirrtum sein. Ein wenig antinomisch ist Stange leider auch. Koepps Panagape las ich wieder einmal, als ich Lust hatte, nichts und alles zu lesen. Ich kann es nicht glauben, daß Sie in diesem Buch auch nur einen vernünftigen Gedanken finden. Daß ein solches Buch geschrieben wurde, ist für die Theologie nicht gut. Wer ist überhaupt die Zeit, die uns ruft? Die paar Philosophen von heute sind doch nicht die Zeit! Und was hat ihm denn der junge Luther getan, daß er so vor ihm warnt – kennt er überhaupt den alten Luther? Aber Uckeley hat ihn bereits als kommenden Mann gepriesen, die beiden scheinen in Eisenach[8] »Fakultäten-Beschlüsse« in Bezug auf Freizeiten gefaßt zu haben. Davon annehmbar ist, daß Dozenten fremder Fakultäten nicht – natürlich nicht, wie Koepp gesagt haben soll – mitwirken!! Aber Klostermann hat alles ins Reine gebracht. Für Ostpreußen gilt der Eisenacher Beschluß auch ferner nicht! Aber wie muß man sich vorsehen.

Bitte empfehlen Sie uns Ihrer sehr verehrten Frau Gemahlin, wir wünschen ihr und Ihnen ein frohes und schönes 1928 und so bin ich Ihr treuer und dankbarer

Hans Jochen Iwand

Heute nacht bekamen wir ein Mädel.[9] Wie bin ich froh und dankbar. Herzliche Grüße nochmals Ihr ergebener Hans Iw.

1 Ich denke – ich bin.

2 Ein zweiter Teil des 1927 veröffentlichten Werkes ist nicht erschienen.

3 Die Christliche Dogmatik im Entwurf. Bd. 1: Die Lehre vom Wort Gottes. Prolegomena zur Christlichen Dogmatik, 1927.

4 Nach Kant diejenige Einheit des Bewußtseins, die aller Anschauung vorausgeht und durch die eine Vorstellung von Gegenständen allein möglich ist: das »reine, ursprüngliche, unwandelbare Bewußtsein«.

5 Für mich.

6 Inneres Widersprechen – Verzweiflung – Anfechtung zur Hoffnung.
7 Die Habilitationsschrift.
8 Auf dem deutschen Theologentag, der 1927 in Eisenach stattfand.
9 Anemone Iwand.

1928 Frühjahr: Erweiterungsbauten im Lutherheim
21. bis 31. August. Iwands nehmen zusammen mit Ehepaar Hermann aus Greifswald unter Leitung Carl Stanges am 1. Schwedisch-deutschen Theologenkonvent in Uppsala teil.
Rudolf Hermann, Luthers These »Gerecht und Sünder zugleich« als Vorabdruck in der Zeitschrift für Systematische Theologie

1929 Ansteigen der Bewerbungen für das Lutherheim
Anfang März: Iwands reisen nach Paris.
Bis Ende März: Er legt beim evangelischen Konsistorium in Königsberg die zweite theologische Prüfung ab und wird zum Predigtamt ordiniert.
Nach Ostern findet in Carlshof die zweite Freizeit der »alten Lutherheimer« mit Friedrich Gogarten als Referenten statt.
Zum Sommersemester: Julius Schniewind als Professor für Neues Testament nach Königsberg berufen
5. Juni: Youngplan über deutsche Reparationszahlungen bis 1988 in Paris beschlossen, in der Folge starke Annäherung kirchlicher Kreise und der »Nationalsozialisten«
14. Juni: Konkordat der römischen Kirche mit dem preußischen Staat. Folgen für die evangelische Kirchenpolitik
Im Sommer, anläßlich des jährlichen Wissenschaftslagers, hat Iwand eine zweite Begegnung mit Gogarten.
In der Zeitschrift »Christentum und Wissenschaft« erscheint sein erster gedruckter Aufsatz über »Gesetz und Evangelium bei Luther«, während die Drucklegung der Habilitationsschrift durch finanzielle Schwierigkeiten behindert wird.
23. Oktober: Börsenkrach in New York, Beginn der Weltwirtschaftskrise

Auch das Jahr 1929 muß für Iwand von besonderer Bedeutung gewesen sein. Daß er die Ordination empfing, ist für damalige Privatdozenten der Theologie schon wegen ihrer schlechten Existenzbedingungen nicht ungewöhnlich. Bei ihm werden Neigung und Berufung, vielleicht auch vorausschauende Pläne Gennrichs hinzugekommen sein. Wichtiger ist das charakteristische Wachstum seiner theologischen Arbeit. Fast alle späteren Themen seines Denkens sind jetzt in Erscheinung getreten.

Dazu gehören »Glauben und Wissen«: »Die Vereinigung von Glauben und Wissen könnte ich auch mein Berufsziel nennen, wenn man darunter die konsequente Durchdringung der Lebensanschauung vom Standpunkt des Glaubens aus versteht, das Ernst-Machen mit der christlichen Verkündigung für das Ganze der Weltanschauung« (NW 6,93). Dies Programm von 1925 erhält jetzt die wichtige Erläuterung: »das Problem der Offenbarung, ... nur daran ist mir gelegen« (Brief 59 an Hermann). Eng damit zusammen hängt sodann das Bevorzugen gewisser Themenkomplexe der Luther-Interpretation – hier zunächst »Gesetz und Evangelium« als die Wortinitiative des sich offenbarenden Gottes. Dann die ihr entsprechende »Unfreiheit des menschlichen Willens«: sie war schon in den Thesen von 1924 eigenwillig durchdacht und in der Antrittsvorlesung aufs neue als ein »Jenseits von Gut und Böse« behandelt worden, in dem die »Freiheit eines Christenmenschen« recht eigentlich gründet. Jetzt fällt von daher der Blick auf das Problem der Ethik, das nur wenig später (1930) als das »Verhältnis von Person und Werk« erkannt wird zusammen mit der dadurch fälligen »Unterscheidung zwischen der theologischen und der philosophischen Ethik« (NW 6,212). Ferner ist die Konzentration auf die Christologie zu nennen. Gottes Wortinitiative hat ja in Jesus konkrete Menschengestalt angenommen. Immer wieder wird auf Johannes 1,14 zurückgegriffen, werden scheinbar die entlegensten Folgerungen daraus gezogen, gerade Hermann gegenüber, der zum Beispiel das damals vielverhandelte Zeitproblem in der These »Ich bin meine Zeit« zu einem Hauptbestandteil der Religionsphilosophie machte. Iwand dagegen: »Ich glaube, daß das Dogma von der Person Christi als die theologische Lösung [des Zeitproblems] angesehen werden muß ... das Wort ward Fleisch. Das Wort ist aber das Wort, das im Anfang war. Also haben wir hier ein Geschehen, das nicht in der Zeit steht, sondern in dem die Zeit beschlossen ist ... das Dogma geht auf das irdische Leben Jesu und will zeigen, daß es diesseits von Zeit und Zeitlosigkeit steht« (NW 6,187–188). Nimmt man den beginnenden Einfluß Schniewinds hinzu, der zu einer unerhört engen Arbeitsgemeinschaft gedieh, so kommt noch die eschatologische Dimension hinzu. Es muß angenommen werden, daß sie Iwand durch Schniewind erschlossen worden ist: »Schniewind dachte, wenn er geschichtlich dachte, immer endzeitlich« (GA I,228). Der Einfluß Karl Barths, der in all dem mitschwingen mochte, ist weniger eindeutig. Erst im Rückblick des Jahres 1950 konnte Iwand sagen: »Barths Theologie hat lange vor dem Sturm die Schlafenden geweckt, die Irrenden erleuchtet, die Zerstreuten gesammelt« (NW 2,405). Anregender scheint für ihn damals Gogarten gewesen zu sein. Und das ist wiederum bezeichnend. Mit Gründen, die nur im Rahmen seines Dialogs mit Hermann ganz zu würdigen sind, vermag er diesem Gogarten zu empfehlen.

6. Königsberg, d. 9. IV. 29

Sehr verehrter, lieber Herr Professor!

(...)

Ich sitze nun über Heim und bereite mein Luther-Kolleg vor. Mir hängen die Antinomien zum Hals raus und ich weiß gar nicht, wie ich Feuer fangen soll, damit es losgeht. Immerhin haben mir die vergangenen Tage die Bekanntschaft Gogartens gebracht, der hier war und mit dem ich viel zusammen war. Vielleicht ist seine Theologie der Ihrigen am meisten verwandt, wenigstens nach seinem jetzigen Standort. Ich sagte ihm das auch, aber die Dialektiker lernen ja jetzt erst langsam begreifen, daß sie nicht so neu in der Theologie sind wie in ihren liberalen Kreisen. Menschlich ist Gogarten übrigens sehr reizend, er gibt sich rasend Mühe mit seinen Zuhörern und vermeidet alles Pathos. Er wird nie verstanden von den Theologen, mit Ausnahme ganz weniger, viel eher von den Laien. Es ist sehr schade, daß Sie ihn nicht kennen, ich glaube, daß Sie ihn gern möchten. Daß er etwas hoch von sich denkt, das ist ja nicht zu leugnen, aber vielleicht notwendiger Selbsterhaltungstrieb. Er stammt übrigens aus dem Bergischen. Können Sie ihn nicht nach Greifswald holen? Ich finde es so schade, daß durch den breiten Graben, den die Dialektiker um sich gezogen haben, nun eine solche Isolierung eingetreten ist, obschon die Leute das Beste wollen. Die kommen freilich wo anders her, aber haben eben daher auch ein anderes Temperament, denn sie rechnen ja mit ihrer Vergangenheit ab. Das ist aber doch oft in der Kirchengeschichte vorgekommen.

Gogarten sagte mir, der Fehler der Theologie ist das isolierte Ich-Verständnis, und ich sagte darauf: darum beginnt Schleiermacher mit der schlechthinigen Abhängigkeit. Aber er will von Schleiermacher nichts wissen, er kennt das alles nur durch die Brille von Troeltsch. Immerhin, an solchen theologumena[1] hängt wenig. Auch ich habe schließlich eingesehen, daß man sich nicht darum ärgern darf, daß hier als neueste Weisheit verkündet wird, was wir schon als Studenten lernten. In ein paar Jahren, wenn nicht schon eher, sitzen diese Leute an denselben Problemen, in die unsereiner geraten ist. Das ist alles eine Bahn.

Bei der Kritik von Hirsch kam mir der Gedanke, ob nicht die Lehre vom unfreien Willen mit der von den Affekten zusammengehört. Das hat wohl auch schon mancher behauptet, aber bei Luther und überhaupt theologisch ist das noch nicht gesehen worden. Der Affekt ist dann das Mit-Sein des anderen, ich bin ein Liebender oder ein Hassender, ein Dankbarer oder ein Selbstsüchtiger. Der unfreie Wille ist nichts anderes als die zu-mir-Gehörigkeit des Affektes. Aber gibt es einen Affekt rein in mir selbst? Schleiermacher braucht ja nur das Ich zum Lustgefühl und gewinnt den Affekt aus dem Verhältnis von Ich und Nicht-Ich. Das wird wohl grundfalsch sein. Das sind keine Affekte, sondern Gefühle – vielleicht steckt dahinter sein Spinozismus. Mir liegt an diesem Gedanken, weil hier vielleicht eine »Psychologie« möglich ist, die wir brauchen. Denn sonst polemisieren wir nur dagegen.

Vielleicht kann ich dem weiter nachgehen. Ich will doch bei Zeit und Selbst bleiben, das interessiert mich sehr. Vielleicht sollte ich es theologischer nennen: das Problem der Offenbarung, denn nur daran ist mir gelegen.

Was bedeutet denn das, wenn gesagt wird, das Wort, das im Anfang war, ward Fleisch? Ist da nicht das »Werden« eingeschränkt? Das ἐγένετο[2] ist nur noch Ereignis, Geschehnis – nicht mehr Entwicklung. Und blieb nicht das Wort Wort und das Fleisch Fleisch und zeigt nicht das Johannesevangelium darum das Nebeneinander von Reden und Wundertaten? Das Wort ist aber das ewige, das die Welt und damit auch mein Dasein trägt. Das Wort gibt dem Fleisch d. h. der Historie ihr ubique, aber diese gibt dem allgegenwärtigen Wort sein *hic*.[3]

Auch die Auferstehung sprengt den Rahmen der Zeit. Sie ist kein innerzeitliches Geschehen oder besser als solches unverständlich. Erst als die Emmausjünger begreifen, daß es Erfüllung der Weissagung ist, verstehen sie, und der ihnen die Schrift öffnet, ist der Auferstandene! Aber sagt nicht auch Paulus – in 1. Kor. XV: an des Herrn Auferstehung glauben, heißt: an die eigene glauben. Entnimmt er nicht so das Ereignis dem »Für-wahr-halten«, das unverbindlich bleibt?

Und schließlich, wenn in der Parousie die Sterne vom Himmel fallen, heißt das nicht das Ende der »allmächtigen Zeit, die zum Manne mich schmiedet«, der einzige Gott, an den ein prometheisches Geschlecht – und Kant gehört auch dazu – glaubt. Was steckt doch alles in dem Worte: Gestirnzeit – und was haben da die Babylonier der Welt gegeben?

Aber im Christentum ist das alles ganz anders, da hat alles Ding *seine* Zeit – auch die Welt. Und so finde ich schon durch zum: Ich bin meine Zeit. Aber es ist sehr elend und wenig schön, daß dies alles brieflich abgemacht werden muß. Wir haben diese Dinge auf der Freizeit besprochen. Bitte empfehlen Sie mich Ihrer verehrten Frau Gemahlin, meine Frau läßt sehr grüßen. Mit vielem Dank bin ich Ihr ergebener

Hans Iwand

1 Theologische Gedanken und Aussagen ohne Verbindlichkeit.
2 Wurde, ward – Joh. 1,14.
3 Überall – hier.

1930 13. März: Annahme des Youngplans durch den Reichstag
Zum Sommersemester: Martin Noth als Professor für Altes Testament nach Königsberg berufen
18. Juni: Alfred Rosenberg, Der Mythus des 20. Jahrhunderts
Etwa gleichzeitig erscheint Iwands Habilitationsschrift »Rechtfertigungslehre und Christusglaube. Eine Untersuchung zur Systematik der Rechtfertigungslehre Luthers in ihren Anfängen« im J. C. Hinrichs Verlag in Leipzig.
9. Juli: Ihm wird auf Drängen Schniewinds endlich der Lehrauftrag für »die Hilfswissenschaften der systematischen Theologie« erteilt.
24. August: KPD-Programm »zur nationalen und sozialen Befreiung des deutschen Volkes«
14. September: Reichstagswahlen, Anstieg der Hitler-Partei von 12 auf 107 Mandate
21. November: Studentenkrawall in Königsberg, Forderung der Theologiestudenten nach mehr politischen Bildungs- und Diskussionsmöglichkeiten
25. Dezember: Ausnahmezustand im ganzen Reich, Hungerweihnachten

1931 1. Januar: 5 Millionen Arbeitslose
29. Juni: Staatsvertrag zwischen Preußen und den evangelischen Kirchen ratifiziert, darin staatliches Plazet bei Besetzung kirchen-

leitender Ämter; theologische Fakultäten, Staatsleistungen an die Kirche wechselseitig garantiert
13. Juli: Zusammenbruch der Darmstädter und National-Bank (Danatbank) mit Verlusten für die Kirche, die Innere Mission und das Lutherheim
Seit September verfolgt Iwand trotz wirtschaftlicher Schwierigkeiten zusammen mit dem Gustav-Adolf-Verein den Plan, ein weiteres Theologenkonvikt in Königsberg zu gründen, das »auslandsdeutschen« Studenten dienen soll.
10. Oktober: Hitler von Hindenburg empfangen
11. Oktober: Zusammenschluß der reaktionären Kräfte im Reich zur Harzburger Front
Im Wintersemester: Iwand hält, anfangs zusammen mit dem Privatdozenten Erich Vogelsang, für Königsberger Pfarrer ein Lutherkolleg.

1932 31. Januar: 6 Millionen Arbeitslose
10. April: Wiederwahl Hindenburgs zum Reichspräsidenten mit absoluter Mehrheit vor Hitler und Thälmann
13. April: Verbot der SA und SS durch Notverordnung der Reichsregierung
24. April: Landtagswahlen in Preußen, Verlust der jahrelangen SPD-Mehrheit zugunsten der Faschisten einerseits, der Kommunisten andererseits, infolgedessen innenpolitische Krise, Amtsenthebung der Regierung, Reichskommissar für Preußen
Im Frühjahr wird das mit Iwands Einsatz neugegründete Gustav-Adolf-Heim in Königsberg eröffnet und dem Lutherheim angeschlossen.
Sommersemester: Er liest zum erstenmal Ethik mit der Absicht, ein Lehrbuch zu verfassen.
Gennrichs Plan, ihn zum Studiendirektor des nach Klein-Neuhof verlegten Predigerseminars zu berufen, scheitert gegen Ende Mai.
6. Juni: Gründungsversammlung der Glaubensbewegung Deutsche Christen in Berlin im Blick auf die bevorstehenden altpreußischen Kirchenwahlen
14. Juni: Wiederzulassung von SA und SS durch die nach rechts steuernde Reichsregierung
Von den Studenten des Lutherheims sollen (nach Linck) »oft mehr als drei Viertel« der SA angehört haben.
bei wiederholten Reichstagswahlen im Juli und November weiteres Ansteigen, dann leichter Rückgang der Hitler-Partei
1. August: In Königsberg verüben die Nazis schwere Terrorakte, an denen auch Studenten des Lutherheims beteiligt sind.

Spätsommer: Karl Barth, Die kirchliche Dogmatik I,1
13. November: Wahlen zu den Kirchgemeindevertretungen in der Evangelischen Kirche der altpreußischen Union (NSDAP-amtlich für das »kommende Dritte Reich von größter Bedeutung«), erstes Auftreten der als gemäßigt geltenden ostpreußischen Deutschen Christen (Landesleiter Wehrkreispfarrer Müller, Stellvertreter und theologischer Vertrauensmann Lizentiat Vogelsang), Wahlerfolg durchschnittlich dreißig Prozent

Die Jahre 1930 bis 1932 tragen ein Doppelgesicht. Einerseits ist es eine Zeit hart erarbeiteter, froh machender Erfolge. Die Gründung eines zweiten Konvikts war geglückt. Verdoppelte Aufgabe und erhöhte Verantwortung stärkten Iwands Position. Er kam jetzt, über das herkömmliche Königsberger »Kränzchen« hinaus, das durchaus seine Verdienste hatte, an die Pfarrer der Stadt heran. In Luthers Theologie vermittelte er ihnen einen Zugang zum Evangelium, der für die Zukunft von Bedeutung sein sollte. Die Arbeit mit den Studenten gipfelte in Wissenschaftslagern, die ständig von Schniewind und Noth unterstützt wurden. »Mit Schniewind und Noth ist es herrlich zusammenzuleben« (NW 6, 239)! Gewiß hätte seine wissenschaftliche Produktion bei größerer Ruhe stetiger und erfolgreicher sein können. Doch nun begann die Zeit, in der er wöchentlich mit Schniewind zusammen das Neue Testament las. Diese spezielle Vertiefung in die Exegese sollte bald in der Rigaer Zeit, dann im Predigerseminar der Bekennenden Kirche und später in den weitwirkenden Predigtmeditationen eine ungeahnte Frucht bringen.

Andererseits sind es Jahre erster sich erhebender Kritik an den Zuständen der Kirche – nicht an denen der Gesellschaft, auch das Verhältnis von Kirche und Gesellschaft war noch *kein Thema* für ihn. Wenigstens nicht im Briefwechsel mit Hermann, der nach der allgemeinen Seite des horrenden politischen Verfalls und des in Friedenszeiten nie so großen sozialen Elends etwas verschlossen wirkt. Und doch hängen der (nach Brecht) »aufhaltsame Aufstieg« Hitlers und seiner zur »Naziflut« anschwellenden Gefolgschaft und der von Iwand so kritisch beobachtete »Theologenboom« nicht nur unterschwellig zusammen. Die junge SA-Welle hatte das Lutherheim schon erfaßt. Die Deutschen Christen machten den deutschen Faschismus in vieler Augen kirchenfähig. Getreu dem Programmpunkt 24 der NSDAP gaben sie neben dem »Moralgefühl der germanischen Rasse« und dem Kampf gegen »den jüdisch-materialistischen Geist« das »positive Christentum« als Standpunkt der Partei aus. Das war 1932. 1931 kritisierte Iwand bereits diejenige Kirche, die sich im Gewoge der Zeit in den für sicher gehaltenen Hafen des Staatsvertrags begab – zwei Jahre später eine Falle, die sich schloß –; die jungen Pfarrern ein Karrieredenken nahelegte und sie nach hergebrachtem Ritus scharenweise in Amt und Würden einsetzte, unbekümmert um den damit zur Geltung kommenden Geist der vielen. Im Ernst-Machen mit der kritischen Sicht nahm Iwand etwas von dem vorweg, was er später an Radikalität in den Kampf der Bekennenden Kirche einbrachte. So erklärt sich, daß ihm Hermann offenbar Barthische Überheblichkeit vorhalten konnte.

Der Gegensatz deutete auf die Trennung von beider Wegen an der Seite der Bekennenden Kirche voraus. Nicht im Verständnis dessen, was Kirche ist, scheint die Divergenz zu liegen. Iwand war hier von der gleichen Offenheit und der gleichen Fragehaltung bestimmt wie Hermann: »Es fällt uns halt allen immer sehr schwer, vor den Begriff Ecclesia das Credo zu setzen, und dieses Credo heißt ja wohl auch nicht Verzicht auf tatkräftige (freilich nicht rhetorische) Kritik.« Wohl aber im Verständnis von Kritik gingen sie auseinander, denn für Iwand gehörte sie bereits zur eschatologischen Dimension, und zwar nicht bloß der Kirche: »Aber im Grunde gibt die Verbundenheit des Christen mit der Menschheit und die Solidarität in den Gerichten Gottes mit dieser den rechten Boden aller ›Krisis‹ ab, die eben nicht mehr uns zum Subjekt hat.« Für Iwand kam das Leiden daran hinzu, »daß man manchmal das Tempo etwas anders haben möchte – und nicht nur das Tempo der Kirchengeschichte, sondern auch das Temperament der Führer« (NW 6, 232 vom 17.6.1931).

7. Königsberg, d. 18. V. 31.

Sehr verehrter, lieber Herr Professor!

Schon längst wollte ich Ihnen danken für die Übersendung Ihres Aufsatzes über de servo[1] – auch für die freundliche Angabe meiner diesbezüglichen Versuche – aber mehr aus einer leidigen Tätigkeit heraus als aus Zeitmangel kam es bisher nicht dazu. Meine hiesige Tätigkeit enthält so vielerlei Dinge, daß mir mein Kopf manchmal ganz wirr ist von den Geschäften, die sich daran stoßen – aber trotz meiner Versuche, das etwas einzuschränken, will es nicht gelingen. Die Not der Studenten ist sehr groß und da wir immer noch Mittel zur Abhilfe haben, bleibt natürlich mancherlei am Lutherheim hängen. Wir sind jetzt 40 Mann zu Tisch – Seminare und Kollegs sind übervoll. Das Anwachsen der Studentenzahlen, wir werden gewiß jetzt fast 400 haben, und die kleine Fakultät lassen das Mißverhältnis immer größer werden. Was soll aber nur aus dem Ganzen werden, der Theologenansturm ist nicht absolut ein gutes Zeichen, denn die Kurzsichtigkeit und Unruhe dieser Leute, die eben noch »unterkommen« wollen und die Studium und später Kirchenleitung unter dem Gesichtspunkt des Existenzkampfes ansehen, gleicht der Kopflosigkeit einer Hammelherde im brennenden Stall. Die Entfremdung der Kirche vom wirklichen Leben nimmt immer mehr zu, ihre eigentliche Lebendigkeit ist nur eine künstliche, in den eigens dazu präparierten Vereinen gezüchtete – das Evangelium, das die Welt heute braucht, wird als bekannt und »fertig« vorausgesetzt. Man möchte nur damit alles Mögliche »in Gang bringen«, wie mit einem Motor –

Ich muß gestehen, daß ich oft bei diesem Treiben ganz verzweifelt bin, denn was nützt es, wenn auch an einigen Punkten noch andere Bestrebungen da sind, sie sind nur die Ausnahmen von der Regel. Aber nichtsdestotrotz hält man überall Vorträge: Ecclesiam habemus[2] – und das einzige, was wir haben, ist der Staatszuschuß von 4,9 Millionen für die kirchlichen Behörden – ich glaube nicht, daß diese brüchigen Verhältnisse noch lange halten, vielmehr glaube ich, daß wir am Ende einer weltgeschichtlichen Epoche stehen und wer weiß, ob dies Ende nicht ein entsetzliches Gericht sein wird – nichts ist schwerer als wirklich im Glauben zu leben, ich meine, dem Nichts gegenüber gerade den Mut zu Leben und Arbeit zu gewinnen, denn alle Zukunft steht ja in Gottes Hand.

Mir ist aus Ihrem Vortrage dreierlei besonders eindrücklich geworden, erstens, daß dem Begriff des servum arbitrium[3] die Auffassung des totus homo[4] korrespondiert. Der Mensch muß aus seinem Sein her verstanden werden. Ich glaube, hier müßte man eigentlich die Affektenlehre Luthers unterbringen, denn dieses Sein ist immer schon ein Bewegt-Sein und das, worin wir aufgehen können, also worin wir ganz wir selbst sein können, ist der Affekt. Ohne den Rückgang auf die Affekte kann man auch das Personale nicht verstehen, denn das Du, demgegenüber wir Ich sind, ist uns ja nicht in der Vorstellung gegeben, sondern im *bestimmten* Affekt. Zweitens wurde ich wieder an den Begriff der Cooperatio[5] gemahnt. In einem Luthervortrag, den ich vor kurzem hier im Pfarrerverein hielt, strandete ich schließlich bei der Frage, was sollen wir tun? Ein *co*operativer Wille ist eigentlich ein stets im Handeln aufgehender Wille, also kein pläneschmiedender, sondern ein tätiger Wille. Die Frage: Was sollten wir uns vornehmen zu tun – wird ja leider oft so verstanden: »Was sollen wir uns vornehmen zu tun« – als gälte es, durch gute Absicht gerechtfertigte Werke in den leer gedachten Raum der Schöpfung (Natur) hineinzustellen. Natur ist überhaupt nicht primäre Weltansicht, sondern Natur ist nur die dem gefallenen Menschen *nahe*-liegende, scheinbar primäre Weltansicht; in Wahrheit ist Geschichte Voraussetzung – darum glaube ich auch, daß co-operatio nichts anderes bedeutet, als ein die geschichtliche Voraussetzung im natürlichen Handeln wiedergewinnendes Leben – Schließlich war mir die Fassung der Allgemeingültigkeit der christlichen Verkündigung sehr wichtig, es ist das wirklich die Lösung des Ineinander von Deus absconditus und Deus revelatus[6] – denn der *Ruf* beruft nur den, der »seinerseits wirklich folgt und nicht nach anderen schielt« – aber ist das Nach-anderen-Schielen nicht tief im Menschen begründet? Ist es nicht das verantwortungslose Aufgehen im öffentlichen Leben? Und ist nicht darum das Verhältnis von revelatio und absconditio[7] vertauschbar, denn der Deus revelatus ist doch nicht allen – kraft vernünftiger Einsicht – offenbar, und soweit er das ist, ist er eben absconditus. Ein Begriff kann nur durch den anderen verstanden werden. –

Aber nun noch die Freizeit. Wir fürchten zwar, Sie werden nicht kommen können, aber da es die Studenten nun einmal anregten – und zwar wirklich von sich aus – möchte ich doch mit meiner Bitte ihr Gesuch unterstützen. *Es würde sehr schön sein, wenn Sie kommen könnten* und hier würden sich viele sehr freuen, besonders Noth und Schniewind – Vor Uckeley sind wir übrigens sowieso sicher, denn der macht von vornherein nicht mit. Falls es überhaupt denkbar ist, daß Sie kämen, würde ich Ihnen möglichst bald den genauen Plan mitteilen, der noch nicht ganz feststeht. – Schott schickte mir seine Abhandlung, ich finde sie glänzend, ich wünschte, mir wäre je eine so geschlossene Kritik gelungen – ich habe vor 4 Wochen hier wieder einmal einen Vortrag über Heim gehalten, aber es bleibt leider alles ungedruckt – Ich freute mich riesig über Schotts Erkenntnisse und lese das Ganze mit größtem Genuß. Nun muß ich aber schlafen gehen, meine Frau grüßt sehr – Ihnen und Ihrer Frau Gemahlin senden wir beste Pfingstgrüße, damit bleibe ich Ihr dankbarer

H. Iwand

1 R. Hermann, Zu Luthers Lehre vom unfreien Willen, 1931.
2 M. Schian, Ecclesiam habemus. Ein Beitrag zur Auseinandersetzung zwischen K. Barth und O. Dibelius, 1931 (Ecclesiam habemus = wir haben die Kirche).
3 Unfreier Wille.
4 Der Mensch als ganzer.
5 Zusammenwirken.
6 Verborgener und offenbarer Gott.
7 Offenbarung und Verborgenheit.

8. Königsberg, d. 27. V. 31.

Sehr verehrter Herr Professor!

Da erst gestern Ihr Brief in meine Hände gelangte, kann ich erst heute antworten und danken. Es tut mir sehr leid, daß ich durch meinen Brief nun sozusagen der Grund für Ihre Absage zur Teilnahme an der Freizeit geworden bin, Sie werden mir glauben, daß alles andere als das in meiner Absicht lag. Auch war das, was ich da schrieb, doch nur eben als Brief gemeint und ich habe nie daran gedacht, Ähnliches auf der Freizeit zu sagen, auf der ich ja nur – im besten Falle – einen Vortrag neben anderen habe. Ich würde Sie darum sehr bitten, von diesem Moment abzusehen, das von mir nur als Ausdruck meiner persönlichen Stimmung gemeint war und mit der Freizeit nichts zu tun hat.

Auch kann ich mich nicht erinnern, Barths quousque tandem[1] in meinem Brief erwähnt zu haben, noch weniger Günther Dehn und seinen Kreis – denn ich erhoffe von diesen Angriffen nichts, sie scheinen mir auch falsch; allerdings hat mich die Form, wie man seinerzeit Barth entgegnete, nicht weniger deprimiert. Daß ich mich im Ausdruck und Ton vergriffen habe, gebe ich zu – aber ich meinte meine Äußerungen doch nicht in einem öffentlichen, publizistischen Sinne, sondern gerade weil das Ziel meiner Arbeit doch im Bereich der Kirche liegt, kann ich mich der Hoffnungslosigkeit schwer erwehren, wenn ich deren augenblickliche Tätigkeit sehe – ich kann nicht anders als das Allerschlimmste davon erwarten. – Und wenn ich auch einsehe, daß ich in der Form meiner Kritik Unrecht habe – daß *ich* kein Recht habe, über sie so zu urteilen – dann bin ich dennoch nicht weiter, denn die Lage bleibt eben hoffnungslos. Ich weiß keinen Ausweg und kann nicht einsehen, daß ich selbst daran schuld bin, daß mir das Bild so erscheint. Gewiß weiß ich, daß in Dingen des Glaubens das, was man sieht, nicht den Ausschlag gibt, aber wir müßten doch keine Menschen sein, wenn uns nicht dann und wann das Sichtbare überwältigte, Mut und Hoffnung raubte! Verstehen Sie es denn nicht, daß man über dem, was der Kirche heute das Wichtigste erscheint, verzweifeln kann, daß sich ihre Ratlosigkeit auch auf uns selber legt und uns allen Eifer und Glauben zu nehmen droht – und daß man dann auch ungerecht urteilt und überheblich kritisiert?

Ich glaube nicht, daß ich mich weigern würde, in dieser Hinsicht meine Schuld einzugestehen, wenn ich nur eins sähe: daß es nicht immer weiter bergab geht. Es ist ja nicht nötig, das im einzelnen zu begründen, es bliebe vielleicht doch alles subjektiv verzerrt, aber wenn alles zugrunde geht, was nützt es mir dann, wenn ich mich halte – was nützt mir mein Glaube, wenn ich ihn den Menschen, die ihn brauchen, nicht bringen *kann* – und das eben scheint mir so zu sein: Wir können den Menschen nicht mehr helfen, das Evangelium könnte ihnen helfen – also: haben wir wirklich noch das Evangelium? Oder stehen wir ihm etwa gar im Wege? Ich kann an die Gottlosigkeit der Massen nicht glauben, also muß ich an dem Recht zweifeln, mit dem wir sie verurteilen. – Ich komme hier viel mit Pfarrern zusammen, die an schweren Stellen in Königsberg arbeiten, sie fühlen sich gerade in den entscheidenden Fragen von der Kirchenleitung im Stich gelassen. Was nützt denn eine große Protestkundgebung gegen die Gottlosenpropaganda auf der auch nicht ein einziger Redner an die Haltung des 2. Psalms zu erinnern wagte – sondern: wahrt die kulturellen Güter! – war der durchgehende Tenor. Und wenn ich nur sähe, daß auch nur etwas Positives erreicht worden wäre in den letzten Jahren, in denen man soviel gearbeitet hat: Man hat noch die letzten Reste der kirchentreuen Kreise mobilisiert, aber alles andere hält sich in kühler Reserve. Ich kann nicht darum herumkommen, die kirchliche Praxis mit der politischen zu vergleichen, hier wie dort der gleiche Optimismus, der die Wirklichkeit sich selbst verdeckt, bis es eben zu einer Katastrophe kommt.

Sie erinnern mich an mein Elternhaus. Wenn Sie heute meinen Vater sprächen und sein Urteil über die kirchliche Lage in Schlesien hörten, dann würden Sie gewiß auch über seine Schärfe und Hoffnungslosigkeit erstaunt sein; gerade mein Vater ist bis ins Innerste besorgt um das, was heute da gespielt wird. Ich glaube nicht, daß er viel günstiger die Lage ansehen würde. Das ist es ja doch, was mich so empört, daß der Pfarrer als solcher garnicht mehr im Mittelpunkt steht, sondern der irgendwie benamte Pfarrer, Presse-Frauenhilfs-Jugendpfarrer etc.; nicht mehr die Gemeinde, sondern die Verbände sind »die Kirche«, die Gemeinde ist nur »Arbeitsfeld«, infolgedessen überlastet ein bürokratischer Betrieb den einzelnen Pfarrer, die Wortverkündigung tritt immer mehr in den Hintergrund –

Ich glaube nicht, daß ich damit irgend einen bestimmten Weg ginge – der ist jedenfalls nicht durch diese kritische Haltung bestimmt, die ja doch nur ein Ausdruck der Ratlosigkeit ist. Auch hoffe ich, daß ich die Studenten nicht zu kritisierender Tatenlosigkeit erziehe. – Habe ich denn geschrieben, mir sei die Frage: Was sollen wir tun? gleichgültig? Das kann ich mir gar nicht denken, da ich mich gerade damit abquäle, das letzte Stück meines Luthervortrages, das davon handelt, umzuarbeiten.

Daß mich Ihr Tadel sehr getroffen hat, ist wohl natürlich; aber ich fand bei allem Recht, das er mir und meiner Art gegenüber hat, doch, daß mir einige Dinge zugeschrieben wurden, denen ich wirklich fernzustehen glaube – und darum war ich etwas fassungslos. Ich war in meinem Urteil, soweit ich mich erinnern kann, durch meine hiesigen Erfahrungen bestimmt, auch was den Kirchenvertrag angeht, und nicht durch irgendwelche theologischen Programme und Richtungen. Und ich möchte Sie wirklich darum bitten, das keinen Grund für die

Absage sein zu lassen – ich glaube, das wäre ganz abgesehen davon, daß es mir persönlich sehr schwer sein würde, auch sachlich nicht begründet.

(...)

In der Hoffnung, daß Sie doch noch kommen werden, und mit der Bitte, Sie möchten mir fernerhin Ihr Vertrauen erhalten, bin ich Ihr dankbarer

Hans Iwand

1 Wie lange noch (willst du unsere Geduld mißbrauchen)? (Cicero, 1. Rede gegen Catilina, 63 v. Chr.) – K. Barth, Quousque tandem? [Protest gegen ein Manifest der Selbstzufriedenheit im Kirchlichen Jahrbuch für 1930], Zwischen den Zeiten 8, 1930, 1–6.

1933 30. Januar: Hitler von Hindenburg zum Reichskanzler ernannt

28. Februar: Reichstagsbrand, Hetzkampagne gegen die gesamte Linke, Verbot ihrer Presse, Verhaftungen

3. März: Thälmann verhaftet, nie wieder freigelassen

4. März: Rede Hitlers in Königsberg

5. März: Reichstagswahl, nur vierundvierzig Prozent für die Hitlerpartei

21. März: Tag von Potsdam mit Feier in der Garnisonkirche, Darstellung von »Nationalsozialismus und Preußentum«

22. März: Konzentrationslager Dachau gegründet

24. März: Ermächtigungsgesetz (Regieren durch Abweichen von der Verfassung) vom Reichstag nach Ausschluß der Kommunisten gebilligt

1. April: erster organisierter Boykott jüdischer Geschäfte

3. bis 5. April: Reichstagung der DC in Berlin mit dem Ziel der Gleichschaltung von Kirche und Staat in einer Reichskirche

11. April: Gesetz »zur Wiederherstellung des Berufsbeamtentums«, Ausschluß aller »Nichtarier« vom öffentlichen Dienst (»Arierparagraph«)

26. April: nach einem Aufruf zur Kirchenreform Ausarbeitung einer neuen evangelischen Kirchenverfassung in Loccum begonnen

Anfang Mai bis Mitte Juni beteiligt sich Iwand federführend an einer Anzahl von Aufrufen, die den beginnenden Kirchenstreit überwinden und die Einheit der Pfarrerschaft bewahren oder wiederherstellen sollen.

16. Mai: der »gemäßigte« Ludwig Müller neuer »Schirmherr« der

DC, als Bevollmächtigter Hitlers in Loccum beteiligt, seit 24. Mai Kandidat für das Amt des Reichsbischofs

26. Mai: Friedrich von Bodelschwingh, Gegenkandidat der »Jungreformatorischen Bewegung«, von den Landeskirchen in Eisenach mit großer Mehrheit bestätigt

24. Juni: Einsetzung eines Staatskommissars für die preußischen Landeskirchen, Rücktritt Bodelschwinghs von der Kandidatur

Am selben Tag wird zuerst Iwand die Amtsenthebung, dann Gennrich die Versetzung in den Ruhestand aus Berlin mitgeteilt.

Karl Barth, Theologische Existenz heute!

26. Juni: Ein deutschchristlicher Oberstudienrat übernimmt in Begleitung von SS das Lutherheim.

28. Juni: Bodelschwingh bei Hindenburg auf Gut Neudeck in Ostpreußen, danach Einflußnahme auf Hitler, korrigierter kirchenpolitischer Kurs: beschleunigte Verabschiedung der Kirchenverfassung, Kirchenwahlen ausgeschrieben

30. Juni: Nachdem Iwand wieder in sein Amt eingesetzt ist, greift der regionale Staatskommissar auf Betreiben der DC in die Angelegenheit Lutherheim ein. Er wird erneut abgesetzt, aber schon in wenigen Tagen von dem Gauleiter und Oberpräsidenten Erich Koch, der zugleich stellvertretender Vorsitzender des altpreußischen Kirchensenats ist, zum andernmal wiedereingesetzt.

14. Juli: Verfassung der Deutschen Evangelischen Kirche durch Reichsgesetz bestätigt

20. Juli: Reichskonkordat zwischen dem Heiligen Stuhl und der Reichsregierung

23. Juli: evangelische Kirchenwahlen im ganzen Reich, nach parteiamtlicher Einflußnahme – z. B. Wahlaufruf Hitlers im Rundfunk – siebzig Prozent der Stimmen für die DC

5. September: Tagung der altpreußischen Generalsynode in Berlin mit Übernahme des Arierparagraphen in die Kirche, als Folge davon Gründung des Pfarrernotbundes durch Martin Niemöller u. a.

19. September: Fritz Kessel, Reichspropagandaleiter der DC, designierter Bischof von Königsberg

27. September: Nationalsynode der DEK in Wittenberg, Ludwig Müller Reichsbischof, ihm zur Seite ein Geistliches Ministerium

13. November: Sportpalastkundgebung der DC in Berlin mit radikalen Forderungen (Aufgabe des Alten Testaments, Entfernung der Wunder aus dem Neuen usf.), Auslösung eines Skandals, starke Austrittsbewegung

erste Gewaltmaßnahmen des deutschchristlichen Kirchenregiments in Ostpreußen

28. November: In Königsberg wird die unter Schniewinds und Iwands Einfluß stehende »Kirchliche Arbeitsgemeinschaft« gegründet, die Vorläuferin der ostpreußischen Bekennenden Kirche.
29. November: Rücktritt des Geistlichen Ministeriums, in der Folge Krise der Reichskirchenführung, schließlich Alleinregierung der Kirche durch Ludwig Müller im Wege von Notverordnungen, Proteste der Pfarrerschaft

Die Ausschreitungen vom Sommer 1932 lösten im Lutherheim eine Scheidung der Geister aus. Es kam zu Austritten aus der SA. Dieser namentlich auf Iwands Wirken zurückzuführende Klärungs- und Scheidungsprozeß erstreckte sich allmählich auch auf jüngere Pfarrer. Die gesamte Pfarrerschaft glaubte man anfangs sammeln und zur geistlichen Einheit führen zu können. Dazu diente auch das antikommunistische Argument. Aber eine Täuschung über den Erfolg sollte nicht aufkommen. Iwand ahnte das: »Die Gefahren, die jetzt aufbrechen, habe ich seit Jahren gefühlt, gebe Gott, daß wir nicht ganz untergehen. Denn unser kirchliches Leben ist nicht sehr widerstandsfähig« (NW 6, 249 vom 23. 4. 1933). Was er nicht sah, aber später als bittere Schuld und nie überwundenes unheilvolles Erbe empfand, war der Verrat des Bürgertums an der demokratischen und antifaschistischen Linken.

An Hitlers ostpreußischem Spitzenfunktionär Erich Koch meinten er und Schniewind sogar einen Rückhalt zu haben. Auch das sollte sich als Irrtum erweisen. Koch war ein ungeheurer kirchlicher Blender, der mit dem theologischen Scharlatan, der kurz danach auf den Plan trat, mit Fritz Kessel, in der Verwaltung der Macht im Prinzip harmonierte. Setzte Koch Iwand wieder ein, so mochte das seine taktischen Gründe haben, vielleicht vermittelt durch den jungen Inspektor des Gustav-Adolf-Heims, der weiter an ein breites Zusammengehen glaubte. Immerhin wurde es Iwands kleinlichen Feinden dadurch schwerer gemacht, ihn zu Fall zu bringen. Der Hebel, den sie dazu benutzen konnten, war jedoch lang genug und direkt im Zentrum seiner Existenz angesetzt. Nach dem staatlichen Berufsbeamtengesetz und seiner Übernahme von der Kirche durfte niemand, der nicht »jederzeit rückhaltlos für den nationalen Staat« eintrat, ein öffentliches Amt, also auch kein kirchliches, innehaben. Bei Iwand kam die »nichtarische« Verwandtschaft seiner Frau hinzu. Das war der Punkt, an dem Martin Niemöller und seine Freunde entschieden widersprachen. Hierdurch kam es zum Pfarrernotbund, ohne den die Bekennende Kirche kaum zu denken war. Und hierdurch kam es bald schon zu denjenigen Amtsintrigen, die nach Iwands kirchlich-erzieherischem Wirken auch seine akademische Laufbahn beenden sollten.

9. Königsberg, d. 9. IX. 33.

Sehr verehrter Herr Professor!

Ihr freundlicher Brief hat mich sehr gefreut und ich danke Ihnen sehr herzlich dafür. Ich hätte längst schreiben sollen, aber die vielerlei Arbeiten und Unruhen, die wir im letzten halben Jahr erfahren haben, ließen mich nicht mehr zu vernünftigen Briefen kommen und haben mich so ermüdet, daß ich heute immer noch Mühe habe, wenn ich mich an eine ordentliche Arbeit heransetze. Wir, meine Frau, die Kinder, mein Vater und mein Bruder Fritz waren jetzt etwa 14 Tage in Neuhäuser, das war eine sehr schöne Zeit, zu unserer großen Freude auch für meinen Vater, der sehr unter seiner Einsamkeit leidet und alt geworden ist. Er hat Peter im schönen Kirchlein zu Lochstädt getauft und Herr Schniewind hat dazu die Orgel gespielt, es war eine wunderschöne Tauffeier. Die Tage in Neuhäuser waren darum so beruhigend, weil wir viel im Wald und am Meer waren und weil man dort ein anderes Lied vernahm als das, was Zeitungen und gleichgeschaltete Gehirne heute bis zum Überdruß dahinbeten. Es ist schon wahr, was man bis jetzt vielleicht nicht immer verstanden hat: Der Wolken, Luft und Winden gibt Wege Lauf und Bahn ... Diese Gewißheit legt sich wie ein Anker im Grunde fest und es ist wie eine uns beschämende Verheißung, die dann aus der Natur verschwiegen und doch vernehmbar uns entgegenklingt.

Über die einzelnen Phasen unserer Kämpfe zu berichten, würde Sie gewiß langweilen, es war eben so, daß man mich als einzigen von denen, die für Bodelschwingh eingetreten waren, absetzte, noch vor Gennrichs Entlassung und sich bemühte, einen etwa 40 oder 45 Jahre alten Studienrat hier hineinzubringen, der wie ich sicher glaube, eine gewisse Affinität zu Uckeley hatte. Uckeley hat es mir nicht vergessen, daß ich in den letzten Jahren ihm einige Male sehr schroff in der Fakultät entgegengetreten bin und hoffte wohl nun, die beiden Konvikte in die Hand zu bekommen. Die Sache war aber so geschickt vorbereitet, daß auch am Tage meiner Absetzung mein eigener Senior bei der hiesigen Studentenschaft ein Verfahren gegen mich einzuleiten suchte, wodurch mir die venia[1] entzogen werden sollte. Die deutschen Christen boykottierten mein Kolleg, was diesem übrigens wenig schadete, denn es kamen nun von der anderen Seite als Protest andere hin und ich habe in diesen Tagen immer vor einer relativ großen Zuhörerschaft gelesen.

Es schalteten sich sofort einige Studenten ein und nach ein paar Tagen war ich wieder eingesetzt, was die hiesigen D. C. so ärgerte, daß sie mich noch einmal von hier aus trotz der Berliner Verfügung absetzten. Das führte dann zu einer Gegenüberstellung zwischen dem Staatskommissar und mir bei hiesigem Oberpräsidenten und Gauleiter Koch, durch den ich dann wieder eingesetzt wurde. Diese Begegnung mit Koch war mir ganz außerordentlich eindrucksvoll, er sprach mit tiefstem Verständnis von unserer Kirche und er ging vor allem nicht von der Kirche aus, sondern vom Glauben. Er stammt aus Elberfeld und ist dort im C. V. J. M. groß geworden. Er hat sich seitdem aufs eingehendste mit dem Fortgang der kirchlichen Kämpfe befaßt und spricht vor allem gern mit Schniewind über die Lage; er geht immer auf die zentralen Dinge des Christenlebens ein und ist darin so unmittelbar empfindend, daß uns dieses hier immer wieder wie ein Wunder vorkommt.

Vertraulich.

Leider haben die Deutschen Christen, als sie diese Wendung Kochs spürten, alles getan, um ihn auszuschalten, obgleich er der Präses der Synode geworden ist, und werden wohl durchsetzen, daß ein Mann der Hossenfeldergruppe,[2] ein Pfarrer Kessel aus Berlin hier Bischof wird. Das ist für uns eine sehr schwere Enttäuschung, und was dann aus den Konvikten und mir wird, ist mir noch nicht klar. Ich werde allerdings meine Stellung zunächst halten.

Was wir heute mit der Kirche erleben, ist doch erschütternd, die Generalsynode muß einfach ein Chaos gewesen sein. Da war nichts mehr vom Geist Jesu Christi, sagte mir ein Teilnehmer. Daß Hossenfelder heute so in diesem Taumel mittreibt und durch nichts zur Besinnung zu bringen ist, spricht nicht für ihn. Was ist das überhaupt für ein Wahnsinn, wenn diese Leute die Kirche reformieren wollen, indem sie für sich Bischofssitze schaffen. Freilich habe ich auch den Eindruck, daß der

»Glaube«, durch Personalfragen die Reformation von 1933 zu erledigen, auch bei den sogenannten »gemäßigten« Kreisen sehr stark war und auch da wenig verantwortliche Arbeit geleistet wurde. Der Kampfgeist der Hollschule[3] war ja prächtig, es tat einem nur leid, daß man keinen richtigen Schützengraben für die zur Verfügung hatte. Es sind heldische Naturen, und wenn sie scheitern, wie jetzt Vogelsang, sind sie Märtyrer. Währenddessen baut die katholische Kirche ruhig und sicher an ihrem großen Plan weiter.[4] Der Protestantismus wird die Säkularisation des Christentums bis zur natürlichen Religion fortführen und der Katholizismus wird dann nach alter Methode noch einmal Deutschland missionieren und unter seiner kirchlichen Ägide ein Paneuropa zu schaffen suchen. Massengottesdienste passen besser zu ihm als zu uns und die verführerische Parole: Das Volk fromm machen ist Roms alte Zielsetzung. Nur der nationale Wille steht dem noch entgegen und Luther, der uns das Wort Gottes deutsch geschenkt hat.

Wir sind hier entschlossen, den Kampf zur Klärung und Scheidung der Geister weiterzuführen. Vielleicht wird denen, die gerade jetzt die Hoffnung nicht wegwerfen und diese Religion der in sich geschlossenen Endlichkeit nicht mitmachen, doch noch einmal Gerechtigkeit widerfahren.

Ich glaube, daß die D. C. dem völkischen Glauben nicht widerstehen können, sie werden versuchen, mit dem Staat dagegen anzugehen, aber das wird der Staat nicht tun. Dann erst wird die Krisis eintreten. In Wahrheit war ja auch die kirchliche Organisation hohl und leer und was wir heut erleben, ist nichts anderes als eine schonungslose Inventur.

Uckeley hat es nun doch zu bunt getrieben und wird wohl endgültig seine Zelte hier abbrechen müssen. Er soll nach Halle kommen, der einzige Deutsche Christ der Fakultät wird versetzt! Von der Lage in Berlin hört man wenig Gutes. Fezer wie Schumann scheinen ihren Willen wenig durchsetzen zu können, weil Müller immer wieder die Unterstützung der radikalen Gruppe braucht, die sich dann dementsprechend bezahlen läßt. Müller hat eine natürliche Theologie, was immerhin erfreulich sein kann gegenüber einer unnatürlichen, aber das ist auch alles.

Was ich hier weiter tun werde, ist noch völlig unklar. Es

würde mich sehr wundern, wenn ich nicht nochmal abgesetzt würde, denn ich kann mir nicht denken, daß man die Konvikte nicht gleichschaltet. Ebenso scheint mir auch die Möglichkeit einer Berufung[5] in weitere Ferne gerückt, denn auch da wird man jetzt gewiß die D. C. bevorzugen und zudem bin ich doch gegen den Augenschein der einzige »Arier« in meiner Familie.[6] Doch darum sich zu sorgen, wäre gewiß falsch. Vorläufig stehe ich materiell ganz gut und kann jetzt gut auf jede Beihilfe verzichten, was doch sehr schön ist. Aber man kann ja auch nicht wissen, ob die Kolleggelder nicht bald gekürzt werden, besonders bei denen, die sehr viel[e Hörer] haben.

Heute abend kommt übrigens Stange hier durch und ich muß jetzt gleich auf die Bahn, um ihn abzuholen, er fährt morgen weiter nach dem Baltikum. Dann wird Fezer morgen um 9.30 Uhr im Dom predigen. Darauf freue ich mich. Wir werden für Uckeley übrigens wohl Fendt herbekommen, das ist doch ein guter Tausch. Wer für Juncker berufen wird, steht noch nicht fest. Aber es wird wohl Preisker werden, denn er ist der einzige D. C. auf unserer Liste. Aus Breslau hört man ja die tollsten Dinge, man schickte mir die Abschrift eines Kollegs von Bornhausen, das seinesgleichen sucht. Er empfiehlt z. B. das kurze, deutsche Tischgebet »Mahlzeit« und behauptet, daß Jesaja ein Vorkämpfer der nordischen Religion gewesen sei.

10. IX. 33.

Dabei blieb ich gestern stehen, inzwischen habe ich 2 Nachtstunden mit Stange verbracht, der heute morgen in aller Frühe nach Riga weiter fuhr, und dann die 600jährige Domfeier, bei der Fezer predigte, mitgemacht. Die Predigt Fezers war von großem Eindruck und suchte das Gehör für das Wort Gottes (Dein Name werde geheiligt) nicht aus dem Eingehen auf die nationalsozialistische Weltanschauung, sondern aus dem Schicksal des Volkes zu gewinnen. Das eben scheint mir der letzte Unterschied zwischen den beiden Lagern der D. C. zu sein, daß die einen weltanschaulich und darum »gleichgeschaltet« denken; die anderen geschichtlich erleben. Damit das andere nicht fehle, sprach hinterher der neugebackene Oberkonsistorialrat Dr. Freytag vom Evangl. Oberkirchenrat, der sich als Lutherforscher bezeichnete und sich und uns so belog, daß er dauernd Bibelworte von Einigkeit und Frieden zu zitieren nötig hatte. Man erlebt heute so erschreckend die Hohlheit der Worte, wo unsere Sprache so nichtswürdig in den Dienst der feigsten Täuschung gestellt wird und Worte, die uns alles sind, dazu dienen müssen, eine Welt des Scheins und der Verführung hervorzuzaubern.

Wie schwer ist es geworden, zu reden. Mir haben das viele Pfarrer bestätigt. Es rächt sich, daß Menschenwort und Gotteswort auseinanderklaffen, denn nun wähnen diese Leute, man könne »Gottes Wort unangetastet lassen«, dabei aber im »irdischen Bezirk« das Wort zum Mittel momentaner Wirkung und willkürlicher Absichten herabwürdigen. Es zeigen sich hier übrigens bei unserer neu entstehenden Kirche beziehungsweise bei ihren Führern Merkmale, die mir von den Kirchenleuten der Letten und Esten in peinlicher Erinnerung sind, besonders das fortwährende Reden vom Gebet und öffentliche Beten mitten in allen Machenschaften und intriganten Manövern. Was ist heut noch Überzeugung? Ist sie nicht weithin ein Mittel geworden, um das Faktische zu verherrlichen? Unsere »Überzeugungen« verlieren ihren vorgreifenden, zielsetzenden und den Menschen verpflichtenden Charakter, sie sind weithin der zurechtgemachte Ausdruck für die innere Kapitulation, die Schutzfarbe der Feigheit. Dabei setzt sich in alledem nur ein Prozeß fort, der in der kirchlichen Tendenz des letzten Jahrzehnts vorbereitet, heute zur schamlosen Darstellung kommt. Nicht mehr Offenbarung, sondern Öffentlichkeit, nicht mehr communio[7], sondern Partei, nicht mehr Erleben, sondern Bewegung, nicht mehr Entscheidung, sondern Disziplin. Wie eine Hammelherde im brennenden Stall die Köpfe zusammensteckt, so wollen die Christen nicht sehen und verstecken sich hinter politische Formen der Existenz. Daß die politischen Formen der Existenz die letzten Daseinsmöglichkeiten werden, jenseits deren nur noch die irrationalen Mächte der Natur liegen, die mythische, nicht geschichtliche Bildung zeitigen, das ist die eigentliche Gefahr unserer Lage. Hier wird die Scheidegrenze von Kirche und Staat aktuell, nicht in der kirchenpolitischen Lage, die ja nur ein Symptom des inneren Verirrtseins ist. Die Grenze der justitia activa seu civilis[8] droht zu verschwinden und sie muß ja schließlich auch verloren gehen, wenn der articulus stantis et cadentis ecclesiae[9] wankend geworden ist.

Der Kampf wider den Mythos bezw. den Gnostizismus wird uns nicht erspart bleiben. Denn das Hineinnehmen des Rassedogmas in die kirchliche Gesetzgebung ist ein erster wenn auch vorläufig noch bemäntelter Schritt zum Doketismus. Es darf nicht sein, daß eine Kirche, die Paulus soviel verdankt wie wir, den Juden die Möglichkeit der Verkündigung nimmt. Das ist ein Verrat des Glaubens an die in sich beschlossene Endlichkeit des Blutes und der Geistesgeschichte. Diesem ersten Nachgeben vor den völkischen Postulaten werden weitere Schritte in der gleichen Richtung folgen und es fragt sich, ob der Staat den D. C. gegen die Völkischen in derselben Weise helfen wird wie gegen die sogenannte alte Kirche. Naturgemäß wird er das nicht können.

Die Schwierigkeiten, die ich hier sehe, liegen ja letzten Endes darin begründet, daß der Nationalsozialismus als weltanschaulich-dogmatische Konzeption mit dem Staat als dem geschichtlichen Faktor völkischen Erlebens zusammengeschweißt werden soll. Ist das durchführbar? Man kann doch nicht zugleich an das »Forme Menschen nach meinem Bilde« und an Gott glauben.

Die Unterhaltung mit Stange war sehr angenehm und genußreich. Er erzählte viel von dem Aufblühen der Lutherakademie und die Entwicklung scheint ganz zukunftsreich zu sein. Aber was sind all unsere kleinen Bauten und Unternehmungen gegen den Sturm, der durch die Zeiten fegt und von dessen weltgeschichtlichen Ausmaßen wir vorerst nur einen kleinen Vorgeschmack bekommen haben dürften. Ich hätte Ihnen noch vieles zu sagen, über Beobachtungen aus der Studentenschaft und ihre geplante Universitätsreform, über das selten ideelle, leider oft milieubedingte »sozialistische« Prinzip, das sich jetzt sehr durchsetzt, über Versuche, hier gegen die völlige Ausbreitung der D. C. einige schwache Dämme aufzuwerfen u.s.w. Aber es ist schon sehr spät und der Brief ist nun über Gebühr lang geworden. Darin, daß heute wieder das Wort Luthers wahr wird »Nicht wissen den rechten Weg, das ist der rechte Weg, senk dich in Unverstand, so geb ich dir meinen Verstand«[10] sehe ich doch eine große Verheißung, daß ein Geschehen dem inneren Aufbruch des Protestantismus der letzten Jahre zur Seite tritt, das jenem Zurückfinden zur reformatorischen Theologie analog ist. – Haben Sie also nochmals vielen herzlichen Dank für Ihren Brief und seien Sie und Ihre verehrte Frau Gemahlin herzlichst gegrüßt von Ihrem dankbaren

H. Iwand

Viele Grüße auch von meiner Frau.

1 (Lehr-)Befugnis.
2 Der von dem Berliner Pfarrer Joachim Hossenfelder geleiteten »Glaubensbewegung Deutsche Christen«, die ausgesprochen parteipolitischen Charakter trug und durch den Sportpalastskandal Herbst 1933 in eine Krise geriet, in der Hossenfelder abtreten mußte.
3 Schüler des Kirchenhistorikers Karl Holl, des Beförderers der Lutherrenaissance, die den protestantischen deutschen Nationalismus bestärkten. 1933 hoben sie, wie der gleich genannte Erich Vogelsang, Reichsbischof Müller in den Sattel oder unterstützten ihn, wie der nicht erwähnte Emanuel Hirsch, mit gemäßigten Programmen. Während Vogelsang und andere erkannten, daß Müller der eigenen Sache schadete, und um seinen Rücktritt ersuchten, galt bereits das Urteil: »Die Gemäßigten haben die Politisierung der Kirche erst möglich gemacht« (R. Hermann, Werke VI, 33, 34).
4 Gemeint ist das Reichskonkordat.
5 In Rede stand Gießen.
6 Siehe auch die Denunziation 80.
7 Gemeinschaft.
8 Tätige oder bürgerliche Gerechtigkeit.
9 Der Glaubensartikel, mit dem die Kirche steht und fällt.
10 Auslegung der sieben Bußpsalmen, 1517/1525, WA I, 171.

1934 seit Januar in Rheinland und Westfalen erste freie Synoden
20. April: an Hitlers Geburtstag Heinrich Himmler (SS) zum Chef der Geheimen Staatspolizei in Preußen ernannt
29. Mai: 1. Bekenntnissynode der altpreußischen Union in Barmen
29. bis 31. Mai, daran anschließend: 1. Bekenntnissynode der DEK in Barmen, sechs Theologische Thesen zur Lage der Kirche
Zum Sommersemester: Günther Bornkamm Privatdozent für Neues Testament in Königsberg
8. Juni: Gehorsamserklärungen gegenüber dem Reichsbischof von den Kandidaten des ostpreußischen Predigerseminars Klein-Neu-

hof verlangt (»Führerprinzip« in der Kirche); wegen Verweigerung fünf Entlassungen im Lauf des Juni

8. Juli: Iwand stellt im Brief an Bischof Kessel unter Berufung auf die Vorgänge in Klein-Neuhof die Leitung der Königsberger Konvikte zur Verfügung.

Um diese Zeit erhält er einen Ruf als Dozent für Neues Testament an das Herderinstitut in Riga; in der unter Einfluß Karl Barths neugegründeten Zeitschrift »Evangelische Theologie« veröffentlicht er den Aufsatz »Die Predigt des Gesetzes«.

13. Juli: Zwischen Partei-, Kirchen- und Staatsstellen beginnt ein Tauziehen um seine Berufung nach Riga.

2. August: Tod Hindenburgs, Hitler »Führer und Reichskanzler«, Vereidigung der Wehrmacht auf ihn

Sommer: Iwand bemüht sich in Berlin vergebens um die Genehmigung, nach Riga zu gehen; er nimmt, eingeladen von dem bayrischen Landesbischof Hans Meiser, an der Arbeit des Lutherischen Konvents der Bekennenden Kirche in München teil.

13. September: eine der ersten Bekenntnisversammlungen in Königsberg, die »Knochensynode«, im Saal der Landeskirchlichen Gemeinschaft

Im Oktober: Iwands werden aus dem Lutherheim hinausgedrängt.

19. bis 20. Oktober: 2. Bekenntnissynode der DEK in Berlin-Dahlem, kirchliches Notrecht

26. Oktober: Rücktritt des ehemaligen Staatskommissars, späteren »Rechtswalters« der DEK August Jäger nach dem Scheitern seiner Politik der Eingliederung der Landeskirchen in die Reichskirche

29. Oktober: ostpreußischer Bruderrat und Freie Evangelische Bekenntnissynode Ostpreußens gegründet

31. Oktober: Die Genehmigung (der »Befehl«), nach Riga zu gehen, wird erteilt, Iwand reist in aller Eile ab.

Ende des Jahres: nach Verwirrung in Leitung und Verwaltung des Lutherheims von Bischof Kessel das Konkursverfahren gegen die Stiftung beantragt

Als Iwand 1934 Königsberg verließ, war der erste große Wirkungsabschnitt seines Lebens beendet. Zuletzt war er – immer mit und neben Schniewind – zum Inspirator des kirchlichen Widerstands geworden. Über die junge Pfarrer- und Theologenschaft wirkte er auf die gesamte Studentenschaft der Universität und die ihr nachrückende Jugend. Hiermit erklärte sich seinerseits, daß er auf ein Entweder – Oder dringen mußte. Der Aufbruch der Bekennenden Kirche in Königsberg war durch seine im wissenschaftlichen Kränzchen befestigte Freundschaft mit dem Gemeinschaftsprediger Max Fischer mitbestimmt. Als dieser den Saal der Gemeinschaft in der Knochenstraße zur Verfügung stellte, um die bekennenden Gemeindekräfte wirksam zu sammeln, war Iwand schon dabei, den Schauplatz zu verlassen. Sein Übergang auf die Professur für Neues Testament in Riga war durch das in Luther- und Gustav-Adolf-Heim gewonnene Vertrauen begründet. »Im Baltikum außerordentlich angesehen« lautet ein Votum im Repositum des Ministeriums für Wissenschaft, Kunst und Volksbildung über ihn. Dasselbe Ministerium besaß auch andere Informationen, die es durch hohe Partei- und Kirchenbehörden erhalten hatte: eine kirchenamtliche Charakteristik und eine regelrechte Denunziation aus Königsberg, beide von DC-Seite. In der Denunziation heißt es: »Es gibt hier einen lic. theol. Iwand, der mit einer Jüdin verheiratet ist und dessen Kinder Nichtarier sind.« In Riga habe man offenbar Mitleid mit ihm bekommen, doch sei »das Herderinstitut kein Abfallplatz für die Leute, die hier unbrauchbar sind!« Die Charakteristik schildert ihn als Intellektualisten, »der niemals eine Sache um ihrer selbst willen tun wird« und es schwer habe, Theologiestudenten »zu einer volksnahen Verkündigung« und »gegenwartsgemäßen« Amtsausübung anzuleiten. Innerhalb der Reichskirche nehme man Anstoß an seiner Ehe, »noch gefährlicher« aber sei seine staatspolitische Wirksamkeit: mit der »Grundüberzeugung von der nur vorübergehenden Bedeutung des Nationalsozialismus« verhindere er »ein freudiges Mitarbeiten am nationalsozialistischen Staat bei seinen Hörern«. Der Gedanke, ihm darum die Lehrbefugnis zu entziehen, stieß freilich auf Bedenken, dadurch einen ostpreußischen »Märtyrer« zu schaffen. Man empfahl, ihn an eine Universität im Reich mit straffem Lehrkörper zu versetzen. Doch gaben zunächst außenpolitische Rücksichten den Ausschlag, ihn gegen alle Widerstände befristet nach Riga zu entlassen.

10. Königsberg, d. 12. V. 34.

Sehr verehrter Herr Professor!

Haben Sie vielen Dank für Ihre Schleiermacherrede,[1] bei deren Lektüre mir doch wieder die Frage kam, ob man Schleiermacher, zumal bei der Zuspitzung der Entscheidungen, in denen wir stehen und die er eben nicht so gewollt hat, nicht doch zu denen rechnen muß, die die Reformation und den von da geprägten Kirchenbegriff nicht mehr verstanden haben. Sie werden mir diese meine Bedenken bitte verzeihen, sie beschäftigen mich jetzt häufig im Zusammenhang mit dem religionsphilosophischen Ansatz der Schleiermacherschen Theologie. Der, fast könnte man sagen, nahtlose Zusammenhang und Übergang von Religion und Offenbarung hat sich eben doch als der Nährboden all der Irrlehren erwiesen, unter denen heute die Kirche zugrunde zu gehen droht. Andrerseits ist Schleiermacher ja immer an einer Projezierung der christlichen Wahrheit ins Vorfeld der »natürlichen Religion« gelegen und steht bei ihm irgendwie dies dahinter, daß Jesus Christus den Gott offenbart, in dem wir alle leben, weben und sind. Und darin hatte er recht. Ich plage mich aus Anlaß meiner Dogmatik II, die ich vom Bekenntnis her zu entfalten suche, immer wieder mit dieser Frage des Ansatzes der Offenbarung.

Es war mir eine große Freude, auf diese Weise wieder einmal, wenn auch durch den »Buchstaben«, von Ihnen zu hören. Gern würde ich in dieser Zeit einmal mit Ihnen über mancherlei sprechen. Wie es uns hier geht, werden Sie aus Berufungen entnommen haben, die man hier vollzogen hat, Keyser, der Uckeleys Nachfolge angetreten hat und der sich im letzten Jahr als der einträgliche Schafspelz der D. C. hierzulande erwiesen hat, weil er durch theologische und erbauliche Vorzimmerverhandlungen das deckte, was im Hinterzimmer kirchenpolitisch ausgemacht wurde und weniger für das »Kirchenvolk« geeignet war. Dann H. M. Müller, der seit dem 12. XII. durch Oberheid aus der Kirchenregierung ausgebootete theologische Konfirmator des Reibi,[2] der sich nun wieder allmählich in die ehemals von ihm vertretene Front zurückschleichen will und sich, weil er seiner Meinung nach mit der von Schniewind und mir vertretenen Theologie ganz übereinstimmt, besonders gut für die Übernahme der systematischen Theologie eignet. Es gibt ja nur noch diese inkarnierten Metamorphosen des Zeitgeistes. Und dann kommt noch Herr Koch aus Wien, weil der Gustav-Adolf-Verein nun, da man damit Ehre einlegen kann, sich der Ostpolitik intensiver annehmen möchte.

Auch sonst kann ich wohl sagen, daß alles, wofür ich hier seit Jahren gearbeitet habe, dahin ist. Das ist nicht leicht zu ertragen und zu verarbeiten. Ich glaube nicht, daß bei dieser Beurteilung der Lage meine persönliche Verärgerung mitschwingt, ich habe darin keinen Ehrgeiz gehabt, aber ich habe gehofft, wir würden nun endlich aus diesem alten Stil der bisherigen Fakultät herauskommen und in Einmütigkeit arbeiten können. Daß man ausgerechnet Leute holt, die uns das »Handwerk« legen sollen, ist doch wohl kein Gesichtspunkt. Es wäre schön gewesen, wenn Sie hergekommen wären, aber heute siegen eben immer die Tendenzen über die sachlichen Bindungen. Nur ein Lichtstrahl ist geblieben, die Theologenschaft der beiden Heime und die theologische Fachschaft stehen gerade und haben die Not der Kirche tiefer und besser erfaßt als alle anderen. Vielleicht kommt da noch ein junges Reis aus dem morschen, alten Stamm. Daß man aber gerade darum alles tun wird, um nun auch bald die Konvikte in die Hände zu bekommen, ist mir sicher und ich fühle mich im wahrsten Sinne des Wortes einge»kesselt«. Aber wir sind entschlossen, bis zum letzten Schuß auszuhalten und nicht zu kapitulieren. Nur die Siege der heute regierenden kirchlichen Parteien werden das Ende ihrer Herrschaft herbeiführen. Wir werden nur dann verloren sein, wenn wir uns selbst schonen. Es ist ein törichtes Wort, wenn man meint, man solle sich »um der Sache willen schonen«.

In dem, was im letzten Jahre eingetreten ist, haben sich die dunkelsten Befürchtungen bewahrheitet, die mich seit Jahren erfüllten, und nur, wenn wir die Ursachen früher suchen als in dem Geschehen der Kirchenrevolution von 1933, werden wir das Ganze verstehen.

Vor etwa acht Tagen wurde unser Bischof unter Teilnahme fast *aller* Pfarrer der Provinz eingeführt. Es gibt Leute, die haben da Gallert, wo andere das Rückgrat vermuten. Schniewind hat nicht teilgenommen, von der Fakultät überhaupt nur Vogelsang und Keyser. Wüßte man nicht, daß die Kirche da ist, wo Gottes Wort verkündet wird, dann könnte man verzweifeln. Freilich, auch hier gibt es solche, die ihre Kniee noch nicht gebeugt haben. Aber wer kennt sich heut noch aus, wo ein Adlerschild über die Risse im Kirchenbau gehängt wird und durch die Rechenkunststücke von Verfassung und Bekenntnis die klare Sprache des Gewissens verwirrt werden kann. Die Lage der Kirche erinnert im Moment an die Situation nach dem Augsburger Interim und die Melanchthonische Sorge um die Kirche geht Hand in Hand mit dem Verrat an ihr.

Die Sorge um das Kommende drückt einen zu Boden und die Gesichte des Herzens sind oft so, daß man sie kaum sich selbst einzugestehen wagt. Dadurch wird man in eine Einsamkeit gedrängt, die nur noch sehr wenig mit dem christlichen Glauben gemein hat. Ich denke, Sie werden das kennen und wissen, wie man heut nur noch mit Zittern und Zagen aufs Katheder geht. »Christus non nisi in purpure illuditur«[3] las ich neulich bei Luther und ich finde, daß der Prozeß Jesu in allen seinen Stadien die Grundzüge der gesamten Kirchengeschichte enthält. »Es ist besser, daß ein Mensch zugrunde gehe, als daß das ganze Volk verderbe«. Es ist, als ob das ganze Volk verblendet wäre und nicht sehen wollte, daß der Unglaube der Juden ein schlimmeres Gift ist als ihre rassischen Eigenschaften. Denn er ist eben nicht an Rassen und Völker gebunden.[4]

Wohl weiß ich, daß wir sehr dankbar sein müssen, daß die protestantische Kirche überhaupt so kämpft und steht. Aber wir hier sind noch sehr weit zurück, viel weiter, als ich bisher wähnte. Und eigentlich nur darum, weil die Pfarrer zu ihren Gemeinden kein Vertrauen haben. Sie warten auf günstigere Zeiten und wissen nicht, daß sie nur denen kommen, die um sie kämpfen.

Ich habe mich entschlossen, der Bitte um Mitarbeit an der »Evangelischen Theologie« zu entsprechen. Im II. Heft wird ein Aufsatz von mir über die Predigt des Gesetzes erscheinen. Er ist ein Ausdruck meiner Abgekämpftheit, aber ich wollte doch wenigstens etwas »produzieren«. Vielleicht finde ich irgendeine Möglichkeit, um etwas ungestörter arbeiten zu können. Schott hat mir einen Aufsatz geschickt, den ich ganz gut fand.[5] Gedankt habe ich ihm leider noch nicht. Aber ich freute mich so, daß er an mich dachte.

Bitte grüßen Sie Ihre Frau Gemahlin herzlichst von uns allen, hoffentlich haben Sie Freude am Semester und an Ihren Studenten. Es ist ja wahr, wenn wir mehr Augen hätten für das, was uns heut an Vertrauen und Gemeinschaft da geschenkt wird und unsere Sorge ins Meer senken könnten, würden wir dem Gebot der Stunde besser gerecht werden als so. Aber Sie werden vielleicht auch einen »Klagebrief« verstehen. Man ist manchmal so kampfesmüde. Mit vielen Grüßen an Sie und herzlichem Dank bin ich Ihr sehr ergebener

Hans Iwand

1 R. Hermann, Die Bedeutung der Kirche bei Schleiermacher, 1934, jetzt Werke VI, 41–48.
2 Des Reichsbischofs Müller.
3 Nur im Purpur wird Christus verspottet (Zweite Psalmenvorlesung, 1519–1521, WA V, 650).
4 Siehe dazu F. W. Marquardt in: Leiden an der Unerlöstheit der Welt. R. R. Geis 1906–1972, hrsg. von D. Goldschmidt, 1984, 22 und Anm. 20.
5 Vielleicht: E. Schott, Die nationalsozialistische Revolution als theologisches Problem. 1933 im Lichte von 1866, 1933.

11.

An Fritz Kessel — Königsberg, den 8. 7. 1934

Hochverehrter Herr Bischof

Gestatten Sie mir, daß ich Ihnen pflichtgemäß von einigen Vorgängen Meldung erstatte, die meine Stellung als Leiter des Lutherheims Ihnen gegenüber angehen. Ich habe in dieser meiner Eigenschaft Herrn Konsistorialrat Professor Keyser in einer öffentlichen Vorlesung erklärt, ich bäte, man möge mir denselben Revers vorlegen, den man den Kandidaten von Neuhof vorgelegt hat, damit ich auf diesen unevangelischen Revers hin ebenfalls mit »Nein« antworten könne. Auch sehe ich darin geradezu meine Pflicht, meine Studenten so zu erziehen, daß sie sich nicht durch Geld oder anderen Druck in ihrer alleinigen Bindung an die Verkündigung des Evangeliums irre machen lassen. Wenn ich Ihnen, sehr verehrter Herr Bischof, das mitteile, dann tue ich das in dem Glauben, daß Sie als der Bischof unserer evangelischen Kirche eine solche Haltung billigen müssen. Denn ich kann mir nicht denken, daß es Ihnen daran liegt, solche Pfarrer heranzubilden, die um des Brotes und der Gunst des Kirchenregiments willen studieren. Diese Kreaturen werden weder dem Volk noch unserer Kirche den von ihnen geforderten Dienst leisten können.

Ich habe nicht die Absicht, meine Person zum Hindernis einer positiven Klärung dieser für die Erziehung der Theologenschaft lebensnotwendigen Frage werden zu lassen. Da Sie Mißtrauen gegen mich haben, glaube ich, daß durch diese Ausschaltung meiner Person die Klärung der Frage wesentlich erleichtert wird. Aber ich bitte Sie, gerade aus dieser meiner Lage heraus, lassen Sie es nicht zu, daß die besten und hingebendsten unter unseren Studierenden durch derartige, aus der Furcht geborene Maßnahmen, die dem Evangelium zuwider sind, zum Protest wider das Kirchenregiment gezwungen werden.

Als im vorigen Jahr der Oberpräsident Gauleiter Koch zu uns ostpreußischen Pfarrern sprach, da sagte er, indem er auf die tiefste Not unserer Kirche zu sprechen kam: »Wer von den Pfarrern hat eigentlich noch Glauben?« Mir ist diese Frage immer wieder aufgeklungen; sie ist die Lebensfrage unserer Kirche, nicht Ordnung und Disziplin. Das kommt von selbst, wo Glauben da ist. Denn der Geist Gottes ist nicht ein Geist der Unordnung. Nur weil dieser Geist fehlt, muß man Ordnung erzwingen und künstlich zu erhalten suchen. Erst wenn wir vor jener Frage bestehen können, sind wir die Kirche, die diesen Namen verdient.

Daß heute ein Geschlecht von jungen Theologen heranwächst, die wieder »aus Glauben reden« und darum vielleicht denen, die aus der Kirche von ehedem kommen, unbequem sind, ist meine Zuversicht und Gewißheit. Wer wider sie steht, wird nicht auf immer widerstehen können. Ich bitte Sie von Herzen, erhalten Sie die beiden Konvikte als Stätten dieses aus Glauben geborenen aufrührerischen Geistes, denn nur wer mit dem, was heute ist und gestern war, von Grund auf unzufrieden ist, kann ein Werkzeug der Erneuerung sein, die unsere Kirche braucht, wenn sie nicht untergehen soll.

Wo immer der Geist Gottes herrscht, da muß ein Aufruhr sein, denn da bricht ein Neues an, das sich nicht in alte Schläuche füllen läßt. Es stände der Kirche von 1933 schlecht zu Gesicht, wenn sie demgegenüber reaktionär wäre. Aber, was noch wesentlicher ist, es würde ihr wenig nützen; diesem jungen Aufbruch aber würde es sehr viel nützen.

Indem ich Ihnen dankbar bin, daß mir eine Gelegenheit gegeben wurde, diesen meinen Glauben an die junge Generation, mit der ich Jahre zusammen gelebt habe, vor Ihnen, hochverehrter Herr Bischof zu bekennen, verbleibe ich in Hochachtung Ihr ergebener

H. Iwand

Riga
1934–1935

1934 *1. November (?): Iwand trifft in Riga ein, bis Weihnachten ist die ganze Familie übergesiedelt.*

1935 Januar: Beschluß der Bekennenden Kirche Ostpreußens, eine eigene theologische Prüfungskommission zu bilden

Auf einer Freizeit in Riga hält er den Vortrag »Die Sachlichkeit der theologischen Arbeit«, der als Heft 1 in der von Günther Bornkamm und Kurt von Grot in Königsberg begründeten Reihe »Flugschriften für die ev. Kirche im Osten« erscheint.

16. März: allgemeine Wehrpflicht wiedereingeführt, danach Übergang junger Theologen in die Offizierslaufbahn

20. März: Das Herderinstitut sieht sich genötigt, Iwand den Lehrauftrag zu streichen (offiziell wegen »Einsparung der Stelle«), da ihm auf Grund des Reichsbeamtengesetzes die akademische Lehrbefugnis (Venia legendi) entzogen worden ist; in gutem Einvernehmen mit Dozenten und Studenten liest er noch bis 10. Mai weiter.

4. bis 6. Juni: 3. Bekenntnissynode der DEK in Augsburg, kirchliche Hochschulen

Juni: Er beginnt eine ausgedehnte Reise- und Vortragstätigkeit im Reich.

17. bis 19. Juni: Er nimmt zum erstenmal zusammen mit einer bayrischen Prüfungskommission das Erste Theologische Examen ostpreußischer Kandidaten in München ab.

22. Juni: Barth als Professor in Bonn in den Ruhestand versetzt, wenige Tage darauf nach Basel berufen

19. bis 20. Juli: Beim Zweiten Theologischen Examen in Königsberg, das die Prüfungskommission der BK abhält, gilt Iwand an Stelle von Schniewind, der nach Kiel strafversetzt ist, als der vorgeschriebene Vertreter der theologischen Fakultät, obwohl er vom Lehrbetrieb ausgeschlossen ist.

1. August (?): Iwands verlassen Riga, um auf Gut Bloestau bei Königsberg eine neue Existenz zu gründen.

4. August: erste Ordination der Bekennenden Kirche Ostpreußens in Königsberg unter Leitung des westfälischen Präses Karl Koch

In Riga ist Iwand trotz günstiger Bedingungen nicht zur Entfaltung seiner Kraft gekommen. Die kleine deutsche Hochschule, die neben der lettischen Universität bestand, das Herderinstitut, bot ihm einen an sich nicht unbedeutenden Wirkungsbereich. Die Ausstrahlung des Instituts reichte weit, und es ergaben sich gute kollegiale Beziehungen. Iwands Weggang aus Königsberg hatte seinen Einfluß nicht auslöschen können. Vielmehr kündigten sich neue Verpflichtungen am alten Orte an: er wurde zusammen mit Schniewind für die Prüfungsaufgaben der Bekennenden Kirche Ostpreußens in Aussicht genommen. Seine zwar nicht starke, aber gezielte Publikationstätigkeit wirkte auf die Königsberger Studenten zurück. So konnte es nicht ausbleiben, daß seine Gegner den bereits erwogenen nächsten Schritt vollzogen und ihn zusammen mit Schniewind aus dem Lehrkörper der alten Fakultät, dem er als Beurlaubter angehörte, ausschlossen. Während nun auch Schniewind Ostpreußen verlassen mußte, wurde Iwand mit dem Entzug der Venia legendi die akademische Wirksamkeit überhaupt unmöglich gemacht. Nun war er nicht nur der Märtyrer, den man fürchtete, er war bei aller tiefempfundenen Kränkung zugleich frei für notwendige Pläne des ostpreußischen Bruderrats. Der Einladung, zum zweitenmal eine Nachwuchsstätte zu gründen, diesmal das eigene Predigerseminar der Bekennenden Kirche, konnte er ungehindert folgen.

Obwohl Riga nur Zwischenstation in Iwands Lebensgang geblieben ist, hat sich sein Denken in dieser kurzen Zeit bitterster Erfahrungen gestärkt und geklärt. In dem Vortrag »Die Sachlichkeit der theologischen Arbeit« bezieht er sich nachweisbar zum erstenmal auf Joh. 6,69. Die Stelle kehrt später in der Vorlesung über »Glauben und Wissen« wieder, sie wird dort zur biblischen Begründung seiner Bearbeitung des Problems von Offenbarung und Vernunft. Es ist das Problem von Natur und Gnade im mittelalterlichen Denken und das von Gesetz und Evangelium in der Sicht des Neuprotestantismus, hier bezogen auf die Erkenntnisprinzipien theologischen Denkens. Dabei darf es nach Iwand nicht zu extremen Lösungen kommen. Die Vernunft darf nicht überanstrengt werden zur Vernunftgläubigkeit wie im theologischen Rationalismus und Idealismus, sie darf auch nicht zerstört werden wie im zeitgenössischen Irrationalismus der Deutschen Christen, aber auch anderer Erscheinungen in der Kirche. Ebenso ist eine Harmonisierung verfehlt, wie sie im Thomismus immer wieder unternommen wird. Der auszuhaltenden Spannung von Offenbarung und Vernunft hat sich Iwand immer wieder gestellt, er fürchtete sie nicht. Sie war ihm eher wichtig als Barriere gegen alles vermeintliche Schauen an Stelle des Glaubens, das in natürlicher Theologie und Religion die Erkenntnis, die der eschatologischen Zukunft des Glaubens noch vorbehalten ist, schon vorwegnehmen möchte.

Darum ist ein zweiter aus der Rigaer Zeit stammender Vortrag zu nennen: »Wir wandeln im Glauben, nicht im Schauen. Antwort auf Wilhelm Hauers Deutsche Gottschau«, der im zweiten Jahrgang der »Evangelischen Theologie« veröffentlicht wurde. Er hielt ihn selbst für »nicht weit her«, und doch sind zwei Dinge daran von Bedeutung: die später ebenfalls immer wiederholte Berufung auf den Glauben im Gegensatz zu vorweggenommenem vermeintlichem Schauen und die Erkenntnis, daß der in der Kirche geführte Kampf nunmehr mit einem Neuheidentum zu tun hatte, daß er also nicht mehr nur innerkirchlichen Charakter trug, sondern eine Reaktion auf die das ganze deutsche Volk bedrohende Religions- und Weltanschauungspolitik des Faschismus war. Zwar hat Iwand das noch nicht so ausgesprochen. Aber er gehörte nun zu denen, die die Ausweitung des Kampfes wenigstens im geistigen Bereich erkannt hatten. Wenn es ihn auch noch jahrelange und zum Teil schwere Erfahrungen kostete, sollte er von hier aus zu ganz neuen geistigen und politischen Ufern gelangen.

An Rudolf Hermann

12. Riga, d. 25. XII. 34.

Sehr verehrter, lieber Herr Professor!

Bitte wundern Sie sich nicht allzusehr, daß ich wieder einmal längere Zeit nicht geschrieben hatte, obwohl sich soviele Veränderungen in meinem Leben vollzogen haben, aber das ist auch der Grund, warum ich bisher partout nicht zum Schreiben kam. Ich hatte tatsächlich nur damit zu tun, die Monate durchzuhalten, die nun hinter mir liegen. Zwei Tage bevor mein Möbelwagen nach Riga abgehen sollte, kam das Ausreiseverbot durch die Universität. Ein paar Tage darauf wurde ich durch Kessel aus dem Lutherheim – nun zwar nicht gerade herausgesetzt, aber doch so behandelt, daß mir gar nichts anderes übrigblieb. Meine Frau und Kinder gingen also zunächst zu meinen Schwiegereltern, sie wollten eigentlich dann zu meinem Vater gehen, da meine ganze Existenz so furchtbar unsicher geworden war, und ich suchte mir ein möbliertes Zimmer, das mir dann auch von einer bekannten Dame kostenlos zur Verfügung gestellt wurde. Ins Lutherheim zog ein D. C. Kommissar ein, ein cand. theol. und Erbstück der Epoche Uckeley. Wie man überhaupt sagen kann, daß alles, was in Ostpreußen um Kessel herum steht, die Fortsetzung jenes ekelhaften Regimes der Aera Uckeley und Genossen ist und daß sich heute das Zusammenarbeiten Gennrichs und anderer mit diesem Verderber der ostpreußischen Kirche aufs Bitterste rächt. Am Tage nach dem Sturz von Jäger erhielt ich den »Befehl« vom Reichserziehungsminister, dem Ruf nach Riga zu folgen. Ich fuhr also in aller Eile los und holte nach acht Tagen auch meine Sachen nach hier. Die Kinder sind in dieser Woche nachgekommen. Wir haben ein wunderschönes Domizil, ziemlich außerhalb der Stadt. Ein Holzhaus, das wir zur Hälfte bewohnen, unter uns wohnt der (lettische) Wirt. Aber inzwischen sind eigentlich drei neue Schwierigkeiten aufgetaucht: einmal scheint mein ursprünglicher Plan im Winter hier, im Sommer in Königsberg zu lesen durch die geplante Neuordnung der Semester hinfällig zu werden, zweitens stößt meine Finanzierung wegen der verschärften Devisenverordnungen auf große Schwierigkeiten, sodaß ich tatsächlich bis vor einigen Tagen nicht wußte, wie wir die Weihnachtszeit leben sollten, aber das ist gerade jetzt in Fluß gekommen und ich hoffe, daß es sich gut regeln wird, drittens hat man mir, als ich schon umgezogen war, nachträglich mitgeteilt, daß ich bei weiterem Verbleiben in Riga die erneute Erlaubnis des Preußischen Kultusministeriums brauche. Da man unablässig in Ostpreußen weiter gegen mich hetzt – man schrieb mir jetzt von einer 14 Seiten langen Denkschrift, die man gegen das Lutherheim vom Konsistorium aus verfaßt und den Behörden unterbreitet habe –, weiß ich nicht, ob diese Leute nicht doch noch ihr Ziel erreichen. Diese letzten Dinge schreibe ich Ihnen nur persönlich, die Denkschrift muß eine solche Schmähung sein, daß ich, als ich einzelnes daraus hörte, einfach vor ganz unchristlicher Wut und Rache kaputt war und am liebsten diesen Leuten eine Ehrenforderung überreicht hätte. Wie soll man sich denn noch in seiner Ehre behaupten? Man kann doch ohne sie nicht leben? Was sind das für Bestien, die glauben, weil sie Theologen sind, darum können sie Dinge begehen, vor denen die »ἔθνη«[1] zurückschrecken würden. Es ist überhaupt so eine fatale Sache mit den verkrachten Theologen, denn sie haben ja nicht nur in der Kirche – sondern auch in der Profangeschichte zu gewissen Zeiten eine sehr verhängnisvolle Rolle gespielt.

Aber das müßte ich eigentlich ausklammern, denn es gehört

ja nicht zum »Bericht«. Ich habe also nun unter Schmerzen hier zu lesen begonnen, ich habe nie geglaubt, daß mir der Abschied von Ostpreußen so schwer würde. Denn seit jener Zeit, da ich aus Breslau nach Königsberg ging, habe ich nicht wieder so schwer mit dieser Trennung und Lösung von allem Liebgewordenen und Vertrauten zu tun gehabt wie jetzt. Ich weiß auch nicht, ob es richtig war. Aber ich habe ja das Angebot erst erhalten, als ich bereits mit Kessel die auch Ihnen bekannte Korrespondenz gehabt hatte und entschlossen war, unter diesen Umständen nicht länger im Konvikt zu bleiben. Man muß schließlich einmal alle sogenannten »Positionen« daran geben, wenn ihre Behauptung die Dinge gefährdet, um derentwillen man sie innehat. Und das war der Fall. Ich konnte nichts anderes tun, als mit Worten und Taten zu protestieren. Ich hoffte noch, durch meinen Weggang die Entwicklung in eine erträgliche Bahn lenken zu können, aber man benutzte meinen Weggang zu einem unerhörten Terror gegen die Studenten und es wurde ganz klar, daß man nicht nur meine Person, sondern die Sache meinte. Bei uns ist es faktisch so, daß das, was die alte Fakultät gern getan hätte und nur nicht konnte, jetzt von Gewaltmenschen durchgeführt wird, die Vernichtung einer Lehre, durch die die Kirche vermeintlich dem Volk, dem Staat und dem blutmäßigen Zusammenhang entfremdet wird.[2] Kessel hat sich ja nun auch seine Berliner Freunde nach Ostpreußen geholt und arbeitet ganz mit »seinen Leuten«. Aber ich glaube nicht, daß es gelingt. Der Zusammenschluß ist so eng geworden, ich hatte kurz vor meinem Weggang noch die große Freude, daß auch die Studenten, die im vorigen Sommer gegen mich gestanden waren, die rechte Klarheit gewannen und alle wie ein Mann standen. Es ist wohl keiner unter meinen Studenten mehr gewesen, der mir irgendwelche Schwierigkeiten bereitet hätte. Kessel konnte nur mit [...] verhandeln, die natürlich endlich die Stunde der Rache gekommen fühlte. Aber das ist ja eine allgemeine Erscheinung. Ist das nicht überhaupt furchtbar, wie sie jetzt alle aufstehen, Herr Schmidt in Münster und Schmidt-Japing in Bonn und Lother in Breslau und wie sie alle heißen. Glauben Sie, daß es auf diese Weise gelingen wird, das Feuer zu löschen? Mit Stroh kann man doch kein Feuer löschen. In Ostpreußen ist das wenigstens erreicht, es ist eine Front geschaffen, kein Kompromiß. Natürlich kann das auch jeden Tag eintreten, aber ich glaube kaum. Sie werden gewiß von Schniewind mehr darüber gehört haben. Die Trennung von Schniewind, Noth, Bornkamm ist mir doch sehr, sehr bitter geworden. Denn wir hatten ein sehr vertrautes Verhältnis zueinander. Der gute H. M. Müller, der heute die beiden Broschüren mit denen er sich einen Weg bahnte, abschwört und hinter sich verbrennen möchte, wird auch noch einmal erfahren müssen, daß es auch Vergangenheit gibt und nicht nur Gegenwart. Keyser ist praktisch gewesen und hat kurz nach seiner Bestätigung sein Verhältnis zum Konsistorium gelöst. Er wird, wie ich glaube, wieder ein Suchender geworden sein und das damit begründen, daß er noch nicht 40 Jahre alt ist. Es gibt ja Leute, die ihre eigene Entwicklung mit Spannung verfolgen, weil sie selbst nicht wissen, was sie morgen sein werden. Die Fakultät ist jetzt ziemlich zerrissen, aber Schniewind ist doch vorläufig immer noch der nicht umstrittene Führer. Sein Ansehen ist selbst bei seinen Gegnern sehr hoch. Es ist doch ein Segen, daß er in Ostpreußen ist.

Hier lese ich nun Neues Testament, Korintherbriefe und Neutestamentliche Theologie. Außerdem Publikum über Luther und Seminar über die Confessionen Augustins; hin und wieder kann ich hier predigen. Man ist sehr, sehr freundlich zu mir und hilft mir, wo man kann. Aber die Nöte dieser Kirche sind ja so groß und schwer, daß man sich mit seinen eigenen Sorgen demgegenüber immer klein vorkommt. Ich kann das hier im einzelnen nicht ausführen, aber Sie werden ja verstehen, daß die Zustände in der Deutschen Evangelischen Kirche bei diesen Kirchen, die theologisch wie auch sonst ohne die innere Beziehung zu dem Leben der evangelischen Kirche Deutschlands nicht zu denken sind, Krisen zeitigen, die kaum tragbar sind. Die Posener und die hiesige Kirche spüren das besonders, weil sie selbständige Kirchen sind und nicht nur, wie andere, deutsche Sprengel in einem anderssprachigen Kirchenwesen. Dazu kommt die schwierige Lage dieser kleinen theologischen Schulen, ohne namhafte Bücherei, ohne Zeitschriften, sodaß auch die Gefahr einer gewissen Unbildung besteht. Was das für das Deutschtum im Osten heißt, sieht man an der Geschichte Kongreßpolens.[3] Wunderbar, wie dann doch immer noch Menschen da sind, die unter größten Opfern an dieser ihrer geschichtlich gewordenen Aufgabe arbeiten. Das ist es ja auch gewesen, was mich hier so gelockt hat. Aber die Wirklichkeit ist dann doch ernster und schwerer als es zunächst scheint.

Was denken Sie denn über die Lage in der D.E.K.? Meine Frau, die eben die Kinder aus Deutschland geholt hat, brachte mir die beiden letzten Hefte der Theologischen Existenz mit, darunter das von Asmussen,[4] das mir doch gerade von dem Gedanken her sehr eindrücklich war, daß mit der Betonung des Konfessionalismus noch garnichts gesagt ist, weil der traditionelle Konfessionalismus die heute gebotenen Klärungen der gerade jetzt aufbrechenden Kontroversen allzuleicht umgehen kann. Ich mußte dabei an Ihre Warnung denken,[5] nicht zu meinen, mit der Ablehnung der Union schon in statu confessionis[6] zu stehen. Freilich kann ich die Dinge doch nicht anders sehen als so, daß wir es mit den Symptomen einer sehr langen Fehlentwicklung zu tun haben. Gewiß auch damit ist zunächst nicht viel gesagt und auch das kann eine Redensart sein, aber es kann doch auch das andere bedeuten, daß es darauf ankommt, die Menschen aus der Kirche, die sich auf die vergänglichen Positionen dieser Welt gründete, heraus und in die Kirche hineinzurufen, die sich auf den Felsen gründet, der nicht von der Zeiten Strom hinweggespült wird. Und es ist doch auch Tatsache, daß in der Theologie des vorigen Jahrhunderts das »schema tou kosmou toutou«[7] den Ausgangspunkt zur Klärung des bekenntnismäßig Gemeinten bildete. Es fragt sich, ob das geht! Die letzte Kontroverse Brunner – Barth[8] scheint mir da doch sehr ernst und bedeutsam zu sein.

Auf den Kirchenkampf selbst gesehen scheint es mir eine Illusion, zu meinen, man könne ihn »im Raum der Kirche« austragen. Das Wort vom »Raum der Kirche« ist doch eine sehr gedankenlose Rede und leistet dem Bestreben Vorschub, die Glaubensfragen auf ein isoliertes Lebensgebiet zu beschränken. Das ist unevangelisch. Denn es geht eben doch um die Frage, ob alle die Grundfragen der menschlichen Existenz abgesehen von der Gottesfrage gestellt und gelöst werden dürfen oder nicht, ob Entscheidung, Einsatz, Opfer, Glaube, Gut und Böse innerweltlich oder genauer gesagt lediglich innerweltliche Bedeutung haben dürfen und ob das nicht die eigentliche Frage ist, vor der wir heute stehen, diese Herauslösung der ursprünglich theologischen Gegebenheiten aus ihrem wesensgemäßen Zusammenhang und ihre Übertragung in das Gebiet der in sich geschlossenen irdischen Welt. Das scheint mir auch das letzte Anliegen der D. C. zu sein. Dieser Versuch aber, die Wirklichkeit Gottes an die immanente Welt, sei es nun deistisch oder pantheistisch, preiszugeben und doch den christlichen Sprachgebrauch beizubehalten, also den Worten andere Inhalte zu substituieren, scheint mir das absolut Gottlose, Verwerfliche. Wenn das gelingt, dann betet fortan der Mensch nur noch sich selbst an. Denn die Welt braucht ihre Götzen, um vor Gott sicher zu sein.

Damit will ich aber nun diesen etwas weitläufigen Brief beschließen. Man kann ja so wenig von dem allen schreiben, was man auf dem Herzen hat. Wie gern würde ich einmal mit Ihnen über alles sprechen. – Bitte nehmen Sie doch mit Ihrer verehrten Frau Gemahlin unsere besten Wünsche für das neue Jahr. Auch danke ich Ihnen vielmals für die entzückenden Holzsachen, die Sie unseren Kindern sandten. Bitte entschuldigen Sie, daß ich es nicht früher tat, aber wir kommen erst allmählich wieder in Ordnung und haben uns allerorten ein so gerüttelt Maß an Briefschulden angehäuft, daß wir faktisch 7 mal 70 mal Vergebung nötig haben. Bitte schreiben Sie mir doch einmal, wenn es Ihre Zeit zuläßt. Wer weiß, was uns noch alles bevorsteht. Was denken Sie über Barths Haltung?[9] Ich habe immer noch seine Dogmatik[10] zu besprechen. Nun nochmals das Beste für 1935. In Dankbarkeit und mit vielen Wünschen Ihr sehr ergebener

Hans Iwand

1 Die Heiden.

2 Gemeint ist, was die Gegenseite unter »dialektischer Theologie« verstand.

3 Des im Wiener Kongreß 1815 an Rußland gefallenen Teils von Polen. Die von den Zaren begünstigten deutschen Einwanderer bildeten in der lutherischen Kirche bis ins 20. Jh. hinein die Mehrzahl. Doch angesichts des

Widerstands der Polen gegen den Zarismus konnten sie sich nicht gegenüber dem polnischen »Evangelizismus« durchsetzen, der um der Evangelisation willen auch von Deutschen das Bekenntnis zum Polentum erwartete. Später – um 1930 – galt in Deutschland das Urteil, daß in dieser Kirche »das deutsche Volkstum« bekämpft werde. Die Unterrichtssprache ihrer 1922 in Warschau gegründeten theologischen Fakultät ist Polnisch. Zu Iwands Haltung gegenüber polnischen Protestanten nach dem zweiten Weltkrieg siehe Brief 30.

4 H. Asmussen, Kirche Augsburgischer Konfession?, TEH 16, 1934.

5 R. Hermann zus. mit Karl von Scheven und Kurt Deißner, Unierte Thesen, Das ev. Deuschland 1933, 191, auch in: K. D. Schmidt, Die Bekenntnisse des Jahres 1933, 1934, Nr. 46.

6 In der Situation bekenntnismäßiger Entscheidung.

7 Die Gestalt dieser Welt (1. Kor. 1,31).

8 E. Brunner, Natur und Gnade. Zum Gespräch mit K. Barth, 1934; K. Barth, Nein – Antwort an E. Brunner, TEH 14, 1934.

9 Barth, damals Professor in Bonn, hatte, nachdem Hitler »Führer und Reichskanzler« geworden war, den verlangten Eid auf ihn nur unter einem Vorbehalt leisten wollen (»soweit ich es als evangelischer Christ verantworten kann«). Das führte 1934 zu Disziplinarmaßnahmen und zum Prozeß, der sich in zweiter Instanz bis 1935 hinzog.

10 KD I,1.

13. Riga, 2. VI. 35.

Sehr verehrter, lieber Herr Professor!

(...)
Daß ich hier bleiben kann, halte ich so gut wie ausgeschlossen, man gibt sich hier zwar alle Mühe, aber dafür sorgen schon meine Gönner in Ostpreußen, die ja von einer geradezu kindischen Angst besessen sein müssen, um mich nun aber wirklich auch mausetot zu machen und es hat ja nun auch keinen Zweck, im Ausland zu wirken, wenn man in Deutschland nicht rehabilitiert ist. Es ging mir im letzten halben Jahr wie einem Schwimmer, der eine Welle nach der anderen schafft, aber wenn sich dann immer wieder eine neue Welle vor einem auftürmt und gar kein Ende abzusehen ist und gar kein Land winkt und man allmählich merkt, daß die Kräfte doch nachlassen, kommt man in die Gefahr, sich ganz treiben zu lassen und den Kampf zu quittieren. Das ist eine schreckliche Sache.

Hier war es mit Studenten und Pfarrern sehr gut, die Studentenschaft war zum Schluß sehr einheitlich, und wir haben uns wirklich unter dem Wort des Evangeliums aus vielen, anfangs bestehenden Gegensätzen und Mißtrauensmomenten heraus gefunden. Ich habe dann noch bis zum 10. V. gelesen. Wohl mein letztes Kolleg. Und das über 1. Kor. XV, das war sehr schön.

Nun werde ich am Dienstag noch einen Vortrag hier halten, dann nach Ostpreußen fahren, um Pfingsten in Nürnberg zu sein. Dort soll ich vor der bayrischen Pfarrerbruderschaft sprechen, worauf ich mich sehr freue. Danach soll ich 4 Vorträge in Saarow halten, wo vermutlich auch Schniewind sein wird, und dann kommt sofort das Predigerseminar in Ostpreußen dran, das man dort einrichten will und das ich leiten soll. Ich habe nur eine schriftliche Anfrage erhalten, weiß darüber noch nichts Näheres.

Dazwischen, etwa am 20. VI. treffe ich mich mit dem hiesigen Oberpastor Grüner in Berlin, der dort einen letzten Versuch wegen meines Hierbleibens unternehmen wird. Kommt das doch noch zustande, dann gehe ich im September wieder nach hier, sonst ziehen wir am 1. VIII. nach Deutschland.

Natürlich gibt es auch sonstige Sorgen und Fragen, eigentlich darf ich ja nicht meinem Dienstmädchen binnen 4 Tagen kündigen und alle Bezüge streichen, aber wer fragt hier danach. Es kommt eben auf die völlige, auch wirtschaftliche Vernichtung eines Menschen an und Kessel ist nicht so dumm, halbe Arbeit zu machen. Ich habe ihn von vornherein für einen sehr gefährlichen Menschen gehalten, weil er viel vorsichtiger und viel wendiger ist als die meisten seiner Kollegen und mit allen Mitteln arbeitet, guten und schlechten, und weil ich ja auch weiß, welche Mittel bei uns am besten zogen, wieviel ressentierte Menschen nur darauf warteten, endlich »entdeckt« zu werden. Sie werden ja Ähnliches erleben. Es gibt doch nichts Schrecklicheres als das Ressentiment und ich bin jetzt nahe dran, selbst in diese Grube zu fallen. Es ist die Krankheit unserer Zeit und der Herd aller Unberechenbarkeiten. Wir aber müssen darum bemüht sein, daß unser Kampf offen, sauber, frisch und sachlich bleibe, dann wird dadurch allein schon für gute Luft gesorgt, für Luft, in der man wieder frei atmen kann.

Von dem, was ich bei meiner Absetzung empfand, will ich lieber schweigen, es ist nicht die Karriere, der ich nachtrauere, aber ich habe doch um ein ganz bestimmtes Ziel im Aufbau der Fakultät und Pfarrerschaft gekämpft und zuerst dachte ich wohl, daß nun alles verloren und umsonst gewesen ist. Aber nun scheinen doch die Studenten sehr gut durchzuhalten. Sie haben ein neues Lutherheim eröffnet und der Bischof hat in das von ihm okkupierte 4 Theologen hineinbekommen. Auch scheint die Pfarrerschaft jetzt etwas mobiler zu werden und das berühmte oder berüchtigte Friedensabkommen, das Kuessner im März mit dem Konsistorium zu schließen für opportun hielt,[1] ist von da gekündigt worden. Kuessner hat sich nun auch mit Oeynhausen verständigt und so scheint es mir, daß doch auch manche Dinge geschehen sind, die man als sachlich gut bezeichnen muß und die unseren Kleinglauben beschämen. Heute darf man eigentlich an nichts anderem mehr hängen als an der Sache, die uns als Theologen aufgetragen ist, denn alles andere wird dazu benutzt, als Pfand gegen die klare Notwendigkeit unserer Verkündigung ausgenutzt zu werden.

Sie schreiben ziemlich verstimmt über die Richtung unter den Bekenntnistheologen, die gar keinen Sinn für die mit der Volkskirche und den staatlichen Einrichtungen verbundenen Traditionen hat. Ich gehöre nicht zu denen, die sich auf diese 10% zurückziehen wollen, die treu bleiben. In diesem Sinne ist die congregatio sanctorum[2] nicht zu verstehen und ich habe Asmussens Schrift[3] gegenüber auch ziemliche Reserven. Vor allem darf die Bekenntniskirche nicht ein Rückzugsgebiet für solche werden, die aus dem heutigen öffentlichen Leben ausgeschlossen sind. Denn wir müssen doch daran festhalten, daß die Stadt auf dem Berge nicht verborgen bleiben kann und der Herr seinen Jüngern die Verheißung mitgegeben hat, sie würden das Licht der »Welt« sein.

Ich frage mich nur so, ob man überhaupt noch die Möglichkeit haben wird, innerhalb der überkommenen, traditionellen Institutionen das zu tun und zu sagen, was wir heute als Theologen tun und sagen müssen und – sit venia verbo[4] – ich glaube nun eben doch, daß es im Grunde ein innerkirchlicher Kampf ist und die politischen Faktoren nur sekundär hineinwirken. Wie käme es denn sonst, daß überall die Dünnmänner Auferstehung feiern, die bereits auf den Aussterbeetat gesetzt waren. Ich hätte im Jahre 25 vorhersagen können, wer heute die Konjunktur benutzt, es waren eben immer schon die Leute, die den Aufbruch des kirchlichen Lebens aus dem Wort und dem Bekenntnis mit Haß und Widerspruch begleiteten, weil sie da, wo andere Glauben haben, das Feigenblatt der Gefühle um ihre Blöße geschürzt tragen. Es ist schon eine schauerliche Sache und ich kann mir denken, daß auch die Zeit für Herrn Koepp noch kommen wird, seine Panagape in die Tat umzusetzen. Das Merkwürdigste ist mir ja unter diesen Glücksrittern Gogarten, von ihm hätte ichs nicht geglaubt.[5] Und E. Seeberg, dessen Rolle mir ganz undurchsichtig ist,[6] wird den Konkurs der Fa. Müller[7] auch nicht mehr aufhalten können.

Wenn man sich das ganze Satyrspiel ansieht, dann muß man sich doch eigentlich sagen, hier ist nichts mehr zu holen. Sollten sich wirklich bekennende Gemeinden bilden, dann werden sie mit diesen Fakultäten wenig oder garnichts mehr zu tun haben.[8] Bei uns in Königsberg war ja auch schon vorher der Riß so groß, daß gar keine innere Verbindung mehr zur »anderen Seite« bestand. Und ich glaube doch, daß zwischen der Theologie des 19. Jahrh. zu der, die uns durch Luther und die Reformatoren neu geschenkt ist, keine Stationen des Übergangs, sondern nur eine solche der Umkehr und der Drehung um 180 Grad besteht und daß darum die Frage der Theologie die bewegende Frage im ganzen Kirchenkampf ist. Die D. C. sind die Ausläufer und Erben einer Theologie, die längst schon bei uns war und die zu sehen und mit der zu brechen, wir damals in Ihren Kollegs in Breslau zum ersten Mal gelernt haben. Da sind wir doch zu den Theologen geworden, die wir heute – wohl oder übel – sein müssen und die eben bei dem theologischen Ansinnen der D. C. unbedingt Nein sagen müssen. Nur daß es damals ein geistiger Kampf war, der heute etwas realer, etwas ernster, wenn man das so sagen will, geworden ist. Wenn das Biegen nichts nützt, dann kommts zum Brechen, und soweit sind wir heute. Aber ein sachlich neues Moment ist im Jahre 1933 in die theologisch-kirchliche Entwicklung nicht hineingekommen, es ist nur manches ans Licht gekommen, was längst im Dunkel rumorte.

Und nun weiter: Wir würden ja in diesem Kampfe ohne »Fähnlein« sein, wenn es nicht um den Glauben selbst ginge, um den Glauben, der uns das Herz abgewonnen hat. Alles andere ist doch Nebensache. Aber weil man uns diesen Glauben nicht wecken, nicht verkündigen, nicht lehren läßt, darum sind wir zum Kampf gezwungen, und weil wir uns nicht denken könen, daß diese Wölfe, die da eindringen wollen, die rechten Hirten für die uns anvertraute Herde sind. Mir hat Kessel ganz offen und klar gesagt, daß ich mit meiner Theologie für sein Bistum untragbar sei, er habe sich Nachschriften aus meinen Kollegs besorgt (!) und könne das daraus ersehen. Und nun meine ich, muß das einmal heraus, nicht nur, daß wir die Irrlehren der D. C. angreifen, sondern daß wir etwas lehren und verkündigen, das sie angreifen, Irrlehren zu beseitigen ist die sekundäre Aufgabe der Theologie, ihre erste und vornehmste ist die Verkündigung dessen, daß »nachdem die Welt in der Weisheit Gottes Gott durch die Weisheit nicht erkannte, es Gott gefallen hat, durch die Torheit des Kerygmas zu retten die Glaubenden«.[9]

Es gibt eben kein sowohl-als-auch für diesen Weg der Rettung, es gibt nur das entweder-oder, das Paulus hier nennt und nun doch nicht so, als ob wir die Alternative stellten, sondern so, daß es für den Menschen, der wir sind, nur diesen einen Weg zu Gott gibt und die experientia bezw. conscientia bestätigt, daß wahr ist, was scriptura[10] sagt. Und gerade weil mein Volk *mein* Volk ist, darf ich nicht zusehen, daß ihm dieser eine Weg in einen Irrweg verwandelt wird. Hier bin ich ebenso durch Glauben wie durch Liebe gebunden und zwischen fides und caritas[11] besteht kein Gegensatz. Ich glaube, Sie werden die Dinge nicht anders sehen und ich bin ganz gewiß, daß einmal die Zeit kommen wird, da den Menschen die Augen aufgehen werden für das, was die Bekennende Kirche will, denn es ist doch heute schon zu sehen, daß diese Verkündigung gerade durch den Kampf Wasser aus Felsen fließen macht.

Nun habe ich aber schon ziemlich lang geschrieben, ich weiß nicht, ob es diesmal möglich sein wird, daß ich doch einmal nach Greifswald herüberkomme, aber ich danke Ihnen und Ihrer Frau Gemahlin sehr für die freundliche Einladung und möchte zu gern wieder einmal mit Ihnen sprechen, denn man kann ja so wenig schreiben von alle dem, was uns heute bewegt. Viele Grüße und vielen Dank für alles und verzeihen Sie nochmals bitte das lange silentium aber – ich mußte mich erst einmal etwas auskurieren. Herzliche Grüße an Schott. Vielen Dank für Ihre Briefe und Freundlichkeit. Ihnen selbst bleibe ich mit guten Wünschen Ihr ergebener

H. Iwand

1 Das »Juristenabkommen«, da es in Abwesenheit des DC-Bischofs Kessel von den juristischen Räten des Konsistoriums allein verantwortet wurde. Es besagte: Die Bekennende Kirche wird die durch die Juristen des Konsistoriums ergehenden Anordnungen befolgen, sofern sie Schrift und Bekenntnis nicht widerstreiten; die Juristen werden die bestimmende Bedeutung des Bekenntnisses für alle Gebiete, auch das des kirchlichen Rechts, anerkennen. Das Abkommen wurde alsbald von Kessel außer Kraft gesetzt.

2 Gemeinde der Heiligen.

3 H. Asmussen, Barmen!, TEH 24, 1935.

4 Wenn man so sagen darf.

5 Friedrich Gogarten hatte sich anfangs »die entscheidende These der Deutschen Christen zu eigen gemacht«, »daß das Gesetz Gottes für uns identisch sei mit dem Nomos des deutschen Volkes« (Barth). Nach dem Sportpalastskandal Herbst 1933 gab er in der von Barth mitbegründeten Zeitschrift »Junge Kirche« seine Trennung von der »Glaubensbewegung DC« bekannt. 1935 stellte er sich dem Reichskirchenausschuß zur Verfügung, in dessen Theologischer Kammer er dann seit Ende des Jahres mitarbeitete. Zur früheren Wertschätzung Gogartens durch Iwand siehe Seite 57 und Brief 6.

6 Entsprechend seiner »Kombination von Luther und Meister Eckhart« tendierte Erich Seeberg zeitweilig zu deutschchristlichen und faschistischen Bestrebungen; in der Zeit der Kirchenausschüsse trat er offen auf der theologischen Tagung der DC in Wittenberg 1935 auf.

7 Das DC-Kirchenregiment des Reichsbischofs.

8 Welche Probleme hingegen der Empfänger sah, geht hervor aus R. Hermann, Stellungnahme zur Augsburger Hochschulentschließung über Vorbildung und Prüfung der Pfarrer (Brief an Präses K. Koch vom 1. 7. 1935), Werke VI, 88–93.

9 1. Kor. 1,21.

10 Erfahrung – Gewissen – Schrift.

11 Liebe und Glaube.

Bloestau in Ostpreußen und Jordan in der Neumark 1935–1937

1935 *August: Iwand beginnt, im Gutshaus von Bloestau das Predigerseminar der Bekennenden Kirche Ostpreußens einzurichten.*

18. August: Eröffnung der Ostmesse in Königsberg durch Reichswirtschaftsminister Hjalmar Schacht, nach Verteuerungen infolge der einsetzenden Rüstung innenpolitische Kurskorrekturen der Hitlerregierung

24. September: Gesetz zur Sicherung der evangelischen Kirche, der neue Reichsminister für die kirchlichen Angelegenheiten Hanns Kerrl damit beauftragt, »geordnete Zustände« in der DEK herzustellen

3. Oktober: Kerrls erste Verordnung, Reichskirchenausschuß, daneben weitere Kirchenausschüsse für die altpreußische Union aus Vertretern aller kirchlichen »Gruppen«

Im Oktober beginnt das Seminar in Bloestau unter Iwands Leitung als Studiendirektor mit 16 Kandidaten und dem Studieninspektor Gerhard Friedrich seine Arbeit.

15. September: Nürnberger Rassegesetze vom Reichstag beschlossen

3. bis 15. Oktober: Parteikonferenz der KPD bei Moskau (»Brüsseler Konferenz«), Aufbau einer Einheits- und antifaschistischen Volksfront angestrebt

25. Oktober: Auf dem Dritten Ostpreußischen Kirchentag in Königsberg erklärt der Präses der Bekennenden Kirche Theodor Kuessner, die Bekenntnissynode habe ihre Befugnisse dem Provinzialkirchenausschuß abzugeben und sich danach aufzulösen. Darüber kommt es zu tiefgreifenden Auseinandersetzungen mit Iwand.

1936 *1. Januar: Auch mit Hermann kommt es zur Konfrontation in der Stellung zu den Kirchenausschüssen.*

12. Januar: Das Predigerseminar in Bloestau wird unter Mitwirkung Martin Niemöllers eingeweiht.

21. Januar: Der Reichsbruderrat veröffentlicht als Flugblatt Iwands Niederschrift »Um Einheit und Reinheit der Bekennenden Kirche«.

17. bis 22. Februar: Er nimmt an der 4. und letzten Bekenntnissynode der DEK in Bad Oeynhausen teil, auf der die unterschiedliche Haltung zu den Kirchenausschüssen die Einheit der Bekennenden Kirche zerbricht; er wird in den Reichsbruderrat gewählt.

7. März: Einmarsch der Wehrmacht in das entmilitarisierte Rheinland

18. April: der neugeschaffene Volksgerichtshof dem Reichsgericht gleichgestellt

Mai: Denkschrift der 2. Vorläufigen Leitung der DEK (BK) für die Reichskanzlei mit Kritik an Konzentrationslagern, Geheimer Staatspolizei und allgemeiner Rechtsunsicherheit; nach unbeabsichtigter Veröffentlichung im Ausland Verhaftung des Hauptverfassers Landgerichtsdirektor Friedrich Weißler

21. Mai: Beginn der Generalkirchenvisitation des altpreußischen Bruderrats in Ostpreußen, die Bekennende Kirche in 100 von 500 Kirchengemeinden

1. bis 16. August: optisch wirksame Selbstdarbietung des Hitlerregimes bei den XI. Olympischen Spielen in Berlin

Oktober: Das »Wort des Bruderrats der Ostpreußischen Bekenntnissynode zur Lage« nimmt Iwands Gedanken »Um Einheit und Reinheit der Bekennenden Kirche« auf und beruft damit die 2. ostpreußische Bekenntnissynode ein.

25. Oktober: »Achse« Berlin – Rom gebildet

25. November: Antikominternpakt zwischen dem Deutschen Reich und Japan

1937 12. bis 15. Februar: Rücktritt des Reichskirchenausschusses, Kritik Minister Kerrls an der evangelischen Kirche, Erlaß Hitlers für erneute Kirchenwahl im Reich

19. Februar: Friedrich Weißler im Konzentrationslager Sachsenhausen erstes Todesopfer der Bekennenden Kirche

28. Februar bis 3. März: Letztes Wissenschaftslager in Gumbinnen (Gusev), nach dem Iwand staatsfeindlicher Reden beschuldigt und gegen Schniewind (jetzt in Halle) ein Dienststrafverfahren eröffnet wird.

Frühjahr: Iwand beginnt in Bloestau seine Vorlesung über »Gesetz und Evangelium«

26. April: im Spanischen Bürgerkrieg Einsatz deutscher Bombenflugzeuge der »Legion Condor«, Vernichtung von Guernica

Mai: Die mit Kuessner als dem Vorsitzenden des Provinzialkirchenausschusses ausgehandelte Anerkennung der Examina und Ordinationen der Bekennenden Kirche scheitert an Iwands noch weiter gehender Forderung.

24. Mai: Er wird mit dem Predigerseminar aus Ostpreußen ausgewiesen, erhält zugleich Redeverbot im Reichsgebiet und ist für kurze Zeit in Haft.

vor 31. Mai: Das Seminar ist in das evangelische Schülerheim in Paradies bei Jordan Kreis Schwiebus (Swiebodzin) verlegt. Iwand nimmt die Vorlesung wieder auf.

9. Juni: Kollektenerlaß des Reichskirchenministers, erster Versuch, der Bekennenden Kirche die finanzielle Grundlage zu entziehen; wegen Nichtbefolgung seitdem Verhaftung von Hunderten evangelischer Pfarrer
23. Juni: Bei einer Sitzung des Reichsbruderrats zur Frage der Kirchenwahl in der Friedrich-Werderschen Kirche in Berlin wird er mit den anderen altpreußischen Mitgliedern verhaftet. Nach der Freilassung kehrt er nach Jordan zurück.
24. Juni: »Weisung für die einheitliche Kriegsvorbereitung« des Reichskriegsminsters an die Wehrmacht
1. Juli: Niemöller erneut verhaftet
30. September: Ende der Kirchenausschüsse, Verbot der Vorlesungen, Prüfungen und Predigerseminare der Bekennenden Kirche durch Polizei- und Gestapochef Himmler
Oktober: Das ostpreußische Predigerseminar wird aus der Provinz Brandenburg ausgewiesen.

Die Rückkehr nach Ostpreußen machte es Iwand möglich, auf neuer Grundlage die alte Arbeit wiederaufzunehmen. Die Bruderschaft, im Lutherheim begründet und von Iwand immer als unentbehrlich empfunden, wurde in Bloestau und Jordan wieder gelebt. Die Vorlesungstätigkeit wurde fortgesetzt. Jetzt führte er aus, was er zu »Gesetz und Evangelium« unter der Anleitung Luthers und anderer Reformatoren aus der Bibel und der Predigt der Kirche gelernt hatte. Nach der dogmatischen Arbeit in Königsberg, der exegetischen Schulung bei Schniewind und in Riga trat nun die praktische Theologie als Lehrfach in den Vordergrund. Die schon in Königsberg gepflegte Meditation der Pfarrer und Brüder wurde methodisch ausgearbeitet. Das Wirken als Studiendirektor schien ein zweiter Frühling werden zu können, wäre nicht sogleich der Reif des Kirchenstreits daraufgefallen.

Zum Präses der ostpreußischen Bekennenden Kirche Theodor Kuessner trat Iwand in einen Gegensatz, der ihm zeitlebens festgehaltene Erfahrungen eintrug. Kuessner, der in den staatlich verordneten Kirchenausschüssen auf unterer und oberer Ebene mitarbeitete, rief Iwands Widerspruch hervor, als er der Bekenntnissynode riet, sich zugunsten der Ausschüsse aufzulösen. Seitdem sah Iwand in der Ausschußpolitik immer zugleich den Zweck, die Bekennende Kirche, und das hieß für ihn, die wahre evangelische Kirche, zu beseitigen. Kuessner verfolgte dieses Ziel natürlich nicht. Er strebte vielmehr einen Weg an, der die ostpreußische Kirche an die Seite der lutherischen Kirchen Bayerns, Württembergs und Hannovers führen sollte, deren Kirchenregiment keine staatlichen Eingriffe »zerstört« hatten und die darum als »intakt‹ galten. Die Zusammenarbeit mit Bayern war in

Ostpreußen von Anfang an eng gewesen. Kuessner legte sich sogar der Gedanke nahe, Ostpreußen könne wegen des eigenen traditionellen Luthertums aus der altpreußischen Union ausscheiden. Theologisch und kirchenpolitisch mußte Iwand *eine* Wurzel der falschen Entscheidung für die Kirchenausschüsse im Konfessionalismus sehen. Die Überzeugung vom schädlichen Einfluß des Konfessionalismus auf den Weg der evangelischen Kirche ist ihm unausrottbar eigen gewesen.

Etwas anders lag der Gegensatz zu Hermann. Dieser hielt die ekklesialen Ansprüche, die man vor allem in Preußen aus dem bekenntniskirchlichen Notrecht von Dahlem folgerte – er war selbst Synodaler in Barmen und Dahlem gewesen – für eine gefährliche theologische und kirchenrechtliche Übertreibung. Darin sah er sich bestätigt, als die Synode von Augsburg den theologischen Fakultäten das Vertrauen entzog und kircheneigene Hochschulen zu gründen empfahl. Doppelt bestätigt sah er sich, als die Synode von Oeynhausen, wie er es verstand, die Theologie der Kirchenleitung selbst als Inhaberin des vollen Lehramts unterstellen wollte. Darin erblickte er das Aufkommen katholischer Tendenzen in einer zum Sonderdasein auch gegenüber der Welt tendierenden Bekenntnisgemeinschaft. Aus diesen Gründen war auch er für die Politik der Kirchenausschüsse, in der ja die Bekennende Kirche mitzuarbeiten aufgerufen war. Iwand stand diesen Gedanken seines Lehrers und Freundes zunächst fast ungläubig, dann scharf ablehnend gegenüber. Sein eigenes Schicksal hatte ihn, was die Fakultäten anging, eines anderen belehrt. Die Zusammengehörigkeit von Theologie und Kirche war für ihn selbstverständliche Essenz aller reformatorischen Lehre und Praxis, ganz abgesehen von der Kampfgemeinschaft mit Barth und seinen Freunden. Als er nun gar die Kirche von vor dreiunddreißig öffentlich bezichtigte, dies außer acht gelassen und das ganze hereingebrochene Unheil verschuldet zu haben, sollten sich Hermanns und Iwands Wege trennen. Das geschah in einem Augenblick, als das Auseinandertreten der verschiedenen Kräfte die Bekennende Kirche als ganze lähmte und zugleich ein verschärfter Druck nach innen der deutschen Expansion nach außen vorausging: imperialistische Wirtschaftsführung, Partei und Wehrmacht gingen jetzt an die Verwirklichung des bereits geplanten kriegerischen Ausfalls.

An Rudolf Hermann

14. [Bloestau,] 20. IX. 35

Sehr verehrter Herr Professor!

Haben Sie vielen Dank für die Übersendung der Antwort an Kittel.[1] Ich habe sie mit Freude und Zustimmung gelesen, obschon ich Kittels Wort an Sie[2] nicht kannte. Die Punkte, die Sie herausstellen, sind wirklich die entscheidenden und ich glaube doch, daß da eine sehr deutliche Grenze zwischen Ihnen und Kittel vorhanden ist. Ist das wirklich nur eine theologische Kontroverse? Sind das nicht doch zwei Kirchen? Nun freilich nicht so, daß hier zwei Menschen zwei Kirchen repräsentieren, aber doch so, daß die geistige Haltung, die Kittel vertritt, zum mindesten keinen entschlossenen Widerstand leisten kann, wenn der Angriff auf die Kirche Jesu Christi von der Gegenseite her vorgetragen wird. Denn Kittel scheint mir zwar den Teufel abzulehnen, aber den Teufel, der sich in einen Engel des Lichts verkleidet, nicht zu erkennen. Das ist doch eine tragische Entwicklung des Kirchenkampfes, daß zwar die D. C. ausgespielt haben, daß wir aber, wie mir scheinen will, nicht viel klüger daraus hervorgehen als wir hineingegangen sind. Denn sehr viele tragen ihr D. C. Abzeichen zwar nicht mehr auf, aber unter dem Rock. Was wird geschehen, wenn der zweite, vielleicht geschicktere Ansturm von dieser Seite aus einsetzt?

Die Verhandlungen und Vorgänge betr. die nun einberufene preußische Synode sind nicht nach jeder Richtung hin erfreulich, es geht in Berlin nachgerade so zu, wie seinerzeit in dem Kampf zwischen Hossenfelder und Müller, ein preußischer und ein Reichsflügel, der eine ständig in Gefahr, Fanatismus und Bekenntnistreue zu verwechseln, der andere in Gefahr, kirchenpolitische Erwägungen über echte und klare Glaubensentscheidungen zu stellen. Ich werde auch allmählich dem Konfessionalismus gram, denn er ist wirklich weithin mit schuld an diesem Vorbeigehen an den uns heute aufgenötigten Entscheidungen. Wir sind doch heute gefragt: Warum sind wir Christen? Wie dünkt euch um Christus? Und zwar in allen Konfessionen. Was da der gute Stoll in dem Heft schrieb,[3] in dem auch Ihre Antwort an Kittel erschienen ist, ist doch dünn, dünner, am dünnsten. Solche formalistischen Geschichten kann ich in den Tod nicht ausstehen. Aber Elerts Aufsatz über die Zukunft der Theologischen Fakultäten[4] ist genau so gehalten. Das sind Grabgesänge.

Ich halte es doch für ein sehr großes Unglück, daß man Barth aus Deutschland weggehen hieß und ließ.[5] Denn wenn wir auch nicht in allem mit ihm eins sein werden, es geht ja wirklich nicht um seine »Meinung« und seine Theologie von A bis Z, aber er war kein schlechter Steuermann und den Punkt, den er angepeilt hat, sollten wir halten. Das ist der richtige Kurs. Ich habe den Eindruck, daß Sie darin genau so denken. Wenn doch die Fakultäten das begriffen und darin heute standhaft sein möchten. Es ist ein großes Unglück, daß so wenig Professoren in der theologischen Führung der Bekennenden Kirche drin sind. Schniewind sagte mir, daß Sie auch herausgegangen seien. Das bedaure ich sehr. Es fehlt die theologische Klarheit und Nüchternheit. Aber ich bin da, glaube ich, auch schon etwas in Mißkredit geraten.

Hier ist viel zu tun, manchmal meine ich, es einfach körperlich und geistig nicht mehr zu schaffen. Wer weiß, was Gott noch mit uns vorhat. Wenn wir nur treu erfunden werden.

Mit vielem Dank und herzlichen Grüßen, auch an Ihre Frau Gemahlin, bin ich Ihr ergebener

Hans Iwand

1 R. Hermann, Der Auftrag der Kirche an das Volk, Antwort an Gerhard Kittel, Wort und Tat 11, 1935, 262–277, jetzt Werke VI, 93–110.

2 In: Deutsche Theologie, Heft 4/5 1935, 105 ff.

3 Ch. Stoll, Recht und Grenzen des Konfessionalismus, Wort und Tat 11, 1935, 255–262.

4 W. Elert, Die Zukunft der evangelisch-theologischen Fakultäten, Luthertum 1935, 97 ff.

5 Vgl. Seite 95, Anmerkung 9. Obwohl Barth in der Eidesfrage schließlich von den Kirchen Beistand erhalten hatte (seine Auffassung sei »die amtlich und öffentlich vorgetragene Lehre der Evangelischen Kirche«) und er daraufhin gegen Ende 1934 doch noch sich bereitgefunden hatte, den Eid zu leisten, auch das Urteil der zweiten Instanz für ihn günstig ausgefallen war, war er 1935 in den Ruhestand versetzt worden. Siehe auch Seite 87.

15. Bloestau, d. 1. I. 36.

Sehr verehrter Herr Professor!

Haben Sie vielen Dank für Ihren freundlichen Brief. Glauben Sie wirklich, daß man die jetzige Ausschußlösung mit den Fehlern begründen kann, die Dahlem begangen hat?[1] Ich meine, daß es garnicht um die Fehler dieser oder jener Richtung geht, sondern um die Lage der Kirche im Ganzen und daß da jeder an seinem Platz gefordert war. Wenn die Fehler in der Vergangenheit liegen, dann müssen sie doch bei all denen liegen, die für den Kurs mitverantwortlich gewesen sind und irgendein Amt in der Kirche hatten. Jetzt mutet man uns zu – und man scheint ja in Greifswald die jetzige Entwicklung sehr zu begrüßen – daß wir auf einmal sagen sollen, nein, nein, es ging uns garnicht um die Tatsache, daß die Kirche nur einem Herrn zu gehorchen hat, es ging uns auch garnicht darum, daß zwischen Menschensatzungen und Gottesgebot unterschieden wird, es ging uns um einige moralische Mängel der Bischöfe und um die Beseitigung des Totalitätsanspruchs der D. C. Daß jetzt unsere Fakultäten diese Zersetzung der theologischen Substanz auf die kommende Generation übertragen werden, daß soundsoviele Leute von 33 durch ihre kirchlichen Posten mit der jetzigen Regelung freie Hand für die weitere Verbreitung ihrer »politischen« Verkündigung haben, daß unsere Gemeinden mit der Erkenntnis aus dem Kampf herausgehen, die Kirche hat es nicht geschafft, aber der Staat schafft Frieden, daß man Botschaften widerspruchslos erträgt, die aufs Haar genau dem Ansbacher Ratschlag[2] entsprechen, wenn sie nur von Herrn Zoellner[3] stammen, daß man Lösungen zustimmt, die in der Linie der Gutachten liegen, wie sie Hirsch vor einem Jahr für die Reichskirchenregierung ausarbeitete, wenn sie nur heute zu unseren Gunsten – machtpolitisch! – ausfallen, das stört scheinbar niemanden mehr. Haben wir denn in der Tat nur zu unserer Selbsterhaltung gekämpft? Haben wir nur theologische Grundsätze aufgestellt, um damit unsere Landeskirchen, Fakultäten etc. zu decken? Sind unsere Bekenntnisse solche Schutzschilde gewesen, die man jetzt wegräumen kann, da die Lage etwas ruhiger geworden ist? Sie müssen diese Fragen einmal – bitte – ertragen, ich kann mich nicht mehr zurechtfinden unter diesen Gottesmännern und »Zeugen«, die heute so und morgen so reden. Ich habe gedacht, daß der Kampf und das Leiden, in das die Kirche getreten ist, dem Evangelium gilt und habe geglaubt, wir dürften uns dabei der Worte des Herrn trösten, daß wir damit auf der Straße geführt werden, die auch er beschritten hat. Ich habe geglaubt, die Zeit, in die wir jetzt getreten sind, ist nicht eine anormale, sondern eine dem Evangelium gemäße Zeit und wir sollten uns freuen, daß wir solcher Zeiten gewürdigt werden, daß man das Evangelium so ernst nimmt. Aber ich sehe, weithin sieht man in diesen Kämpfen, Leiden und Nöten etwas Anormales, weithin möchte man wieder Sicherheiten und Garantien haben, um »arbeiten« zu können, weithin träumt man schon wieder von großen Missionsmöglichkeiten, die sich uns auftun, und um dieser Möglichkeiten willen schweigt man, wenn hier oder da eine offizielle Rede die Erkenntnisse und Errungenschaften dieser Jahre ad acta legt, man nennt das dann Entgleisungen. – Sie müssen mir doch zugeben, daß ein Mensch, der diese Vorkommnisse unvoreingenommen mitansieht, das nicht begreift – – –. Ich nenne nur einiges: Wer ernennt die Ausschüsse? Wer sie ernennt, der kann sie auch wieder gehen heißen. Haben diese Ausschüsse auch nur das mindeste mit einer echten Leitung der Kirche zu tun, wenn sie lediglich der ins Religiöse hinein verlängerte Arm des Staates sind? Man hat uns versprochen, diese Ausschüsse seien nur als Ordnungsorgane gedacht, aber sie beginnen ihr Dasein damit, daß sie die einzige noch vorhandene kirchliche Autorität vernichten. Wer – meinen Sie – wird den Ausschüssen dazu verhelfen, daß ihre Anordnungen durchgeführt werden? Daß dies keine kirchlichen Organe sein werden, ist jedenfalls den Vertretern der Ausschüsse weithin klar. Unser früherer Präses[4] hat Studenten ausgeschlossen, weil sie sich beim Bischof zum Examen meldeten, bei den aus den Vertretern der Fakultät zusammengesetzten Prüfungskommissionen, und jetzt wird er die ausschließen, die sich bei denselben Professoren nicht prüfen lassen. Glauben Sie, sehr verehrter Herr Professor, daß wir noch hoffen können, daß Gott unser Vorhaben segnen wird, wenn wir anfangen, so auf eigne Faust und in eignem Gutdünken Kirchenpolitik zu treiben? Das ist es, was ich nicht glauben kann. Und darum habe ich kein, gar kein Vertrauen zu dem Wege, auf dem wir jetzt gehen. Das muß daneben gehen, so gewiß, wie der im Vertrauen und im Bekenntnis zu dem lebendigen Gott und seinem Gebot gegangene Weg eben nie daneben gehen kann. Genügt es nicht, was geschehen ist? Meinen wir, wir könnten nach diesem erstmaligen Ausbruch des Vulkans nun wieder in Frieden an seinem Fuße unsere Häuser aufbauen? Kam das Warnungszeichen nicht von Gott und ist es nicht ein Wunder, daß wir so hindurchgekommen sind? Diese Gedanken und Befürchtungen haben mich in den letzten Wochen ganz krank gemacht. Ich kann gar nicht mehr hoffen, daß es noch einmal zu einem einsichtigen und sauberen Handeln in der Kirche kommt. Auf der anderen Seite sehe ich auch Dinge, die ich für schrecklich halte, dieses Anrufen der ökumenischen Instanzen, überhaupt diese Hoffnungen auf irgendwelche außenpolitischen Faktoren – auch wenn es kirchliche sind, halte ich für verderblich bis dort hinaus. Damit bleiben wir eben doch auf dem Boden der Politik und werden scheitern. Ich muß sagen, daß ich da mit den neuesten Schritten von Barth[5] einfach nicht mitkann. Wir bilden hier keine Fronde gegen den Staat, es ist ein Fehler, wenn man meint, die Kirchenfrage sei durch den Sieg des Nationalsozialismus heraufbeschworen, das ist nur sehr zum Teil wahr. In Wirklichkeit begann der Kampf viel früher und das ist allein unser Unglück, daß diejenigen, die eine Erneuerung der Kirche aus dem Wort nicht wollen, weil sie daran nicht glauben können, sich immer wieder – einst die Liberalen, heut die Orthodoxen – der staatlichen Macht bedienen, um das kirchliche Geschehen aus der Ebene des Glaubens in die der Eigenmächtigkeit zu verlagern. Da liegt der Verrat. Ich glaube garnicht, daß die Männer in den Ausschüssen Schuld haben, ich traue ihnen wirklich den besten Willen zu, aber auch wenn der Apostel Paulus drin wäre, ginge es nicht anders – wenn man einen Wagen lenken will, muß man selbst drin sitzen und darf das nicht von einem zweiten Gefährt aus versuchen.

Bitte verzeihen Sie mir diesen Brief. Ich mußte es Ihnen einmal schreiben, ich kann die Haltung der Greifswalder Fakultät[6] nicht mehr verstehen. Sie ist die einzige Fakultät hier im Osten, die nicht zerstört ist, und sie führt uns heute so! Wo soll dann unser Vertrauen zur Theologie als Lehre der Kirche bleiben? Wir werden jedenfalls so lange ausharren, als wir dazu Kraft und äußere Möglichkeiten haben. Vielleicht muß das Vorgehen gegen uns dazu dienen, denen die Augen zu öffnen, die heute nicht klar sehen. Aber es ist nicht leicht, wenn es immer einsamer um uns wird und wir sind oft bange, ob wir die Kraft haben werden, das zu ertragen. Vorläufig steht hier noch alles geschlossen, aber wer weiß, ob es so bleibt. Schon beginnen die Kompromißfreudigen, auf uns zu zeigen und aus der sachlichen Frage eine persönliche zu machen. Aber wenn ich heute nachgäbe und mit dem Ausschuß arbeitete, hätte ich in der Tat keine ruhige Minute mehr.

Das Weihnachtsfest haben wir ruhig und still verlebt, ich war sehr müde und bin überhaupt jetzt oft matt und weiß oft nicht, wozu unsere Arbeit dient. Aber die Arbeit im Seminar war schön und die Gemeinschaft ungetrübt. Hier sind keine Differenzen, ebenso nicht im Bruderrat und bei den meisten der angeschlossenen Pfarrer. Am 6. geht es wieder los. Ich muß mich jetzt sehr in praktische Theologie einarbeiten und werde damit so ein rechter Dilettant. Aber was hilft es. Die Fakultätsverhältnisse in Königsberg sind trostlos. Die Hörsäle ziemlich leer, die neugebackenen Herren eröffnen ihre Kollegs mit »Soli Deo gloria«[7] (in der Tat geschehen), Zscharnack als echter Demokrat kann auf einmal auch mit diesen »Kollegen«, Noth hat sich ganz zurückgezogen, Bornkamm reibt sich auf, von den Studenten gehen doch recht viele gute Leute zum Militär und werden Berufsoffiziere. Vielleicht wird man auf diese Weise allmählich den geistigen Habitus erzielen, der sich für diese Köpenickiade eignet. Morgen kommt mein Vater, er will sich ein wenig ausruhen, er ist jetzt auch oft müde und matt. Im Frühjahr hatte man ihn auch verhaftet und eingesperrt. Sonst geht es in Jordansmühl gut, ich war im Herbst einmal dort, mußte dann aber sofort wieder zurück, da ich hier gebraucht wurde. Mein Schwager hat es auch sehr schwer, ist aber immer noch Privatdozent in Frankfurt.[8] Gestern hörte ich übrigens, daß die Ausschußverhandlungen in Westfalen gescheitert sind und daß Bodelschwingh Zoellner erklärt hat, der Weg der Ausschüsse führe ins Verderben. Das hatten wir nicht erwartet und sind darum sehr froh, daß man sich dort auf keine Sonderregelung eingelassen hat.

Nun bitte ich Sie nochmals, den etwas heftigen Ausbruch nicht als das zu nehmen, was er nicht sein möchte, als eine Anklage oder als Vorwurf, aber wenn man uns in Bayern sagte, man müsse jetzt getrennt marschieren und wir müßten erst einmal allein durchzukommen suchen, wenn Marahrens den Ausschuß begrüßt, weil er in Hannover keinen hat, wenn jeder sieht, wie er nun am besten liquidiert, nachdem man eben noch so große Töne in Augsburg[9] geredet hat, dann sagt man sich eben doch, es wäre besser, wenn die Distanz zu den reformatorischen Vätern etwas sauberer gehalten würde, denn um derartige partikularistische Interessen ging es doch da nicht. Dann soll man nicht erst so reden. Und ich kann partout nicht verstehen, daß Sie diesen Weg in Pommern mitgehen und richtig finden. Wo sollen wir denn enden, wenn wir uns immer weiter zersplittern und aufspalten? Die Einmütigkeit ist doch ein Zeichen der Sachverbundenheit. Wo keine Sache mehr ist, da ist auch keine Einigkeit mehr. Wenn das so weitergeht, werden wir eines Tages mit Schrecken ins Leere greifen.

Bitte nehmen Sie doch unsre herzlichsten Wünsche zum Jahresanfang und unseren Dank, daß Sie und Ihre verehrte Gattin unserer Kinder so freundlich gedacht haben. Mit besten Grüßen bin ich Ihr

Hans Iwand

1 Siehe dazu Seite 104.

2 Lutherische Gegenthesen gegen die Theologische Erklärung von Barmen, siehe K. D. Schmidt, Die Bekenntnisse des Jahres 1934, 1935, 102–104.

3 D. Wilhelm Zoellner, früherer Generalsuperintendent von Westfalen, Vorsitzender des Reichskirchenausschusses.

4 Theodor Kuessner, seit 1935 Vorsitzender des ostpreußischen Provinzialkirchenausschusses.

5 Dezember 1935 hatte Karl Barth Minister Kerrls neues »Kirchenregiment« derart scharf angegriffen, daß der deutsche Botschafter in Bern deswegen vorstellig wurde. Andererseits begann Barth damit, die Bekennende Kirche wegen ihrer betont loyalen Haltung gegenüber dem NS-Regime zu kritisieren.

6 Siehe Seite 104 und vgl. R. Hermann, Werke VI, 16–21 (Einleitung von G. Krause).
7 Gott allein die Ehre.
8 Arnold Ehrhardt, ältester Bruder Ilse Iwands.
9 Auf der dritten Bekenntnissynode der DEK.

16. Bloestau, d. 25. II. 36

Sehr verehrter Herr Professor!

Haben Sie vielen Dank für Ihren Brief, der mich zur rechten Stunde in Oeynhausen erreichte. Ich danke Ihnen, daß Sie mich auf manches aufmerksam machen, was ich in der Tat hätte mehr bedenken müssen. Ich habe das Flugblatt[1] durch einen Zufall verfaßt, es sollte eigentlich ein Vorspruch werden zu den Thesen für die Synode, wurde dann dieses und in dieser Form herausgegeben – Anspielungen auf Dinge, die Sie mir schrieben, stehen nicht drin, jedenfalls nicht bewußt. Ich war damals über den Meiserschen Brief im positiven Christentum[2] recht verzweifelt und ebenso über Auseinandersetzungen, die wir hier mit Kuessner hatten.

Darum mußte ich auch etwas zu Barmen und Dahlem sagen, ich fühle mich doch auch mit denen, die dort das theologische Wort gesagt haben, irgendwie verbunden. Wie sollte ich das zum Ausdruck bringen? Die Autorschaft wollte ich mir nicht mit zuschreiben, ebenso ist die Unterschrift mit diesem mir immer noch anhängenden Titel ohne mein Verschulden zustande gekommen.

Das alttestamentliche Zitat meint nicht das Interim als solches, das ist wahr. Mich bewog dabei dies, daß ein Gürtel, der nicht getragen wird, mürbe werden muß. Die Paulusworte richten sich doch auch gegen solche, die das Ärgernis des Kreuzes vermeiden und in irgendeiner leichteren Form Gott und die Welt miteinander versöhnen wollen.

Wenn ich von Verrat sprach, dann doch aus der Angst heraus, die BK könnte heute das preisgeben, was ihr geschenkt wurde. Die Möglichkeit dazu ist doch sehr groß, bei den Zaghaften nicht minder als bei den Übereifrigen. Freilich muß ich offen gestehen, daß, wenn ich damals gewußt hätte, was ich heute weiß, – wie es nämlich auf der Synode, zumal am Schluß zuging, dann würde ich dies Wort nicht mehr so geschrieben haben. Ich bin erschüttert heimgefahren. Was soll nur werden? Auf der einen Seite die Vorsicht der Kirchenmänner der intakten Kirchen, die nie ganz frei theologisch herauskommen, und auf der anderen Seite ein unter der Decke schwelendes, aber doch schon hier und da hervorbrechendes Schwarmgeistertum, das ich von Angesicht zu Angesicht so noch nie erlebt habe. Niemöller blieb freilich bis zum Schluß ganz ruhig und klar, aber nicht alle, die sich an ihn hängen. Und Breit zerschlug jede sich bildende Einmütigkeit immer von neuem, mit dem Grimm eines Mannes, der die BK am liebsten ins Meer versenken würde, wo es am tiefsten ist. Was mag im letzten Jahre da alles an Unheil angerichtet sein?

Ich verstehe Ihre Sorge, daß die Kirche sich an Stelle ihres Herrn setzen könnte und meine, es wäre an der Zeit, daß jeder, der die Gefahren sieht, unabhängig von irgendeiner kirchenpolitischen Konstellation zur Besinnung und zur klaren Wegweisung ruft. Denn die Politik der Ausschüsse kann die Gefahren zur Rechten und zur Linken nicht bannen, im Gegenteil, sie benutzt die Spannungen und verschärft sie. Es sind zwei böse Dinge in den Ausschüssen mit untergelaufen, das Gruppendenken und das staatliche Verbot der Bruderräte. Es wäre gut, wenn beides in sachlicher Weise modifiziert würde. Wenn irgendwo, dann habe ich in Oeynhausen gelernt, daß Kirche ein Glaubensartikel ist und daß die BK in Gefahr ist, aus dem Glauben ins Schauen überzugehen. Wenn wir doch bei dem Wort blieben, das allein Weg der Kirche sein kann. Bitte nehmen Sie diese kurzen Zeilen als Dank für Ihren Brief, ich bin sehr müde und verzagt und muß morgen wieder weg, so schrieb ich dieses. Ihr dankbarer

Hans Iwand

1 »Um Einheit und Reinheit der Bekennenden Kirche«.

2 Gemeint ist ein Rundbrief an die bayrische Pfarrerschaft vom 9. 1. 1936, in dem sich Landesbischof Meiser von der Bekennenden Kirche distanzierte; »Positives Christentum« war seit Sommer 1935 das »Kampf- und Führerblatt« der Reichsbewegung DC.

17. Jordan (Neumark), d. 20. VI. 37.

Sehr verehrter, lieber Herr Professor!

Haben Sie vielen herzlichen Dank für Ihren letzten Gruß, der mir Freude und Stärkung bereitet hat. Ich hatte immer vor, ausführlich auf Ihren vorletzten Brief zu antworten, stand aber so im Gedränge der kirchlichen Arbeit in Ostpreußen, daß mir immer wieder Zeit und Besinnung dazu fehlte. Bei meiner Ausweisung ist ein Gutes: daß ich endlich einmal etwas frei geworden bin von der fast untragbaren Verantwortung, die sich mehr und mehr auf uns lastete.

Ich glaube, Sie verstehen mich falsch, wenn Sie meinen, der Kampf gegen die Ausschüsse sei sozusagen das Thema meiner Arbeit in dem letzten Jahr in Ostpreußen gewesen. Ich bedaure vielmehr, daß es überhaupt zu diesem Problem in diesem Ausmaße kirchenpolitisch gekommen ist. Daran hat sowohl die BK wie die Ausschüsse Schaden genommen.

Wohl aber habe ich es für richtig gehalten, zu widerstehen, als die Ausschüsse versuchten, die BK aufzulösen. Das war nicht ihre Aufgabe. Sie hätten die uns nicht erreichbaren Gemeinden auf denselben Stand bringen sollen und mit Kleinarbeit vorgehen sollen, anstatt mit Programmen nach Totallösungen zu trachten und die BK der Schwarmgeisterei anzuklagen – Nun aber ist es soweit gekommen, daß die Bruderräte sich in die Ausschüsse festbissen und die Ausschüsse die Bruderräte anklagen – so, daß niemand, weder in noch außer der Kirche, weiß, *wo* die Kirche ist.

Mir scheint der Kampf ums Kirchenregiment der Erisapfel zu sein, den ein böser Geist ins Lager rollte, denn die evangelische Kirche lebt nicht vom Kirchenregiment, sondern von der Theologie. Alle die Strömungen, die Kirchenregiment als Artikel I setzen, scheinen mir verdächtig. Das Evangelium regiert die Kirche, d. h. die Herzen, und jene Linie, die vom Kirchenregiment Gesundung erhofft, etwa Vilmar oder auch Stahl, ist mir immer als Linie in den Abgrund oder die Erstarrung erschienen. Vielleicht – und das hoffe ich – zerbricht die kommende schwere Zeit, der wir entgegengehen, diese Erstarrung und läßt uns wieder auf das Evangelium unsere Hoffnungen setzen. Denn in Wahrheit ist doch der Kampf, in den wir geworfen sind, ein Glaubenskampf, nur in zweiter Linie ein Kirchenkampf. Es geht darum, ob der Gott, den wir bezeugen, ein Nationalgott ist, oder der Gott, der Himmel und Erde geschaffen hat und vor dem wir alle *eine* Menschheit sind, eingeschlossen in die beiden Pole: Adam und Christus. Jedes Kirchenregiment, das dieser Klärung dient und aus dieser Entscheidung heraus die Gemeinden sammelt, baut auf, jedes Kirchenregiment, das um diese Entscheidung herumkommen möchte, verführt.

Es scheint mir nicht gut zu sein, nun noch einmal das Kapitel Ausschüsse aufzuwerfen. Was meine eigene Situation anlangt, so haben die Leute der Ausschüsse in Ostpreußen mich nicht gerade sehr brüderlich behandelt – und zwar gleich zu Beginn: die Auflösung des Seminars war ja ihre erste Forderung – aber ich glaube nicht, daß mich das im Letzten in der Haltung bestimmt hat. Nur habe ich noch nie persönlich einen von diesen Brüdern, mit denen wir ja menschlich und sachlich verbunden waren, so als Handelsobjekt angesehen wie die das mit uns taten. Aber das liegt im Ziel: ihnen geht es um die Erhaltung der Institution, darum kommen die persönlichen Dinge an zweiter Stelle, das kann ich nicht. Ohne Gerechtigkeit und Liebe wird man die Kirche, die ja doch eine Institution besonderer Art ist, nicht erhalten, nicht so erhalten, wie Gott sie erhalten wissen will. Darum habe ich mich auch zu Niemöller gestellt, denn ich finde es ungerecht, einen Mann zu opfern, weil man meint, er sei Ballast.[1]

Aber ich hoffe ja nun – und hoffe es von ganzem Herzen – daß dieser Zwist seinem Ende entgegengeht und wir erkennen, daß es *ein* Evangelium ist, das heute von vielen, in sich verschiedenen Kirchen bezeugt sein will. Es gibt wohl eine lutherische Kirche, unierte Kirchen, reformierte Gemeinden, aber das Evangelium, zu dessen Zeugnis wir heute aufgerufen sind, ist doch das *eine*. Und ich kann nicht einsehen, warum wir das nicht tun. Daß bestimmte Gefahren von Sekte und Schwärmerei vorhanden sind, und zwar gerade in der BK, ist mir sehr deutlich. Aber ebenso deutlich ist mir, daß wir kirchenpolitisch damit nicht fertig werden, sondern allein theologisch – und daß wir vor allem den Grund dieser Tendenzen sehen müssen, die furchtbare Bedrängung des Glaubens durch die mit der politischen Autorität ausgestattete Weltanschauung, die in sich nichts anderes ist als der Monismus. Nur in dem Maße, als wir hier widerstehen, haben wir Hoffnung, auch der Schwärmerei begegnen zu können. Bitte, wenn ich Sie so bitten darf, helfen Sie doch mit, daß diese uns in der ganzen evangelischen Kirche verlorengegangene Einigkeit wiedergefunden werde, denn ich glaube, daß der Zwiespalt, der in den beiden letzten Jahren aufgekommen ist, unser Zeugnis vor der Welt schwach und halb gemacht hat. Die letzten Ereignisse in Berlin[2] lassen erkennen, daß wir keine Zeit mehr zu verlieren haben und daß es nur eine Kirchenspaltung gibt, die sich rechtfertigen läßt: die einer das Evangelium in sein Gegenteil verfälschenden Lehre, die mit Gewalt wider die Wahrheit zu herrschen sucht. Wenn wir den Gekreuzigten als eine relative Sache ansehen und eine Jesusreligion mit völkischem Einschlag dafür einhandeln, dann haben wir das Erstgeburtsrecht der evangelischen Kirche verkauft.

Ich muß Ihnen offen gestehen, daß mir oft zuviel von Kirche und zuwenig von *diesem* die Rede ist, daher auch die Profanisierung unserer Predigten, die ganz in Polemik aufgehen. Aber ich kann ja nur so dagegen an, daß ich an meinem Teil und in meinem Amt dagegen wirke und auch diese Schuld mittrage, denn die Angriffe auf die Kirche povozieren natürlich auch diese Abwehr. Was nun werden wird, steht noch dahin – aber ich hoffe, daß der Mittwoch uns etwas weiter bringt, daß wir auf dem Wege neuer Einigkeit geführt werden.

Nun noch einiges von mir und hier. Hier ist wirklich ein Exil, wir sind sehr einsam und suchen so recht und schlecht unsere theologische Arbeit zu tun wie das eben geht. Daß ich die Kinder nicht und meine Frau auch nur sehr zeitweise hier habe, ist mir schwer. Peter ist jetzt gerade so reizend und war mir eine große Freude. Dazu kommt, daß man nicht weiß, wie lange man noch frei ist. Meine Ausweisung dürfte wohl den ganz allgemeinen Grund haben, das sagte man auch auf der Gestapo in Berlin, daß man mich in Ostpreußen weghaben will, ich fürchte fast – aber ich sage das sonst nicht – daß man hofft, nun mit Kuessner die »Befriedung« der Provinz zu erreichen.

Wer der »Man« ist, will ich lieber nicht zu Papier bringen. Kuessner spinnt leider ständig politische Fäden. Aber ich glaube, daß sich ja nun bewähren muß, welcher Weg richtig ist – in diesen kirchenpolitischen Entscheidungen können wir schließlich nie sagen, was wirklich richtig war – und daß auch hier nichts ohne persönliche Note geschieht, wie nirgends in der Welt. Das läßt sich begraben und vergessen. Im Grunde genommen ist es immer Torheit, wenn jemand hofft, durch den Sturz seines Gegners zu steigen.

Schwerer ist mir die Sorge, daß ich nun wieder meine Arbeit werde wechseln müssen. Ich hatte mich jetzt in diese Arbeit der praktischen Theologie etwas eingearbeitet und den neuen Beruf liebgewonnen. Ich habe ein Grauen davor, ohne Beruf herumzuvagabundieren und werde sehen, daß ich bald wieder ein Amt finde. Wenn wir gut durch die nächsten Monate kommen, will ich mich dann danach umtun. Vielleicht haben wir für den Winter wieder ein Dach über dem Kopf, und ich habe meine Frau und die Kinder bei mir.

Daß Thomas zu Ihnen kommen darf und wird, freut mich sehr. Meine Frau schreibt mir heute, daß er schon sehr darauf brennt und ich danke Ihnen und Ihrer Frau Gemahlin sehr, daß Sie ihm diese große Freude bereitet haben.[3] Sehr große Sorge mache ich mir um Herrn Prof. Schniewind. Hoffentlich läßt sich das Schlimmste vermeiden. Ob eine Adresse der Studenten – etwa an das Ministerium – gut ist, kann ich nicht sagen. Jedenfalls müßte es eine *offizielle* Stelle sein, von der die Adresse ausgeht. BK-Studentenschaft würde wohl kaum nützen. Im Falle Barth hat es auch wenig genützt.

Nun will ich schließen. Hoffentlich können Sie diesen handgekritzelten Brief lesen, denn ich habe hier keine Schreibmaschine. Nochmals vielen Dank und herzliche Grüße an Sie und Ihre verehrte Frau von Ihrem dankbaren

Hans Iwand

1 Kann sich wohl nur auf die Auseinandersetzung mit Theodor Kuessner beziehen, siehe Seite 102 und 103 f.

2 Wohl der Kollektenerlaß des Reichskirchenministers gemeint.

3 Hermann war Taufpate von Thomas Iwand.

Dortmund
1937–1945

1937 *Oktober: Mit Hilfe von Präses Koch, Superintendent Heuner und dem Bekenntniskreissynodalvorstand gelingt es Iwand, dem Predigerseminar in Dortmund eine Stätte zu schaffen, an der die Arbeit mit 13 Kandidaten und Hugo Maser als Studieninspektor fortgesetzt werden kann.*

14. Dezember: Runderlaß des Reichsinnenministers Wilhelm Frick gegen politische Gegner des Hitlerregimes, verschärfter Terror

18. Dezember: Die Kandidaten, Iwand und Fritz Heuner werden verhaftet.

24. Dezember: Nach Entlassung aus der Haft sammeln sich die in Dortmund Bleibenden im Pfarrhaus bei Heuner.

1938 *18. Januar: Die Arbeit des Seminars wird unter größten Schwierigkeiten wiederaufgenommen: die Kandidaten leben in drei westfälischen Bekenntnisgemeinden, darunter in Ernst Wilms Mennighüffen.*

7. Februar bis 2. März: Prozeß gegen Niemöller, danach Haft in den Konzentrationslagern Sachsenhausen und Dachau

12. bis 13. März: Annexion Österreichs

April: Die Kandidaten des ostpreußischen Predigerseminars werden aus Westfalen ausgewiesen, das Seminar kommt nach und nach zum Erliegen. Iwand bewirbt sich um ein Gemeindepfarramt.

20. April: durch den Evangelischen Oberkirchenrat der altpreußischen Union – wie auch in anderen Landeskirchen – Eidesleistung der Pfarrer auf Hitler verordnet, daraufhin Widerstand von etwa 2000 Pfarrern in Preußen

23. April: Iwand wird vom Presbyterium der St.-Marien-Kirche in Dortmund einstimmig zum Pfarrer gewählt. Nach Intervention des Reichskirchenministeriums beim Konsistorium in Münster wird die Wahl nicht bestätigt und Iwand von der Gestapo verhaftet.

11. bis 13. Juni: erste Tagung der 6. Bekenntnissynode der altpreußischen Union in Berlin-Nikolassee zur Eidesfrage: schriftlicher Ratschlag Barths, den Eid nicht zu leisten

Juli: Das Presbyterium der Dortmunder Marienkirche hat sich durchgesetzt: Iwand wird aus der Haft entlassen und von Präses Koch in das Pfarramt eingeführt.

31. Juli: zweite Tagung der 6. Bekenntnissynode der altpreußischen Union in Berlin-Steglitz, Barths Ratschlag verworfen

19. September: auf dem Höhepunkt der »Tschechenkrise« Brief Barths an den Prager Theologen Josef Hromádka

29. September: Münchener Abkommen, Zerteilung der Tschechoslowakei
30. September: Buß- und Fürbittliturgie der Vorläufigen Leitung der DEK für den Fall des – auch von Barth angenommenen – Kriegsbeginns mit der Tschechoslowakei
1. Oktober: Einmarsch deutscher Truppen in das Gebiet der Sudeten, um diese Zeit auszugsweise Bekanntgabe des Barth-Briefs an Hromádka durch die faschistische Presse
28. Oktober: Distanzierung der Vorläufigen Leitung der DEK vom Brief Barths an Hromádka, trotzdem einsetzende Verhaftungswelle
9. bis 10. November: Pogrom im ganzen Reich mit schweren Folgen für die deutschen Juden (»Kristallnacht«)
Im November wird Iwand zum letztenmal verhaftet.
10. bis 12. Dezember: Kirchentag der Bekennenden Kirche in Berlin-Steglitz, Wort zur Judenfrage

1939 *März: Iwand wird aus der Haft entlassen.*
12. bis 16. März: Zerschlagung der Tschechoslowakei, »Reichsprotektorat Böhmen und Mähren«
23. März: Einmarsch deutscher Truppen in das Memelgebiet
6. Mai: »Institut zur Erforschung und Beseitigung des jüdischen Einflusses auf das deutsche kirchliche Leben« auf der Wartburg in Eisenach gegründet
23. August: deutsch-sowjetischer Nichtangriffspakt
1. September: Einmarsch der Hitlerwehrmacht in Polen, Beginn des zweiten Weltkriegs
Kurz darauf reist Iwand zu Freunden nach Posen und lernt aus eigener Anschauung die Folgen der deutschen Aggression kennen.
Im Ergänzungsband I der 2. Auflage der Münchner Lutherausgabe erscheinen seine Erläuterungen zu Luthers Schrift »De servo arbitrio (Daß der freie Wille nichts sei)«.

1941 22. Juni: Überfall der Hitlerwehrmacht auf die Sowjetunion
In der von Barth begründeten Reihe »Theologische Existenz heute« kommt Iwands Schrift »Glaubensgerechtigkeit nach Luthers Lehre« als Heft 75 heraus.
22. Dezember: Urteil im Berliner Prozeß gegen 23 Angeklagte wegen verbotenen Lehrens und Prüfens der Bekennenden Kirche

1943 31. Januar und 2. Februar: Kapitulation der Reste der deutschen 6. Armee im Kessel von Stalingrad
Juni: schwere anglo-amerikanische Bombenangriffe auf das Ruhrgebiet mit Dortmund
24. Juli bis 3. August: Hamburg durch anglo-amerikanische Bombenangriffe schwer zerstört

16. bis 17. Oktober: 12. und letzte Bekenntnissynode der altpreußischen Union in Breslau, Wort zum fünften Gebot einschließlich der Verschleppung und Tötung von Juden und geistig Geschädigten

1944 20. Juli: Bombenanschlag des Grafen Stauffenberg auf Hitler und Verschwörung gegen dessen Kriegsführung gescheitert; in der Folge zahlreiche Verhaftungen und Hinrichtungen

18. August: Thälmann im Konzentrationslager Buchenwald ermordet

1945 13. bis 14. Februar: Vernichtung der Dresdner Innenstadt durch anglo-amerikanische Luftangriffe

9. April: Ermordung Dietrich Bonhoeffers im Konzentrationslager Flossenbürg. Kapitulation der Wehrmacht in Königsberg

16. April: sowjetischer Vorstoß auf Berlin

9. Mai: nach bedingungsloser Übergabe in Berlin-Karlshorst Inkrafttreten der Gesamtkapitulation der Wehrmacht

In dem von Iwand betreuten Gemeindebezirk in Dortmund-Mitte leben von 4000 Evangelischen etwa noch 100. Da Häuser nicht mehr stehen, wohnen sie in Kellern.

6. August: erster Abwurf einer Atombombe durch USA-Luftstreitkräfte über Hiroshima, insgesamt 280 000 Todesopfer

9. August: zweiter Abwurf einer Atombombe über Nagasaki

21. Oktober: Iwand hält in Dortmund seine Abschiedspredigt. Nach der Rückkehr des Gemeindepfarrers aus der Kriegsgefangenschaft folgt er einem Ruf an die Universität Göttingen als Professor für systematische Theologie.

Die Jahre in Dortmund enthalten eine Zäsur, die in ihrer Tiefe schwer zu ermessen ist. Das Erliegen des ostpreußischen Predigerseminars und der Übergang in das Gemeindepfarramt waren der äußere Ansatz der eintretenden Veränderung. Folgenreich war das Milieu der industriellen Großstadt, die alles ergänzte, korrigierte oder verdrängte, was Iwand an wirtschaftlichen und sozialen Vorstellungen aus dem überwiegend agrarischen Osten mitgebracht hatte. Hier, in dem Altdortmunder Pfarrsprengel, lernte er proletarische Lebensverhältnisse zum erstenmal aus der Nähe kennen. Tiefer führten ihn die drei Inhaftierungen, besonders der Gefängnisaufenthalt von vier Monaten. In dieser Zeit und Lage erfuhr er die Gemeinschaft der dort einsitzenden Angehörigen des sozialdemokratischen und kommunistischen Widerstands überraschend wie mit seinesgleichen. Der Einfluß, der von solchen Begegnungen, begleitet von den Eindrücken des grauenvollen Bombenterrors des imperialistischen Krieges, auf ihn ausging, gehört zum Stärksten in seinem Leben. Was er seinen »toten Dortmunder Freunden« verdankte, hat ihn als einen politisch zur

Wandlung Bereiten auf den Weg des Friedenskampfes gestellt, den er in der Nachkriegszeit konsequent beschritt. »Mitten hinein in die Furien des Krieges hätten wir längst des Friedenswort tragen müssen. Es ist jetzt höchste Zeit, es ist Zeit, die Welt vor die Entscheidung zu stellen mit dem Evangelium des Friedens, ob sie leben oder untergehen will«, heißt es in der Dortmunder Abschiedspredigt (NW 3, 180).

Zunächst aber war er aus der vorderen Linie des Kampfes zurückgenommen. Die dritte Lebensperiode begann in Dortmund mit dem erneuten Studium der Bibel unter Anleitung Luthers. Wie intensiv er sich dahinein begeben konnte, zeigt das erste Ergebnis dieser Bemühungen in der Münchner Lutherausgabe, Ergänzungsreihe I, 2. Auflage 1939 (3. Aufl. 1954): Martin Luther, Daß der freie Wille nichts sei, übersetzt von Bruno Jordahn, Einführung und Anmerkungen von H. J. Iwand. Seine Erläuterungen gehören zum theologisch Einsichtsvollsten, was dazu geschrieben worden ist. Dabei trieb er die Arbeit daran nie bloß gelehrt, sie war Teil der sach- und gemeindegemäßen Verkündigung. Er schreckte nicht davor zurück, in einem aufgeschlossenen Gemeindekreis Luthers Römerbriefvorlesung zu besprechen. Schniewind in Halle regte ihn dazu an, die didaktischen Erfahrungen, die er gesammelt hatte, zu nutzen, um die Grundgedanken von Luthers reformatorischer Lehre allgemeinverständlich darzulegen. Ernst Wolf als Herausgeber öffnete dem Manuskript den Weg zur Publikation. »Glaubensgerechtigkeit nach Luthers Lehre« wendet sich vornehmlich an Gemeindepfarrer. Zugleich war es gedacht als Gruß an Martin Niemöller, den es im Lager Dachau erreichte.

Iwand führt aus, daß Rechtfertigung »Gott recht geben« heißt. Dann legt er die Lehre vom Wort Gottes als von »Gesetz und Evangelium« dar. Breit handelt er über die Bedeutung des Gesetzes. Daran schließt sich das Kapitel »Glaube und Werk« an, das die Grundlagen von Luthers Ethik umreißt. Schließlich wird das Wesen der »Gerechtigkeit« als Glaubens-, nicht Werkgerechtigkeit christologisch begründet. Damit kommt auch hier das Ergebnis seiner grundlegenden Arbeit über »Rechtfertigungslehre und Christusglaube« zur Geltung. Glaubensgerechtigkeit und Glaubensgewißheit sind eins in der »Einheit mit Christus im Glauben«. Iwand will mit dieser Schrift über alles Konfessionelle hinausführen und »wieder nach dem Grund fragen, auf dem unser Bekenntnis ruht« (Vorwort, 3). Die Mitte von Luthers Theologie, der Artikel von der Rechtfertigung des Menschen vor Gott ist ja »die Mitte, die nicht Luther – die ein anderer gesetzt hat« (5). Sein und Nichtsein der Kirche werden sich daran entscheiden, ob das gesehen wird oder nicht, ob diese Mitte bleibt oder andere Entweder-Oder dafür eingesetzt werden, etwa Volkskirche oder Freikirche, Una Sancta oder nicht, Abendmahlsgemeinschaft oder nicht. Mit solchen Verschiebungen werden sich auch die Maßstäbe verschieben. Man wird »in

Gefahr kommen, tolerant zu sein, wo man radikal sein müßte, und radikal, wo man tolerant sein darf« (6). Denn die Lehre Luthers ist auch die Lehre des Paulus, die uns die Schrift aufschließt. Man wird Luther erst verstanden haben »als einen Ausleger der Schrift, als einen, der uns dazu verhelfen will, an Christus glauben zu lernen« (4).

18.

An Rudolf Hermann Dortmund, 17. VIII. 43.

Sehr verehrter, lieber Herr Professor!

Vielen herzlichen Dank für Ihre Drucksache, auch für die Karte mit der freundlichen Anfrage nach unserem Ergehen. Ich hätte Ihnen schon längst schreiben müssen, aber erstens bin ich leider ein sehr schlechter Korrespondent und zweitens waren die akuten Aufgaben hier so, daß man überhaupt nichts anderes mehr tun konnte, zumal die ständigen Alarme doch eine ziemlich aufreibende Wirkung ausübten. Nun ist jetzt eine gewisse Milderung eingetreten, sodaß man wieder etwas auflebt. Am schlimmsten war es im Juni, als sich die ganze Wucht der feindlichen Angriffe aufs Ruhrgebiet richtete, und jede Woche neuen Schrecken, neue Zerstörungen und Verwirrungen in Post, Bahn, Telefon etc. brachte. Es *kann* sich das natürlich jetzt noch einmal wiederholen, Berlin *muß* nicht drankommen, aber es ist auch möglich, daß wir das Schlimmste hinter uns haben. Da freilich die Industrie wieder aufgebaut wird und weiterläuft, halte ich neue Angriffe für wahrscheinlich. Unser Haus steht noch, beim zweiten Angriff war es sehr gefährdet, das Haus gegenüber wurde von einer schweren Sprengbombe getroffen, die im Luftschutzkeller krepierte und das ganze Haus umwarf, es lag in unserem Garten, die Bewohner hat man nur noch teilweise gefunden. Eine Frau ist wohl ganz zerrissen, lebend kam niemand heraus. 6 solcher Sprengbomben fielen hier in unmittelbarer Nähe, wir waren im Keller, unsre Kinder waren schon weg, und glaubten zuerst, unser eigenes Haus sei getroffen. In einer Feuerpause konnte ich dann feststellen, daß es noch stand, was man so im Keller einfach nicht wissen kann. Sobald wir konnten, eilten wir dann einmal – immer noch zwischen den fallenden Bomben – nach oben und waren doch ganz verwundert, daß nichts brannte. Ringsum tobte das Feuer, mit einer solchen Gewalt, wie wenn Sie in der Nähe eines großen Wasserfalls stehen. So rauschte es in der Luft. Der Triumphgesang des Elements über der Menschen Werk! Es war eine gewaltige Sache. Ich rannte dann gleich zur Kirche, die aber noch stand, daneben brannte die große Reinoldikirche. Vor Glut und Funkenflug konnte man kaum laufen, die Haare brannten und man mußte sehen, daß kein Phosphor, der von den brennenden Dächern herniederträufelte, auf Kleider und Schuhe kam. Später sah ich dann vom Dach aus den rotglühenden Turm der Petrikirche wie in einer Vision zusammenbrechen. Es war 400 mtr. weg, trotzdem konnte man vor Rauch und Schwaden nichts sehen, auf einmal zerteilte sich der Dunst, um den Blick auf den stürzenden Turm freizugeben. Die Mitte und der Norden war ein Flammenmeer. Auch unser Haus wäre hinterher fast mit abgebrannt, nur durch das viele Wasser, was wir auf den Boden geschafft hatten, und das mutige Löschen aller Einwohner wurde es vermieden. Sie machen sich von der Gewalt solch eines Feuers kaum einen Begriff. Es ist etwas Immenses. Mit einer fast grimmigen Genugtuung erlebt man den Untergang der industriellen Welt an sich selbst. Es ist eine unheimliche Predigt, wenn sich die Hand des Todes gerade auf die »große Stadt«, die glaubte, am meisten gegen ihn gefeit zu sein, herabsenkt und dort die Menschen wieder einmal vor die letzten ursprünglichen Fragen stellt. Wir haben mit den Gottesdiensten nicht ausgesetzt, freilich in sehr zerstörter Kirche, aber meine Kirche ist nun die Einzige, die in der Innenstadt noch steht, und die Fenster sind jetzt wieder so weit, daß nicht mehr aller Lärm und Schmutz von draußen hereinkommt. Zwei Drittel meiner Gemeinde sind weg, nicht alle ausgebrannt, aber unendlich viele verreist und weggezogen. Wir wohnen etwa an der Stelle, wo die absolute Zerstörung etwas aufgehört hat, wir haben hier im Umkreis von etwa 30–40 mtr. keine Brandbomben gehabt, das war unsre Rettung.

(...) Ich freue mich so, daß sich die christliche Gemeinde

trotz allem, trotz der fast nächtlichen Alarme, sammelt und wieder unter Gottes Wort zusammenschart. Etwas von der ecclesia in perpetuum mansura[1] wird sichtbar. Die Kinder sind natürlich alle weg, meist auch die Mütter. Aber der »Rest« bleibt. Und wenn dann durch die offenen Kirchenfenster der Lobgesang über die Ruinen hin erklang, so hatte das doch eine tiefe Bedeutung.

Meine Frau ist bis zum Juli hier gewesen, ebenso die beiden Kleinen, die übrigens auf dem Schloß des Freiherrn von Stein,[2] das jetzt einem Grafen Kanitz gehört, den wir gut kennen und der uns so treu hilft [...]. (...) Im November erwarten wir die Geburt unseres fünften Kindes, Gott gebe, daß bis dahin die Wirren nicht zu groß und die Lage nicht zu schrecklich werde. Aber wir haben in den hinter uns liegenden Jahren soviel unendlich Schweres erlebt und soviel seltsame und oft garnicht mehr erhoffte Bewahrung erfahren, daß wir undankbar wären, jetzt nicht aufs neue auf den zu hoffen, der »Weg aller Wegen« hat. Wie gut, daß uns Gott auf seinem Exerzierplatz rechtzeitig eingeübt hat, heute erst kann man so recht dafür danken. (...) In den letzten Monaten haben wir viel helfen müssen, wirklich tatkräftige Hilfe fanden wir nur bei der alten Bruderschaft derer, die jene Sache, um die es uns ging, zusammengeschweißt hatte. Und daß dies wieder da ist, ist mir eine so große Freude.

Daß ich große Sorge um Ostpreußen habe, werden Sie verstehen. Ich fürchte manchmal, daß alles, was wir hier erleben, gering sein wird im Vergleich zu den Nöten, die über den Osten kommen werden. Und dann all die jungen Brüder, die da draußen stehen. Es sind schon so viele gefallen. Es ist dies unendlich schwer. Wer wagte noch überhaupt, dies alles zu enträtseln?

Ihre Schrift[3] habe ich mit großer Freude gelesen, mich beschäftigt diese Frage des Katholizismus natürlich auch, ich finde auch, daß sich da im Prinzip keine Wandlungen zeigen. Der Graben zu Luther ist bei aller Konzilianz nicht schmaler geworden. Die Frontstellung der katholischen Kirche gegen den Atheismus des modernen Heidentums ist eben eine ganz andere als die des Neuen Testaments und der Reformation. Die innere Auseinandersetzung der Kirche mit sich selbst fehlt. Die

Verchristlichung der Welt bleibt *das* Thema. Wieviel unfruchtbarer ist doch die ganze nachtridentinische Theologie im Vergleich zum Mittelalter, dort ist noch Bewegung in der Theologie, hier aber fast nur Apologetik. (...) Die Verchristlichung der Welt ist nicht der Sinn unseres praktischen Christentums, es wird eine nicht aufzuhebende Begegnung von Evangelium und Welt je und je die geschichtliche Lebensform erzeugen, die als solche dann gestaltend wirkt, wie etwa das Bürgertum der Reformation.

Aber – und das ist eine mich immer wieder beschäftigende Frage – wenn die Welt in dem Maße wie augenblicklich verwildert und ungeistig im weitesten Sinne des Wortes wird, bekommen nicht von da aus gewisse Erscheinungen des Mittelalters, etwa die Rettung der Bildung und der Theologie in die Klöster einen neuen Sinn? Geht es ohne eine gewisse Absetzung von der Welt, die sich dem Chaos verschrieben hat? Muß es nicht wieder zu einem echten Gegenüber von Kirche und Welt kommen (...)? Hier liegen Themen vor, die wir als Aufgabe mit der katholischen Christenheit gemeinsam haben, auch so, daß der Rahmen der vita christiana[4] doch weiter reicht als das die konfessionellen Grenzsetzungen wahr haben wollen und können. Und dann wartet ja immer noch die russische Kirche auf ihre Auferstehung, an die ich glaube und die, wie ich meine, für das Abendland bedeutsam sein wird. Vielleicht könnte es doch in der ökumenischen Bewegung zu einer geistigen, nicht organisatorischen Begegnung kommen, die sehr bedeutsam sein könnte.

Ich glaube nach wie vor an die »Theologie« und warte sehr sehnsüchtig darauf, daß ich wieder da zum Arbeiten kommen könnte. Es ist in den letzten Jahren soviel liegen geblieben, vielleicht kann man das alles wieder einmal aufnehmen. In Dortmund fühle ich mich nach dieser Hinsicht nicht wohl, es ist schrecklich stumpfsinnig und ungeistig. Mit meinen Amtsbrüdern geht es schlecht, besser schon mit einem bis zu der Bombardierung sehr zahlreichen und guten Laienkreis, mit dem ich Luthers Römerbrief las, darunter viel Studienrätinnen, ein Chemieprofessor des hiesigen Kaiser-Wilhelm-Instituts, dem Direktor des Finanzamtes, aber auch Hausfrauen, Gemeindehelferinnen, Diakonissinnen etc. Nun sind von diesen

30 Leuten nur 5 geblieben, so ist auch das zerstört. Und wer weiß, wie weit die Auflösung noch fortschreiten und was wir noch werden erleben müssen. Aber kommen wird es einst, daß wir neu, wie damals 18/19 ab ovo[5] anfangen werden und die guten Ansätze theologischer Arbeit – durch mancherlei Leid und Kreuz gereift – neu sich entwickeln werden. Ich muß jetzt manchmal an die schönen, so bedeutsamen Jahre nach dem Kriege denken. Das waren geistig gesehen gute Jahre und, gebe Gott, so etwas käme wieder.

(...)

Grüßen Sie bitte Ihre Frau Gemahlin herzlich und nehmen Sie selbst beste Grüße und Wünsche von Ihrem dankbaren

Hans Iwand

1 Kirche, die dauert.

2 Kappenberg (Cappenberg) nördlich von Dortmund zwischen Lünen und Bork, vgl. auch Brief 19a.

3 Hermann hat sich um diese Zeit mehrfach zum Katholizismus geäußert. Wahrscheinlich ist hier gemeint: Autorität, Rechtfertigung und Unfehlbarkeit nach protestantischem Verständnis, ZSTh 19, 1942, 414–432, jetzt Werke VI, 225–239, die Ausführungen über die Frage der Heiligung und christlichen Weltgestaltung 234–236.

4 Christliches Leben.

5 Von vorne.

Göttingen
1945–1952

1945 Frühjahr: Gründung der Vereinten Nationen
2. August: Potsdamer Abkommen, völkerrechtliche Grundlage für eine antifaschistisch-demokratische Neuordnung Deutschlands
21. bis 24. August: Tagung der Bruderräte in Frankfurt am Main, Niemöller und Barth wieder dabei
anschließend vom 27. bis 31. August: erste Kirchenversammlung (»Kirchenführerkonferenz«) von Treysa, Rat der Evangelischen Kirche in Deutschland gebildet
Iwand hält die Schlußandacht.
19. Oktober: Stuttgarter Schuldbekenntnis des Rates der EKD
Im November nimmt Iwand die Lehrtätigkeit an der theologischen Fakultät der Universität Göttingen auf, wo sich eine besonders enge Zusammenarbeit mit Ernst Wolf ergibt.
20. November: Beginn des Nürnberger Prozesses gegen die Hauptkriegsverbrecher

1946 *9. und 10. Januar: Er nimmt an einer kulturpolitischen Tagung in Detmold teil, zu der der Rat der EKD auch staatliche Vertreter eingeladen hat; Briefwechsel mit Adolf Grimme.*
21. und 22. April: Vereinigungsparteitag von KPD und SPD in Berlin, Gründung der Sozialistischen Einheitspartei Deutschlands
Mitte des Jahres: in der sowjetischen Besatzungszone Bodenreform vor dem Abschluß, Überführung großer Teile der Industrie in Volkseigentum
Im Juli übernimmt er den Vorsitz im Theologischen Ausschuß des Bruderrates der EKD.
12. bis 16. Oktober: Gegen restaurative Tendenzen in der Kirche begründet sich in Bad Boll auf Anregung Niemöllers die Kirchlich-Theologische Arbeitsgemeinschaft (Vorläuferin der Kirchlichen Bruderschaften); Iwand hält den Vortrag »Die Neuordnung der Kirche und die konfessionelle Frage«, der in der programmatischen Schrift »Evangelische Selbstprüfung« 1947 erscheint.

1947 *Januar: um diese Zeit führt er den Vorsitz im ostpreußischen Bruderrat und leitet das Hilfskomitee der evangelischen Deutschen aus Ostpreußen. Seit dem zweiten Heft gibt er die von ihm angeregten Göttinger Predigtmeditationen heraus.*
7. und 8. März: Bruderrat der EKD in Berlin mit Heinrich Helds Vortrag »Der Weg der Bekennenden Kirche« und dem Hinweis auf das Kommunistische Manifest als »Entscheidungsfrage«

12. März: Verkündung der Truman-Doktrin, Hilfsangebot der USA an sich bedroht fühlende »freie Völker«
5. Juni: Marshall-Plan für Entwicklungshilfe im Nachkriegseuropa, dessen Annahme in den deutschen Westzonen eine der Voraussetzungen der Währungs- und Wirtschaftsspaltung
5. und 6. Juli: Auf der Tagung des Bruderrates der EKD in Darmstadt werden Faschismus und Marxismus diskutiert. Iwand entwirft das »Darmstädter Wort«.
17. und 18. Juli: Gespräch zwischen dem SPD-Vorstand und dem »Arbeitskreis Evangelische Akademie« des Rates der EKD in Detmold, Schuldbekenntnis der Kirchenvertreter
8. August: Auf einer Sitzung in Darmstadt wird das von Iwand entworfene und aufs neue redigierte »Wort des Bruderrates der Evangelischen Kirche in Deutschland zum politischen Weg unseres Volkes« beschlossen.

1945 konnte er »in den Dienst an den jungen Theologen und an der Lehre der Kirche« zurückkehren (NW 3, 172). Der ordentliche Professor, der er nun endlich war, galt vielen seiner Studenten als Freund, ja als Bruder unter Brüdern. Es kam die Zeit der Göttinger Predigtmeditationen, in denen er in offener Gemeinschaft mit anderen, nicht nur deutschen Mitarbeitern den entscheidenden Dienst der Theologie an der Kirche sah. Gleichzeitig war er in andere Bereiche des Planens und des Aufbaus gerufen, die nicht selten seine ganze Kraft verlangten.

Im Prozeß der Neuordnung der Kirche gehörte er zu denen, die in den neu zu gestaltenden Verhältnissen nicht nur das im Kirchenkampf Erkannte angewandt wissen wollten. Ebensoviel galt ihm das unter den Bedingungen des Widerstands gegen den Faschismus Gelernte. Die Kirche, die dem gerecht werden wollte, mußte in Zukunft eine andere sein, als sie vor 1933 gewesen war. Eine einfache Wiederherstellung, gar im Sinne einer Restauration, kam für Iwand nicht in Betracht. Die gefährlichste innerkirchliche Belastung sah er in der nicht überwundenen Konfessionalisierung. Er war einer der schärfsten Gegner der Neuformierung des deutschen Luthertums zu einer eigenen Kirche, die freilich dem in Lund 1947 gegründeten Lutherischen Weltbund entsprach. Dennoch hielt Iwand 1948 den Kompromiß einer neu geschaffenen Grundordnung nicht für eine Niederlage, da »die Synode der 120 Abgeordneten die eigentliche Repräsentation der sich selbstleitenden Evangelischen Kirche« sei (an Adolf Grimme, 7. 8. 1948).

Noch größer schienen ihm die Gefahren, die sich in der Gesamtgesellschaft auftaten: darin war er sich mit Freunden wie Niemöller völlig einig. »Es scheint uns wichtig, den reaktionären Tendenzen entgegenzuwirken, die kirchlich und leider auch politisch, wie ich das aus den Reden der Führer der CDU jetzt erlebe, neue und große Gefahren auf das geistige Leben unseres Volkes und die politische Neuordnung heraufbeschwören« (an Grimme, 10. 9. 1946). »Ich bin tief erschüttert durch die jetzt überall auftauchende Parole von der ›antimarxistischen Front‹ der christlichen Parteien und hoffe, daß gerade die Führerschaft der Bekennenden Kirche, wie ich weiß, nicht hinter dieser Parole steht und sie als einen bösen Rückfall empfindet in die Mentalität, die uns in das Unheil der letzten Jahre hineingetrieben hat ... Es ist eigentlich mit das Schwerste, was mich bedrückt, bei allem, was ich jetzt erleben muß, denn dahinter steht die tiefe Unbußfertigkeit der christlichen Kreise« (an Grimme, 21. 4. 1947). Es ging ihm um die antifaschistische Linke, die mit am schwersten unter dem Hitlerregime gelitten hatte, das außer vom Kleinbürgertum von bedeutenden bürgerlichen Kreisen unterstützt worden war. Die Stellung zu ihr konnte nur als Solidarität und Brüderlichkeit beschrieben werden, die für Iwand Inhalt des Evangeliums waren, also keine willkürliche Politisierung der Kirche sein konnten. Dies eben ist eine der wesentlichen Erkenntnisse des »Darmstädter Wortes«, das auch in der veröffentlichten Fassung seine Handschrift zeigt.

Adolf Grimme an Hans Joachim Iwand
Bezug: Oskar Hammelsbecks »Bericht an den Rat der EKD über die Kulturpolitische Tagung am 9. und 10. Januar 1946 in Detmold«

Hannover, 23. März 1946

Lieber Herr Iwand!
[...]
(...) lesen Sie besonders den Eingangsabsatz! Das haben wir doch wohl alle nicht so aufgefaßt, daß wir staatlichen Vertreter nun da in Detmold gleichsam vor ein kirchliches Forum hinzitiert worden wären. Auch sonst steckt in dem ganzen eine mir höchst unbehagliche pastorale Überheblichkeit, die ich hinter Hammelsbeck nicht gesucht hätte. Was soll z. B. am Schluß die verständnislose Wendung von einer »unverbindlichen Christlichkeit«!

Man könnte umgekehrt meinen, daß, wenn irgendwo von einem Christentum die Rede sein kann, das völlig unverbindlich für unser Wirken in die politische und wirtschaftliche Welt geblieben ist, es dann das traditionelle kirchliche Christentum sei. Und gerade diese unverbindliche Haltung wollen wir doch auf allen Seiten überwinden. Und schließlich: wer ist denn, vom Wesen des Protestantismus her gesehen, die Kirche? Etwa der Bruderrat und nicht vielmehr wir alle, wir staatlichen Vertreter, soweit wir

Christen sind, genauso wie die Kirchenleitungen? Wie seltsam mutet es da an, wenn man dann zu lesen bekommt, daß man unsereins gegenüber Geduld haben und uns mit Gelindigkeit behandeln müsse!

(...)

Ich schreibe Ihnen das frei heraus, weil ich mich Ihnen sofort von innen her verbunden gefühlt habe und weil ich überzeugt bin, daß wir den Weg in Zukunft zum Segen der Religion und der weitesten Schichten unseres Volkes gemeinsam gehen werden. Sie sollen deshalb rückhaltlos erfahren, daß mich Hammelsbecks Bericht in der Seele traurig gemacht hat, eine Trauer, der ich aber nicht nachgebe, sondern die ich bereits überwunden habe.

[...]

Ihr Ihnen aufrichtig ergebener

Grimme

19a.

An Adolf Grimme — Cappenberg b. Lüne[n], 1. IV. 1946

Sehr verehrter, lieber Herr Grimme.

Als ich vorgestern nach einer längeren Reise zurückkehrte, fand ich Ihren Brief und möchte Ihnen nur sofort sagen, wie sehr auch ich durch diese Auffassung und Deutung der Detmolder Begegnung betroffen bin. Ich hatte von diesem Bericht bisher nichts gewußt, auch hatte mir gegenüber Hammelsbeck in Gesprächen so ganz anders sich darüber geäußert, daß ich nicht recht verstehe, wie er zu dieser Berichterstattung gekommen ist. Aber gewisse Züge dieser Einstellung klangen ja auch bei ihm am Schlusse der Tagung an, und ich habe ihm dies damals sofort gesagt, daß ich eine gewisse Inkonsequenz zwischen seinem Vortrag und seinem Diskussionsbeitrag empfände. [...] Es steckt aber hinter den Ausdrücken, auf die Sie hinweisen, eine so weitgehende und allzu klare Tendenz, eine Tendenz, die seit der »Befreiung« der Kirche so mächtig geworden ist und gegen die ich in so vielfältigen Formen bereits anzugehen hatte, daß Sie mit dem, was Sie »Trauer« nennen, völlig recht haben und ich mich nur frage, wie weit wir nicht noch mehr einen heiligen

»Zorn« dem entgegensetzen sollten. Das sind die eigentlichen und letzten Motive, die hinter der Parole der »Bekenntnisschule«[1] und der »christlichen Partei« stehen, keine aus positiver Erkenntnis, aus dem Bilde und der Vorstellung einer neuen Zeit geborenen Zielsetzungen, sondern reaktionäre Bestrebungen, aus dem Rückgleiten in uraltes Mißtrauen und den Grabenkampf der Vorkriegsweltanschauungen geboren. Nach dem Zusammenbruch des nationalsozialistischen Regimes kehren die verschiedenen Gruppen und Kräfte in ihre »Ausgangsstellungen« zurück. Das ist das Furchtbare, was hinter der von Ihnen so peinlich empfundenen Berichterstattung steht. Ich empfinde das noch stärker und schmerzlicher, weil es mich gerade in dem, was wir von der Bekennenden Kirche aus gewollt haben, als Rückschlag trifft. So geht es aber auf der ganzen Linie. Nun war mir eben darum Detmold etwas ganz anderes, weil ich sah, daß hier, in dieser Begegnung, wirklich der Geist lebte, in dem wir in den letzten Jahren gestritten hatten und in dem uns Gott zu einer wirklichen Umkehr und Einsicht geführt hatte. Detmold war nicht retrospektiv, und wir müssen alles tun, um die Bewegung, die hier faßbar wurde, nicht auch vom restaurativen Kurs lähmen zu lassen. Inzwischen ist vom Rat der EKiD beschlossen, die Arbeit von Detmold fortzusetzen. Hammelsbeck soll die Geschäftsführung übernehmen, von der Kirchenleitung sind Smend, Wolf, Held (Essen) und ich gebeten worden, die Planung in die Hand zu nehmen, es müßten nun in analoger Weise einige Männer des politischen und pädagogischen Lebens aus dem Detmolder Kreis gebeten werden, mit uns zusammen eine Art Vorstand zu bilden. Darum würde ich es sehr begrüßen, wenn ich mit Ihnen einmal diese Dinge durchsprechen dürfte, denn es könnte sein, daß diese Arbeit für die ganze geistig-religiöse Ausrichtung bedeutsam werden könnte. Ich kann mich nicht von der Vorstellung frei machen, daß die von der Sozialdemokratie vertretene *Sache* und die von der Bekennenden Kirche intendierte politische *Neubesinnung* irgendwie zusammengehören, oder besser gesagt, daß, wenn wir den Punkt fänden, wo sie einander berühren, dies die Wiedergeburt unsres Vaterlandes bedeuten könnte. Ich meine das nicht im Sinne einer Parteipolitik, diese muß vielmehr von einer überlegenen Zielstellung bestimmt sein, und auf die kommt es mir an. Und da war einer der bleibenden Eindrücke von Detmold, daß uns gewiß wurde, daß Sie, Herr Minister, es ebenso meinten. Es war in Detmold im Großen so, wie ich es aus den vielen Gesprächen und Erfahrungen mit meinen leider nicht mehr lebenden Dortmunder Freunden[2] weiß, es geht um die neue Ordnung eines wahrhaft menschlichen Daseins, es geht um die Anerkennung des Rechtes, das im Sozialismus liegt, vor Gott! Solange das nicht anerkannt ist, werden wir nicht zum »Frieden« kommen. Diese Schuld muß eingelöst werden. [...]

Mit Wolf bin ich darin ganz eins, er hat es wahrscheinlich überhaupt nicht so weit gehabt bis zu dieser Erkenntnis wie ich, der ich darin mit viel mehr traditionellen Hemmungen belastet bin. Aber auch Smend und vor allem Held werden nicht anders denken und Hammelsbeck ganz gewiß auch nicht. Das Problem liegt bei Hammelsbeck eher an der Stelle, wo die römisch-katholische und die protestantische Kulturpolitik sich gabeln. Er hat immer Sorge vor dem Liberalismus.

Sobald ich kann, versuche ich Sie in Hannover zu sprechen. Neulich als ich zur Synode da war, konnte ich Sie nicht erreichen, da Sie verreist waren. Ich hatte dabei übrigens wieder einmal als einziger die Ehre, in der Sache der christlichen Gemeinschaftsschule[3] von der ganzen Synode überfahren zu werden. Augenblicklich betreibe ich meinen Umzug [...]. Sind Sie nicht einmal in Westfalen? Es wäre ja ideal, hier auf Schloß Cappenberg, wo wir z. Zt. wieder wohnen, etwa mit Ernst Müller zusammen einen Frühlingstag zu verleben [...].

Die Göttinger Theologische Fakultät ist geradezu eine Oase in dieser reaktionären Wüste, die sich jetzt in Kirchenleitungen und teilweise auch theologischen Fakultäten breitmacht. Ich bin so glücklich, daß ich dort gelandet bin. [...]

1 Konfessionelle Schule, entweder katholisch oder evangelisch, von Iwand als reaktionär empfunden.

2 Siehe dazu Seite 120.

3 Schule mit Lehrern und Schülern verschiedener christlicher Bekenntnisse, in Westdeutschland heute mit oder ohne den Zusatz »christlich«.

19b.

An Ian Wilson Göttingen 20. 4. 1948

Sehr verehrter, lieber Mr. Wilson.

Als ich von einer längeren Reise aus Schweden zurückkam, fand ich hier Ihren lieben Brief und gleichzeitig Ihr Wort an den Reichsbruderrat[1]. Dieses Wort an den Bruderrat hat mich so erfreut, es ist eine solche Stärkung unserer Position und für Sie selbst ein so mutiges Bekenntnis, daß ich darüber ganz glücklich war. Ich weiß kaum, wie ich Ihnen dafür danken soll. In einer Situation, in der wir um dieses Wortes willen von vielen Seiten angegriffen werden, reichen Sie uns Ihre Hand und scheuen sich nicht, sich in dieser Weise zu exponieren. Das hat auch uns sehr gestärkt, auf diesem Wege weiterzugehen und nicht müde zu werden, die Umkehr, zu der wir durch die Weltereignisse aufgerufen sind, auch auf dem Gebiet des politischen Denkens zu vollziehen. Wir haben in den vergangenen Jahren, als wir nicht wußten, ob wir lebend die Anfechtungen überstehen würden, so oft gedacht, daß wir neue Wege beschreiten müßten, um das furchtbare Unheil wieder gut zu machen, das über uns und über die ganze Welt gekommen ist. Es ist nicht, wie uns jetzt vorgeworfen wird, eine Konjunktur-Theologie, sondern diese Gedanken sind uns in jenen Jahren aufgegangen, in denen wir bis an den Rand des Erträglichen bedrängt und verlassen waren, und ich glaube, es wäre Unrecht vor Gott und den Menschen, wenn wir nun uns dessen schämen würden, was uns damals bewegte. Die große Gefahr, in der heute viele Brüder von uns stehen, liegt darin, daß man allzu schnell vergißt, was damals uns so klar vor Augen stand, und durch allerlei äußere Vorgänge sich bestimmen läßt, wieder in die alten Formen des Denkens zurückzufallen, das sich selbst rechtfertigen möchte.

Ich war leider bei der Reichsbruderratstagung nicht dabei,[2] aber ich habe von Professor Wolf gehört, wie Ihr Wort auch die Brüder gestärkt hat. Es könnte sein, daß der Ablauf der Dinge, wie er augenblicklich sich anzubahnen scheint, das Verständnis für unser Wort auch in Deutschland erleichtert. Ich bin sehr glücklich über gewisse politische Ereignisse in den letzten Wochen,[3] weil ich glaube, daß die Überwindung des national-staatlichen Denkens im politischen Raum auch manchem Kirchenführer es leichter machen wird, diesen Gedanken den Abschied zu geben und die ökumenische Sendung der Kirche politisch und sozial deutlicher zu sehen.

In Schweden habe ich ganz ausgezeichnete Tage erlebt. Ich habe sehr wertvolle Menschen getroffen (...) und konnte mich, da ich eigentlich keine Vorträge zu halten hatte, einmal richtig ausruhen. Es war, als ob ich in die Welt von vor 1914 zurückkehrte. Dazu ist das Leben in Schweden nach mancher Richtung hin doch noch ausgeglichener, als in der Schweiz. Die sozialen Unterschiede sind nicht so groß, und auch die kirchlichen und theologischen Situationen sind einfacher und ruhiger. Auch freute es mich sehr, mit zwei schwedischen Geistlichen zusammen zu sein, die längere Zeit in Ostpreußen waren und mir von dort manches berichtet haben. Darüber will ich unserem gemeinsamen Freund Kloppenburg mündlich mehr erzählen, er wird es Ihnen dann berichten.

(...)

Indem ich Ihnen und Ihrer Arbeit alles Gute wünsche und Ihnen nochmals für Ihr Wort von Herzen danke, bin ich Ihr sehr ergebener

Hans Iwand

1 Wilson hatte dem Reichsbruderrat am 27. 3. 1948 zum »Darmstädter Wort« von 1947 geschrieben: »... Ich möchte sagen, daß dieses Wort ... das bedeutendste ist, das nach Kriegsende von der Kirche in Deutschland herausgegeben wurde ..., daß es eine der wichtigsten Feststellungen ist, die von *irgendeiner* Kirche in den vergangenen Jahren überhaupt getroffen wurde ... Hier hörte und erkannte ich die wirkliche Stimme der BK wieder ... Und es wurde mir klar: Die BK ... hat noch eine besondere Aufgabe zu erfüllen ... Genau so wie Sie damals in Barmen in der Verteidigung für die ganze Christenheit standen, so waren Sie im August 1947 in Darmstadt als Bahnbrecher der Vielzahl der Kirchen des Westens weit voraus ...« (nach H. Ludwig, Die Entstehung des Darmstädter Wortes, Beih. zu JK Heft 8/9, 1977, 7 Anm. 33).

2 Frühjahr 1948.

3 Vielleicht eine Anspielung auf die Gründung der »Organisation für europäische wirtschaftliche Zusammenarbeit« (OEEC), deren Mitglied das damalige

Westdeutschland der Besatzungszonen durch das Auslandshilfegesetz vom 3.4.1948 wurde.

1948 20. Juni: Währungsreform in den deutschen Westzonen, später auch in Westberlin, seitdem Währungsspaltung
6. bis 8. Juli: erste Generalsynode der Vereinigten Lutherischen Kirche Deutschlands in Eisenach
9. bis 13. Juli: Kirchenversammlung in Eisenach, Annahme der Grundordnung der EKD
22. August bis 4. September: 1. Vollversammlung des Ökumenischen Rates der Kirchen in Amsterdam
Iwand nimmt als Delegierten-Stellvertreter teil und arbeitet in der Sektion »Die Kirche und die Auflösung der gesellschaftlichen Ordnung« sowie im Komitee »Anliegen der Kirchen: Das christliche Verhalten gegenüber den Juden« mit.
Barth führender Theologe der Zeit
8. September: Schniewind, zuletzt Professor in Halle und Propst von Halle-Merseburg, gestorben; zweite Auflage von Rudolf Bultmanns Aufsatz »Neues Testament und Mythologie«, Entmythologisierungsdebatte

1949 9. bis 13. Januar: Synode der EKD in Bethel, Otto Dibelius Ratsvorsitzender, Hanns Lilje Stellvertreter
22. Februar: Iwand hält auf der Tagung des ökumenischen Flüchtlingsdienstes in Hamburg den Vortrag »Die Flüchtlingsfrage als religiöse Frage«.
15. März: Er mietet in Beienrode bei Helmstedt, dicht an der Zonengrenze, für Flüchtlinge ein Gutshaus und begründet es als »Haus der helfenden Hände«.
4. April: Nordatlantikpakt geschlossen
23. Mai: durch Ratifizierung eines Grundgesetzes in den Westzonen die Bundesrepublik Deutschland gegründet, Hauptstadt: Bonn
Sommer: 1. Deutscher Evangelischer Kirchentag in Hannover
12. September: nach ersten Bundestagswahlen Konrad Adenauer Bundeskanzler
7. Oktober: Gründung der Deutschen Demokratischen Republik, Hauptstadt: Berlin; Otto Grotewohl erster Ministerpräsident

1950 27. April: Botschaft der Synode der EKD in Berlin-Weißensee zur Frage: Was kann die Kirche für den Frieden tun?
6. Juni: endgültige Anerkennung der Oder-Neiße-Linie als Friedensgrenze durch eine DDR-Regierungsdelegation in Warschau
25. Juni: Beginn des Koreakrieges
6. August: Iwand hält auf der Tagung des Christlichen Friedensdienstes in Stein bei Nürnberg die Predigt »Du sollst nicht töten«.
27. August: Essener Kirchentag, Wort des Rates der EKD zur Wiederaufrüstung Westdeutschlands, gegen eine Remilitarisierung Deutschlands.

Er begegnet auf dem Kirchentag Mitgliedern des westdeutschen Friedenskomitees.
Herbst: nach Kontakten mit KPD- und SPD-Mitgliedern auf verschiedenen Ebenen zweites Treffen zwischen Vertretern der Kirchlichen Bruderschaften und dem SDP-Vorstand in Darmstadt
Zusammen mit Ernst Wolf unterschreibt Iwand den Stockholmer Appell des Weltfriedensrates zur Ächtung der Atombombe; er tritt zum Generalsekretär des Deutschen Friedensrates in der DDR Heinz Willmann in Beziehung.
3. Dezember: Brief Grotewohls an Adenauer für die Konstituierung einer gesamtdeutschen Regierung und für Wahlen zu einer Nationalversammlung; die deutsche Frage in der Folge stark im Vordergrund der Gespräche; zunehmender Ost-West-Konflikt in der Kirche bemerkbar
21. Dezember: Ilse Iwand, die neunundvierzigjährig stirbt, hinterläßt ihren Mann mit fünf Kindern im Alter von sieben bis dreiundzwanzig Jahren, dem Haushalt in Göttingen und dem großen Haus in Beienrode.

1951 5. April: Synode der EKD in Hamburg beendet, Niemöller und seine Freunde im Namen einer fehlgedeuteten Zwei-Reiche-Lehre zum erstenmal als »Schwärmer« bezeichnet
Im Sommersemester liest Iwand über »Kirche und Gesellschaft«, in der »Evangelischen Theologie« erscheint sein Aufsatz »Schleiermacher als Ethiker«.
Oktober: Auf einer Pressekonferenz in Hannover ruft er zur Koreakinderhilfe auf.
16. bis 21. November: Er arbeitet an der Stepney-Konferenz in London mit und hält dort den Vortrag »Die Bibel und die soziale Frage«.

1952 *25. bis 27. Januar: Er nimmt an der Tagung der Ökumenischen Kommission für Europäische Zusammenarbeit in Rengsdorf teil, welche die »Möglichkeit eines deutschen Beitrags für europäische Verteidigung« ohne ganz einhelliges Ergebnis (»Rengsdorfer Erklärung«) diskutiert.*
Seit etwa derselben Zeit arbeitet er in der von Gustav Heinemann mitbegründeten »Notgemeinschaft für den Frieden Europas« mit.
März: Im Remer-Prozeß (betr. 20. Juli 1944) gibt er zusammen mit Ernst Wolf ein »Gutachten zur Frage des Widerstandsrechts nach evangelischer Lehre« ab und sagt vor Gericht aus.
27. Mai: Pariser Verträge über eine Europäische Verteidigungsgemeinschaft (EVG) und die Einheit zwischen EVG und NATO
Es erscheinen die Aufsätze »Kirche und Gesellschaft« in der Niemöller gewidmeten Festschrift »Bekennende Kirche« und »Die Bibel und die soziale Frage« in der Zeitschrift »Junge Kirche«, deren Mitherausgeber Iwand ist.

Das »Darmstädter Wort« löste selbst im Lager der Bekennenden Kirche ganz verschiedene Reaktionen aus. Hans Asmussen, 1934 Sprecher in Barmen, bezeichnete den Klassenkampf als Aufruf zum »Massenmord« und zur »Auflösung der menschlichen Gemeinschaft«, nannte das Kommunistische Manifest einen »Vorläufer der Lehren Hitlers« und Marx und die Seinen »Wegbereiter des Faschismus«. In diesem (Un-)Sinn meldete er »allerschwerste Bedenken« gegen Darmstadt an. Otto Dibelius konnte oder wollte das Wort nicht anders denn als »schwere Zumutung« verstehen, weil er »genau dasjenige als eigene Schuld bekennen« sollte, wogegen er »ein Leben lang angekämpft« hätte. Barth dagegen sprach von der »prophetischen Stimme der Kirche« und von der Wendung, »hinter die es kein Zurück mehr geben kann« (Zitate nach Ludwig). Dennoch betonte Iwand in den folgenden Jahren: »Die Bekennende Kirche ist wieder da«, mahnte aber auch: »Die Bekennende Kirche gehört in die Opposition«! Wie Iwands Radikalität im Kirchenkampf nie Außenseiter- und Einzelgängertum war, sondern immer aus gelebter Bruderschaft kam, so ist es auch mit seiner oftmals nun so einsam aussehenden Opposition. Sie kam aus dem positiven Aufbau heraus und fand gerade dort ihre beste und wirksamste Artikulation.

Ihn hatte von Anfang an das Elend, aber auch die Standhaftigkeit der umgesiedelten Pfarrwitwen der ostpreußischen Bekennenden Kirche bewegt. Die alte Idee der Beghinenhäuser unterbreitete er dem niedersächsischen Kultusminister Grimme. Ihm war nach mehreren Konferenzen zur Flüchtlingsfrage klar, daß man eine Gewähr schaffen müsse »für das Nichtwiederaufkommen verständlicher Bitterkeit und nationalistischer Wahnideen« und daß es nun gelte, »einer Umbesinnung die Wege zu bereiten«. »Die Menschen, die hier zusammenkommen würden und die wir sorgfältig aussuchen könnten, wissen, warum wir den Osten verloren haben. Sie wissen es darum, weil sie Christen sind«, schrieb er an den Minister (4. 5. 1947). »Ehe das Unheil über uns kam, haben wir Angehörige anderer Nationen in derselben Gestalt durch unsere Straßen irren sehen«, heißt es in seinem Vortrag zur »Flüchtlingsfrage« (JK 10/1949, 228). Dem »Haus der helfenden Hände« in Beienrode machte er vor allem die Sammlung der zerstreuten Glieder der Bekennenden Kirche, hygienische und materielle Unterstützung von Flüchtlingen und Hilfe bei deren Auswanderung in andere Länder zur Aufgabe. Es sollte damit in der Front gegen landsmannschaftliche Vertriebenenorganisationen und ihre revanchistische Ideologie stehen. Beienrode wurde aber mehr: Dort bekam die ehemalige Bekennende Kirche Ostpreußens ein Zentrum, an dem der fortbestehende Bruderrat und der Konvent der Brüder regelmäßig tagen konnten. Dort kamen die Mitarbeiter an den Göttinger Predigtmeditationen zu gemeinsamer Arbeit zusammen. Dort entwickelte sich ein offenes Forum der Diskussion namentlich der Fragen der Völkerversöhnung und des Friedens.

Das Darmstädter Wort hatte eine andere bemerkenswerte Wirkung. Der Berliner Pfarrer Arthur Rackwitz hatte es am 16. November 1947 im

Neuen Deutschland unter der Überschrift »Ein neuer Weg der Kirche« lebhaft begrüßt. Ihm folgten andere religiöse Sozialisten. Heute läßt sich (nach Ludwig) eine Annäherung zwischen ihnen und Vertretern der Kirchlichen Bruderschaften auf Grund jenes Wortes feststellen. Der dann gemeinsam beschrittene Weg mündete in die Christliche Friedenskonferenz. Iwand hat diesen Weg schon 1950 gefunden. Die von Heinz Willmann vermittelte Einladung zu einer Friedenskonferenz in Paris von Anfang 1952 stellte ihn neben Menschen wie den Generalsekretär einer großen Gewerkschaft, ein Mitglied der Résistance, einen Nationalökonomen der Sorbonne, aber auch neben den katholischen Theologen Marie-Dominique Chenu, den reformierten Pfarrer Charles Westphal – sie alle aus Frankreich – und neben den Schriftsteller Stephan Hermlin, den Intendanten Ernst Legal, den Rabbiner Martin Riesenburger aus der DDR. In der BRD ging mit ihm den gleichen Weg Gustav Heinemann; Edith Hoereth-Menge und Helene Wessel waren Weggenossinnen.

20.

RUNDSCHREIBEN[1]

Göttingen, 14. August 1951
Nikolausbergerweg 144

Liebe Brüder.

Zunächst muß ich mich entschuldigen, daß ich so spät schreibe, aber die Arbeitsüberlastung, zumal der Kirchentag in Berlin am Ende des Semesters,[2] hat meine letzten Kräfte in Anspruch genommen, so schaffte ich es nicht eher. Aber nun geht es wieder, und es ist höchste Zeit, daß ich Ihnen die längst fällige Mitteilung über unser Treffen in Beienrode sende.

Wir haben vieles von der Ankündigung streichen müssen und müssen uns aus verschiedenen Gründen nur auf eine kleine Tagung in Beienrode im Kreise der Brüder und ihrer Frauen beschränken. Die Tagung soll stattfinden vom 3. bis 8. 9.; in Verbindung damit findet eine Bruderratssitzung statt, in der wir die Weitergestaltung der Arbeit der ostpreußischen Bekennenden Kirche festlegen. Wir mußten die große Tagung streichen, weil sie uns im Augenblick zu teuer geworden wäre, weil der an sich geplante Ausbau des Hauses noch nicht vorgenommen werden konnte und schließlich weil der Ostkirchentag in

Lübeck Probleme und Schwierigkeiten aufgeworfen hat, die unsere größte Aufmerksamkeit verdienen. Denn diese Tagung ist in Gefahr, ganz auf die Linie von »Glaube und Heimat« geschoben zu werden. Dazu kommt, daß der Bundeskanzler Dr. Adenauer die Festansprache hält, und so müssen wir befürchten, daß der Ostkirchenausschuß eine politische Linie beschreitet, die nicht ungefährlich ist. Darum habe ich mich entschlossen, sowohl bei den Vorbesprechungen und Vorbereitungen als auch bei der Tagung selbst dabeizusein, um dort meine Meinung, die ich auch schon anderen Stellen vorgetragen habe, geltend zu machen. Ich bitte zugleich die Brüder, die in Lübeck sprechen und tätig sein werden, vorsichtig und aufmerksam zu sein, damit wir nicht unter der Hand auf ein Gleise geschoben werden, bei dem es mehr um unsere Wünsche als um Gottes Willen geht. Der Evangelische Kirchentag in Berlin hat gerade deutlich gemacht, daß die evangelische Kirche keinen Kreuzzug gegen den Osten mitmacht, und es wäre bitter, wenn hier eine kirchliche Kundgebung, noch dazu auf dem kritischen Gebiet der Heimatvertriebenen, davon abwiche. Zeichen, die dahin gehen, daß dies gewünscht wird, gibt es genug. Ich erinnere nur an die Haltung des Pfarrerblattes gegenüber dem Kirchentag in Berlin, an die neununddreißig Thesen Asmussens gegen den Kirchentag und die deutsche Einheit und an den neuerdings von diesem aufgebrachten Begriff der »christlichen Moskaupilger«[3], mit dem dann in erster Linie Martin Niemöller und Heinemann bedacht werden. Darum ist es nötig, daß wir den Lübecker Kirchentag besuchen und dort zum Ausdruck bringen, wie wir gesinnt sind. Ich werde schon bei der Vorbesprechung in Ratzeburg sein, wohin auch die Vertreter der Ökumene kommen werden.

Nun habe ich gemeint, daß wir am Dienstagmorgen von Lübeck nach Beienrode fahren könnten. Jedenfalls diejenigen, die nach Lübeck kommen und dann an der Tagung in Beienrode teilzunehmen gedenken. Wir würden schon Dienstagmittag in Beienrode sein und können dort bis Sonnabendfrüh zusammenbleiben. Das ist zwar kürzer, als ich gedacht hatte, aber ich kann mich nicht länger frei machen. Wenn einige Brüder länger in Beienrode bleiben wollen, steht dem nichts im Wege.

Leider kann ich noch kein festes Programm über diese Tagung geben, wir werden am Vormittag eine Einführung in die theologische Arbeit haben und am Nachmittag und Abend Zeit für persönliche, aber auch informatorische Gespräche und Vorträge.

(...)

Von Beienrode selbst kann ich nur sagen, daß augenblicklich 129 Personen im Hause sind, darunter eine Freizeit mit etwa 40 jungen ostpreußischen Mädchen (...). – Vielen Dank allen Brüdern, die uns gerade in der letzten Zeit wieder mit Gaben unterstützt haben. Obschon wir aus Stuttgart[4] nichts mehr erhalten, geht unser Werk weiter; wir sind das einzige Hilfskomitee, das selbständig geblieben ist. Das danke ich und das danken die Schwestern in Beienrode einzig und allein Ihnen und Ihrer Hilfe.

In großer Freude auf das Wiedersehen mit Ihnen allen bleibe ich Ihr getreuer

Hans Iwand

1 Es fehlt ein Briefkopf. Der Mitteilung über das Beienroder Treffen zufolge hat Iwand den Brief als Vorsitzender des ostpreußischen Bruderrats geschrieben.

2 11. bis 15. Juli 1951.

3 Die vorwurfsvolle Formulierung erinnerte fatalerweise an die Schrift des faschistischen Ideologen Alfred Rosenberg »Protestantische Rompilger« (1937). Zu vergleichen ist H. Asmussen, Rom – Wittenberg – Moskau, 1956.

4 Vom Hilfswerk der Evangelischen Kirche in Deutschland und seiner Zentrale.

21.

An Heinz Willmann — Göttingen, 4. 3. 1952

Lieber Herr Willmann.

Das war in der Tat eine große Überraschung und Freude, daß es gelungen ist, die Genehmigung für die Verbreitung unserer Meditationen zu erhalten.[1] Wenn das auch nicht viel bedeutet im Zusammenhang mit den großen Fragen, die uns bewegen, so ist es doch ein Zeichen des Vertrauens und des Verständnisses, welches nicht nur mich, sondern viele andere freuen wird. Und ich darf Ihnen auch ganz offen sagen, daß wir heute solche Ermunterungen gut gebrauchen können, denn der Sturm gegen uns ist ungebrochen wieder einmal auf der ganzen Linie entbrannt, und auch gewisse politische Parteien, die gegen die Aufrüstung zu sein schienen, erweisen sich als unzuverlässige Partner. So danke ich Ihnen herzlich für Ihr Entgegenkommen und Ihre Bemühungen, ebenso dafür, daß Sie sich um die Einreisegenehmigung für Fräulein Walther eingesetzt haben.

Die Tagung mit den Franzosen scheint mir von großer Wichtigkeit zu sein. Ich kenne einige der dafür genannten Herren recht gut und habe großes Vertrauen zu ihnen. Eine Schwierigkeit könnte vielleicht darin liegen, daß ich für den März eine Vortragsreise in die Schweiz zugesagt habe und während dieser Zeit nicht verfügbar bin. Da Herr Becker am Donnerstag zu mir kommt, werde ich diese Dinge mit ihm besprechen. Leider ist auch Martin Niemöller im Augenblick verreist, und natürlich wäre es gut gewesen, ihn dabei zu haben oder wenigstens seinen Rat zu hören. Nun, dies will ich aber alles mit Herrn Becker hier besprechen. Ich habe großes Vertrauen zu Ihren Unternehmungen und glaube, daß dieses Wege sind, auf denen wir der Erlangung des Friedens wirklich näher kommen.

Ich habe für den April alle Verpflichtungen abgesagt, um einmal ganz frei zu sein für Dinge, die mir notwendig erscheinen. Sie waren neulich so freundlich, mich nach Berlin einzuladen. Ich würde die Gelegenheit gern benutzen, einmal ganz privatim und ohne daß jemand davon erfährt nach Berlin zu kommen, um dort einiges kennenzulernen und einige Gespräche zu haben, falls im April eine Gelegenheit dazu besteht. Ich danke Ihnen nochmals für Ihre erfolgreiche Bemühung und verbleibe mit den besten Grüßen Ihr steter ergebener

Hans Iwand

1 Mit Willmanns Vermittlung konnten die Göttinger Predigtmeditationen seit dem 9. Jahrgang 1954/55 auch in der DDR erscheinen. Ihre Nachfolge haben die Evangelischen Predigtmeditationen angetreten.

Bonn
1952–1960

1952 *Iwand siedelt nach Bonn über und nimmt die Arbeit an der evangelisch-theologischen Fakultät der Universität auf. In den ersten Jahren wirkt er neben Helmut Gollwitzer.*

10. Oktober: Synode der EKD in Elbingerode, Eintreten für Kriegsdienstverweigerer

1953 19. März: Annahme der Pariser Verträge durch den Bundestag in Bonn

Bultmann (»Theologie des Neuen Testaments«) auf der Höhe seines Wirkens

1954 *3. bis 6. Januar: Auf dem Deutschen Evangelischen Theologentag in Berlin leiten Hermann und Iwand gemeinsam die systematisch-theologische Sektion; beide leisten wichtige Beiträge, Iwand über den »Mißbrauch des pro me als methodisches Prinzip in der Theologie«. Seither erscheinen von ihm eine Reihe bedeutender Aufsätze zu Grundsatzfragen der Theologie.*

25. Januar bis 18. Februar: Berliner Konferenz der vier Außenminister der Großmächte über die deutsche Frage ergebnislos verlaufen, in der Folge vertiefter Gegensatz zwischen beiden deutschen Staaten

21. Juli: Genfer Abkommen über die Beendigung des Indochinakriegs, Teilung Vietnams

30. August: die Pariser Verträge in der Französischen Nationalversammlung gescheitert, später entsprechend andere Vertragswerke geschlossen

Iwand nimmt an der »Europäischen Konferenz für Verhandlungen über die deutsche Frage und die Abrüstung« in Paris teil und liefert einen Diskussionsbeitrag. In Stockholm trifft er mit Georg Lukács und Anna Seghers zusammen.

Als Dekan der theologischen Fakultät lädt er Josef Hromádka aus Prag zu Gast nach Bonn ein.

1955 Januar: Appell des Weltfriedensrates für eine weltweite Aktion gegen die Vorbereitung eines Atomkrieges

6. bis 11. März: Synode der EKD in Espelkamp, Gustav Heinemann, bisher Präses der Synode, nunmehr auch Vorsitzender der von ihm gegründeten Gesamtdeutschen Volkspartei, von seiner kirchlichen Funktion abgewählt

5. Mai: Aufnahme der Bundesrepublik in die NATO

11. bis 14. Mai: Konferenz von Warschau mit Beteiligung der DDR.

Warschauer Pakt zur kollektiven Verteidigung der sozialistischen Länder geschlossen
Im Sommer liest er über »Glauben und Wissen«.
22. bis 29. Juni: Er nimmt am Weltfriedenstreffen in Helsinki teil; vermutlich erneute Begegnung mit Lukács.
18. bis 23. Juli: Genfer Gipfelkonferenz der vier Großmächte, keine Einigung in der deutschen Frage.
Im August/September reist er auf Einladung des Patriarchen von Moskau mit einer Gruppe von Theologen unter Leitung von Präses Heinrich Held in die Sowjetunion.
9. bis 13. September: Adenauer in Moskau, Aufnahme diplomatischer Beziehungen zwischen der Bundesrepublik und der Sowjetunion vereinbart
Im Oktober/November befindet sich Iwand auf Einladung von Theologen aus Bratislava auf einer Reise in der Slowakei.
gegen Ende des Jahres: Ausscheiden Niemöllers aus Rat und Außenamt der EKD

1956 2. Januar: Aufbau der westdeutschen Bundeswehr begonnen, Einberufung erster Freiwilliger
26. Januar: Beschluß der Volkskammer der DDR über die Aufstellung einer Nationalen Volksarmee
19. März bis 5. Mai: Londoner Abrüstungskonferenz, westlicher Plan einer Luftüberwachung von der Sowjetunion zurückgewiesen
Im Frühjahr reist Iwand in die ČSSR und hält in der DDR Gastvorlesungen in Greifswald und Berlin.
Im Sommersemester liest er über »Luthers Theologie«.
11. Juni: Abzug von 33 500 Mann sowjetischer Truppen aus der DDR in der Absicht, dem Westen ein Beispiel zu geben, Verringerung der vorgesehenen Stärke der Nationalen Volksarmee in gleicher Absicht
27. bis 29. Juni: Synode der EKD in Berlin, Warnung vor Herstellung von Atomwaffen
7. Juli: Einführung der allgemeinen Wehrpflicht in der Bundesrepublik
17. August: KPD in Westdeutschland als verfassungswidrig erklärt, Auflösung der Partei, Einziehung ihres Vermögens
23. Oktober bis 4. November: Regierungswechsel in der Volksrepublik Ungarn, von der Reaktion zu konterrevolutionärem Putsch genutzt; nach Eingreifen der Sowjetunion sozialistische Neuordnung
Wintersemester: Iwand setzt die Vorlesung »Luthers Theologie« fort.
Angriff auf die als »Moskaupilger« diffamierten Theologen, die im

Vorjahr die Sowjetunion bereisten, durch den Kreis um Asmussen (Schrift »Rom – Moskau – Wittenberg«)

1957 Januar: Besuch Hromádkas in Bonn

In der Zeitschrift »Evangelische Verantwortung« des »Ev. Arbeitskreises der CDU/CSU« wird wegen Iwands Reise in die Sowjetunion und Hromádkas Besuch in Bonn ein beleidigender Angriff gegen die Bonner evangelisch-theologische Fakultät gerichtet.

22. Februar: Abschluß des Militärseelsorgevertrages zwischen der Bundesregierung und dem Rat der EKD in Bonn

3. bis 8. März: Auf der Synode der EKD in Berlin-Spandau spricht sich Iwand leidenschaftlich gegen diese Art von »Militärseelsorge« aus, doch wird dem Vertrag mit weit überwiegender Mehrheit zugestimmt.

Das Jahr der Übersiedlung nach Bonn bedeutet keinen wesentlichen Einschnitt. Ihn brachte schon das Jahr 1950, persönlich mit dem Tod der Frau, gesellschaftlich mit der Wiederaufrüstung Westdeutschlands und dem Beginn des Kampfes dagegen. Der Begegnung mit westdeutschen Friedenskämpfern waren Treffen mit Friedensfreunden in der DDR gefolgt. Geistig gefördert sah sich Iwand durch die Aufnahme in einem Kreis, in dem Georg Lukács und Anna Seghers die Hervorragendsten waren. Daß er, von ihnen angeregt, ein Lernender blieb – er las Johannes R. Becher, Karl Liebknecht, Rosa Luxemburg –, ist für den engagierten Iwand ohnehin charakteristisch. Seit 1951 war sein Einsatz in besonderer Weise offensiv. Der Übergang in die Bundeshauptstadt Bonn wurde auch äußerlich der Eintritt in das Zentrum der Auseinandersetzung.

Die Bonner Politik der Wiederaufrüstung (Iwand: »die organisierte Unbußfertigkeit«) traf einerseits auf eine antimilitaristische, in der jüngeren Generation zunehmend pazifistische Stimmmung in der Bevölkerung. Andererseits hatte sie von Anfang an kleinere, aber besitzende und in ihrer öffentlichen Wirkung einflußreiche Kreise für sich. Daß Adenauer von vornherein eine atomare Bewaffnung der Bundeswehr nicht ausschloß, verstärkte nur den Widerspruch der Atomkriegsgegner. Die evangelische Kirche erkannte in dieser Situation durchaus die Stunde der Bewährung. Doch wurde diese in ganz verschiedener Weise gedeutet. Die konservative Mehrheit erblickte darin die »Stunde der Kirche« als verfaßter Organisation, das heißt der EKD. Die Minderheit, die in Iwand einen ihrer deutlichsten Sprecher besaß, sah dagegen den Augenblick gekommen, in dem das Wort und der Geist des Evangeliums bewährt und bekannt werden wollten. Er hatte gerade die gesellschaftliche Dimension und damit die gesellschaftskritische Funktion kirchlichen Redens und Handelns erkannt und wollte sie eingesetzt wissen. Ein Mann wie Dibelius jedoch dachte nach wie vor in dem alten Gegenüber von Kirche und Staat. Ihm kam es darauf an, durch vertragliche Beziehungen zum Staat Ansehen und Einfluß der Kirche zu stärken und so für ihren Teil die – in seinem Sinne – christlich-abendländischen Werte und Ordnungen bewahren zu helfen. Das bei der Mehrheit vorhandene Streben nach staatsrechtlicher Versicherung für die Kirche hat sich dann im Militärseelsorgevertrag mit einem politischen Sekuritätsbedürfnis verbunden. Die Minderheit, die vor der Wiederholung von Fehlern der dreißiger Jahre warnte, hatte demgegenüber nicht mehr die Kraft zu überzeugen. Immer wieder wurde ihr nachgesagt, nur eine kleine Gruppe von »Schwärmern«, ein »Bündel theologischer Existenzen« zu sein. Derartige Schmähungen wurden immer dann laut, wenn geistige Berührungen mit dem Osten gepflegt oder – wie bei der Reise in die Sowjetunion, auf der es um das Aussprechen des Stuttgarter Schuldbekenntnisses vor den Völkern der Sowjetunion ging – neue Kontakte mit dem Osten aufgenommen wurden.

Über diese Kämpfe kam Iwand nur zum Teil dazu, seine theologischen Entwürfe auszuarbeiten. Doch war ihm der tiefe Zusammenhang zwischen den Vorgängen in Kirche und Gesellschaft und den theologisch erkannten Problemstellungen hell bewußt. Darum trug er jetzt im Kolleg über »Glauben und Wissen« vor und las ausführlich »Luthers Theologie«. Das Problem von Vernunft und Offenbarung war in jener Auseinandersetzung ein ganz praktisches. Man hätte sich vernünftig einigen und in der Frage einer Militärseelsorge unter dem negativen Vorzeichen atomarer Bewaffnung noch einmal einmütig Stellung beziehen müssen. Statt dessen war man in der Auffassung von Offenbarung nicht einig – nur so war nach Iwand der tiefe theologische Dissens aufzufassen. Es ging um das Wort Gottes als »Gesetz und Evangelium«. Soweit es möglich schien, unter »Gesetz« im Grunde menschliche Ordnungen und Werte für gottgesetzt zu halten, war auch in einer Frage wie der von Seelsorge an Atombewaffneten keine theologische Klarheit zu erzielen. Iwands eigene Auffassung des Verhältnisses von Gesetz und Evangelium hatte sich zuletzt dahin geklärt, daß Evangelium immer zugleich Zuspruch und Weisung, Gebot und Verheißung ist. Alles andere – Ordnungen, Werte – ist Sache der Vernunft. In seiner Lutherinterpretation ging es um dieselben Themen. Luthers Ethik, die um das richtige Verhältnis von Person und Werk kreist, meint eben das: Der Glaube richtet sich gleichsam auf den Himmel, damit die Erde für das Werk, das Werk für die Erde frei werde. So allein ist Gottes Gebot befolgbar: ohne metaphysische Beimischung, auf menschlich vernünftige Weise und um der Sache selbst willen. Für die moralische und geistige Urteilsfähigkeit schlechthin gesagt: »Wenn wir aufhörten zu glauben, wo wir nicht glauben, sondern fragen und suchen, denken und arbeiten sollten, dann wäre hier eine Stagnation behoben, ein Dogmatismus durchbrochen, der wie ein böser Atavismus uns blind und taub zu machen in Gefahr ist» (NW 2, 112). Hierher gehört, was Iwand von Marxisten gelernt, aber nicht allein von ihnen hat: die vernunftgemäße Durchdringung der gesellschaftlichen Verhältnisse. Er stieß auf Schleiermachers Erbe in der Ethik. Als einer der ersten Theologen aus der Bekennenden Kirche hat er auf den so lange Gemiedenen wieder hingewiesen. »So wie wir betrachtend die *Gesetze* der Natur finden und uns ihnen in der Freiheit des Erkennenden unterstellen – warum sollte es denn nicht auch ähnliche Gesetze des geistigen, des geschichtlichen Daseins der Menschen geben, die – erst einmal begriffen und zur Grundlage der Bildung gemacht – der Menschheit den Weg weisen, der Natur ihr Gegenstück an die Seite zu stellen, wonach diese im Tiefsten verlangt« (EvTh 11, 1951/1952, 50).

22.

An Rudolf Hermann — Bonn, 4. IV. 53.

Lieber Herr Hermann,

ich schäme mich so, daß ich Ihnen nicht sofort schrieb, als ich neulich Ihre so schöne und mich so sehr erfreuende Karte erhielt. Sie sind ja einer der ganz wenigen, die Schleiermacher kennen und wenn mein kleiner, übrigens in Göttingen von den Kollegen nicht beachteter Versuch,[1] hier einen Neuansatz zu finden, vor Ihren Augen Gnade gefunden hat, dann ist mir das doch eine Bestätigung, auf diesem Weg ein wenig weiter zu suchen. Das Ganze war ein Vortrag in der Aula in Göttingen innerhalb einer für alle Fakultäten veranstalteten Vortragsreihe. Die beiden Beanstandungen, die Sie bemerken, sind genau die Punkte, an denen mir auch selbst nicht ganz wohl ist, aber daß Kants Imperativ einen Dualismus heraufführt, durch den das Sollen sozusagen ohne Seinsgrundlage und das Sein ohne in ihm selber liegende Bestimmung und Teleologie bleibt, ist ja doch wohl der leitende Gedanke in Schleiermachers »Kritik aller bisherigen Sittenlehre«. Und damit hat er eben doch ein echtes christliches Anliegen aufgezeigt, die Welt ist eben doch nicht nur »Material meiner Pflicht« und diese Absolutsetzung des Sollens – wie sie dann bei Fichte freilich unter Übergehung der

Kantischen Reserve eintritt – erscheint mir oftmals als das deutliche Zeichen, daß die Grenze zwischen dem Menschen und einem Demiurg nicht mehr eingehalten ist. Aber das geht alles auf das Verhältnis zwischen dem Gebot Gottes als Offenbarung und dem natürlichen Sittengesetz heraus, welches mich nun so lange wenigstens in Gedanken beschäftigt, ohne daß ich dazu gekommen wäre, ihm genauer nachzugehen. Erschrocken bin ich freilich, in Melanchthons Epitome theologiae moralis wie auch in seinen Kommentaren zu Aristoteles und Cicero zu sehen, daß dieser alle 10 Gebote auf die lex naturalis[2] zurückführt und damit bereits jenen »Existentialismus« begründet, der mir bei Bultmann und auch bei Gogarten solch ein Greuel ist.

Von daher auch meine Bemerkung über Gesetz und Evangelium. Könnte es nicht doch sein, daß Schleiermacher als reformierter Theologe mehr von der Priorität des Gnadenbundes her denkt und daß ihm insofern die kantische Antithese schwer zugänglich ist, es hängt dies ja vielleicht auch mit seiner Auffassung vom *Bösen* zusammen, welche freilich nicht ganz die Tiefe von Kants Einsichten erreicht. Aber diese Sache mit Gesetz und Evangelium und die – vielleicht zu einfache – Umstellung, wie sie dann Barth vorgenommen hat,[3] indem er das Evangelium einfach davor setzte (etwa wie die Antinomer), ist mir doch eine der wesentlichsten Fragen innerhalb der augenblicklichen Theologie. Jedenfalls ist mir klar, daß Melanchthon unrecht hatte, wenn er die Gebote identifizierte mit der lex naturalis, sogar das erste! Andererseits ist deutlich, daß das Evangelium eine jenseits des offenbarten Gesetzes liegende Gerechtigkeit meint, die die Voraussetzung aller impletio legis[4] ist. Aber ob die Theologie seit Ritschl recht daran tat, Idee und Gesetz zu identifizieren und das Dasein unter dem Gericht der Idee mit dem in eins zu setzen, was einstmals »lex«[5] im reformatorischen Sinne hieß und Zorn Gottes bedeutet – das eben ist mir fraglich. Diese ganze Einteilung Th. Harnacks einer »Welt außer Christo« und einer »in Christo« wird mir mehr und mehr bei meinen Lutherstudien fraglich. Das »außer Christo« ist doch nur soweit gültig, als ich damit »sine fide« und »operibus«[6] eine Wirklichkeit *setzte*, die als solche eben nicht Gottes Wirklichkeit *ist*. *Ich* konstituiere eben diese Welt »extra Christum«[7], sie ist nicht Gottes Welt und Gottes

Wirklichkeit, denn diese ist immer in Christo! Ich habe dazu in letzter Zeit – zumal in der großen Galaterbriefvorlesung 1535 – erstaunliche Dinge gefunden, die ich immer noch schuldig bin, der Lutherforschung zur Kritik zu unterbreiten (zu Gal. 3,13). So verstehe ich jetzt erst die mir immer etwas seltsam klingende Formel: »Glaubstu, dann hastu«. Darum mein flüchtiger und viel zu kurzer Hinweis auf dieses Problem von Gesetz und Evangelium. Ich habe an das gedacht, was Luther die »lex sine lege, lex spiritualissima«[8] etc. nennt. In der Lehre vom *Geist* sieht doch wohl auch er eine echte Einheit von Gesetz und Evangelium, nur daß diese Einheit immer auf die kommende, auf die in der Auferstehung neu werdende Welt und Wirklichkeit hin ausgerichtet ist.

Aber ich will davon nicht mehr allzuviel schreiben. Es wird Sie vielleicht doch langweilen, es wäre längst nötig gewesen, mehr zu drucken und diese Dinge öffentlich zur Diskussion zu stellen[9].

Ich bin traurig, daß der Theologentag in Berlin nicht stattfinden kann, ich hätte so gern ein kurzes Referat über das »Mißverständnis von Luthers ›pro me‹«[7] gehalten. Das möchte ich gern noch mal loswerden. Das »pro me« ist ja doch wohl ursprünglich nicht ein »methodisches« Prinzip im Sinne des Existenzverständnisses und der reflektiven Theologie, sondern kennzeichnet die Taten und das Leben Jesu Christi. Kurz gesagt, im *pro me*[10] ergreife ich meine praedestinatio salutis[11], aber eben die prae-destinatio: »da ich noch nicht geboren war, da bist du mir geboren und hast mich dir zu eigen gar, eh' ich dich kannt, erkoren«. Das meine ich! Seit Ritschl aber wird daraus ein die Theologie unter die Wertwissenschaften einreihendes Methodenprinzip. Und *das* ist die tiefe Unfruchtbarkeit der heute unsere Fakultäten hier anfressenden methodisch exakten und geistig trostlosen Bultmannschen Schriftstellerei, Barth ist hier wieder einmal der einzige, der diesem traurigen Gebaren die Schelle umgehängt hat[12] – aber vergeblich. Auch seine Freunde hören ihn nicht mehr.

Insofern bin ich ja so froh, daß ich in Bonn bin, hier ist es überhaupt – soweit ich das sagen kann – unglaublich schön. Etwas nach der Melodie: Bald fehlt uns der Wein, bald fehlt uns der Becher! Die äußeren Verhältnisse sind so günstig, daß ich nach und nach wieder ein wenig zu mir komme und nicht mehr soviel »Raum der Traurigkeit« geben muß. Freilich, manchmal wird mir die entsetzliche Einsamkeit bis zum Unerträglichen empfindbar, so etwa neulich, als ich aus der Sitzung des Bundestags heimkam, wo die Abgeordneten die Verträge in dritter Lesung annahmen.[13] Es ist so furchtbar, alles sinken zu sehen, was wir einmal lieb hatten und wofür wir arbeiteten. Furchtbar war vor allem die zynische Unverantwortlichkeit, die unverhüllte »ubi bene, ibi patria«[14] Stimmung, die das Ganze beherrschte und dieser Triumph der Spießer, als sie nun ihre Sache – das Abschieben der Verantwortung – unter Dach und Fach hatten. Überragend und allein wissend, was er will, ist bei allem der *eine* Mann, der diese Dinge macht.[15] Erstaunlich, diese Welt als die Welt der alten – aber darum ja auch seltsam unerschütterten, seltsam »gerechten« und »stabilen« Männer, die heute das Schicksal bestimmen und der *Geist,* der uns in den vergangenen Gerichten so betroffen hat, das Unrecht an den Unschuldigen, das Schreien der Elenden und Armen, das tausendfache gewollte Leid, das Menschen über Menschen gebracht haben, schreit nur noch im Niemandsland, aber die Türen unserer Parlamente sind dicht gemacht! Ich ging abends im Regen und Dunkel einsam nach Hause – unser ganzes Leben eine Summe vergeblichster Bemühungen.

Aber sonst – wie gesagt – geht es hier wirklich gut, die Kinder sind so fröhlich und ihnen kann ich wenigstens noch ein bißchen zu dem ersten Schritt ins Leben helfen. Meine Hoffnung ist freilich noch immer die, daß es in letzter Stunde noch ein Remis geben und etwas von der Erquickung des Friedens sichtbar werden könnte, den wir 1945 zu nahe wähnten. Auch der Brief ist viel zu lang – bitte verzeihen Sie, ich werde nun auch so lang im Schreiben. Zu Ostern wünsche ich Ihnen und Ihrer lieben Frau das Allerbeste, was man sich heute wünschen kann. Malve sagte neulich, es würde ja vieles anders sein, aber sie meine, die Ostsee sei doch wohl geblieben. Und so denke ich, Sie werden vielleicht einen Osterspaziergang nach Eldena[16] machen. Vielen Dank für die Karte und beste Grüße von Ihrem

Hans Iwand

1 Schleiermacher als Ethiker, EvTh 11, 1951/1952, 49–64.
2 Natürliches Gesetz.
3 K. Barth, Evangelium und Gesetz, TEH 32, 1935.
4 Erfüllung des Gesetzes.
5 Gesetz.
6 Ohne Glaube – (durch) Werke.
7 Außerhalb von Christus. – Für mich.
8 Gesetz ohne Gesetz, höchst geistliches Gesetz.
9 Handschriftlicher Zusatz Iwands: Aber ich war in den letzten Jahren zu sehr durch die täglich anfallenden Dinge in Anspruch genommen, auch unsere große Flüchtlingsarbeit.
10 Für mich.
11 Vorherbestimmung zum Heil.
12 K. Barth, Rudolf Bultmann. Ein Versuch, ihn zu verstehen, Theologische Studien 34, 1952; auch in: ders., Gottes Freiheit für den Menschen, 1970, 289–331.
13 Die Pariser Verträge.
14 Wo es mir gut geht, ist (mein) Vaterland.
15 Konrad Adenauer.
16 Bei Greifswald.

23.

An Heinz Willmann Bonn, 16. 3. 1955

Lieber Herr Willmann.

(...)
Zunächst meinen herzlichen Dank für die drei Bände Marx. Das ist wirklich ein großes Geschenk – ich sah es jetzt zufällig auch in einem Antiquariatskatalog angezeigt, aber bisher habe ich immer vergeblich versucht, es hier zu erhalten. Ich würde Ihnen so gern oder auch dem Verlage ein Gegengeschenk machen, falls einmal ein fachwissenschaftliches Werk gewünscht sein sollte. Bitte lassen Sie es mich dann doch wissen.

Dann kam die Einladung zur Tagung der Akademie der Wissenschaften in Warschau, zu der ich gern und dankbar zugesagt habe. Ich habe es so bedauert, daß ich im Februar nicht hinfahren konnte, und ich bin sehr begierig, sowohl auf das Zusammentreffen mit den polnischen Professoren und ebenso auf den Anblick der neuerbauten Stadt, die so viel gelitten hat. Ich komme erst morgen dazu, nach Heidelberg in die innere Klinik zu fahren, da bisher zuviel hier zu tun war. Hoffentlich läßt mich der Professor dort rechtzeitig weg. Ich hoffe es aber, bei der Dringlichkeit der Sache zu erreichen. Ich war ja in den letzten Wochen so unglücklich, daß ich körperlich behindert war. Wieviel Angebote zu Reden etc. mußte ich darum ablehnen!

Sie haben mir geschrieben wegen eines Appells an die UNO oder die Abrüstungskonferenz. Mir erscheint Ihr Vorschlag durchaus realistisch – Isabelle Blum hat mir auch geschrieben, aber Ihr Projekt ist leichter realisierbar. Nur vielleicht nicht so schnell. Ich könnte mir denken, daß das Präsidium der Paulskirchenkundgebung, das jetzt erst gebildet wird,[1] mit einem solchen Vorschlage an die UNO herantreten sollte und werde mit den Herren, zu denen auch Erler gehört, die Fühlung in dieser Sache aufnehmen. Das ist ein vorzüglicher Vorschlag. Nur habe ich eine Bitte. Ich höre, daß mein Name so oft in der Ostzone zitiert wird. Ich habe nichts dagegen, im Gegenteil, aber ob man nicht damit ein bißchen homöopathischer umgehen könnte – Sie werden das ja kaum in der Hand haben – aber obschon ich bisher nicht merkte, daß dies mir hier Türen zuschlägt, könnte es doch mal sein. Und Dinge, die nicht unbedingt nötig sind, muß man in der hochkritischen Lage von heute vermeiden. Zeit gewinnen ist alles. Denn es bröckelt doch manches auseinander, was festgefügt erschien. So etwa heute der BHE[2] hier in Bonn.

Wir hoffen, daß wir zu den Leuten um Bevan Fühlung aufnehmen. Ich bekomme gerade aus England dazu gute Nachricht. Auch in Holland wachen viele auf und sehen, daß der Kurs der offiziellen Labourpartei unfruchtbar ist. Nur muß das alles seine Zeit haben, und ich denke, auch Sie wissen die »allmächtige Zeit« gebührend einzuplanen. Ich glaube auch, daß mit dem weiteren Erstarken des Kurses der Paulskirchenkundgebung die Brücken betretbar werden, die von hier nach drüben führen. Jedenfalls wächst in dieser Hinsicht auch die Einsicht in den verantwortlichen Kreisen.

Zur Synode[3] konnte ich wegen meines Gesundheitszustandes nicht hinfahren. Ich schaffe eben gerade noch hier meine Arbeit. Das ist alles, und das macht mich nicht gerade fröhlich. Aber der Ausgang der Synode ist nicht gut, und die ungeschminkte Kritik der Frankfurter Zeitung an ihr hat mich tief erfreut. Unsere alten (und auch jungen) »Kirchenmänner« sind dabei, einen Feuerwehrklub zu bilden, der überall kaltes Wasser spritzt, wo es – noch nicht einmal brennt, sondern nur raucht. Was waren wir früher einmal! Als wir zum Kampf antraten! Aber es sind dieselben, die uns damals lahmlegten, und es ist dieselbe Blindheit. Held hat mir aber gesagt, daß er am 21. durch Grüber angemeldet beim Botschafter[4] vorsprechen will. Wenn ich im Krankenhaus weg kann, komme ich mit. Sonst vielleicht später. Gut, daß Held wenigstens hingeht. Er ist der klügste und einer der tapfersten Männer, die wir im Dritten Reich hatten. Sie müßten ihn kennenlernen.

Das ist alles, was ich Ihnen zu schreiben hatte. Nur eins noch: Ich hatte sehr guten Besuch von drei Theologen aus Prag und Bratislava, wir werden mit Prag wohl auch etwas Beziehungen gewinnen, da Hromádka zu unserer Pfarrertagung herkommt. Mir scheint möglich und nützlich zu sein, wenn wir eine Tagung protestantischer Theologen aus Ost und West machen könnten, wobei gute Franzosen, Tschechen, Ungarn etc. zum Zuge kämen. Aber über diese Pläne will ich mit Hromádka reden, und vielleicht können wir die Sache bei meiner Reise nach Warschau in Berlin einmal in ihrem pro und contra erwägen.

Ich habe mich neulich so über Ihren Besuch gefreut, und ich danke Ihnen, lieber Herr Willmann, daß ich nun schon seit Jahren mit so viel Offenheit und Wohlwollen, wohl doch auch einigen Erfolgen die Dinge der Friedensarbeit erörtern kann. Grüßen Sie bitte (...) die ausgezeichnete Anna Seghers. Man muß *glauben*, daß der Weg der Menschheit doch noch nicht zu Ende ist und die Krise der Beginn einer wirklich neuen und *guten* Zeit.

Mit besten Wünschen an Sie und Ihre Arbeit verbleibe ich Ihr

Hans Iwand

1 Von der Notgemeinschaft für den Frieden Europas, siehe auch Seite 136.

2 Gesamtdeutscher Block BHE (= Bund Heimatvertriebener und Entrechteter), bis 1956 die Partei Theodor Oberländers.

3 Der EKD in Espelkamp.
4 Der Sowjetunion in Berlin – wegen der bevorstehenden Reise auf Einladung des Moskauer Patriarchen.

24.

An Georg Lukács [Zum 13. 4. 1955]

Lieber Georg Lukács!

Wenn auch ich heute mit unter den vielen bin, die Ihnen ihre Hoffnung und ihren Dank, ihre Wünsche für Ihr ferneres Wohlergehen und Ihr weiteres Schaffen aussprechen, so geht das in erster Linie auf jene mir unvergeßliche Begegnung mit Ihnen und Ihrer Gattin zurück, die wir in Stockholm, insbesondere im »Güldenen Frieden« in so verheißungsvoller Weise miteinander hatten und die bei mir bis heute noch so eindringlich nachklingt.

Inzwischen ist auch Ihr letztes und so bedeutendes Werk über die »Zerstörung der Vernunft« erschienen,[1] das ich mit großem Gewinn und – Sie werden es verstehen – auch mit ein wenig Kritik gelesen und benutzt habe. Insbesondere Ihre Forschungen über den jungen Hegel,[2] die mich zur Zeit sehr beschäftigen und im Positiven wie im Negativen eine geradezu alarmierende Wirkung für Idealisten und Antiidealisten haben sollten, lassen mich kaum wieder los und zeigen mir, daß wir in Ihnen – fast möchte ich es sagen – den einzigen in deutscher Sprache schreibenden großen Literarhistoriker und Philosophen haben, der den inneren Zusammenhang in der Entwicklungsgeschichte Europas vom 18. Jahrhundert bis in die Gegenwart hinein in eine große und faszinierende Perspektive zu bringen vermocht hat.

Die furchtbaren Ereignisse, die die nach 1918 allerorten aufstrebende Erneuerung unseres Kontinents ausgelöscht und uns weit zurückgeworfen haben, sind in ihren Nachwirkungen noch keineswegs überwunden. Wir alle ringen mit ihnen wie die aufgehende Sonne mit den Nebeln im Tal. Wahrscheinlich wird dieses Ringen, in dem Sie eine so maßgebliche und ermutigende, so produktive und Ost und West in gleicher Weise überblickende Rolle spielen, auch seinen tieferen, für das Heraustreten echter Fronten und das Gesicht der kommenden Welt unentbehrlichen Sinn haben. Wir sind heute tiefer zurückgeworfen wie damals, damit wir von einem tieferen Grunde her aufbauen und ein besseres Fundament legen sollten, als dasjenige war, welches wir meinten nach 1918 als tragfähig gelegt zu haben. Sie haben sich um diesen Aufbau ein unauslöschliches Verdienst erworben – ich brauche nicht all das aufzuzählen, was mich zu diesem Satze bestimmt – und manchen dazu ermutigt, den Ausblick auf dieses große Ziel nicht fahrenzulassen.

Nichts vermöchte ich Ihnen zu Ihrem 70. Geburtstag Schöneres zu wünschen, als daß Sie noch einiges mehr von den Früchten Ihres geistigen Bemühens um das neue Europa mit Augen sehen könnten.

Natürlich wird vieles bleiben, was divergiert. Aber Konformismus ist noch nie ein europäisches Lebensgesetz gewesen, weder im Osten noch im Westen, und wenn es gelänge, die scheinbar starren Gegensätze im Sinne des großen Hegel in fruchtbare und lebenfördernde Spannung aufzulösen und diese Entwicklung zum Dienste und nicht zur gesteigerten Angst des Menschen zu entfalten, was für eine große und zukunftsfrohe Sache wäre damit angebahnt. Ich glaube auch, daß das Sehnen unserer Völker, zumal der durch Leiden und Kampf erprobten unter ihnen, dahin ausgerichtet ist, ähnlich wie sich das Leben zur Sonne hinwendet. Und als ich mit Ihnen und anderen Freunden, insbesondere mit Anna Seghers, in Stockholm zusammentraf – aus einem anderen Lager kommend und auch in einem anderen Lager stehend, aber von der Sache des Friedens und der Versöhnung in höherem Chor bewegt und dieser Sache verschworen –, da habe ich doch wenigstens in unserem kleinen Kreise gesehen, daß etwas Neues im Aufbruche ist, daß unser geistiges wie materielles Leben abhängt vom Gelingen dieses Neuen und daß in der Umkehr und im Gelingen des Friedens die Gewähr einer Zukunft beschlossen liegt, von deren Möglichkeiten wir heute – infolge der Entzweiung – nur die negativen Seiten sehen.

Und ich muß schon sagen – ich darf das noch einmal wiederholen, was mich schon in Stockholm bewegte: wenn die Menschheit heute in Gefahr ist, sich in zwei Hälften zu teilen und nicht mehr zu sehen, daß immer noch die *eine* Sonne über die ganze Erde scheint und *ein* befruchtender Regen über »Gerechte und Ungerechte« fällt, so möchte ich mich hierbei auf die Seite der ungeteilten und unteilbaren Menschheit stellen und möchte wünschen, daß wir mit der ganzen Verschiedenartigkeit unserer Meinungen und vielleicht auch dessen, was wir glauben, in *einer* Welt leben. Nur das wird die wahrhaft menschliche Welt sein, nur sie wird der Acker sein können, in dem der Same des Geistes zu echter Menschlichkeit ausgeworfen wird und aufgeht. Sie haben Entscheidendes dazu beigetragen, daß wir dieses Ziel neu ins Auge fassen, Sie sollen wissen, sollen es gerade an diesem Ihrem durch viel Anfechtung und Bewährung errungenen Ehrentage wissen, daß auch hier im Westen etwas lebendig ist von der großen Hoffnung auf die eine Welt, die heute einen gewaltigen Schritt voran tut, nicht durch Zerstörung, sondern durch den Sieg der Vernunft.

Das Europa von heute – ce n'est pas raisonnable![3] Darauf laßt uns vertrauen und uns im Tun und Reden davon leiten.

Wenn ich es nicht jetzt erfahren hätte, in Stockholm ist es mir nicht in den Sinn gekommen, Sie als Siebziger anzusehen. Möge das kommende Jahrzehnt am Klarblick Ihres Verstandes und am Feuer Ihres Geistes ebensowenig eine Spur hinterlassen wie die bisherigen Jahresringe.

Das wünscht Ihnen aufrichtig Ihr Ihnen sehr ergebener

Hans Iwand

1 Deutsche Ausgabe mit dem Untertitel »Der Weg des Irrationalismus von Schelling zu Hitler« 1955 im Aufbau-Verlag Berlin.

2 Der junge Hegel und die Probleme der kapitalistischen Gesellschaft, deutsch im Aufbau-Verlag Berlin 1954.

3 Das ist nicht vernünftig!

25.

An Otto Dibelius 7. April 1957

Sehr verehrter Herr Bischof Dibelius!

Aus einer Zeitungsnotiz entnehme ich, daß Sie die Opponenten auf der letzten Synode[1] als eine »ganz kleine Schar von Schwärmern« bezeichnet haben.[2] Mir ist leider der Artikel aus dem »Berliner Sonntagsblatt«[3] nicht zur Hand, so daß ich mir über die Ernsthaftigkeit der dort von Ihnen abgedruckten Bemerkung keine rechte Vorstellung machen kann, zumal das abgedruckte Zitat mehr in dem Sinne einer hingeworfenen Bemerkung und eines lapsus calami klingt, als daß gründliche theologische und biblische Argumentationen damit verbunden wären.[4] Aber wie dem auch sei. Wenn die Behauptung von Ihnen theologisch ernsthaft gemeint sein sollte, so wäre sie wohl leicht zu widerlegen und jedermann müßte ihre Unhaltbarkeit zugeben. Wenn sie aber nur eine hingeworfene Bemerkung eines Mannes im hohen kirchlichen Amt über die ihm ungelegene theologische Opposition ist, dann ist es fast noch schlimmer. Die Kirchengeschichte weist zu viele Beispiele auf, in denen Kirchenfürsten echten Bußruf und erwachtes Gewissen mit dieser Bemerkung beiseite geschoben haben, als daß ich annehmen könnte, dies wäre Ihnen nicht im Gedächtnis. Ich erinnere nur an Weingartens immer noch lesenswertes Buch über die englischen Revolutionskirchen, aus denen dann der Grundstock der nordamerikanischen Gesellschafts- und Staatenbildung hervorging. Würden Sie diese Bewegungen, würden Sie Baxter und Penn einfach mit dem Pauschalbegriff »Schwärmer« abtun können? Das haben wir früher innerhalb der theologischen Urteilsbildung nicht getan, und ich halte es für bedenklich, wenn heute solche Bezeichnungen höchsten Ortes eingebürgert werden für alles, was aus einem echten Protest gegen den Verfall unseres staatlichen und bürgerlichen Ethos aufsteht und mit den Weisungen Jesu Christi Ernst macht.

Es erinnert an den nicht zu übersehenden Gegensatz, der das Alte wie das Neue Testament durchzieht, wenn die Priester sich mit diesem Worte gegen den prophetischen und evangelischen Geist auflehnen, der ihre Kreise zu stören droht. Nun, das wissen Sie ja selbst, und ich kann mir kaum denken, daß Sie diese Gefahren eines hohen priesterlichen Amtes nicht im Blick gehabt hätten, als Sie diese abschätzige Bemerkung gegenüber der Opposition zu Papier brachten. Denn die Kirchengeschichte, soweit sie Gottes Geschichte mit seinem Volke ist, geht ja auch heute weiter und geht mitten durch uns hindurch, und ich brauche wohl in der Passionszeit nicht eigens darauf hinzuweisen, wie wir dort alle Figuren eingezeichnet finden, die noch heute ihre Rolle auf der Bühne der Kirchen- und Weltgeschichte spielen, und wie der Gekreuzigte der Maßstab ist, an dem sie alle gemessen werden.

Aber lassen wir die Sache mit dem theologischen Hintergrund des inkriminierten Wortes. Es genügt, wenn deutlich wird, daß nicht alle Schwärmer sind, die von den Verwaltern hoher und höchster Kirchenämter als solche bezeichnet werden. Insofern stärkt hier die älteste und die jüngste Kirchengeschichte unser gutes Gewissen, und der Ausdruck dürfte belastender für die sein, die ihn gegen uns gebrauchen und zu deren Mund Sie sich nun auch selbst gemacht haben, als für uns, diese angeblichen Schwärmer selbst. Denn damit haben Sie die Sache, um die es der Opposition ging, einfach außerhalb der Diskussion gestellt, und das tut man ja meist, wenn man ihrer nicht ganz sicher ist. Ich habe es auf der Synode schon gesagt, daß ich den Verdacht nicht los wurde, daß Sie eine tiefe und gründliche Diskussion um die Frage der Militärseelsorge vermeiden wollten, und der Abgeordnete Gerstenmaier, der sich von Anbeginn dagegen verwahrte, die Sachfrage des Militärdienstes heute mit der zur Debatte stehenden Frage der Seelsorge an diesen Soldaten zu verkoppeln, hat darin wohl das ausgedrückt, was auch Ihr Ziel bei der Beratung war. Dahinein paßt es ja auch, daß Sie entgegen der wohlbegründeten Erwartung der Synode, selbst zur Sache gehört zu werden, ein fait accompli[5] geschaffen haben. Es muß auch einmal gesagt werden, daß zu allem sonst noch hineinspielenden Druck politischer Art das weitere Moment hinzutrat, daß der Rat bei Ablehnung des von Ihnen bereits ratifizierten[6] Vertrages seinen Rücktritt erwog. So haben

Sie das Ganze einem Gegensatz von Rat und Synode zutreiben lassen und bezeichnen nun die, die sich einem solchen Diktat aus guten rechtlichen wie theologischen Gründen nicht unterwarfen, als Schwärmer. Daß sie die Minderheit geblieben sind, paßt ganz in das – biblische – Bild. Ich mußte daran denken, wie es früher auf unseren großen kirchengeschichtlich gesegneten Synoden zuging. Wir kamen ohne fertigen Plan dahin, wir waren ratlos und bedrängt, wir nahmen unsere Zuflucht zum Worte der Schrift, das wir neu hörten und darum auch neu und erneuernd weitergaben. Denn die Anfechtung lehrte uns, aufs Wort zu merken. Wir haben damals auch heftig gestritten, wir sind schließlich auseinandergefallen, aber dieser Zerfall trat damit ein, daß eine Gruppe aus diesem echten Consensus der von Gott berufenen und gelenkten Schar herausfiel und unter dem Einfluß eines damals sehr angesehenen und würdigen Kirchenmannes mit festen Direktiven auftrat und nicht mehr offen war für eine gemeinsame Entscheidung. An diese Oeynhauser Synode[7] mußte ich lebhaft denken. D. Zoellner wird sie als einen Erfolg gebucht haben. Er hatte damals erklärt, daß im Falle einer gegenteiligen Entscheidung die ganze Konstruktion der Kirchenausschüsse dahinfiele. Aber wenn er es noch erlebt hätte, wäre er sicherlich seines damaligen taktischen Erfolges nicht froh geworden. Sein Blick hat ihn getäuscht, er sah die Lage falsch, und seine theologischen Kategorien stimmten nicht, denn wir waren bereits kirchlich wie politisch in ein Neuland vorgestoßen, für das die alte Landkarte, nach der er sich orientierte, nicht mehr ausreichte. Wer waren eigentlich damals die Schwärmer? Heinrich Vogel und Martin Niemöller, die beiden, die in Oeynhausen sich dem staatlichen Angebot gegenüber so tief mißtrauisch zeigten, oder die anderen, die als Mehrheit siegten? Wer in solcher Lage recht hat, erweist immer erst die kommende Zeit, und es war darum gut, wenn wir nach 1945 in all diesen Fragen etwas vorsichtiger vorgingen und die Spannungen in unserer Mitte lieber ertrugen, ohne sofort die einen als Militaristen und Reaktionäre, die anderen als Schwärmer und Pazifisten abzustempeln. Wir unsererseits arbeiten nicht mit solchen Schlagworten – oder haben Sie etwa jemals gelesen, daß Martin Niemöller, Vogel, Metzger oder auch ich selbst so etwas gegen Sie und Ihre von Eberhard Müller, Eugen Gerstenmaier und anderen vertretene Richtung gesagt hätten? Wir können gar nicht anders. Uns geht es um die res und nicht um die nomina.[8] Es muß doch möglich sein, diesen verbindlichen Stil auch Ihrerseits zu wahren, der uns das gemeinsame Anliegen nach bestem Wissen und Gewissen finden läßt. Sie aber haben diese Synode durch Ihr Handeln ähnlich geschwächt, wie es in Oeynhausen geschehen ist. Ich glaube nicht, daß dies der rechte Weg nach vorn ist. Die kirchliche Administration muß nicht glauben, ihre Siege darin zu erfechten, daß sie die Synoden in Schach hält. Sie sollte sie vielmehr zu der echten Möglichkeit kirchlicher Gesamtentscheidungen entwickeln. Das andere ist zu leicht, um daraus eine Kunst zu machen.

Aber nun zur Synode selbst. Es ging uns ja allen, wie Sie wohl wissen, nicht um das *Daß*, sondern um das *Wie* der Militärseelsorge und um den *Geist* des neugeschlossenen Vertrages. Es ist nicht einzusehen noch einsichtig zu machen, daß der vorgeschlagene Weg der einzige Weg war, die Aufgabe der Kirche gegenüber dem neu aufzustellenden westlichen Bundesheer wahrzunehmen. Es ist ebensowenig einzusehen, und gerade unser Volk hat das nicht verstanden, warum wir uns mit einem für Zeit und Ewigkeit gültigen, also ganz perfekten Vertrage so beeilen mußten. Das muß doch andere Gründe und Hintergründe haben als lediglich die seelsorgerlichen. Über diese Gründe und Hintergründe sind wir im unklaren geblieben. Uns ist die nackte Alternative vorgesetzt worden, zu der wir nur Ja oder Nein sagen konnten. Das ist einer Synode unwürdig. Nicht einmal in der Politik, geschweige denn in der Kirche sollte es so zugehen. Wohl weiß ich und wissen es die Einsichtigen längst, daß durch die moderne Atomrüstung die demokratischen Grundlagen auch in den Ländern gefährdet sind, die bisher vorbildlich darauf ruhten. Denn die Geheimhaltung, die mit dieser Art von Rüstung verbunden ist, muß naturgemäß das parlamentarische System schwächen und zermürben. An dieser Geheimhaltung dürfte es wohl auch gelegen haben, daß bestimmte Wünsche der Kirche, die im Plenum nicht erwähnt wurden, vom Staat als unerfüllbar abgelehnt wurden. So wirkte denn dieses »Politikum« der gegenwärtigen Epoche, ihre an

Selbstmord grenzende Art, sich zu erhalten, auf unsere Synode ein, und ich gehe wohl nicht fehl, wenn ich meine, daß die Methoden, die erstmalig nach 1945 hier von Ihnen der Synode gegenüber angewandt worden sind, von diesen politischen Realitäten mit beeinflußt worden sind, ohne daß es die Betreffenden merkten. Merkwürdig, wie wir uns heute alle schon wieder dem beugen! Merkwürdig, wie fatalistisch auch Ihre eigene Rede in Hinsicht eines neuen evtl. zu erwartenden Krieges war. Hier ist der Punkt, wo ich nicht mit kann. Ich könnte nicht Gott dabei ins Feld führen, wenn es um die causa[9] des drohenden Krieges geht, und es scheint mir eine Mystifikation, den sich unter Menschenhaß und Unverstand vorbereitenden Krieg als Fügung Gottes anzusehen. Ich halte es für christlich nicht gerechtfertigt, da von Gott zu reden, wo wir von der Menschen Schuld und Unbußfertigkeit reden sollten. An *uns* liegt diese Sache, nicht an Gott, der als unser Schöpfer und Erlöser ein Liebhaber des Lebens ist, wie es in der Schrift heißt.

Aber wer ist eigentlich der Schwärmer bei dieser Sache? Was haben wir denn gewollt? Wir haben ein bißchen mehr Weisheit und Zurückhaltung gewollt! Ein bißchen mehr Mißtrauen gegenüber dem trojanischen Pferd, das mit soviel Hallo nach Troja gebracht wurde. Wir trauen dieser Sache nicht, auch wenn sie nach außen hin einen noch so respektablen Eindruck macht. Wir meinen, daß es Gründe genug gibt, ihr nicht zu trauen, zumal wir eben nicht nachsehen durften, was eigentlich im Bauche dieses Danaergeschenkes steckt. Von den Atombomben durfte keine Rede sein. »Den Namen, Weib, verbitt ich mir.« Heißt das nun Schwärmer sein, wenn man gern sehen möchte, was einem da geschenkt wird? Das heiße ich einfach nicht Schwärmer sein, sondern kritisch sein. Und wenn Sie geschrieben hätten, eine kleine Anzahl kritisch eingestellter Männer auf dieser Synode, die diesem Geschenk des Staates an uns nicht trauten, blieb unbegreiflicherweise in Opposition, dann hätten Sie recht gehabt. Wir sind unser Mißtrauen bis heute nicht losgeworden, und die Reaktion der öffentlichen Meinung auf unsere Entscheidung bis auf einige – übrigens auch unsere Bonner! – Kirchenblätter gibt uns recht, nicht Ihnen. Bei dieser Entscheidung haben wir es an Weisheit und

Weitsicht fehlen lassen und haben das Ganze nicht genügend überdacht. Man hätte diese Militärseelsorge rebus sic stantibus[10] auch anders leisten können, wenn es uns wirklich um die Seele der Menschen gegangen wäre. Der Vertrag der Militärseelsorge durfte nicht zum Test der Kirche für den Militärdienst gemacht werden. Denn so wie Staat nicht gleich Staat ist, so ist Militär nicht gleich Militär. Derartige Äquivokationen sind der Grund vieler Täuschungen für das Abendland geworden. Es wäre Zeit, hier die Parole abzuverlangen.

Denn wenn jetzt die deutsche Bundeswehr mit Atomwaffen ausgerüstet wird,[11] muß sich bei der staatspolitischen Anarchie, in der sich die beiden Hälften Deutschlands zueinander befinden, die Gefahr der Katastrophe erhöhen. Haben wir nicht noch den Ausbruch des Weltkrieges um den Korridor[12] in der Erinnerung und den törichten Traum hoher und höchster, keineswegs nur nationalsozialistischer Männer und Fachmänner, man werde diesen Krieg lokalisieren können? Wozu sind wir lebend durch soviel Schrecknisse geschritten, wenn wir nur dazu übriggeblieben sind, um dasselbe unbedachte Spiel noch einmal zu riskieren? Und wenn diese Katastrophe kommen sollte und wird, wie sie damals mit mathematischer Notwendigkeit kam, werden wir dann immer noch sagen, daß dies von *Gott* so gefügt sei und wir nichts dafür könnten? Und wird uns dann das noch jemand glauben? Ich sehe, daß heute in der ganzen Welt, bei Christen und Nichtchristen, in Europa und Asien, zum Problem der ethischen Berechtigung der Atomwaffen Stellung genommen und die Gefährdung des menschlichen Lebens durch Strontium 90 erörtert wird. Ich sehe, daß bei uns durch die Aktion von Dr. Manstein und Prof. Bechert in dieser Sache die Verantwortung wächst und die Bevölkerung zum Bemerken der Gefahr kommt, in der sie lebt. Es ist bekannt, daß das japanische Volk heute mit 33 Millionen Unterschriften und Eingaben ihrer Bürgermeister die Großmächte warnt und bittet, mit den Versuchen dieser sinnlos gewordenen Waffen, die nur Zerstörung, aber keinen Schutz mehr bringen, einzuhalten. Nur wir in der Evangelischen Kirche Deutschlands, in der Kirche, die immer noch vom Ruhm, längst nicht mehr vom Geist der Bekennenden Kirche lebt, dürfen unser Gewissen nicht reden lassen. Es wird höheren Orts zum Schweigen gebracht. »Nur eine ganz kleine Schar von Schwärmern!« Es treffen bei unserer deutschen Aufrüstung zwei Motive aufeinander, ein nationales und ein menschheitliches. Das nationale betrifft die Einheit Deutschlands, das nie wieder den Boden seiner eigenen Geschichte zurückgewinnen wird, wenn es sich nicht nach dieser unseligen Spaltung durch eine echte Synthese neu und in Freiheit zusammenfindet. Das andere betrifft die atomare Rüstung. *Wir* sollten und wir könnten diese Rüstung ablehnen. *Wir* hätten guten Grund, denn erstens fangen wir neu an und können noch frei entscheiden. Wir aber haben auch noch vieles gutzumachen und das Vertrauen unserer Nachbarn für ein friedliches Zusammenleben neu zu gründen. Es ist sonnenklar und ist von den einsichtigen Männern öffentlich bestätigt, daß die atomare Rüstung die Wiedervereinigung ad Calendas Graecas[13] vertagt. Hier waltet also ein echtes nationales Interesse. Ich wüßte nicht, *wer* dies in die Waagschale werfen sollte, wenn nicht das *deutsche* Volk. Wir können doch nicht erwarten und darauf warten, daß die anderen Völker unsere ureigensten nationalen Fragen lösen. Das andere Motiv aber betrifft die Unchristlichkeit und die militärische Sinnlosigkeit der Atomrüstung selbst. Sie abzuschaffen ist ein gemeinsames Anliegen der Menschheit geworden, und Sie selbst haben ja dementsprechende Beschlüsse des Ökumenischen Rates angeführt.[14] Aber diese Entschlüsse müssen auch praktiziert werden. Wir müssen *Täter* des Wortes sein. Darum, wenn die Synode etwas mehr Zurückhaltung gezeigt hätte, wenigstens den *einen* Zusatz zum Vertrage zu machen: »Dieser Vertrag gilt unter der Voraussetzung, daß die neue Bundeswehr nicht atomar ausgerüstet wird«, dann hätten wir »Schwärmer« auch zustimmen können, und wir hätten eine Bedingung zur Debatte gestellt, die zugleich ein allgemeines menschliches Anliegen war. Dann erst hätten wir an die »Seele« der jungen Deutschen gedacht, die heute Soldat werden müssen, und den Offizieren und Politikern eine Hilfe geboten, die von dem gleichen Problem bedrängt sind. Statt dessen haben wir den Vertrag mit Haut und Haaren geschluckt und eine entscheidende Stunde verpaßt, um für unser ganzes Volk und das ethische Anliegen der Menschheit heute ein Wort zu sagen, das zugleich Bekenntnis und Tat gewesen wäre.

Ich hoffe, daß über diese ganze Angelegenheit noch nicht das letzte Wort gesprochen ist. Mir kommt es hier nur darauf an, deutlich zu machen, daß Sie mit dem Wort »Schwärmer« die Sache, um die es geht, und auch die Personen, die Sie meinen, falsch gezeichnet haben. Zwischen den Realisten, zu denen Sie offensichtlich die Ja-Sager rechnen, und den »Schwärmern« gibt es noch ein Drittes. Die Theologie des tertium non datur,[15] die Sie vertreten, ist hier zu kurzschlüssig. Laokoon[16] war kein Schwärmer.

Mit sehr ergebener Empfehlung Ihr

Hans Iwand

1 Vier Wochen vorher, als der Militärseelsorgevertrag zur Abstimmung kam.

2 Dibelius hatte zunächst »die kleine Gruppe der Gegner« genannt, wobei an das Abstimmungsergebnis gedacht war; es betrug: 87 Ja-Stimmen, 3 Nein-Stimmen, 7 Enthaltungen.

3 Die Kirche, Evangelische Wochenzeitung, 12. Jg., Nr. 11, vom 17. 3. 1957.

4 Lapsus calami – Schreibversehen: davon kann keine Rede sein. Die Stelle lautet (a. a. O. Seite 1) im Auszug: »Die eigentliche Leidenschaft der Diskussion aber entwickelte sich an einem anderen Punkte. Die Synodalen *Niemöller, Vogel* und andere erklärten, daß im Zeitalter der Atomwaffen eine echte Seelsorge überhaupt nicht mehr möglich sei ... Es gibt keinen Christen, den solche Fragen nicht umtreiben. Jedesmal, wenn solche Argumente leidenschaftlich vorgetragen werden ... legt sich eine gewisse Beklommenheit auf alle Gemüter. Nur – die einzige mögliche Konsequenz aus dieser Anschauung ist die, daß ein Christ überhaupt nicht mehr Soldat sein kann! ... Angesichts dessen, was wir erlebt haben und täglich erleben, wird es nur eine ganz kleine Zahl von Schwärmern geben, die bereit sind, auf Kosten ihrer Frauen und Kinder eine solche Konsequenz zu ziehen und dabei zu meinen, sie folgten damit dem Gebot des Herrn Christus ...«

5 Vollendete Tatsachen.

6 Gemeint kann nur sein, daß der Vertrag bereits durch Unterschrift geschlossen war.

7 Siehe Seite 101.

8 Sachen – Namen.

9 Ursache.

10 Wie die Dinge liegen.

11 Siehe Seite 144.

12 Dasjenige Gebiet Polens, das sich zwischen den preußischen Provinzen Pommern, Grenzmark Posen-Westpreußen und Ostpreußen hin zur Ostsee erstreckte.

13 Für ewige Zeiten.
14 Vgl. Seite 166.
15 Es gibt keine dritte Möglichkeit.
16 Priester in Troja, der die Bürger der Stadt vor dem hölzernen Pferd der Belagerer warnte.

Nachrichtenstelle
der Universität Bonn

Bonn, 11. April 1957

Die *Evangelisch-theologische Fakultät der Universität Bonn* sieht sich genötigt, die untenstehende Erklärung der Presse und damit der Öffentlichkeit zu übergeben, da ihr keine andere Möglichkeit zur Abwehr eines ungewöhnlichen Angriffs von seiten einer politischen Gruppe zur Verfügung steht. Zum Verständnis und zur Vorgeschichte sei folgendes bemerkt:

Die Fakultät ist in einem Artikel der »Evangelischen Verantwortung«, dem Organ des »Evangelischen Arbeitskreises der CDU/CSU« (Herausgeber Bundesinnenminister Schröder und Oberkirchenrat Cillien) in einer in der deutschen Universitätsgeschichte wohl einmaligen Weise diffamiert worden (5. Jahrgang 1957, Nr. 1, S. 6–8). Anlaß zu diesem Angriff ist die Tatsache, daß im Sommer 1955 eine Delegation westdeutscher Kirchenführer und Theologieprofessoren, darunter der Bonner Professor Iwand, auf Einladung des Moskauer Patriarchen zum Besuch der orthodoxen Kirche nach Rußland gefahren war. Der anonyme Schreiber des mit »L. D.« unterzeichneten Artikels kritisiert solche zwischenkirchliche Kontakte (»Ökumenische Begegnungen«) und bezeichnet die Delegation als »westdeutsche Schwärmertheologen« und (mit einer Anleihe bei Alfred Rosenberg) als »Evangelische Moskaupilger«. Sein besonderer Unwille richtet sich gegen Professor Iwand und die Bonner Evangelisch-theologische Fakultät als Ganze. Hier sein Urteil:

1. Diese Fakultät hält nichts auf sich; denn sie hat den Prager Theologieprofessor Hromádka zu Gastvorlesungen eingeladen: »Eine Begegnung mit dem tschechischen Pseudotheologen Hromádka ... wäre für einen Theologen, der nur ein wenig auf sich hält, ohnehin wenig ratsam gewesen.«
2. Die Professoren der Bonner Evangelisch-theologischen Fakultät mit Ausnahme H. Gollwitzers haben keine Namen zu verlieren; denn L. D. hofft: »daß Helmut Gollwitzer, der doch einen Namen zu verlieren hat, nach Aufgabe seines Bonner Lehrstuhls« auf seiner Berliner Professur »der politischen Wirklichkeit wieder näher rückt«. (Herr Gollwitzer selbst hat sich eine solche Beleidigung energisch verbeten.)

3. Die Bonner Evangelisch-theologische Fakultät gefährdet den Nachwuchs, es ist vor ihr zu warnen: »Professor Iwand lehrt in Bonn. Die bisweilen fanatisch-übersteigerte ›politische Theologie‹, die unter seinem offiziellen (!) Einfluß im Bereich der Bonner Evangelisch-theologischen Fakultät umgeht, sollte von evangelischen Christen, die ihre Kirche liebhaben und um ihren theologischen Nachwuchs bangen (!), aufmerksam beobachtet werden.« (Dazu ist nur zu bemerken, daß die Behauptung von einem an unserer Fakultät umgehenden Fanatismus frei erfunden ist.)

Die Bonner Evangelisch-theologische Fakultät hat auf diesen Artikel hin die untenstehende Erklärung an den Herausgeberkreis der »Evangelischen Verantwortung« gesandt und ihn ersucht, entweder sich von dieser Beleidigung der Fakultät zu distanzieren oder, demokratischer Fairneß entsprechend, die Erklärung der Fakultät abzudrucken. Beides hat der Herausgeberkreis abgelehnt und sich statt dessen mit der ganz allgemein gehaltenen Wendung, er mache sich die in dem Artikel enthaltenen »persönlichen Schärfen nicht zu eigen«, begnügt.

Hier die Erklärung der Evangelisch-theologischen Fakultät:

Erklärung der Evangelisch-theologischen Fakultät in Bonn vom 13.2.1957

Mit äußerstem Befremden hat die Evangelisch-theologische Fakultät der Rheinischen Friedrich-Wilhelms-Universität zu Bonn von einem Artikel »Moskauer Patriarchat fördert kirchliche Ernüchterung« Kenntnis genommen, der in dem Blatt »Evangelische Verantwortung«, herausgegeben vom Evangelischen Arbeitskreis der CDU/CSU (Nr. 1, Januar 1957, S. 6–8), erschienen ist, und der die Fakultät als ganze und zwei ihrer Mitglieder im besonderen wegen ihrer ökumenischen Arbeit in nicht qualifizierbarer Weise angreift. Ton und Niveau des Artikels und die Inkompetenz seines Verfassers verbieten ein Eingehen auf Einzelheiten. Die Fakultät weist aber die ebenso vagen wie verantwortungslosen Verdächtigungen mit Entschiedenheit zurück, die der Würde einer Evangelisch-theologischen Fakultät gegenüber ebenso unangebracht, wie sie einem Organ, das sich »Evangelische Verantwortung« nennt, unangemessen sind.

Sie erklärt ferner: Die dem Verfasser besonders anstößigen Bemühungen um ökumenische Begegnungen sind eine Angelegenheit der gesamten Fakultät, deren Geschlossenheit in dieser Sache keineswegs auf der Uniformität politischer Meinung beruht, sondern auf der Einsicht jedes einzelnen in die Voraussetzungen wissenschaftlich-theologischer und kirchlicher Arbeit, die ihrem Wesen nach ökumenisch ist.

Es bedarf keines weiteren Wortes, daß die Evangelisch-theologische Fakultät sich durch diesen unverantwortlichen Angriff in ihrer theologischen und kirchlichen Arbeit, für deren evangelische Verantwortung sie allein zuständig ist, nicht irre machen läßt.

Professor D. Vielhauer, Dekan

1957 12. April: Erklärung von achtzehn (Göttinger) Naturwissenschaftlern, Mitarbeit an der Herstellung von Atomwaffen abgelehnt
Mai: Albert Schweitzers »Appell an die Menschheit«, Aufklärung über die atomare Gefahr
31. Juli bis 7. August: Tagung des Zentralausschusses des Ökumenischen Rates der Kirchen in New Haven, Erklärung gegen den Rüstungswettlauf mit Atomwaffen
2. Oktober: Vorlage des Planes einer atomwaffenfreien Zone in Mitteleuropa durch den polnischen Außenminister Rapacki vor den Vereinten Nationen
2. November: Iwand unterschreibt mit anderen Theologen die Arnoldshainer Thesen, die das erste Gespräch über Abendmahlsgemeinschaft in der EKD beenden.
6. Dezember: Synode der EKU in Berlin-Weißensee, »Warnung vor dem Mißbrauch der Macht des Menschen im technischen Zeitalter«

1958 23./24. Januar: Rede Gustav Heinemanns im Bundestag in Bonn, Adenauers Rücktritt gefordert
März/April: Iwand reist mit einer kirchlichen Delegation unter Leitung von Präses Wilm zum zweitenmal in die Sowjetunion und hält in der Geistlichen Akademie in Leningrad den Vortrag »Kirche und Tradition«.
30. April: Er nimmt an der Synode der EKD in Berlin teil, die einen Bericht zur Atomfrage annimmt, aber die bestehenden Gegensätze nicht überwindet, sondern lediglich »unter dem Wort zusammenbleiben« will.
13. Mai: Militärputsch in Algerien
20. bis 23. Mai: Konferenz der Mitglieder des Warschauer Paktes in Moskau, Vorschlag eines Nichtangriffspaktes mit der NATO sowie einer atomwaffenfreien Zone in Mitteleuropa und Verminderung der Truppenstärken
1. bis 4. Juni: 1. Christliche Friedenskonferenz in Prag. Iwand spricht über »Die Verantwortung und die Aufgabe der Christen in der heutigen internationalen Situation«.
21. Juni: Erklärung (Kommuniqué) des Presseamtes bei der Regierung der DDR über Beratungen zwischen Staat und Kirche: Rücktritt vom Militärseelsorgevertrag einerseits, Garantie der vollen Glaubens- und Gewissensfreiheit andererseits

Juli: Er referiert auf dem vom Weltfriedensrat einberufenen Kongreß für Abrüstung und internationale Zusammenarbeit in Stockholm.

30. Juli: Volksbefragungen über Atombewaffnung in der BRD für verfassungswidrig erklärt

17. September: Generaldebatte der Vollversammlung der Vereinten Nationen, Rede Chrustschows über uneingeschränkte Abrüstung und Abschaffung aller Armeen in vier Jahren

2. bis 4. Oktober: Tagung des Bruderrates der EKD in Frankfurt am Main. Zusammen mit anderen arbeitet Iwand eine »Theologische Erklärung« zur Frage des Christusbekenntnisses im Atomzeitalter aus.

9. November: Zum zwanzigsten Jahrestag des Judenpogroms im ehemaligen Reich (»Reichskristallnacht«) hält er in der Heimvolkshochschule Bergneustadt den Vortrag »Umkehr und Wiedergeburt«.

1959 *16. bis 19. April: 2. Christliche Friedenskonferenz in Prag. Iwand berichtet über die »Situation in Westdeutschland«.*

11. Juli: Aus Anlaß seines 60. Geburtstages erscheint der von Karl Gerhard Steck herausgegebene Band seiner gesammelten Aufsätze »Um den rechten Glauben«.

18. September: Sein Leserbrief in der Zeitung »Die Welt« zur Frage des »Rechts auf Heimat« entfacht eine Diskussion, die in Hetze gegen ihn ausartet.

Herbst: Beginn der Auseinandersetzung um Dibelius' Schrift »Obrigkeit?« und dessen Behauptung, daß DDR-Staatsorgane nur bedingt als Obrigkeit zu respektieren seien

Iwand nimmt am protestantisch-orthodoxen Gespräch mit Vertretern der Russischen Orthodoxen Kirche in Arnoldshain teil.

2. bis 4. November: Er arbeitet an der Fortsetzungskonferenz der CFK in Warschau mit.

8. (?) bis 12. Dezember: Er reist in die DDR und hält in Cottbus und Frankfurt an der Oder mehrere Vorträge.

1960 *1. Februar: Zusammen mit dem Bonner Professor Bracher veranstaltet er in der Universität eine Kundgebung gegen den Antisemitismus in Westdeutschland.*

1. März: Er tritt als Entlastungszeuge im Prozeß gegen das westdeutsche Friedenskomitee auf.

28. bis 30. März: Er weilt zur Vorbereitung der 3. Christlichen Friedenskonferenz in Prag.

17. April: Tag der letzten Osterpredigt in Bonn.

29. April: Er erleidet einen Schlaganfall.

2. Mai: Er stirbt in Bonn. Sein Grab liegt neben dem seiner Frau im Park des »Hauses der helfenden Hände« in Beienrode.

Die letzten Lebensjahre haben ihm Außerordentliches abverlangt. Sie waren eine Zeit verschärften Kampfes, der ihn bis an die Grenze des Leistbaren und zu Ertragenden trieb. Im Westen sah er sich von den Heimatzeitungen »jeden Tag neu am Boden zerstört« und »in bekannter Naziterminologie ›ehrlos‹ gemacht«. Hier verlief für ihn eine in bitterster Weise echte Front: »es ist, als ob die alten Parolen wiedererstünden ... Teilweise gelingt es diesen Kreisen auch, die Jugend neu dahingehend zu beeinflussen. Darum liege ich im ›Streite Tag und Nacht‹, wie es in dem Kirchenliede heißt« (an Günter Wirth, 22. 10. 1959). Die offenen Gegensätze, ungelösten Probleme und anstehenden Aufgaben – ob in oder außerhalb der Kirche – konnte er in drei oder vier Punkten so zusammenfassen: »1. Was Dibelius sagt [in der Schrift »Obrigkeit?«], entspricht weder dem Wortlaut noch dem Geist des Evangeliums. Wir lehnen diese Position grundsätzlich ab ... – 2. Wir fordern die Abschaffung der atomaren Rüstung. Mitteleuropa muß ein pazifizierter Raum werden ... – 3. Wir fordern die gegenseitige Anerkennung der beiden deutschen Staaten. Wir können diese Forderung nicht bedingungslos erheben. Es muß auf beiden Seiten vieles anders werden ...« (an Heinz Kloppenburg, 10. 1. 1960). Diese und andere Forderungen erhob er unermüdlich und nach vielen Seiten hin (vgl. Brief 33). Ja er sah, wie immer vom Elend leidender Menschen elementar ergriffen, noch ganz andere Aufgaben vor der Tür und regte in den letzten Wochen seines Lebens eine Hilfsaktion für Algerienflüchtlinge an.

Im Osten hatte er den »kalten Kirchenkrieg« (Hromádka) gründlich durchschaut. Er schien ihm, verglichen mit dem Kampf der Bekennenden Kirche, eine bloße Nachahmung zu sein – »jeder, der den ersten Kampf gekämpft hat, weiß von dem zweiten, daß er unecht ist« (an Ehepaar Müller, 9. 3. 1959). Mit seinem Freund Josef Hromádka und anderen Theologen aus Ost und West gelang ihm die Begründung der Christlichen Friedenskonferenz. Alle seine jahrelang gesuchten und gepflegten Beziehungen in die Länder des sozialistischen Lagers strebten auf diesen Höhepunkt zu. Der Brückenschlag der Konferenz lag in der Linie seines ganzen bisherigen Denkens und Wirkens. Er galt besonders der Russischen Orthodoxen Kirche, die vor 1961 (Weltkirchenkonferenz von Neu-Delhi) nicht im Ökumenischen Rat der Kirchen mitarbeitete. Persönlich erwartete er sich eine Ost und West umspannende Bruderschaft christlicher Mahner für den Frieden. Keiner dieser Rufer sollte allein stehen. Zusammen sollten sie »warnend und richtungweisend« für »Vertrauen und Verträge« ihre Stimme erheben. Daß das in der gesamtdeutschen Kirche nicht einmal in der Frage der atomaren Rüstung gelang, war eine seiner tiefsten

Enttäuschungen. Hier aber gab es die Kirchlichen Bruderschaften, die mit der »Theologischen Erklärung« von 1958 der Kirche aufs neue jenen Warnungs- und Weisungsdienst voraustun sollten. Im Unterschied zur Frage der Militärseelsorge galt es nun, von Vernunfterkenntnissen zum Bekenntnis dessen vorzustoßen, was als eindeutige Weisung aus dem gehörten Evangelium hervorging, des konsequenten Nein: »Ein solches Handeln [die Anwendung von Massenvernichtungswaffen] ist christlich nicht vertretbar. Der Standpunkt der Neutralität in dieser von uns als Sünde erkannten Sache ist mit dem Bekenntnis zu Jesus Christus unvereinbar« (Christusbekenntnis im Atomzeitalter?, TEH NF 70, 1959, 16).

In der Christlichen Friedenskonferenz sah Iwand »die kleine entschlossene Schar in der Kirche«, von der er einmal geschrieben hatte, sie führe einen »Kampf um das Niemandsland der Mitte« (an Ehepaar Müller, 5.7.1955), in die Weite der Ökumene wachsen. Die Mitte aber war für ihn theologisch das Kreuz, das seine Arme nach beiden Seiten streckt, über Gerechte und Ungerechte, die mit den Fronten der Lager und Parteien nicht identisch sind. Sowenig es in der konkreten Position des Friedens gegenüber dem Krieg mit Massenvernichtungswaffen eine Neutralität gab, sowenig konnte er nachgeben, wenn es um den Stand am Kreuz, um diese Mitte unter den Menschen ging, wo sie zu »Niemands Land« auseinandertreten: »wir können ja zu bestimmten Dingen bei den Kommunisten, so gern wir sie menschlich auch mögen, nicht ja sagen. Da ist der Graben zu tief, durch die doch zum System gehörende Überzeugung, daß Gott eine Illusion ist, die bei dem Wandel der ökonomischen Verhältnisse von selbst verschwindet« (ebd.). Es wäre unlauter, dies zu verschweigen: man sollte es aber so sagen, wie Iwand es tat, in der Relativierung durch jene Mitte, das Kreuz. Es gibt die Kumpanei derer, denen sich alles Kreuz, auch das Kreuz Christi, in nichts als Tod auflöst. Es gibt aber eine Solidarität, der das Kreuz die Erhöhung zum Leben, der es das Vor-Zeichen der Auferstehung ist. »Ich lebe, und ihr sollt auch leben... Ich lebe und regiere in Ewigkeit. Ich regiere auch dort, wo es so aussieht, als ob Herodes und Kaiphas regierten. Nein, das Leben war noch nie auf der Seite dieser seltsamen Richter und Kirchenfürsten... wo Jesus im Tod ist, da ist das Leben bei ihm. Es sinkt unter, wie eine Taucherglocke untersinkt, aber sie geht nicht unter« (Osterpredigt, 17.4.1960, NW3, 307).

26.

An Rudolf Hermann Bonn, 14. X. 57.

Lieber Herr Hermann!

Es ist ein ziemliches Versehen von mir, daß ich diesen Brief nicht vor dem 3. X. schrieb,[1] aber ich war so abgehetzt und mitgenommen, daß ich es einfach nicht fertig brachte. Wenn ich nicht ganz unabkömmlich gewesen wäre auf unserem ostpreußischen Konvent, der Jahr um Jahr in Beienrode stattfindet, wäre ich gern nach Berlin gekommen, um an diesem Tage Ihnen zu sagen, wie dankbar ich bis heute für alles bin, was ich in meiner Studienzeit und darüberhinaus von Ihnen empfangen habe. Ohne Sie wäre ja mein und vieler unserer Freunde Weg ganz undenkbar gewesen und wenn ich an jene Zeit der theologischen Leidenschaft denke, zu der Sie uns damals emporführten, und des Bemühens um die intellektuelle Redlichkeit innerhalb unseres Glaubens, die Sie uns als einen stillen Wächter auf unseren Lebensweg mitgaben, und an all die Zeit, Hingabe und Liebe, die Sie auf uns verwandten, dann kann ich ja garnicht anders als Ihnen tief, tief zu danken.

Freilich – ich muß es ehrlich gestehen – daß ich mich auch in einer anderen Hinsicht ungern in jener Richtung umsehe. Es ist so entsetzlich vieles gesunken, gesunken von dem Besten und Liebsten, was wir hatten, das uns damals noch wie selbstverständlich umgab. Und es geht mir dann eben doch oft so wie Lots Weib, wenn ich mich in meinen Gedanken an jene Zeit und jene herrlichen Tage mit den Freunden und Ihnen zurücktaste, daß ich einfach nicht mehr voranschreiten kann, daß es so aussieht, als ob alles, alles falsch gewesen wäre, als ob wir alle nicht gesehen hätten, welche Wetterwolke am Horizonte aufstieg, als ob wir alle einmal – zumindest in der nachträglich reflektierenden Geschichte – als die Generation dastehen würden, die der Bahnbereiter ihres eigenen Untergangs war. Wie oft haben Sie uns als Studenten das Wort zitiert: »Und alles, was mich dazu trieb ...«[2] und Sie haben uns ja nicht umsonst in die Tiefe des servum arbitrium[3] als Kategorie des geschichtlichen und eben auch biblischen Denkens eingeführt. Aber wenn wir nun den langen Weg zurückdenken, den wir hinter uns gebracht haben – was ist da alles gesunken und was wird noch sinken! Ich jedenfalls bringe die Bilder dieser Vergangenheit nicht aus meinen Augen und sie sind dann eben doch wie Gewichte, die uns nach unten ziehen. Was mich zur Zeit bedrückt, ist dies, daß nun auch die nächste Etappe unseres Kampfes verloren geht, die um die Einheit der beiden Teile Deutschlands. Damit sind nun wieder 12 Jahre schwersten und leidenschaftlichsten Ringens drauf gegangen und es sind innerhalb Deutschlands eigentlich wieder dieselben Kräfte, die das Gelingen vereitelt haben, die Kräfte der Restauration im Politischen *und* Kirchlichen – was für furchtbare Folgen wird der Konfessionalismus noch haben: er löst ja faktisch das Evangelium und die Reformation aus dem Mutterboden der Geschichte und macht aus der Wahrheit einen Ordnungsbegriff und aus den Bekenntnissen so etwas wie Vereinssatzungen im Sinne der amerikanischen Denominationen. Wer von uns – als wir jung waren! – hätte sich von solch einer Fiktion bestechen lassen. Aber heute liegt auf dem allen die Prämie des augenblicklichen Erfolges. Und was die Teilung Deutschlands und die damit gewaltig erhöhte Macht des Katholizismus, was die faktische Ächtung der protestantischen Philosophie zugunsten einer völlig unhaltbaren Ontologie noch nach sich ziehen wird, kann man wahrscheinlich nur bei Spengler[4] nachlesen.

Ich weiß, daß auch solche Führungen Gottes zu den Anfechtungen gehören, die überstanden sein wollen und – jedenfalls von dem her, was Gott verheißt – überstanden werden können. Aber daß sich an einem solchen Tage wie dem Ihres 70. Geburtstages diese Bilder in meinem Geiste trafen und begegneten, das unseres Aufbruchs von einst und das der so ganz anders, so schrecklich anders ausfallenden Wirklichkeit, die wir anstatt dessen eingetauscht haben und daß es trotz allem gilt, das Echte durchzuhalten, was einst hinter jenem Aufbruch stand – so recht und schlecht das uns auch gelingen mag und so müde man über dem allen geworden ist – das darf ich Ihnen doch wohl zu diesem Tage schreiben, da ich es nicht sagen konnte. Sonst wären Sie mir wahrscheinlich schon mehrfach ins

Wort gefallen und hätten mich korrigiert – was viel besser gewesen wäre, als wenn ich hier einen so langen Sermon von Klageliedern zu Ihrem schönen und bedeutsamen Tage Ihnen schreibe. Ich wünsche es Ihnen von ganzem Herzen, daß Sie noch in Gesundheit und Kraft des Geistes Jahre guten Wirkens haben möchten. Pfarrer Tennigkeit, der neulich auf unserem Konvent war, erzählte mir mit Dankbarkeit von den Begegnungen mit Ihnen. Und daß Sie und Ihre Frau nicht allzuviel von der Last und Einsamkeit des Alters spüren möchten!

Uns geht es hier einigermaßen. Im letzten halben Jahre ging es mir nicht gut – es stellte sich dann heraus, daß wieder ein Nierenstein der Anlaß war. Zum Glück scheint es jetzt ohne Operation besser zu werden. Aber im Juni/Juli war ich sehr matt und leistungsunfähig durch die schmerzhaften Anfälle, dazu kamen dann auch noch seit Januar sehr kräftige persönliche Angriffe gegen mich von der hiesigen CDU und öffentlichen Kundgebungen der Landsmannschaften. Aber die Fakultät hielt durch[5] und ebenso auch meine ostpreußischen Freunde. Die Ferien in Schweden mit den Kindern brachten herrliche Erholung. Wir lebten wieder in einem gemieteten Landhaus östlich Stockholm und genossen das Dasein mit Schwimmen, Pilze- und Beeren-Suchen und guter Sonne. Ich fand mich im September noch garnicht zurück, es ist wirklich schrecklich, in welchem vergifteten Klima wir hier leben. Dann starb plötzlich Präses Held, mit dem zusammen ich unsere Arbeit mit der russisch-orthodoxen Kirche begonnen hatte und der uns, meiner Frau und mir, ein treuer Freund aus der Zeit des Kirchenkampfes war. Er war furchtlos und weitblickend, ein hervorragender Mann unter den sogenannten Kirchenführern und ich werde nie vergessen, wie er im Dritten Reich den Verfolgten und Geschmähten mit Einsatz seines Lebens bis in die letzten Tage der Befreiung beistand. Jetzt ist er an einem Infarkt – dem zweiten! – heimgegangen. Niemöller ist müde und sehr isoliert. Die meisten derer, die einmal die Fahne des Aufruhrs gegen die Überfremdung der Kirche ergriffen, sind nicht mehr. Die neue Generation wird anders, ganz anders sein.

Den Kindern geht es gut. Malve, unsere 2. Tochter, wird jetzt in Berlin studieren und bei Gollwitzers wohnen. Die sind übrigens sehr nett und er ist etwas besonderes an menschlicher Weite und Offenheit. Annemone ist in Düsseldorf und macht dort einen bakteriologischen Kursus durch. Thomas schreibt aus USA, wo er schon Vorlesungen hält – er hat zu wenig Hörer, wie er meint! – und im Januar sein letztes Examen, den Dr. machen will. Dann kann er an ein College berufen werden. Er will 1959 mit seiner Frau herüberkommen. Peter macht nächstes Jahr seinen juristischen Referendar und Veronika wird ein Backfisch!

Nun muß ich Schluß machen, denn es geht bald mein Zug, der mich zu einer Konferenz über unsere Meditationen bringen soll. Viele gute Wünsche, Grüße und Dank für alles. Ihr dankbarer

Hans Iwand

1 Am 3. 10. 1957 war Hermann siebzig Jahre alt geworden.
2 Goethe, Faust. Der Tragödie erster Teil, Schluß der Szene »Am Brunnen«. Gretchen:
Wie konnt ich über andrer Sünden
Nicht Worte gnug der Zunge finden!
Wie schien mirs schwarz, und schwärzts noch gar,
Mirs immer doch nicht schwarz gnug war,
Und segnet mich und tat so groß,
Und bin nun selbst der Sünde bloß!
Doch – alles, was dazu mich trieb,
Gott! war so gut! ach, war so lieb!
(zit. nach der Gesamtausgabe im Insel-Verlag, hrsg. von A. Kippenberg u. a., S. 233)
3 Unfreier Wille.
4 Der Untergang des Abendlandes.
5 Siehe die Erklärung Seite 165–166.

27.

An Josef L. Hromádka [Zum 8. 6. 1959]

Lieber Freund und Bruder!

Zunächst eins: Ich danke Dir, daß ich so an Dich schreiben darf und das aus der tiefen Verbundenheit des Glaubens und der

Aufgabe, die uns in den letzten Jahren so oft zueinander geführt und miteinander verbunden hat. Es begann mit Deinem Besuch in Bonn, Deinem ersten Besuch in Deutschland,[1] nachdem die Herrschaft des Nazismus zerbrochen und der furchtbare Krieg zu Ende gegangen war. Ich werde die Begegnung nie vergessen. So geht es auch den anderen, die dabei waren.

Heute sind ja solche Begegnungen zwischen »Ost und West« fast schon alltäglich geworden, aber damals war das noch nicht so. Damals fragten wir uns noch, wie es wohl gehen würde. Ob wir voreinander und miteinander bestehen könnten. Du warst uns ja nicht nur bekannt durch den berühmten und umstrittenen Brief Karl Barths in der damaligen Krise Eures Landes und Eurer Regierung in den Tagen von München,[2] sondern wir wußten auch, daß Du mit den Deinen hattest fliehen müssen und erst nach vielen Jahren in Deine Heimat und das geliebte Prag zurückkehren konntest.[3] (...) Und dann sprachen wir. Und an jenem Abend wurden wir Brüder. Wir wurden Brüder über dem, was hinter uns lag und was zwischen uns stand. Was war geschehen? Es waren nicht nur die Hitlerjahre, die mahnend und fragend hinter uns standen, es war viel, viel mehr. Es war die Frage, ob wir bereit wären, betimmten Dingen, Wertungen, Vorstellungen ein Ende zu setzen und einen neuen Anfang zu machen. Eben jene Frage hat uns damals bewegt, die aus Deinem Briefe an Karl Barth[4] herausklingt, der ja nebenbei ein Brief an die Bekennende Kirche und da wieder an die geheimen politischen Residuen der Deutschen unter ihnen ist. Es war mehr als eine der üblichen Begegnungen, die wir hier miteinander hatten. Damals schon saßen wir um diese Fragen herum, und wir waren alle vor ihnen offen. Wir waren gewiß, daß nichts und niemand das reparieren konnte, was geschehen ist. Hier ist etwas geschehen, was als solches stehenbleiben muß und stehenbleiben wird. Hier ist mehr als ein Jahrhundert abgelaufen. Hier kann nur eins gesagt werden: Nostra maxima culpa.[5] Es geht bei der Schuld nicht in erster Linie darum, wer schuldig ist. Manche Menschen kommen hinter den geschichtlichen Ereignissen her wie der Staatsanwalt, um festzustellen, wer Schuld hat und wer nicht. Bei der Schuld im geschichtlichen, also im irreparablen Sinne geht es um etwas anderes, da geht es darum, wer sie übernimmt. Sie ist die enge Pforte, durch die der Weg nach vorn führt. Sie ist an und für sich etwas, das wie ein Stein am Wege liegt. Niemand will ihn aufnehmen. Niemand will ihn tragen. Jeder, der nicht auf frischer Tat ergriffen wird, distanziert sich. So entlaufen wir unserer eigenen Geschichte, entziehen uns den Heimsuchungen Gottes und seiner Verheißung. Was an Deinem Briefe so bedeutsam und so wohltuend ist – das muß ich Dir einmal sagen –, war genau dasselbe, das auch an jenem Abend mitten unter uns lebendig war. Es fielen keine Anklagen in dem üblichen Sinne, gegen die oder jene Gruppe, gegen die Militaristen oder gegen die Nationalisten, gegen die Rechte oder gegen die Linke, das Unglück war viel zu groß, die Aufgabe seiner Bewältigung viel zu drängend, die Minuten zu kostbar, die Gelegenheit zu einzigartig, als daß wir uns mit solchen Klischees hätten befassen können. Hier war etwas geschehen, was nach menschlicher Bewältigung verlangte, wenn die Geschichte, die europäische Geschichte, weitergehen und nicht in einem öden Marasmus[6] ersticken sollte, um von dem Schlimmeren, einem neuen Kriege, ganz zu schweigen. Das stand bei unserem ersten Gespräch in der Mitte, die Schuld und ihre Bewältigung und unsere Bruderschaft, die sich an diesem Abend wie ein Geschenk anbot, das längst reif war, ehe wir noch einander kannten und jene Begegnung hatten.

Das hat nun seitdem gehalten, und darum darf ich mit unter denen sein, die Dir dafür ihren Dank sagen. Aber noch ein Wort zu diesem seltsamen, heute freilich wieder etwas abgeklungenen Phänomen der Bruderschaft. Wir haben sie gelernt oder wenigstens die ersten Anfangsstufen dessen gelernt, was sie bedeutet, in der Formierung und im Kampf der Bekennenden Kirche. Ihr habt die Bruderschaft ja sogar im Namen Eurer altehrwürdigen, durch viel Kampf und Leiden erprobten »Brüderkirche«. Auch bei uns ist dieser Name und seine Anwendung heute verbreiteter als früher, wir haben etwas miterlebt in unserem Jahrhundert, das war wie eine Neufassung und Wiederentdeckung derselben. (...) Bruderschaft beinhaltete damals eine Gabe und eine Verpflichtung zugleich, sie besagte, daß man bereit war, Ehre und Schmach miteinander zu tragen oder, genauer gesagt, daß man nicht bereit war, den Bruder der öffentlichen Verurteilung und Herabsetzung preiszugeben. Mit der Bruderschaft als solcher war eine Realität gesetzt, die von etwas anderem lebte als den Werten der bestehenden Gesellschaft, ihren Tugend- und Lasterkatalogen. Wir waren in der Bindung dieser Bruderschaft die wahrhaft Freien. Auch die »außen« begriffen etwas davon. In einer Zeit, die uns alle prüfte, wie es denn mit uns stünde angesichts des Entweder-Oder der Wahrheit Gottes und des nackten Lebens – erst wenn die Frage an diesen Punkt kommt, merkt man, wie wenig wir durch unser Wissen und unseren Verstand auf dieses examen vitae[7] vorbereitet sind –, damals ahnten wir etwas von der biblischen Wahrheit, daß das Wort Bruder etwas zu tun hat mit dem von den Toten Auferstandenen, daß es ein Osterwort ist, daß es uns alle heraushebt und aussondert aus dieser Todeswelt und der Erstgeborene unter allen Brüdern eigentlich unseren Zusammenhalt ausmacht unter uns hier auf Erden und mitten in den Aufgaben und Anfechtungen, die es zu bestehen gilt. Viele, die unserer Bruderschaft und ihrer Zielsetzung spotteten, die nichts anderes als unsere Ohnmacht und unsere Niederlage sahen, haben damals nicht geahnt, daß sie selbst – ohne es zu wissen, aber darum eigentlich um so schlimmer und tragischer, denn sie konnten es wissen! – mit allem, was sie taten, in der gleichen Zeit das Reich des Todes aufbauen halfen, daß sie die Bühne aufstellten, auf der der schrecklichste und furchtbarste Totentanz gespielt werden sollte, den die christlich-abendländische Zivilisation je sah und der in gewisser Hinsicht – da hast Du einfach recht – ihr Ende geworden ist. (...) In diesem unheimlichen Reich lebte unsere Bruderschaft, hier lernten wir, Brüder zu sein und – an das Leben zu glauben, nicht nur an das ewige, sondern auch für das irdische uns einzusetzen.

Eben um diesen Einsatz für das *Leben* geht es nun heute, auch hier wird eine verschworene Bruderschaft nötig sein, in anderer Zusammensetzung und in anderem Rang, um dem immer noch drohenden Tod das Leben abzuringen. Denen, die Ost und West unversöhnlich gegeneinander setzen, wird diese Bruderschaft entgegenstehen als eine reale, lebendige Kraft. Sie wird wissen und wissen müssen, daß wir das Leben nur im

Miteinander von Ost und West wieder gesunden lassen können. Bei dieser Bruderschaft wird vor allem eins geächtet sein müssen: der Kalte Krieg.[8] Er wird dort keinen Raum finden, wie eine Täuschung, eine Lüge, etwas wirklich Böses dort fehl am Platze ist, wo das Leben und der Frieden einziehen sollen. Im Kalten Krieg kann es das nicht geben, was es in unserer Gemeinschaft von morgen geben wird und was schon hier und da am Wachsen ist: die wirkliche Begegnung von Mensch zu Mensch und das Sehen der Realitäten. Der Kalte Krieg hat die entgegengesetzte Wirkung. Er mutet einen heute an wie eine Zerteilung des ganzen Leibes der einen Menschheit. Für Europa ist er tödlich. Aber können wir als Christen die Menschheit zerteilen lassen? Können wir da mitmachen, können wir das geschehen lassen? Das wäre für die Kirche ebenso verderblich, wie wenn wir uns im Dritten Reich von der Wurzel Israel hätten absprengen lassen. Damals ging es um den Gnadenbund, jetzt geht es um den Schöpfungsbund. Bei uns hier wundern sich die Leute, oftmals auch gut orientierte und im Kirchenkampf bewährte, daß Karl Barth, Niemöller und wir alle nicht auf die Formeln des Kalten Krieges zu bringen sind. Die Gedanken- und Sprachgleichschaltung gelingt wieder einmal nicht! Aber sie haben keinen Grund, sich zu wundern. Es geht um dieselbe Frage wie damals. Hier wie dort wird eine künstliche Spaltung vollzogen, hier wie dort das Zusammengehörige zerrissen, hier wie dort ein Teil als Ganzes gesetzt. Doch wie der Frieden in der Kirche der Frieden ist zwischen Israel und den Heiden, so wird der Frieden auf Erden darin seine reale Wurzel haben, daß wir die Spaltung der Menschheit wegen ihrer Systeme und Ideen nicht zulassen. Es kann freilich ein Entweder-Oder geben, das den Frieden zu einer verkehrten Sache macht, aber so wie die Dinge in Europa liegen, wie sie vor allem von Deutschland her gesehen liegen, ist der Kalte Krieg eine Erbschaft, etwas, das aus jenem fürchterlichen Gestern stammt, als Hitler den Antikommunismus zur Grundlage der deutschen Innen- und Außenpolitik erhob. Darum – weg damit. Der Kalte Krieg kommt nicht aus dem Glauben, er ist gegen die Frohe Botschaft von Jesus Christus.

Wo Freunde hüben und drüben bereit sind, das Untier Kalter Krieg von beiden Seiten zu packen und dorthin zu werfen, wohin es gehört, dann muß Raum werden für das andere – oder bin ich da ein Utopist –, das, was wir seit mehr als einem Menschenalter in seiner wahren Gestalt nicht mehr kennen: den *Frieden.* Wirklich Frieden auf Erden – nicht nur innerlich, nein, auch äußerlich. Nicht ein ewiger Friede, aber doch Frieden nach all dem Entsetzlichen, was unsere Zeit gesehen und was nicht ohne unsere Schuld in ihr Ereignis wurde. Es geht heute alles um den Frieden. An ihm hängt Leben und Recht, Wohlfahrt und Kultur. Wer weiß, daß der jetzige Zustand kein Friede ist, daß dieser in erster Linie ein geistiger Prozeß ist und dann auch ein politischer, der wird im Kalten Krieg sein verführerisches Gegenbild erkennen. Wir haben zu wählen zwischen dem Frieden und der Fortdauer des Kalten Krieges. Ein Drittes gibt es nicht. Wird die Bekennende Kirche hierin einen neuen Faktor bilden können, wird sie diesmal Brüder von der anderen Seite zur Hilfe haben, wird sie umfassend und groß sein, oder wird sie wieder scheitern an der Unaufmerksamkeit und Härte der Menschen, an ihrem Doktrinarismus, an ihrem Wohlleben, an dem Haften an nichtssagenden Erfolgen, an der ganzen Immoralität, in der wir immer noch drinstecken? Diese Frage geht durch Deinen ganzen Brief. Laß mich jetzt dazu kommen und zu drei Punkten Stellung nehmen, die Du dort hervorhebst.

Zunächst: Du sagst sehr überzeugend »Der Kampf der Bekennenden Kirche hat mit einem Sieg geendet«. (...) Freilich, es war schon ein Sieg da mitten in unseren Niederlagen. Es wäre undankbar gegen Gott, wollten wir vergessen, was er uns geschenkt, wollten wir nicht sehen, daß er uns in der Stunde höchster Gefahr mutige und klarsehende Männer gab, die uns sagten, wo der Weg der Kirche ging. Es war eine große bewegende Zeit, und man kann sie nicht aus dem Sinn bekommen, auch wenn man sich heute wieder an den Alltag der Kirche zu gewöhnen hat. Und doch, es gibt einige gewichtige Faktoren, die es uns schwermachen, vom Sieg zu reden. Theologisch – vielleicht war es da wirklich ein Sieg, aber praktisch? aber ethisch? Es ist kein Zufall, daß die Fragen der Theologen, die aus der Bekennenden Kirche kommen, nach diesem Krieg in erster Linie auf dem Felde der Nachfolge, des Ethos, der praktischen Bewährung liegen.[9] Da ist unter den bedenklichen Punkten zuerst einmal die Judenfrage zu nennen, die uns innerlich bis heute zu schaffen macht. Wir haben nicht klar genug gesehen, was erst langsam in uns allen – mit wenigen Ausnahmen, die es vorher wußten – gedämmert hat, daß der Angriff auf die Juden *Ihm* galt, Jesus Christus selbst. Wir haben theologisch zwar an der Menschheit Jesu Christi festgehalten, aber daß dieser Mensch ein Jude war, das haben wir dogmatisch oder im Sinne eines allgemeinen Humanismus ethisierend für irrelevant erachtet. Wir haben den inneren Zusammenhang zwischen dem Alten und dem Neuen Bund weniger klar und scharf gesichtet, als es der Gegner tat, der die schwächste Stelle in unserem modernen Christentum erspäht hatte. In diesem Falle lag die Decke eher vor den Augen der Kirche als über der Synagoge. Wir haben nicht gesehen, daß wir mit der Entwurzelung aus Israel unsere Ökumenizität als Kirche verlieren sollten und verloren hätten. Und die Leiden, über denen uns hernach die Augen aufgegangen sind, sind zum geringsten Teil unsere Leiden gewesen. Alles das mußte erst aus unserem Versagen heraus erkannt und uns eröffnet werden, und wenige waren so klar wie Karl Barth, der damals den Satz prägte, daß Antisemitismus heute die Sünde gegen den Heiligen Geist sei. Sie war es auch. Wer damals seine jüdischen Freunde nicht preisgab, den behütete dieses Bekenntnis an seiner Seele. Es war ein erstaunliches Geheimnis, dem wir damit auf die Spur gekommen sind. Aber der Preis! Ist er nicht allzu hoch? Wer wird diese Schuld einmal von uns und unseren Vätern – denn dort begann es – nehmen?... Was muß geschehen, damit wir das hinter uns bekommen? Wie kann ein Volk rein werden, das den – freilich vergeblichen – Aufstand gegen Israel und seinen Gott hinter sich hat? Verstehst Du, daß diese Frage immer wieder aufbricht, sobald wir etwas tiefer zu graben beginnen?

Das zweite, was uns im Augenblick der Entscheidung gefehlt hat, war unsere mangelnde Solidarität mit den Sozialisten. Ich meine das nicht im weltanschaulichen Sinne, das ist eine Frage für sich, aber im Praktischen, im Handeln. Hitler sah uns als Einheit an wie Nietzsche, Christen und Sozialisten sind das Tschandalahgesindel, das verschwinden muß, wenn der höhere

Mensch, der Übermensch, geboren werden soll.[10] Beide, so meinte er als Prophet der Herrenmoral – die dann auch danach aussah! –, seien Träger des Ressentiments, der Moral der Schlechtweggekommenen und der Kleinen. Es war wie eine Gigantomachie zwischen Nietzsche und Marx, was wir damals erlebt haben. In dieser Sache waren wir nicht heiß oder kalt, sondern sind lau geblieben. Das hängt uns bis heute nach. Wir haben zwar versucht, im Sinne der bürgerlichen Humanität und im einzelnen zu helfen, was oftmals bedeutsam und nicht immer ungefährlich war und seine Frucht getragen hat, aber es genügte nicht. Hier ist schon 1933 etwas falsch gelaufen. Wir mußten, als die ersten Konzentrationslager eröffnet und deutsche Menschen, ungeachtet ihrer bürgerlichen Ehre und ihrer Unschuld, dort hineingeworfen wurden, um gebrochen und vernichtet zu werden, nur weil sie Marxisten waren, ein lautes, klares Nein sagen als Kirche im Ganzen, ganz gleich, wie diese Menschen und ihre Bewegung zur Kirche stand. Hier ging es um das Recht der rechtlos Gewordenen. Hier nahm eine »Klasse« Rache an der anderen. Hier hätten wir nach Martin Luthers Wort eigenes Ansehen und eigene Gerechtigkeit stellvertretend wirksam sein lassen müssen, gerade als Glieder der bürgerlichen Schicht gegen diese grausame Perversion. Bis heute schwelt diese Schuld weiter und steht immer noch zwischen den Deutschen hier und den Deutschen drüben, zwischen den sogenannten »kirchlichen« Kreisen und den Sozialisten. Ich sage das nicht erst heute und nicht post festum. Angesichts des aufkommenden Nationalsozialismus und seiner ersten Taten habe ich zu zweifeln begonnen an der Redlichkeit meines Standes und an der sittlichen Tragfähigkeit der politischen Parteien, die rechts stehen. Was nützte es, daß man der Kirche soviel versprach, daß man Schulgebete und Gottesdienste staatlicherseits einführte – auch der Tag von Potsdam wurde im Zeichen dieser neu geschaffenen Lüge begangen! –: es stellte sich bald für die Kirche heraus, daß sie betrogen war. Was hätte es bedeutet und was hätte es unter Umständen verhindert, wenn die Kirchen, und zwar die katholische wie die evangelische, hier nicht an ihre Existenz gedacht hätten,[11] sondern an die Gerechtigkeit Gottes und das Recht, auch und gerade in dieser Situation, wo es nicht die bürgerlichen Stände anging und wo die Kirche zeigen konnte, daß sie glaubt, was sie verkündigt, daß Gott das Schreien der Elenden hört. Er hat's gehört. Das ist der zweite verpaßte Augenblick, der schwer auf uns lastet.

Das dritte Moment unserer Verfehlungen ist der Krieg. Als der Krieg ausbrach, wußte ich, daß ein wesentliches Anliegen der Bekennenden Kirche verloren war. Nun wurde mit Blut diese entsetzliche Weltanschauung ins Buch der Geschichte eingetragen. Es war zwar eine große Sache, daß 1938 eine Gebetsliturgie herauskam,[12] die alle Schrecken des künftigen Krieges beim Namen nannte. Aber sie wirkte nicht mehr. Ihre Verfasser wurden der Freiheit beraubt. Die Bischöfe der intakten Kirchen und die kirchlichen Behörden rückten mit Entsetzen von dieser Liturgie ab und sagten das öffentlich. Die Bruderräte standen allein, verfemt, galten als Feinde der Nation. Niemöller war verhaftet, die Organisation der Bekennenden Kirche zerschlagen und auf die Provinzen abgedrängt. Der Krieg stand vor der Tür, die Bekennende Kirche war stärker der Verfolgung freigegeben als je vorher. Aber gleichwohl: Es ließe sich doch der Fall denken, daß wir dem Krieg eine ganz andere Barriere in den Weg gelegt hätten, als es so geschehen ist. Denn man kann etwas gegen den Krieg tun. Viele Menschen denken auch heute noch, daß Kriege Naturereignisse sind, und übersehen, daß sie von Menschen gemacht und auch von Menschen verhindert werden können. Martin Niemöller hat einmal gesagt, wenn 4000 oder 5000 Pfarrer damals »gesessen« hätten, dann wäre vielleicht Chamberlain nicht nach München gekommen. Wie man auch über so etwas denken mag, es zeigt nur, daß wir in der Bekennenden Kirche gegenüber dem letzten Krieg kein gutes Gewissen haben können. Wir haben nicht rechtzeitig genug und nicht klar genug dagegen Stellung bezogen. (...)

Wir stehen heute wieder vor einer ähnlichen Lage. Kann die Kirche etwas dazu beitragen, daß Kriege verhindert werden? Gehört das zu ihren Befugnissen? Man wird kein allgemeines Gesetz darüber aufstellen können, aber in concreto, und wenn ich rückblickend sehe, wie man die Bekennende Kirche zermürbte, um sich den Weg zu dem freizukämpfen, was man dann Krieg nannte und was schlimmer war als ein normaler

Krieg, dann ist mir klar, daß die Kirche sich nicht so weit privatisieren lassen darf, daß die großen Fragen sozialer Gerechtigkeit, Krieg und Frieden, Völkerrecht und Völkergemeinschaft sie nicht mehr tangieren. So ist das Evangelium nie gemeint gewesen. An diesem Punkte sind wir bis heute geteilt in unserer evangelischen Kirche Deutschlands. Hier sind ganz unverständliche Rückfälle in ein Denken eingetreten, das wir vor zwanzig Jahren für völlig unmöglich gehalten hätten. Das kommt daher, daß wir das Versagen der Christenheit angesichts des letzten Krieges noch längst nicht in seiner Tiefe begriffen haben. Hat also die Bekennende Kirche gesiegt? Wir werden Ja und Nein sagen müssen, und das Wort vom Platzregen, der bald wieder von der Sonne aufgeleckt wird, bekommt erneut sein Recht. Nur indem wir unser Versagen von damals ernst nehmen, werden wir den Weg, den wir geführt werden, wieder finden. Die mächtige Tatsache, daß wir »weiterleben«, ist noch kein Beweis, daß die Weise, wie wir weiterleben, die rechte ist und in ein verheißungsvolles Morgen führt.

Das führt mich zu dem zweiten Punkt, den ich aus Deinem Brief als so wesentlich entnehme und der zudem im Augenblick durch die Bemühungen der großen Mächte um den Frieden mit Deutschland eine Dir vielleicht damals noch kaum bewußte Aktualität erlangt hat. Du schreibst: »Es ist alles anders gegangen, als man in Deutschland seit einigen Jahrzehnten, vielleicht seit einem Jahrhundert erhofft hatte. Der Drang nach Osten ist in einer fast unvorstellbaren geschichtlichen Katastrophe zusammengebrochen. Dieser Zusammenbruch... hat wie ein Erdbeben gewirkt... aber auf den Ruinen der so nahen Vergangenheit, wo Millionen, ja Zehnmillionen Menschen grausam vergingen, wo menschliche Schuld zum Himmel schreit, muß man sich, so denke ich, mit der nationalpolitischen und sozialkulturellen Lage anders auseinandersetzen, als wenn es sich bloß um geläufiges Recht und Unrecht in normalen Zeiten handelt. Der osteuropäische Mensch steht an der Elbe. Er wurde – kann man fast sagen – wider seinen Willen hingeführt.« Es sind in diesen paar Sätzen einige Wahrheiten gesagt und Probleme angerührt, die in die letzte Tiefe führen und die auch in unserer Bruderschaft eines Tages sich zu Worte melden werden, ob wir hier Rat und Hilfe wissen. Ich selbst weiß mich durch diese Sätze ebenfalls persönlich betroffen. Denn ich stamme ja nicht nur aus dem deutschen Osten, sondern ich habe dort begriffen und erlebt, was Heimat bedeutet und werde das gewiß nie vergessen können wie unzählige andere, die einstmals als Bauern, Gelehrte, Pastoren, Kaufleute und was weiß ich in diesem deutschen Osten zu Hause waren. Heimat ist eine große Sache und die sie noch haben, können an uns lernen, wie man sie verspielen kann, obschon einen niemand bedroht. (...)

Aber Du hat recht: Es gab sofort nach dem ersten Weltkrieg bei uns diesen Drang nach Osten. Englische Historiker, die einige kluge Bücher über das Dritte Reich geschrieben haben, dürften richtig sehen, wenn sie sagen, daß der Drang nach Osten das eigentliche und auch von den Nicht-Nazis bejahte Ziel in der deutschen Politik gewesen sei. In diesem »Drang nach dem Osten« lebte Gutes und Böses hart nebeneinander. Es lebte da im guten Sinne eine Art Neugier, ein Interesse und eine Offenheit für das, was im Osten geschehen war und noch geschah. Gerade der Sozialismus – und die dialektische Theologie! – hatten beide einen neuen Sinn für den Osten in unserem Volk erschlossen. Man sehe sich nur einmal an, was an Übersetzungen besonders von russischer Literatur aus dem 19. Jahrhundert, aber auch von Revolutionsliteratur damals erschienen ist. Daneben aber stand schon damals der Antikommunismus und Militarismus. Das sehen wir von rückwärts deutlicher. Was für ein klares Licht liegt heute über den Fehlern, die wir nach 1918 gerade dem Osten gegenüber gemacht haben. Was gibt es hier zu tun und aufzuklären! Auch hier ist Umkehr und Buße der einzige Weg, um wirklich Geschichte zu verstehen, um uns in unserer Geschichte zu verstehen. Aus den abstrakten Begriffen – da hast Du ganz recht – wie Heimat, Menschenrecht, geschichtliches Erbe und was dieser Dinge mehr sind, ist nichts zu gewinnen. Wer durch dieses Glas die Lage ansieht, und so tun es ja vielfach unsere Historiker und Juristen, der wird nur neue Verkehrtheiten zu den alten häufen. Das ist Gesetz und nicht Evangelium. Denn man muß in der Tat bedenken, *was* der heutigen Situation *voranging*. Gesät, geistig vorbereitet, wurde das alles durch den ersten Weltkrieg und den Nationalismus, der bei uns übrigblieb. Uns blieb aus der Bismarckisch-Wilhelminischen Epoche ein Nationalismus ohne Realität. Er versuchte sich am Osten schadlos zu halten, nachdem ihm im Westen Grenzen gesetzt waren. Das ist heute noch unsere Not. Hier hat noch nicht die rettende Wendung eingesetzt. Wir leben geistig immer noch in einem Gefüge, das nach außen keine Realität besitzt. Die Bilder, die uns von innen her bestimmen, auch unsere Politik festlegen und in den Reden unserer Parlamentarier aufblitzen, stimmen mit wenigen Ausnahmen nicht mehr mit der Wirklichkeit überein. Sie sind Träume und Dogmen. Es ist ungeheuer schwer für einen Deutschen, zu sehen, was mit ihm passiert ist. Es geht uns wie einem Manne, dem ein Bein amputiert wurde, der aber nicht weiß, daß dem so ist, und den seine Nerven täuschen, so daß er glaubt, er werde eines Tages wieder richtig laufen können. Das werden wir im Sinne unserer bisherigen Geschichte nie wieder vermögen, trotz allem, was uns freundliche Leute aus Ost und West dazu ins Ohr sagen. Das eben ist die Schwierigkeit. Einmal, wer sagt uns so vollmächtig, daß es wahr und doch nicht ohne Liebe, ohne wirklich echte Liebe zu Deutschland und dem deutschen Volk ist, was wirklich mit uns geschehen ist? Wer führt uns brüderlich, menschlich verstehend an die Realität heran, die unsere Realität geworden ist? Die Wahrheit allein, die nackte, kalte Wahrheit tut es nicht. Das weiß jeder Leidende und – jeder gute Arzt. Wer zerbricht das illusionäre Gebäude, in das wir uns nach der ungeheuren Katastrophe geflüchtet haben? (...)

Dabei schiene mir dreierlei wirklich hilfreich zu sein. Einmal die Erkenntnis, was die Nationen und was die Menschen im Osten unter uns gelitten haben. Wir wissen viel zuwenig darum. Ich habe immer wieder in Erfahrung gebracht, daß, wenn ich einiges davon unseren Menschen aus dem Osten berichtete, ein tiefes Verstehen durch die Reihen ging. Das Leid, das Millionen von Menschen unseres Volkes hernach traf, hat den Boden eines echten Verstehens bereitet, wenn sich nur rechte »Seelsorger« finden, die aus solcher Tiefe heraus die Wunden zu heilen beginnen, die der Krieg und sein Ausgang geschlagen hat. Vor allem, wir müssen mehr wissen, und wir müssen tiefer, verstehender, besser davon *reden*. (...)

Es ist hier auch kirchlich das schwerste Stück unserer Arbeit noch ausgespart. Das Schuldbekenntnis, das die Männer der Bekennenden Kirche 1945 ablegten, ist fast einseitig als an die westliche Adresse gerichtet verstanden worden – und hat auch so noch genügend Widerspruch gefunden –, aber Schuldbekenntnisse müssen total sein, sie dürfen nicht einen, und zwar den am meisten betroffenen Teil, ausnehmen, sie dürfen nicht taktisch verstanden werden, sie müssen wirklich die faktische, die reale, die himmelschreiende Schuld selbst meinen, die am Tag liegt. Sie müssen die Zunge lösen und die Dämonie des Stummseins heilen. So war das Stuttgarter Bekenntnis auch ursprünglich gemeint. Aber es war, solange wir so wenig Kontakte mit dem Osten und den Kirchen des Ostens hatten, schwer zu konkretisieren. Erst seitdem wir uns begegnen, ist das aktuell geworden. Es war aktuell bei allen Besuchen, die von uns bei der russischen Kirche stattfanden, allen voran Martin Niemöller, aber auch wir haben es dann wunderbar und überwältigend erfahren, wie die Christenheit in Rußland uns unser Wort abnahm und wie sie auch unser Leid verstand. Wir müssen große Geduld haben. Ein so furchtbares Geschehen wie der Nationalsozialismus und der zweite Krieg heilen nicht so schnell in der Seele der Menschen. Es wird aber Heilkräfte geben, und es wird eine Zukunft geben, die besser ist als die Vergangenheit, die vor unseren Augen versunken ist.

Das zweite, was mir hilfreich erscheint, ist Dein lapidarer Satz »Der osteuropäische Mensch steht an der Elbe«. Es könnte das doch – ich meine nicht im Sinne einer Ideologie, sondern der geschichtlichen Realität – die Rettung, auch unsere Rettung sein. Ich weiß, daß man mir das hier bei uns noch nicht leicht abnimmt, aber diese Dinge ändern sich. Unser Volk ist keine statische Größe, in der Tiefe unseres Volkes sitzt trotz seines momentanen Strebens nach einem besseren Lebensstandard ein ganz anderes Gefühl und ein echtes Wissen um Leid und eine große Sehnsucht nach Verstehen mit den Menschen im Osten. Eines Tages bricht das durch, gerade aufgrund ähnlichen seelischen Erlebens. Was wir heute weltanschaulich hier bei uns im Westen haben, ist ein Ringen zwischen Echtem und Unechtem. Je näher wir an das Volk und sein wirkliches Erleben herankommen – und das ist die kommende Aufgabe der Dichter, des Schauspiels, der Gelehrten, der Pfarrer –, desto mehr wird sich zeigen, daß die Begegnung mit dem »osteuropäischen Menschen« unumgänglich geworden ist und zu den großen Hoffnungen der Menschen in Europa gehört. Es bereitet sich hier wesentliches vor, nicht nur in Deutschland.

(...) Es könnte doch sein, daß die Anwesenheit des »osteuropäischen Menschen« im Herzen Europas für Europa eine neue Zeit bedeutet, und zwar die Zeit eines echten, fruchtbaren Zusammenlebens europäischer Nationen, die immer noch ein großes Erbe zu verwalten haben. Warum sollten wir nicht wirklich am Anfang einer fruchtbaren Epoche stehen, die wir nur verzögern, wenn wir zurückblicken, wie Lots Weib es tat. Es könnte freilich sein, daß uns ein Rückblick besonderer Art nottäte, weil es nicht mehr die Geister des 19. Jahrhunderts sein werden, die uns dabei helfen, Metternich und die Heilige Allianz und die Bismarcksche Reichsgründung, sondern eher das 18. Jahrhundert mit Lessing und Hamann, Goethe und Herder, mit Kant und Hegel und dem Freiherrn vom Stein. Es muß eine Epoche des Schenkens sein, echtes, geistiges Leben ist immer schenkendes Leben. Ihr werdet uns reich machen, und wir werden versuchen, Euch zu geben, was aus dem Schatz unseres Geistes zu geben ist. Du sagst, wir müßten vielleicht hundert Jahre zurückgehen. Es kann sein, daß die Operation an einzelnen Stellen noch tiefer einschneiden muß. Frieden und Neugeburt hieße, daß das Gleichgewicht zwischen Ost und West endlich gewonnen ist und unser Volk in dieser Zwischenlage seine Ruhe findet. Um das zu verwirklichen, müßten wir als Drittes ein konkretes Ziel ins Auge fassen, gerade weil uns von der geistigen Ebene her ein Neues aufleuchtet, muß ihm ein Konkretum entsprechen, da sonst alles Spiel und freie Phantasie bleiben würde. Es müßte so etwas wie das mit dem Rapackiplan[13] Angestrebte verwirklicht werden, es müssen die nämlichen politischen Bedingungen geschaffen werden, die das Miteinander der mitteleuropäischen Nationen ermöglichen. Ein atomwaffenfreier Raum in der Mitte Europas, das wäre ein Anfang und eine große Verheißung. Es wäre der erste Stein einer wirklich praktischen Neuordnung im Sinne eines Friedens, der so weitreichend ist, daß alle Ordnungsbilder, die wir nach 1918 inner- und außerhalb Deutschlands entworfen haben, dagegen verblassen. Das ist jedenfalls meine Meinung. Das würde ein vom gemeinsamen Raum aus gestaltetes Zusammenleben ergeben, es würde uns mit der Freundschaft der Nationen im Osten etwas schenken, was mehr ist als alles, was wir verloren haben, und das gemeinsame Schicksal, das diese Völker miteinander erlitten haben, bekäme seine geschichtliche Gestalt. Du hast völlig recht. Wir können uns als Christen von diesen Fragen nicht dispensieren. Sie sind nicht Glaubensfragen ersten Ranges, sie sind aber der Lichthof, der um den Glauben herum liegt. Sie sind wirklich ein Lichthof, und ich hoffe nur, daß die Prager Konferenz so etwas wie ein Leuchter dazu sein könnte.

Nun muß ich noch kurz und nicht so eingehend, wie er es verdiente, den letzten Punkt anrühren und damit das, was mich in dem Ganzen Deines Wirkens und Schreibens und im Fundament unserer Freundschaft so stark beeindruckt. Das ist das Drängen auf den Glaubensrealismus, das Dir zu eigen ist. Nichts ist schlimmer als die Verbindung von Glaube und Illusion. Und wie häufig ist sie. Sie ist wahrscheinlich das Häufigere und war das Anliegen der Heilspropheten gegenüber dem Realismus eines Amos und eines Jeremia. Sie war wohl im Grunde genommen auch das Motiv im Prozeß gegen Jesus, während dieser wußte, was zum Frieden von Jerusalem gedient hätte. Du schreibst: »Mein Anliegen geht dahin, zu zeigen, daß gerade die Kirche Jesu Christi und ihre Theologie mutig der Geschichte ins Auge schauen und die gegenwärtige Wirklichkeit in aller *Nacktheit* und Unerbittlichkeit erfassen müsse.«

Realistisch nannte Luther seine Theologie gegenüber der Scholastik. Realistisch ist alle Theologie, die nicht hereinfällt auf und nicht verführt wird zu dem erdachten Gott, dem Gott, der seine Gestalt gewinnt aus unseren Träumen und Vorstellungen, Bildern und Wünschen, sondern die sich hält an den wirklichen Gott, der sich in Jesus Christus offenbart und der sich in ihm anders kundgetan hat, als wir Menschen hofften und erwarteten. Realismus heute bedeutet für mich Umkehr und denken aus der Umkehr heraus. Es bedeutet, daß wir bereit sein müssen, auch das zu überprüfen, was uns durch manche liebgewordene Tradition geheiligt erscheint. Wir werden nirgends zu echter Erkenntnis und wirklicher Einsicht gelangen, auch nicht zu der Kraft weltüberwindender Liebe, wir werden nicht sehen, was zu sehen ist, und alles wird vor unserem getrübten Blick verschwimmen, wenn wir nicht jenes *metanoeite*[14] hören, das Schmerz und Freude zugleich ist. Wir werden viel Geduld brauchen (...). Aber das glaube ich denn doch, daß mit der Bekennenden Kirche in Deutschland und über Deutschland hinaus ein Same ausgestreut wurde, der seine Frucht tragen wird. Als Professor von Soden auf der Synode von Oeynhausen[15] den Vorsitz niederlegen mußte, weil seine Gesundheit ihm die Weiterführung nicht erlaubte, und wir alle sahen, daß unsere Gemeinschaft, in der wir bis dahin immer noch gestanden hatten, endgültig zerbrach und Hitler eines seiner Ziele erreicht hatte, sagte er von uns scheidend: »Ich glaube, daß die Bekennende Kirche, das Kind so vieler Tränen, nicht verloren ist.« Vielleicht mußten wir darum oft scheitern, damit Gott etwas Neues, etwas von anderer Größe und Weite aus uns macht, als es damals war. Und in der Begegnung mit Dir und mit Euch allen von der Comeniusfakultät haben wir erfahren, daß die Bekennende Kirche nicht tot ist und daß Ihre Früchte nicht verwelken.

Stets Dein Hans Iwand

1 Siehe Seite 152.
2 Siehe dazu Seite 118/119.
3 Hromádka war von 1939 bis 1947 Professor am Princeton Theological Seminary in den USA.
4 J. L. Hromádka, Brief an Karl Barth. In: Antwort. Karl Barth zum siebzigsten Geburtstag am 10. Mai 1956, Zollikon – Zürich 1956, 3–13, auch in J. Hromádka, Evangelium für Atheisten, unterwegs 6, 1958, 59–77; der Brief datiert vom 3. 11. 1955.
5 Unsere übergroße Schuld.
6 Kräfteverfall.
7 Lebensprüfung.
8 Vom Imperialismus bis in die sechziger Jahre betriebene »Politik am Rande des Krieges« (John Foster Dulles). Die sozialistischen Länder, gegen die sie sich besonders richtete, beantworteten sie politisch mit dem Prinzip der friedlichen Koexistenz.

9 Hier ist zunächst, obwohl er nicht überlebte und seine Erkenntnisse erst nachträglich Zustimmung fanden, an Dietrich Bonhoeffer zu denken. Im Remerprozeß (siehe Seite 136) hatte sich Iwand ausdrücklich auf ihn bezogen: »Das Praktischwerden der Vergangenheit liegt ja auch in meiner Vergangenheit in gewisser Hinsicht vor. Mein Freund ist etwa Dr. Bonhoeffer gewesen ...« (H. Kraus, Hrsg., Die im Braunschweiger Remerprozeß erstatteten moraltheologischen und historischen Gutachten nebst Urteil, 1953, 19).

10 Christ und Sozialist (bei Nietzsche Anarchist): F. Nietzsche, Götzen-Dämmerung oder Wie man mit dem Hammer philosophiert. Darin: Streifzüge eines Unzeitgemäßen, 34. Aphorismus (in der Ausgabe von A. Messer Bd. 2, 192/193); Tschandala (für die ersten Christen): ders., Der Antichrist. Versuch einer Kritik des Christentums, 27. Aphorismus (Messer II, 226).

11 Gemeint sind das Reichskonkordat und die Verfassung der DEK, beide 1933, siehe Seite 70.

12 Siehe Seite 119.

13 Siehe Seite 166.

14 Tut Buße!

15 Siehe Seite 101.

28.

An die Zeitung »Die Welt«

Leserbrief in Nr. 217 vom 18. 9. 1959 unter »Eingesandt« mit der Überschrift: Tag der Heimat. Moralische Unverfrorenheit

Mit Entsetzen, Beschämung über den Bildungsstand und Empörung über die in den Reden zum Ausdruck kommende moralische Unverfrorenheit habe ich die verschiedenen Ausführungen zum Tage der Heimat[1] gelesen. Es war mir, als ob diese Reden aus dem Repertoire einer entsetzlichen Epoche fehlgeleiteten Nationalbewußtseins, die uns deutsches Land und deutsche Ehre gekostet hat, neu hervorgeholt wären, um jenes Experiment noch einmal zu machen.

Ich nenne zum Thema »Recht auf Heimat« nur zwei Dinge. Wo blieb das Recht auf Heimat, als wir unsere jüdischen Mitbürger, seit Jahrhunderten in Deutschland eingesessen, oftmals hochverdient um unser Vaterland in Wissenschaft, Kunst und Wirtschaft, mittellos des Landes verwiesen? Hat der der Bundesregierung angehörige Herr Minister,[2] der heute in Bremen so starke Worte findet, damals auch nur das geringste dagegen gesagt und getan, als es galt, den Anfängen zu widerstehen? (...)

Ich erinnere an eine zweite Sache, die mir, als sie geschah, deutlich machte, wohin wir trieben. Wo blieb das Recht auf Heimat, als viele adlige Grundbesitzer in Polen – natürlich keineswegs nur sie – liquidiert wurden und deutsche Herren des gleichen Standes auf ihre Güter einzogen, ohne mit der Wimper zu zucken? Es werden einmal Namen genannt werden müssen, wenn das so weitergeht! Wer damals das Recht auf Heimat der anderen so gewissenlos mit Füßen trat, sollte heute wenigstens schweigen, wenn er schon nicht in der Lage ist, zu begreifen, was vom Standpunkt einer höheren Gerechtigkeit aus solchem Verhalten folgen mußte.

Gott läßt seiner nicht spotten. Was der Mensch sät, das wird er ernten. Als ich selbst das anzudeuten wagte und in dem paganistischen Kult von Blut und Boden die unverkennbaren Zeichen des Untergangs der deutschen Kultur und Sendung im Osten zu erkennen glaubte, wurde auch mir das Recht auf Heimat genommen. Ich kann darum nicht mittun, wenn sich jetzt die Mörder am Grabe der Ermordeten sammeln. Denn nicht die anderen, wir selbst, dieses Denken und diese Deutschtumsideologie hat uns um das Erbe unserer Väter gebracht.

Prof. H. J. Iwand, Bonn

1 Großveranstaltung der Verbände der »Heimatvertriebenen«.
2 Der westdeutsche Bundesminister für Vertriebene Theodor Oberländer, den Iwand als früheren Professor in Danzig und Königsberg und (Reichs-)Leiter des »Bundes Deutscher Osten« kennengelernt hatte.

Eine Studentin an Professor Iwand

Sehr geehrter Herr Professor!
Ihr Leserbrief in der Welt vom 18. September hat mich mit demselben Maße der Empörung erfüllt, wie Sie die Reden zum »Tag der Heimat«.

Warum wollen Sie, der den Juden das »Recht auf Heimat« aus guten Gründen zubilligt, uns die Berufung darauf verwehren unter der Begründung, daß der Verlust dieses Rechtes Gottes ausgleichende Gerechtigkeit ist?

Ich glaube, man sollte den »lieben Gott« da doch aus dem Spiel lassen, denn seine Gerechtigkeit im Ablauf historischer Entwicklungen erscheint mir doch etwas zweifelhaft. Sollen wir jungen Menschen sagen: »Wir verzichten auf unsere Heimat, um die ›Schuld‹ unserer Eltern wiedergutzumachen?« Für diese edle Buße würde uns dann vielleicht der »liebe Gott«, wenn seinem Gerechtigkeitsgefühl Genüge getan worden ist, eines Tages die Heimat zurückgeben!

Sie sehen, man sollte den »Alten Herrn« wirklich aus dem Spiel lassen!

Ich glaube, da müssen wir uns schon selbst kümmern oder aber offen verzichten, was ja wohl aus Ihrem Artikel zu entnehmen ist.

Nur schade, sehr geehrter Herr Professor, daß die Welt diese edlen Gesichtspunkte, die Sie zum Verzicht treiben, nicht begreifen wird. (...)

Außerdem schade, sehr geehrter Herr Professor, daß Ihre moralische Größe den »Osten« wohl kaum daran hindern wird, uns eines Tages ganz zu verschlingen. Aber man könnte ihm ja vorher noch Berlin in den Rachen werfen, um ihn für das, was wir ihm angetan haben, noch etwas zu entschädigen.

Glauben Sie, sehr geehrter Herr Professor, daß die Weltmächte jemals eine Endlösung der Ostfrage anstreben, wenn wir sie nicht stetig daran erinnern? (...)

Glauben Sie, sehr geehrter Herr Professor, daß wir der drohenden Entwicklung damit begegnen können, daß wir weiter innerlich im härenen Büßergewande herumlaufen und aller Welt beteuern, wie schlecht wir sind und wie sehr wir unser Schicksal verdient haben? Wäre ich Engländerin, würde ich es bei der Massierung der schuldbewußten Häupter wirklich glauben.

Wir dürfen das, was geschehen ist, keineswegs vergessen, gerade wir jungen Menschen nicht, aber wir müssen einen Schritt weitergehen! Auf Ihrem Wege kommen wir nicht weiter. Das Schuldbewußtsein muß jeder mit sich persönlich und mit Gott abmachen. (...)

Ihr permanenter Ruf: »Fühlt Euch schuldig, tuet Buße!« macht aus uns einen Haufen von indifferenten, mehr oder weniger schuldbewußten Menschen, die Furcht haben, einmal eine andere Meinung zu äußern als die, die ihnen in der Schule und auf der Universität eingetrichtert worden ist.

Sie werden selten jemanden finden, der durchdrungen ist von dem Gefühl, etwas Vergangenes gutmachen zu müssen, und der trotzdem oder gerade deshalb sagt: »Ich bin froh darüber ein Deutscher zu sein, bin glücklich, in einem deutschen Elternhaus aufgewachsen zu sein, und ich bin stolz darauf. Ich bin gewillt, die Vorkommnisse der Vergangenheit wiedergutzumachen, aber nicht dadurch, daß ich mich schäme, ein Deutscher zu sein, sondern dadurch, daß ich meine Kräfte voll und ganz einsetze, um auch als Deutscher mitzuwirken an einem innerlich und äußerlich gefestigten Europa. Ich wehre mich gegen jeden totalitären Machtanspruch eines einzelnen, eines Volkes oder des östlichen Machtblockes.«

Nur, wenn wir das sagen, können wir innerlich stark und gesund werden. (...)

Deutschland zu dieser Erkenntnis zu bringen, ist eine Erziehungsaufgabe, und diese Erziehungsaufgabe liegt mit bei Ihnen. Warum schwächen Sie uns also die Kraft, wo Sie uns helfen sollten?

Wir müssen nämlich einmal mit der Zukunft fertig werden, und vielleicht werden Sie einmal an dem Weg, den wir dann gehen oder gehen müssen, erkennen, daß Sie an der großen Erziehungsaufgabe, die Sie hatten, vorbeigegangen sind. Hoffentlich ist es dann noch nicht zu spät.

Verübeln Sie mir, sehr geehrter Herr Professor, bitte nicht, wenn ich in meiner Ausdrucksweise etwas schärfer geworden bin, als es mir als jungem Menschen Ihnen gegenüber ansteht, aber mir sitzt die Empörung im Nakken.

Hochachtungsvoll
[...]

29.

An eine Studentin — Bonn, den 1. Oktober 1959

Liebes Fräulein [...]

Mein »Eingesandt« hat mir so viele Briefe eingetragen, schreckliche und tröstliche, helfende und solche, die mich am liebsten nicht mehr auf dieser Welt oder jedenfalls nicht mehr in der »freien« Bundesrepublik leben lassen möchten, daß ich erst heute dazu komme, Ihren Brief zu beantworten. Mich hat zweierlei an Ihrem Brief betroffen. Einmal daß Sie bei der ganzen Frage der Vertreibung bzw. der Rückgewinnung der verlorenen Provinzen »den alten Herrn« – gemeint ist der lebendige Gott! – aus dem Spiele lassen möchten. Dann wird die Sache natürlich wesentlich einfacher, aber kaum realistischer, besser. Dann stehen wir eben genau gerade dort, wo die Menschen standen, die dieses ganze Unheil anrichteten. Natürlich, darin haben Sie ganz recht. Wir könnten »Ihn« ja aus dem Spiele lassen, und ich denke, daß die meisten, die heute als »christliche« Redner auftreten und vorgeben, es gelte das ganze östliche Gebiet von der Herrschaft der Gottlosen zu befreien, so denken wie Sie. Der »alte Herr« wird nur bemüht, weil sich das gewissen Leuten im Inlande und besonders dem Auslande gegenüber besonders gut macht. Nachdem wir mit dem Hakenkreuz nicht recht weitergekommen sind, versuchen wir dasselbe noch einmal mit dem Kreuz. Sie werden verstehen, daß Menschen, die wirklich an Gott glauben, so etwas nicht mitmachen können. Lieber ihn »draußen lassen« als mit ihm Theater spielen.

Aber können wir Ihn draußen lassen? Ist das nicht gerade das Unheimliche an der ganzen Menschheits- und Weltgeschichte, daß er sich nicht in dieser Weise draußenhalten läßt, wie die Menschen es immer wieder möchten und versuchen. Denken Sie doch einmal an die Königsdramen Shakespeares, etwa an die letzte Nacht Richards III.! Meinen Sie, das gäbe es heute nicht mehr? Oder was hat die Dichter der großen griechischen Tragödien bewogen, hinter der menschlichen Szene noch eine andere aufzubauen, gegen deren Gesetze die Menschen mit ihrer Vermessenheit oder auch Blindheit vergeblich angingen? So einfach ist es mit dem Draußen-Lassen doch eben nicht. Und das sage ich Ihnen nicht nur deswegen, weil ich alt bin und nun so mancherlei von den Versuchen der Menschen erlebt habe, die Rechnung ohne Ihn zu machen, sondern das habe ich geglaubt, als ich sehr jung aus dem verlorenen ersten Weltkrieg heimkam. Es gibt eben Dinge, die sind einfach wahr. Und zu diesen Wahrheiten gehört doch eben auch diese, daß Gott sich nicht spotten läßt. Unsere besten und größten Philosophen haben das geglaubt – denken Sie einmal, was wäre wohl passiert, wenn sie so einen Brief dem alten Kant geschrieben hätten! – und wenn wir wirklich im Innersten der Heimat treu bleiben wollen, dürfen wir uns doch nicht über das hinwegsetzen, was denen, die ihren Ruhm begründet haben, heilig und teuer war. Das eben meine ich: Wir selbst haben die Fundamente abgebrochen, auf denen wir lebten.

Sie haben Recht: »Nicht jeden Wochentag macht Gott die Zeche« (Goethe). Aber es gibt eben Zeiten des Gerichtes und der Bewährung. Der Tag ist »richtbar«, sagt C. F. Meyer. In solchen Zeiten leben wir. Es ist mit keinem Wort auszusagen, was es bedeutet, daß wir die lebendigen Zeugen des Untergangs – und zwar des vermessen und willkürlich herausgeforderten Untergangs einer siebenhundertjährigen Geschichte geworden sind. Ist das nicht furchtbar? Es brauchte vielleicht nicht so zu gehen, es gab mancherlei Stationen in der jüngsten Vergangenheit, das Unheil noch abzuwenden, aber unsere Führer ließen sie alle vorübergehen. Warum? Weil sie Angst hatten vor den eventuellen Folgen ihrer Taten. Darum proklamierten sie: Alles oder nichts. So kann das Böse, was man getan hat, den Menschen in den Untergang treiben – und bewirken, daß er alles andere mit sich reißt. Und nun müssen Sie auch Menschen wie mich und meine Freunde verstehen. Wir haben dieses Schreckliche lange kommen sehen. Wir haben nicht nur gewarnt, sondern uns – nur viel zuwenig entschlossen und wahrscheinlich viel zu spät, denn 1933 war es eben schon zu spät – dagegengestemmt und sind mehr oder minder hart beiseite geräumt worden. Und jetzt sehen wir, daß das Spiel auf dieselbe Tour neu aufgenommen wird. Das »Recht auf Heimat« war ja die Parole bei dem Beginn des zweiten Weltkrieges, bei unseren Ansprüchen auf den Korridor,[1] auf Danzig, auf das Memelland, auf Posen etc. Meinen Sie nicht, es hätte damals auch andere Wege gegeben, die Folgen des Versailler Vertrages im Osten zur Zufriedenheit beider Seiten zu überwinden? Natürlich gab es die. Viele von uns haben damals schon die Verständigung gesucht. Aber Hitler wollte mehr. Er wollte deutschen Siedlungsraum im Osten, und darum war das »Recht auf Heimat« nur ein vorgeschobenes Wort, an das er sich selbst nicht gebunden fühlte und das er den anderen gegenüber nicht anzuwenden gedachte. Ich weiß noch, wie entsetzt alte Nationalsozialisten waren, als sie erkennen mußten, daß Hitler ein germanisches Imperium aufzubauen gedachte mit Entrechtung der unterworfenen Völker.

Wenn man aber erst einmal beginnt, die Fragen des Rechtes so brutal beiseite zu schieben, Menschen und Völker zu vertreiben und auszurotten und nur auf die Gewalt und den Sieg der Gewalt zu vertrauen, dann ist man eben auch moralisch gerichtet, wenn die Sache umschlägt. Die Folgen sind entsetzlich. Ich weiß das. Wir werden, solange wir leben, unsere geliebte Heimat nicht vergessen können. Wir werden nicht vergessen, was an Leiden und Schrecken über uns kam. Wir werden uns immer wieder ratlos fragen: Warum litten die einen, und die anderen gingen frei aus? Denn so ist es dann. Die Leidenden sind nicht die Gestraften und die Glücksritter nicht die Gesegneten. Das sieht nur so aus, der Schein trügt, von innen her gesehen, liegt es anders. Sonst hätte das Kreuz Jesu Christi keinen Sinn in dieser Welt. Sie haben mich also hoffentlich nicht so verstanden, als ob ich an Glück und Unglück in der Weltgeschichte das Handeln der Vorsehung abzulesen gedächte. Ganz im Gegenteil. Wenn die großen Gerichte erfolgen – denken Sie an die Französische Revolution und an andere näherliegende Dinge –, dann bricht es ein über Gute und Böse, Schuldige und Unschuldige. Was ist in ganz Europa in der ersten Hälfte unseres Jahrhunderts geschehen – Entsetzliches!

Aber nun das zweite: Sie, wie viele andere, sagen – und wieder mit einem gewissen Recht: Ein Unrecht kann nicht durch neues Unrecht wiedergutgemacht werden. Manche Briefschreiber fragen geradezu: Meinen Sie, daß Gott den Bolschewisten unsere Heimat gegeben hat? Männer unserer Landsmannschaft haben mich gefragt: Das deutsche Ordensland in den Händen der Asiaten – und das soll Gott zugelassen haben? Durch das alles klingt eine Vorstellung durch, die erst unter Hitler zum Gemeingut unseres Volkes geworden ist. Das eben ist die Wand unseres Hochmutes und unserer Blindheit. So dürfen wir nicht denken. Denn erstens sind das auch Menschen, auch die »Asiaten«, die jetzt nur der Legende nach dort wohnen. Zweitens ist es für mich noch längst nicht ausgemacht, ob wir Europäer uns den »Asiaten« gegenüber so groß dünken dürfen, und schließlich und vor allem: Diese Menschen im nichtdeutschen Osten, in Polen, Rußland, Litauen, Lettland etc. haben unter uns so namenlos gelitten, daß wir alle, wenn wir das nur einmal richtig sehen und hören könnten, eine andere, eine neue Sprache ihnen gegenüber finden würden, die Sprache des gemeinsamen Leidens und der hoffnungsfreudigen Versöhnung. Denn es gibt eine große Hoffnung für uns alle, und es wäre falsch, zu verzweifeln. Aber unsere Hoffnung sind eben jene Menschen auf der anderen Seite, und es wird die Zeit kommen, da wir eine Sprache finden, die sie verstehen, und sie eine solche sprechen, die uns zum Frieden mit ihnen hilft. In dieser Richtung müssen wir arbeiten.

Ich sage das nicht und ich schreibe so etwas auch nicht, damit die deutsche Jugend nun auch noch von der Last der Schuld innerlich gelähmt und äußerlich am Aufbau gehindert würde. Sondern ich glaube, daß wir damit, daß wir zuerst unsere Fehler einsehen und uns ihrer nicht in Verschlossenheit schämen, den Weg freilegen zu einer neuen und guten Zukunft aller Völker in Europa. Glauben Sie nicht, daß es drüben auch Menschen gibt, die von ihrer Schuld uns Deutschen gegenüber wissen – es gibt sie, und diese Menschen sagen mir: Wir haben das gar nicht so gern, wenn die Deutschen so oft von ihrer Schuld reden, denn wir empfinden ihnen gegenüber das gleiche. Auch wir haben Schreckliches getan. Und nun sehen Sie, liebes Fräulein [...], das, woran mir liegt, ist eben dieses Gespräch mit der anderen Seite, bei der jeder Teil bei sich selber beginnt – und nicht solche Reden, die den anderen aufrechnen, was sie an uns getan haben. Ich hätte ja geschwiegen und nichts öffentlich gesagt, wenn davon wenigstens etwas angeklungen wäre an diesem »Tage der Heimat«. Aber wir dürfen nie und nimmer so reden, als wären wir die Überfallenen und Vertriebenen und hätten darum ein »Recht auf Heimat«. Das ist einfach nicht wahr. Denn erst haben wir die anderen überfallen. Gewiß, ein Recht auf Heimat bleibt – aber wer sind wir, daß wir Anspruch darauf erheben, und wer kann uns das Recht auf Heimat wieder zugestehen? Wer wird es uns zugestehen?

Von diesen Dingen kann erst dann die Rede sein, wenn zwischen dem deutschen Volk und den anderen Völkern im Osten Friede ist. Ich glaube, daß der Friede die Voraussetzung zu der Verständigung über die Formen unseres Zusammenlebens bzw. über die Grenzen ist, nicht umgekehrt. Denn wir werden nicht nur mit den anderen Nationen im Osten in dem einen – blutgetränkten – Raum zusammen leben müssen, der uns und ihnen geschichtlich zugefallen ist, sondern – ob Sie mir das jetzt glauben oder nicht – es wird das Zusammenleben schön und fruchtbar sein, und wir werden uns wundern, daß wir durch soviel Blut und Unrecht erst dahin gelangen mußten. Ich werde das wohl nicht mehr erleben. Ich habe es früher gehofft (nachdem ich aufgehört hatte, zu glauben, daß man als Soldat etwas daran ändern könnte) –, aber Sie und die anderen jungen Menschen, die gleich Ihnen heute neu anfangen und dem kommenden Jahrtausend entgegengehen, Sie werden es erleben. Denn jenseits der deutschen Grenzen wächst eine gleiche Jugend heran, die frei sein möchte von dem Verhängnis vergangener Tage – Sie beide, die Jugend hier und die Jugend dort, Sie gehen faktisch schon aufeinander zu. Es scheint mir darum richtig zu sein, wenn wir alles wegräumen, was dem im Weg steht, damit Sie beide, wenn die Zeit die schlimmsten Wunden geheilt haben wird, miteinander in Glück und Hoffnung das aufbauen, was von uns zerschlagen wurde.

Vielleicht verstehen Sie mich. Wenn es so kommt, dann werden Sie gewiß nichts dagegen haben, daß der »alte Herr« auch das Seine dazu tut, daß das gute Werk dem Redlichen gelingt.

Ihr Hans Iwand

1 Siehe Seite 163, Anmerkung 12.

30.

An Karl Barth 31. Dezember 1959

[...] Eben bringt mir die Nachmittagspost Deine Predigt vom 27. Dezember.[1] Sie ist sehr schön, wenn man sie einmal gelesen hat, muß man sie gleich noch einmal lesen. Es geht einem wie bei einem guten Musikstück. Das Ende verschlingt sich mit dem Anfang. Und wenn man sie dann zweimal gelesen hat, kann man sie auswendig und lebt sie in einem. So ist das. Das ist die wunderbare Macht des Evangeliums, das Du wie wenige zu sagen verstehst. Während des Krieges war es nicht immer ganz einfach zu predigen, denn man war doch in Dortmund, mitten unter den ständigen Luftangriffen, oftmals mehr dort, wo die Berge einfielen, als bei dem stehenden Bund der Gnade. Und ich habe dann immer eine Deiner Predigten aus »Komm Schöpfer Geist« oder aus Gollwitzer »Wir dürfen hören« langsam und aufmerksam gelesen, bis sie in mir zündete und ich wieder auf der rechten Bahn war. Das war mehr als ein Kommentar. Dort »predigte es«. Dort wurde man mit hineingenommen in das rechte Gefälle, das von oben kam, dort begriff man, daß die Räder des Getriebes von den Wassern der Schrift getrieben wurden. In was für Lagen mögen die Menschen von damals solche Glaubenssätze gesprochen haben. Es ist unfaßlich. Und wie sie bis heute stehen! Man kann sich an ihnen aufrichten, wo aller Boden zu sinken scheint. Ach, Karl, Du hast uns schon viel geschenkt – gewiß, ich weiß, wir müssen abnehmen, Er muß wachsen, aber es ist doch eine große Sache, wenn eines [Menschen] Werk durch das Feuer bewährt erfunden wird.

Ich schäme mich, daß ich so lange nicht geschrieben habe. Aber mir ging es nicht gut, im Frühjahr gar nicht gut, und ich fürchtete schon, daß ich aus dem Geschirr genommen werden müßte. Denn alle meine Gedanken liefen mir weg, und sie waren wie wilde Pferde, die ich nicht mehr an der Leine hatte. Ein bißchen davon erlebt man ja in allen Zweifeln und in den Anfechtungen, aber meist fängt man sich dann doch wieder ein. Aber im Frühjahr sah es nicht gut aus – mein Kopf war wie ein leeres Vogelbauer, in dem sich allerlei Getier einnistete. Das wurde dann aber doch besser, und seit meinem Schwedenurlaub[2] mit Baden und viel Luft und Wald geht es mir wieder gut. Es ist auch das für mein Alter angemessene Maß von Lebenslust wieder da. Manchmal wünschte ich sogar, noch einmal jung zu sein, wenn ich sehe, in wie fader, fauler Luft wir hier leben und unser rein aus Gnade geschenktes, neu geschenktes Leben verfallen lassen. Das Leben ist eben doch der Güter höchstes nicht. Daß es mir damals nicht gut ging, kann seinen Grund darin gehabt haben, daß ich ein sehr starkes Mittel gegen hohen Blutdruck bekam – es muß nicht unbedingt den Anfang von Irresein bedeuten! Das ist noch beruhigend.

Aber man könnte doch – als Deutscher unter Deutschen – schon irre werden. Wieder diese Vermessenheit, wieder das Hinwegsehen über das ganze Elend, das wir an den Menschen des Ostens – vornehmlich – angerichtet haben, wieder diese

Art, jene Völker als »Untermenschen« zu behandeln, natürlich jetzt mit den starken USA im Rücken! Gott sei Dank, daß Dulles uns nicht mehr ins neue Jahr führt. Endlich macht sich wenigstens etwas Vernunft bemerkbar. Törichtes Reden zum »Tag der Heimat«.[3] Wir verlangen – unter Berufung auf Gott und die Charta![4] – die »Heimat«, Sprecher sind alte Nazis und baltische Barone, und bei uns schweigt schon wieder alles wie gebannt. Als ob alles wieder vor den alten deutschen Zaubersprüchen in die Knie ginge. Das halte aus, wer kann! Dazu dann die Tiraden des Ratsvorsitzenden[5] gegen den Atheismus. Er plant ja einen Weltkongreß gegen den Atheismus in Berlin 1961 und will dort seine Toga niederlegen[6] – o diese Wahnsinnigen. Und wir an unseren Fakultäten rechtfertigen uns in dem allen mit dem Lobe der Fachwissenschaft. Das war schon das Motto 1945. Aber sangen wir nicht als Studenten: Nur der Teufel ist neutral? Wenn eine neue Probe kommen wird, wird er aus dieser Neutralität hervortreten und das – ordnungsmäßig geschmückte – Haus beziehen.[7] Das ist meine Sorge.

Ja, und dann – aber das sage ich nicht gern offen –, wenn ich unsere europäische Zivilisation ansehe, wenn ich denke, das sind dieselben Menschen, die das hinter sich gebracht haben, was sie hinter sich brachten, und sehe, wie wir leben – dann muß ich zuweilen an die Bilder der Propheten denken, an den Eingang von Jesaja, an Amos' Korb mit reifen Früchten und Jeremias siedenden Topf von Mitternacht, und fürchte, wir schmeckten Gott nicht mehr! O wir Deutschen, was sind wir für ein rätselhaftes Volk. Jedenfalls – es müßte schon wirklich ein Wunder geschehen, ein richtiges Wunder in unseren Tagen, wenn wir uns nicht mit der Atombombe selbst ein Ende setzten. Die Anstalten dazu sind getroffen und das wiederum gesichert und gerechtfertigt durch die allerchristlichste Partei und die sogenannten »Männer der Kirche«. Man sollte doch einmal versuchen, »Männer der Kirche« im NT zu entdecken. Schniewind sagte in solchen Fällen immer: Übersetzen Sie es einmal ins Griechische. Das ist das Narrenhaus, in dem man lebt, und dazu Studenten, die so gut sind, daß man seine Kräfte des Leibes und des Geistes verdoppeln möchte, um ihnen das zu sein und zu geben, wonach sie so verlangen. Dies ist unsere vordergründige, nicht eigentliche, aber doch auch wieder nicht zu übersehende Not: Wir können nicht im Rahmen des CDU-Programms Christen sein. Das CDU-Programm ist die noch einmal in politische Form gegossene theologia naturalis christiana. Darum können sie auch die »Gottlosigkeit« nicht begreifen und schlagen auf etwas zu, was sie nicht ist. Es ist genau das, was Du in [KD] III, 3 über die Verwechslung des Nichtigen sagst. »Den Teufel spürt das Völkchen nie.« Darum, wo das nicht geschieht, wo hier die entscheidende Einsicht und Wende nicht geschieht, daß man das wahre Christentum vom Schein desselben zu unterscheiden beginnt, da ist Hopfen und Malz verloren. Und hier versagen in der Regel unsere Fakultäten. Sie hoffen ihren »christlichen Unterricht« auf demselben Fundament der natürlichen Religion aufbauen zu können, das der »Fürst der Luft« – der Zeitungs-, Rundfunks- und Kirchenluft – als sein Reich ansieht.

Aber so darf das Jahr und darf der Brief nicht schließen. Ich muß Dir noch einiges Gute berichten. Darunter eins, was ich nun schon mehr als ein Jahr mit mir herumtrage. Als ich in Ungarn war, stand plötzlich – im Konzert von Annie Fischer, einer unter den Nazis durchgekommenen Jüdin, hervorragenden Pianistin – Georg Lukács neben mir. Er ist ein Freund der Künstlerin – wir unterhielten uns etwas, und dann sagte er: »Wenn Sie Herrn Barth sehen, und er es nicht ablehnt, den Gruß eines Atheisten anzunehmen, so grüßen Sie ihn bitte (wir dachten damals, Du könntest nach Frankfurt kommen) von mir. Ich habe keine Lust mehr, deutsche Philosophen von heute zu lesen. Aber seine Dogmatik, die lese ich. Das ist die große geistige Bewegung Deutschlands.« Er schreibt an einer Ästhetik, wird versuchen, die Leninsche Rückspiegelungstheorie[8] den Kommunisten zu begründen. Er ist immer klug – und neben Bereczky einer derer, der mir in Ungarn am meisten imponierte. Die Kirche in Ungarn hatte so große Möglichkeiten und hat viele gute Theologen, aber die Nachkriegsjahre sind für sie nicht gut gewesen. Ihre Führer – mit Ausnahme von Bereczky und einigen seiner Freunde – haben versucht zu überwintern, bis das bolschewistische Gewitter abzieht. Daran ist der Liberalismus Budapests im wesentlichen schuld. Und wohl auch

Genf. Mag Hromádka mit seinem Ungarnbrief[9] zu weit gegangen sein, er ist eben damals, als das Schiff nach rechts umzukippen drohte und alle, alle hier im Westen wie im Osten verrückt wurden (bitte, was haben wir in Warschau gemacht, als die Polen sich erhoben!)[10] – da ist er eben kräftig auf die linke Seite getreten. Er ist einer der wenigen, der wirklich klar sieht. Und Bereczky war krank. Sonst wäre vieles anders gelaufen.

Eben war ich in Warschau. Zum ersten Mal nach 1933. Die Begegnung mit den Polen war nicht so schwierig, wie ich dachte. Die Haltung der Polen uns gegenüber beschämend freundlich im Vergleich zu den Reden und Gesten unserer Vertriebenenführer. Das sind die Deutschnationalen in der Potenz. Aber die Lage des Protestantismus ist äußerst schwierig. Von 1 100 000 Evangelischen sind noch 100 000 geblieben. Das ist weniger als 10 Prozent. Ihre jungen, tüchtigen Theologiestudenten, vor denen ich eine Vorlesung hielt, leben in einer Armut, die der unsrigen von 1946 gleicht. Sie brauchten eine große und gute Akademie, aber wer kann helfen? Wir können es nur indirekt. Leider wirtschaften die Deutschen mit nationalistischen Tendenzen schon wieder kräftig hinein. Überall bei uns stößt man auf die These, daß es keine evangelische Kirche geben wird – ohne die Deutschen. Als wenn die Slawen nicht auch von sich aus sich dem Evangelium der Reformation zugewendet hätten. Aber es waren erstaunliche Begegnungen, die ich dort hatte, zum Teil ganz privat in ärmlichen Stuben mit zwei oder drei polnischen evangelischen Pastoren. Da hat wirklich Christus seine Verheißung wahrgemacht, und wir konnten hernach miteinander beten, uns umarmen und über soviel Unrecht und Schrecklichkeit hinweg eine Brücke des Friedens bauen. Es war ganz erstaunlich. Sie werden uns besuchen, und ich werde mit unseren ostpreußischen Brüdern zusammensein. Sie fragten immer nur: Gibt es denn noch mehr Leute in Deutschland, die so denken? Und die Tränen standen ihnen in den Augen.

Im Dezember war ich dann noch in Cottbus bei G. Jacob und seinen 200 Pfarrern und tapferen Pfarrfrauen. Alles das war stärkend – und ein lebendiger Erweis, daß es höchste Zeit ist, daß der Herr Ratsvorsitzende den Weg frei gibt für die Kirche des Evangeliums.

Nur noch eins – es gäbe noch vieles! – ich wollte Dir doch gern die Aufsätze[11] schenken, ein ärmlich geringes Zeichen für all die großen Dinge, die ich von Dir empfing. Ich entnehme Deiner Karte, daß Du sie schon hast. Aber ich möchte gern, daß ich sie Dir trotzdem geben kann – ja, das ist es eben. Heute könnte ich das mit Jenseits von Gesetz und Evangelium nicht mehr so sagen. Überhaupt, was da vom Gesetz drin steht, das ist nicht mehr meine Position heute. Erst das Versagen der Lutheraner im Kirchenkampf hat mir dafür die Augen geöffnet und mich unterscheiden gelehrt zwischen Gottes Gebot und jenem zeitlosen Nomos, der mit allen Inhalten gefüllt werden kann. Das ist eben doch eine der ganz großen Tragiken – oder wie soll man das ausdrükken –, daß wir Deiner Dogmatik nicht gleichzeitig auf der Spur bleiben konnten,[12] daß sie nicht – wie die anderen Sachen – Band um Band uns traf und half und in die theologische Bewegung einbezogen werden konnte. So strampeln wir jetzt alle hinterher. Denn man braucht ja Zeit zum Verstehen. Und Schleiermachers Ansätze wie auch die Melanchthons – leben unterdessen in der Theologie Bultmanns mit einigen Umformungen weiter. Aber es wird. Es kommt.

Wir verlieren zuweilen den Weg, aber dann ist das Licht wieder da, und wir wissen, wo wir hingehören. Dank für die Predigt, für alle Grüße und alle Freundschaft. Und wenn nicht alles täuscht, dann haben wir doch in aller unserer Not nicht ganz umsonst auf Gott gehofft und geharrt. Vielleicht wendet er doch noch einmal – unverdient für uns hier – alles so, daß der Same nicht nur unter Dornen und auf Felsen fällt.

Immer in Dankbarkeit und mit den besten Wünschen für Dich und Dein Schaffen Dein

Hans Iwand

1 »Der Herr dein Erbarmer. Jesaja 54,10« in: K. Barth, Rufe mich an! Neue Predigten aus der Strafanstalt Basel, 1965, 5–16.

2 August 1959 in Furusund nördlich Stockholm.

3 Siehe die drei vorhergehenden Briefe.

4 Charta der deutschen Heimatvertriebenen, am 5.8.1950 in Stuttgart im Beisein von Vertretern der Bundesregierung, der Kirchen und der westdeutschen Länderparlamente verkündet, fordert u.a. gleiches Recht als Staats-

bürger für alle Umsiedler und die Anerkennung des umstrittenen »Rechts auf Heimat« als eines Grundrechts der Menschheit.

5 Der EKD: Otto Dibelius.

6 Das hat Dibelius in JK 21, 1960, 455, mit der Bemerkung zurückgewiesen, »daß an dieser Mitteilung nicht ein einziges wahres Wort ist«. Man vergleiche aber in demselben Jahrgang dieser Zeitschrift Seite 199, wie sich die 1959 in München ausgesprochene Einladung des 10. Deutschen Evangelischen Kirchentages *nach Berlin* überraschend gegen andere Alternativen durchgesetzt hat. Aus »Kirche in der Zeit« vom April 1960 wird Seite 257 dazu folgendes zitiert: »Denn die Wahl Berlins, darüber muß man sich klar sein, ist ein Programm, sonst wäre sie Leichtsinn. Das Programm heißt, auf die Frage antworten, ob und wie ein Christ heute im atheistischen Weltanschauungsstaat leben kann, darf, muß ...« Es ist nicht ausgeschlossen, daß Iwands herbe Kritik in diese Richtung zielt.

7 Anspielung auf Matth. 12,43–45. Schon 1955 hieß es in dem GPM: »... was die Lage von heute angeht, so kann man nur an Mt. 12,43–45 erinnern« (PM I, 438,1).

8 Gemeint ist die Widerspiegelungs- oder Abbildtheorie des dialektischen und historischen Materialismus.

9 Stellungnahme gegen die im Herbst 1956 (siehe dazu Seite 143) von außen sich einmischende Reaktion, die eine Konterrevolution herbeiführte.

10 Gemeint ist die Demonstration der Bevölkerung, die am 28. 6. 1955 in Poznan (Posen) den Charakter des Aufruhrs annahm. Die BRD unterhielt zu der Zeit eine Handelsmission in Warschau. Näheres ist nicht bekannt.

11 Die von Karl Gerhard Steck gesammelten Aufsätze, veröffentlicht unter dem Titel »Um den rechten Glauben«.

12 Nur KD I,2 erschien – nach einer Pause von sechs Jahren – noch 1938, KD II,1 erst im Kriege 1940, II,2 1942, III,1 1945.

An Hanfried und Rosemarie Müller

31. Bonn, 9. 1. 1960

Lieben Müllers.

Es ist mir wirklich schwer, daß ich Ihnen nicht viel früher schrieb, nun kann ich alles Mögliche, was ich versäumt habe, Dank für alle Ihre Hilfe bei Hinfahrt und Rückfahrt von Warschau, Gruß zu Weihnachten und dem neuen Jahre, nur nachholen. Es war diesmal fast zuviel. Zwar lese ich nur 2 Stunden, und zwar über die »Kirche«, aber ich habe ein doppeltes Seminar über Möhlers Symbolik und hatte dann soviel Vorträge,

Bibelstunden, Predigt etc. hier zu absolvieren, daß ich mir vorkam wie ein Ball, den mal dieser, mal jener nach vorn treibt oder zurückschlägt. Es ist eben sehr schwer, sich bei diesen Kontakten und inneren Beziehungen zu den Menschen im Osten hier nicht isolieren zu lassen, sondern Studenten und andere Menschen gegen den kalten Krieg immun zu machen.

Als ich aus Berlin zurückkam – nach meiner polnischen Reise –, hatte man hier den kalten Krieg von neuem eingeheizt, »das ganze deutsche Volk muß ein Volk von kalten Kriegern werden« hatte einer der Abgeordneten im Bundestag gesagt, dazu kamen die entsetzlichen – ich weiß nicht, von wem bezahlten – Reisen und Reden des Herrn Schlamm, hier gilt wirklich: nomen est omen, und die den Menschen durch Jahre innewohnende Passivität dem Frieden gegenüber, als ob dieser eines Tages mit Erfüllung aller im Herzen gehegten Wünsche von selbst käme.

Und diese Wünsche sind verständlicherweise die, es soll alles werden, wie es war! Wie es war, ehe die »Nazis« kamen, wobei sie doch meistens mehr oder weniger es selbst waren. Aber sie glauben allesamt, sie wären es nicht gewesen. Diese Epoche ist aus ihrem Gedächtnis ausgelöscht. Sie behandeln diese Zeit wie einen Traum, der entsetzlich war, aber heute sind wir ja alle – Gott sei Dank – in den Armen der westlichen Demokratien so köstlich aufgewacht. Nein, was war das für ein schrecklicher Traum! Gott sei Dank, daß wir es nicht waren – es war nur ein Zauberer, und wir waren alle, alle Verführte. Sehen Sie, das ist für mich einfach um meiner Leidenschaft zum Realen willen unerträglich. Unsere sogenannte geistige Arbeit ist, als ob man ins Wasser schreibt. Man hat noch die alten Normen, ich denke hier besonders an die Geisteswissenschaften. Wenn man sich innerhalb ihrer hält, ist es »richtig« und man stimmt zugleich überein, jedenfalls was die Form angeht, mit der Wissenschaftsauffassung des Westens. Aber tatsächlich staken wir im Nebel und fahren wie Schiffe blind. Daß es dabei in dem großen Speise- und Tanzsaal lustig zugeht – das bedeutet nichts für die Navigation des Kapitäns. In der Titanic soll es auch sehr munter zugegangen sein, ehe man auf den Eisberg stieß.

Ach ja, sehen Sie, so könnte ich einen ganzen Abend mit

Ihnen beiden plaudern. Ich bin so gern bei Ihnen und spreche gern mit Ihnen über alle diese Fragen. Wir müssen ja den Überschritt in das Morgen hinein vollziehen – wir *müssen*! – in Wahrheit heißt jedes Zurück ein Zurück in das Entsetzliche, was war. In Wahrheit hieße ein echtes, ein aufrichtiges und nüchternes Voran den Durchbruch nach vorn, der uns in ein Land erstaunlicher Möglichkeiten führen würde. Aber wir tun es nicht. Was könnten die Christen heute in Deutschland sein und tun, wenn sie schlicht drei Sachen sich zum Ziele nähmen. Den ehrlichen Frieden – den Frieden mit dem Osten! – das klare Nein zur atomaren Bewaffnung mit *allen*, auch militärseelsorgerischen Konsequenzen (und nicht nur Scheinabbau) – und Anerkennung der DDR als eines mit uns auf eine echte Konförderation[1] zugehenden Staates. Alle drei Dinge werden kommen, aber ohne uns bzw. gegen uns. Und die Christen in Deutschland lassen sich noch einmal gegen »den Atheismus« mobilmachen. Als ob es gegen so etwas eine Mobilmachung gäbe. Ist das nicht einfach jammervoll. Und es kann doch dahin kommen, daß wir uns wirklich – vielleicht durch eine riesengroße Dummheit, aber Dummheiten sind eben etwas oftmals Verhängnisvolles – alle, alle zusammen in den Abgrund der Vernichtung reißen. Nicht im Sinne des Weltendes, aber wahrscheinlich im Sinne einer unabsehbaren Katastrophe, die die weiße Rasse auslöscht und ihre Geschichte als führende Rasse zu Ende bringt. Aber hier läßt man sich durch alles das *nicht* stören. Man genießt diese letzten Tage von Pompeji. Ich höre hier, daß die Rede von Chruschtschow in der UNO[2] so ausgezeichnet gewesen sein soll, hier bekommt sie niemand zu sehen. Ich habe sie mir jetzt aus Wien bestellt. Mir sagte das Gollwitzers Bruder.

Und nun noch einmal die Hakenkreuze.[3] Aber man bedenke, die 250 Ritterkreuzträger, die sich in Regensburg versammelten und vor denen der Oberstkommandierende der Schweiz sprach, trugen sie auch auf ihren Kreuzen und beschlossen, sie »auch in Zukunft in der alten Form zu tragen« mit Sepp Dietrich in ihrer Mitte. Dabei sandten Minister Glückwunschtelegramme und kommandierende Generale waren anwesend. *Das* geht durch, aber wenn sie auf den Straßen erscheinen – dann benimmt man sich wie Leute, die entsetzt sind, daß es »herauskommt«. Man denke nur an die Ratten in Camus' »Pest«. Und dabei ist Weihnachten, Neujahr, es wird gepredigt, herrliche oder auch weniger herrliche Kirchen werden gebaut – sogar, so höre ich, man bekehrt sich zu dem scheußlichen Dom![4] – ja in was für einer entsetzlichen Wirklichkeit leben wir. Ich kann das nicht.

Alle Briefe, die ich in den Weihnachtstagen schrieb, wurden solche Ausbrüche von Verzweiflung. Und dazu die deprimierende Lage der evangelischen Kirche. Haben Sie gehört, was inzwischen Kardinal Ottaviani in Rom gepredigt, was der Osservatore Romano geschrieben hat? Keine Hand dem Antichrist! Dem Mörder! Und – im Osservatore Romano: Die Sozialisten können Marx verbrennen, dem Klassenkampf abschwören, den Frieden machen – für die römische Kirche gibt es keine Koexistenz mit ihnen. *So* machen wir es. Warum? Oh, ich glaube zu ahnen, warum! Die Sozialisten müssen das sein, wofür wir sie halten – sonst bräche unser ganzer Stolz, unser christliches Selbstbewußtsein in sich zusammen. Es lebt vom Bild, das man sich vom Gegner macht. Wo treiben wir hin! Freilich, die Amerikaner und auch die Engländer werden sich von dieser allerchristlichsten Politik nicht einfangen lassen – aber wir? Und Berlin? Heute bekam ich eine anonyme förmliche Anklageschrift gegen Dibelius. Das ist natürlich auch dummes Zeug. (...) Und doch – vielleicht ist das alles ein abziehendes Wetter, vielleicht heißt es nur durchhalten, perseverare. Das ist ja der biblische Sinn von Geduld. Darunter durchhalten!

Ich weiß, es gibt genug positive Punkte, sie würden schon ganz anders leuchten, wenn wir diese aufglimmenden Lichter nicht immer wieder austupfen würden. Das ist das Schlimme. »Die Menschen liebten die Finsternis mehr als das Licht.« So ist das! Die Wunde, die der Nazismus in den Leib Europas geschlagen hat, darf nicht heilen. Sie muß blutend offengehalten werden. Das ist der Haß. Der Haß der gestürzten Schichten. Und so ist alles ein Wogen und Ringen zwischen endgültigem Verlöschen und langsamer, aber heilvoller Gesundung. Ich war im Dezember in Cottbus. Es war sehr schön. Ich sah ausgezeichnete junge Pastoren. Wie gut würde das Ganze aussehen, wenn unsere beiden Staaten eine Form rechtlicher Anerkennung vollzögen. Dann fiele das weg, was heute noch vom Rande her immer aufbricht. In der Mitte des ganzen christlichen Wesens habe ich es dort nicht angetroffen. Etwas anders war es in Frankfurt a. O. Aber nur eigentlich in der Stadt. Auch die Lageberichte klingen immer noch so, als ob es Berichte seien von der »Front des Kirchenkampfes«. Das paßt nicht zu dem langsam sich durchsetzenden neuen Wesen. Sehr gut war Ringhandt, den ich in Frankfurt a. O. sah und sprach. Ich habe über die geistige Situation des 19. Jahrhunderts von heute aus gesehen gesprochen und versucht, deutlich zu machen, daß wir heute in die damals nicht bewältigte Situation nach dem Tode Hegels zurückgeworfen sind. Aber daß diese ganze Zeit von der Mitte des Jahrhunderts an ein Leerlauf gewesen sein sollte – natürlich cum grano salis und immer nur »geistig« gesehen –, das nahm man mir nur schwer ab. Daß die Fragen von Strauß und Feuerbach, Ruge und Bruno Bauer, Marx und Engels *neu* auf uns zukämen, und zwar in ihrem ganzen Realismus und weder mit Gewalt noch mit Phrasen zu bewältigen sind – genau das wollte man eben nicht gern wahrhaben. Ich kann das schon verstehen. Diese Menschen haben kaum Zeit gehabt, sich einmal die Dinge, die über sie gekommen sind, im Großen zu überlegen. Und sie haben darin kaum eine Anleitung. Abends redete ich dann vor den Gemeinden. In Cottbus war das einfach schön. Da gelang es mir. Es ist eben nicht leicht, die Gemeinden im Osten wirklich von ihrer christlichen Einsicht aus zum Kampf gegen die atomare Rüstung zu aktivieren. Sie meinen sofort, man sei ein kommunistischer Fellow-traveller. Daß wir bei verschiedenen Grundpositionen in dieser Sache bedingungslos zusammengehen und zusammenstehen müssen, ist nicht so leicht ihnen klarzumachen. Aber in Cottbus ging es. Es war eine tiefe und echte Ergriffenheit, auch unter den Pfarrern, zu spüren. Es war wie ein Durchbruch. In Frankfurt a. O. mußte ich – schon total abgenutzt und durch Vorträge und sonstige Zusammenkünfte ausgeleert – in kleinen Kreisen mich noch wehrend und ärgernd in einer eiskalten Kirche reden vor bubbernden, meist alten Leuten, da bin ich dann wirklich physisch dem kalten Krieg erlegen! Ich kam mir vor wie einer, der versucht, mit einem Bunsenbrenner einen Eisberg aufzutauen. Ich fror hinterher bis in das Innerste meiner Seele, als ich dann nachts mit dem guten Bernhard Weber die leere Straße nach Finkenwalde[5] abtrudelte – endlich mal eine fühlende Seele! Er ist mein alter Schüler und Freund. Kennen Sie ihn, er war früher Vikar in Lichterfelde.

Auch hier geht manches mühselig. Ich habe einen saftigen Krieg mit Oberländer, das kann ich nicht mehr schreiben, da müßte ich einen ganzen Anhang mit Belegen hinzufügen! In Düsseldorf versuchte ich, Erwin Eckert zu sprechen, aber er war, als ich aus Berlin kam – 12. XII. – schon nicht mehr in seinem Hotel. Ich habe nun an Walter Diehl geschrieben. Vielleicht können sie mich noch brauchen. Dann ein Vortrag über die Verständigung mit dem Osten in der Uni, ein ähnlicher vor den »Liberalen Studenten« – so geht es pausenlos. Aber man kommt sich vor wie ein armer Fischer, der nachts in den Teich ein Loch haut – und morgens ist es wieder gefroren. Das liegt am Klima. Man möchte zur Nationalhymne erheben: Wach auf, gefrorner Christ!...

Es war so nett von Ihnen, liebe Frau Müller, daß Sie mich noch so gut in den Zug setzten. Ich kam glänzend heim. Vielen, vielen Dank. Wenn ich wieder nach Berlin komme, melde ich mich. Zur Synode komme ich nicht. Da wird mich Gollwitzer vertreten. Der macht es gern. Es ist alles nutzlos. Fräulein Walther und die Kinder lassen sehr grüßen. Ich hoffe, wir werden Sie bald einmal hier haben. (...)

Immer Ihr

Hans Iwand

1 Es handelt sich um einen wiederholten Vorschlag der DDR.
2 Siehe Seite 167.
3 Neofaschistische Schmierereien an der Synagoge in Köln im Dezember 1959.
4 Gemeint ist der Berliner Dom, dessen Wiederaufbau damals geplant, aber erst in den siebziger Jahren ausgeführt wurde.
5 Gemeint ist Fürstenwalde (Spree).

32. Bonn, 16. 1. 1960

Lieben Müllers.

Ich darf doch wohl so schreiben, denn ich möchte doch immer an Sie *beide* schreiben. Diesmal nur darum, weil ich Ihnen ein Heft der Jungen Kirche sende mit dem Aufsatz [...] zur Frage Dibelius.[1] Ursprünglich sollte ich ihn hier in einer Tageszeitung unterbringen. Aber – dies ganz unter uns – auf diese Linie darf diese Sache nicht abgeschoben werden! Was sind das für alberne, der Sache, um die es geht, heute doch in keiner Weise entsprechende Parallelen. Und *wenn* man sie dann schon auf die Gegenwart anwendet, wohin kommt man dann? Die Römer = die Russen! Haben vielleicht die Juden Rom überfallen und das Römische Reich zu stürzen versucht? Aber sehen Sie, so primitiv sind die Saisontheologen, wenn sie geschichtliche Parallelen suchen. Und Dibelius – und die Pharisäer! Man müßte wirklich schreiend lachen. Warum sind die Leute von drüben nicht, was sie sind – warum müssen sie immer biblischen Sommernachtstraum spielen. »Ich bin der Löwe«, »Ich bin der Tiger«, das ist auch eine Art Konfessionalismus, etwa in dem Sinne: »aus mir redet Luther« etc. Oh, das ist wirklich unser Ende, daß wir nur noch Masken sind. Masken irgendwelcher »historischer« Figuren. Totenmasken.

Vor einigen Wochen brachte mir ein Assistent einen Artikel von Dibelius, Berliner Sonntagsblatt Palmarum 1933! Dibelius begrüßt die Regierung der nationalen Konzentration, macht die Juden verantwortlich für die Hetze gegen die »deutsche« und starke Regierung, gibt als bestes Mittel dagegen »Boykott der jüdischen Geschäfte« an und endet mit einem famosen Rezept, wie man »ohne Gewalt« die Juden in Deutschland zum »Aussterben« bringt. So – ich denke, ich sehe nicht recht! Es müssen ja in diesem Berliner Sonntagsblatt gerade auch vor 1933 furchtbare Dinge aus seiner Feder stehen. Er weist jedenfalls selbst auf solche Artikel hin.

Der Fall Oberländer, der mich hier eine ganze Weile in Atem hielt, nimmt ja immer groteskere Formen an. Sie müssen einmal die letzte Nummer des »Vorwärts« und die erste Januarnummer der »Anderen Zeitung« lesen. Er hat offensichtlich mehr Sorgen als ich.[2] Das ist auch mal verdient, und ich bewege mich im Moment wie im Sonnenstrahl auf der Strandpromenade. Sie haben mir wirklich genug Kraft, Mut, Gesundheit und Arbeit gekostet, diese in den Vertriebenenverbänden verkappten Nazis. Zumal ich immer noch einen Teil meiner ostpreußischen Pfarrer theologische Watte in die Ohren stopfen mußte vor den Bonner Sirenentönen. Es kommt eben alles darauf an, daß wir die mit dem Zusammenbruch der Hitlerherrschaft geschaffene Lage in Europa ernst nehmen und uns eindeutig klarmachen, daß wir nicht – niemals auf die Ausgangsstellung von vor 1933 zurückkönnen. Ja, wenn wir uns geweigert hätten, die Teilung Deutschlands in zwei Staaten mitzumachen, wenn wir nach 1945 verlangt hätten: Wiederanknüpfung an die Weimarer Verfassung und nicht die Kommunisten sofort hier ausgebootet hätten, dann wäre das vielleicht gegangen. Aber unser Antikommunismus hat uns weit hinter Weimar und hinter »Versailles« zurückgeworfen...

Nun, es mag für diesmal genug sein. Ich wußte nur in der Tat niemanden, mit dem ich einmal über diesen Artikel [...] reden könnte. Alles ist hier – und in Darmstadt![3] – entzückt über solche ruhige und tiefe Einsicht!

Immer Ihr

Hans Iwand

(...)

1 Das heißt: zu Dibelius' Schrift »Obrigkeit?« und die dadurch ausgelöste heftige Diskussion.

2 Oberländer wurde der Mittäterschaft an der Ermordung von Juden und Polen während des zweiten Weltkriegs beschuldigt und sah sich wenig später gezwungen, von seinem Amt als Bundesminister zurückzutreten.

3 Das heißt offenbar: die Kirchlichen Bruderschaften im Rheinland und in Hessen.

33.

An Robert Raphael Geis Bonn, 22. 1. 1960

Lieber Herr Dr. Geis,

haben Sie herzlichen Dank für den so interessanten und lesenswerten Artikel über Hermann Cohen.[1] Ich habe den Artikel mit der größten Freude gelesen und vor allem das Problem des »Monotheismus« gerade vom jüdischen Gottesglauben her mir noch einmal vorrücken, ich meine, in meinem Geiste vorrücken lassen. Es ist schon ein enormes Problem, und wir stehen nach mancherlei Richtung hier vor einer, wenn nicht der tiefsten Frage der christlichen Dogmatik bzw. des Glaubens. Daß Cohen soviel Verständnis für den kulturellen Wert der Reformation hatte, wußte ich nicht. Vielleicht ist es die Zeitgenossenschaft Herrmanns und die Verbundenheit mit Kant, die ihn dabei beeinflußte. Sie weisen ja auch ein wenig darauf hin. Nimmt man noch hinzu, daß in jener Zeit auch Pasternack bei Cohen hörte, so kann man sich nur noch staunend wundern – auch der junge Barth muß damals dort gewesen sein![2] – was für ein geistiger Knotenpunkt Marburg war und wieviel Cohen zur Nüchternheit Paul Natorps beigetragen hat. Nach seinem Tode wurde es anders.

Ich bin ja immer noch sehr traurig, daß Sie nicht bei uns lesen, und habe den Wunsch noch nicht aufgegeben. Aber diese Unbewegtheit unseres akademischen Apparates – unwandelbar wie die Kolleghefte! – ist erstaunlich, zumal angesichts der letzten Ereignisse.[3] Sie wissen wirklich nicht, was dem deutschen Volk zu seiner inneren Gesundung nötig wäre, und führen wie meist lediglich die von den Regierungen gewünschten »Kundgebungen« aus. Was ist aus dem deutschen Geist geworden – unter den Offizierstiefeln und nach den Verbrechen der Nazis! Was? Grauenvolles. Ein erschlagener, nicht wieder zu erwekkender Geist!

Ich grüße Sie in Dankbarkeit und mit den besten Wünschen als Ihr Ihnen sehr ergebener

Hans Iwand

1 Hermann Cohen und die deutsche Reformation. Wiederabgedruckt in: R. R. Geis, Gottes Minorität. Beiträge zur jüdischen Theologie und zur Geschichte der Juden in Deutschland, München 1971, 137–151.
2 Karl Barth studierte in Marburg vom Sommersemester 1908 bis zum Sommersemester 1909, Boris Pasternak im Sommersemester 1912.
3 Siehe die Anm. 3 zu Brief 31.

34.

AN JOSEF B. SOUČEK Bonn, 11. II. 60

Lieber Bruder Souček,

ich muß Ihnen doch schnell sagen, daß ich Ihre Meditation[1], die im Korrekturbogen heute morgen kam, mit ganz großer Freude las und damit zugleich sehr mit Ihnen ins Zwiegespräch gelangte. Eben habe ich mich mit Examensarbeiten herumgeschlagen und war ganz entsetzt, was unsere Studenten heute mit der Absolutsetzung des Glaubens anfangen, die sie bei Ernst Fuchs, Ebeling und aus ihrem alten pietistischen Erbe lernen. Statt des hochgemut-aristokratischen Cogito, ergo sum,[2] erschallt es nunmehr kleinbürgerlich von allen Seiten: Credo, ergo sum.[3] Es ist terrible.[4] Es ist nicht einmal eine geistige Aktion in dem allen, sondern es ist einfach der »Zeitgeist«, der mich aus diesen Gesichtern anglotzt – da war mir wirklich Ihre Meditation ein Bad der Wiedergeburt, eine schöne Sache, und ich verstand auch, daß man sogar das anti[5] im Sinne des »für«, des »angesichts« rechtfertigen könnte. Der Glaube ist wirklich bezogen auf einen »Lohn«, er lebt nicht von ihm, aber weil er weiß, daß er auf »etwas« bezogen ist und nicht auf das Nichts, auf *die* Realität aller Realitäten, daß er nicht aus sich selbst lebt und nicht in sich selbst gegründet ist, daß wir per Christum und nur unter dieser Voraussetzung sola fide[6] gerecht sind – darum schaut und greift er über die Hügel und Untiefen dieser »gegenwärtigen Zeit« hinaus auf das, was sich schon als Land, als »Stadt« von drüben her zeigt.

Wir bringen diesmal viele Meditationen zum Hebr., und ich finde sie fast alle im gleichen Ton und Geist gehalten. Ich freue mich, daß die Meditationen nicht schlechter werden, und ich habe die Absicht, daß wir – die Mitarbeiter – sich noch in diesem Jahr einmal treffen sollten, um abzuwägen und zu erfühlen, wohin uns die Staubwolke bei unserer Wüstenwanderung weist, wie wir noch besser und aus einem Geist heraus Schritt fassen in der großen Aufgabe, *das* Wort heute zu sagen, das von oben ist und darum in die Herzen eingeht. Was für eine Gnade, daß wir das in *einem* Geist tun. Das ist und bleibt für mich das eine große Wunder der Gnade Gottes in den Schmerzen dieser Tage, und ich bin gewiß, wer noch nicht begriffen hat, daß Gott *diese* Gemeinschaft und *diesen* Frieden aus dem Grauen der hinter uns liegenden Zeit herausgebären will – der ist nicht nur im Kopf, sondern auch mit dem Herzen auf der verkehrten Seite.

Ich fange an, wieder ganz mobil zu sein. Die Schwäche des Frühjahrs ist nicht mehr spürbar, und ich habe aufgeholt, was ich damals dahingehen lassen mußte. Besonders dankbar war eine große Kundgebung unserer Uni von etwa 1000 Studenten, wo ich gegen Hakenkreuz und Antisemitismus sprach und diesmal wirklich die ungeteilte Zustimmung vor allem der zahlreichen juristischen und phil. Kollegen hatte, aber auch der vielen Studenten.[7] Es tut sich überhaupt mancherlei bei uns, in meinem Streit mit Oberländer werde ich wohl auch »obenauf« bleiben,[8] langsam sehen es viele, obschon die evangelischen Mitglieder der CDU sich aufs schimpflichste benommen haben. Die Berliner Synode[9] war zwar bitter, aber Vogel hat sich klug und tapfer geschlagen. Gut, daß er nun endlich das Tischtuch zwischen sich und Dibelius zerschnitten hat. Die Fakultäten, nicht die Kirchenleitungen sind unsere ganze Hoffnung. Zur Generalsynode[10] fahre ich nicht, Gollwitzer wird mich vertreten. Er macht es sicher prächtig. Inzwischen hat sich Lilje – wie heute die Zeitungen melden – ganz hinter Dibelius gestellt,[11] er ist in USA zu Vorlesungen! Der feiste Bubi! Das macht er meist so, wenn es brenzlig wird.

Es ist ungeheuer viel los bei uns, der kalte Krieg geht eben nicht kalt zuende, sondern es ist sehr hitzig. Kreck kam verwandelt, begeistert und aufgemöbelt von Ihnen zurück. Dank für die umfangreiche Adresse mit den vielen lieben Namen. Ich hoffe, im April mit ein wenig Zeit zu Ihnen zu kommen und freue mich unbändig darauf. Die Tage mit Hromádka bei uns waren halkyonische Tage.[12] Es gibt hin und wieder so etwas, eingesprengt in die Mühsalen unserer Tage. Ich freue mich sehr auf Prag. Viele Grüße an Ihre liebe Frau und Tochter. Unser ganzes Haus grüßt mit! Und wir hoffen sehr, Sie werden uns auch wieder mal visitieren. Der Wein von 59 ist sehr gut!

Immer Ihr

Hans Iwand

1 GPM 1959/60, 137–143 (BA): Palmarum. Hebr. 11,39–40; 12,1–3.
2 Ich denke, also bin ich.
3 Ich glaube, also bin ich.
4 Schrecklich.
5 Die griechische Präposition in Hebr. 12,2.
6 Allein durch den Glauben.
7 Iwands Rede »Gegen Hakenkreuz und Antisemitismus« ist veröffentlicht in PTh 75, 1986, 518–525.
8 Siehe die Anm. 2 zu Brief 32.
9 Die Synode der Ev. Kirche von Berlin-Brandenburg.
10 Die Synode der EKD.
11 Siehe Anm. 1 zu Brief 32.
12 Ruhige Zeit des Glücks.

35.

An Hanfried und Rosemarie Müller — Bonn, 11. 3. 1960

Liebe Freunde.

Ich darf doch so schreiben. Ich denke oft an Sie, denn ich finde, daß wenig Menschen so richtig liegen – was die großen Aufgaben unserer Zeit angeht – wie Sie beide, und wie gut, daß Sie einander haben. Mit dem »richtig liegen« meine ich nicht, daß man keine Fehler macht, man macht gewöhnlich immer mehr Fehler an der Front als auf dem heimatlichen Exerzierplatz, wo mit Platzpatronen geschossen wird. Aber was ich meine, gilt der Position, die ein Bote des Evangeliums heute einnehmen müßte. Wenn ich jung wäre, hätte ich es vielleicht ebenso gemacht. Aber man kann sein Leben nicht von vorn beginnen. So etwas können nur die Nazis und ihre Schleppenträger.

Die Schwierigkeit und Unmöglichkeit der Wandlung ist natürlich ein überindividuelles, epochales Phänomen. Es wirkt darin jener »Geist«, von dem Hegel doch noch besser redet, als es Bonhoeffer von dem »Allgemeingeist« tut.[1] Die einzelnen sind hier nur Figuren, fast möchte ich sagen: Puppen. Und die Drähte, an denen sie hängen, bemerken sie kaum. Auch und gerade bei den Christen mit ihrer leider nur eingebildeten Freiheit ist es kaum anders. Ist es nicht erstaunlich, was für ein riesiges Theater heute mit diesem Begriffe gemacht wird, oft frage ich mich, was denn nun die *reale* Grundlage dieses großen Getues ist. Ich glaube, es ist die Freiheit zur Willkür und Selbstauflösung unserer Epoche. Es ist das Feigenblatt, das sich eine Generation umhängt, um in einer bisher kaum gekannten Schrankenlosigkeit der Selbstsucht und dem Eigennutz zu frönen. Freiheit heißt: Laß mich um Himmelswillen in Ruhe. Ich werde mich um dich kümmern, wenn das für mich von Nutzen ist, wenn ich »Beziehungen« brauche, aber im Allerinnersten brauche ich dich nicht! Ich brauche niemanden, weder Gott noch Mensch. Das heißt Freiheit. Freiheit ist Willkür. Wie himmelweit von dem entfernt, was der »Chinese von Königsberg«[2] einmal unter diesem Worte gesichtet hat.

Die letzte Synode war mit ein Beispiel, wie die kirchlichen Notabeln unter der Anführung ihres Bischofs diesen abendländischen Götzen verteidigten. *Dazu* muß sich nach allem, was vorangegangen ist, das Christentum nun auch noch hergeben. Dieser geistliche Feldherr – als der er sich weiß – läßt seine Armee schlicht und gottesfürchtig auf dem Schießplatz des Marxismus aufmarschieren und wundert sich nicht einmal, wenn die Soldaten dieses »kalten Kirchen-Krieges« dort in die Unsichtbarkeit »aufgehoben« werden! Ist das nicht geradezu komisch. Er facht die Schlacht immer von neuem an, seine Unterführer geben den Befehl weiter, immer von neuem folgen die »Tapferen« seinem Ruf (weil er im Grunde auch der ihrer eigenen Brust ist), immer von neuem zerplatzen sie, wie wenn sie von einer magischen Kraft angezogen und aufgelöst würden. *So* ist das. Ich glaube, mir geht es so gut, weil ich dieses so oft erlittene Theater nicht mehr mitzumachen und auf der Synode nicht Kassandra zu spielen brauchte. Diese Synode war schmählich. Sie dachte nur an sich. Sie hatte Angst, das Evangelium könnte sie sprengen. Und siehe da, die »Bruderschaft« siegte noch einmal über den Befehl Gottes. Indem man so – wie man annimmt – unter dem Evangelium »zusammenblieb«, hatte man sich faktisch darübergestellt. Die Gemeinschaft siegte – und das Wort ging unter. Gott kann sich nur noch so durchsetzen, daß er unsere Gemeinschaft sprengt.

Ich hatte an Dietze geschrieben und ein paar Dinge genannt, die heute sachlich anstehen. Die Atomfrage ist ganz klar. Hier gibt es *nur* ein Nein. Die Obrigkeitsfrage ist vielleicht nicht ganz so eindeutig. Aber im *Praktischen* hätte es hier eine klare Entscheidung gegeben: »Wie wir hier als Bürger zweier deutscher Staaten zusammensitzen und tagen, in der Einen evangelischen Kirche Deutschlands, so bezeugen wir damit die Existenz und gegenseitige Anerkennung zweier deutscher Staaten. Wie wir uns dadurch nicht trennen lassen, so werden auch diese beiden deutschen Staaten nicht auseinander, sondern zueinander streben.« So etwa. Das griffe den Politikern nicht vor und bezeugte doch eine tatsächlich vorliegende Realität. Nein, so etwas zu tun und zu sagen, überlassen wir den Sportlern und den Wirtschaftsführern – siehe Leipziger Messe –, und dann beklagen wir uns, weil die moderne Welt den Sonntag nicht mehr heiligt. O ihr Muselmänner! Das dritte, was fällig gewesen wäre, war ein Wort gegen den Traum der Vertriebenen und die Bezeichnungen »Mitteldeutschland«, »Ostdeutschland« etc. Das vierte: der Primat des *Friedens vor* der Abrüstung (Forderung Albert Schweitzers)[3] und Forderung eines auf der ersten Gipfelkonferenz zu proklamierenden atomfreien Raumes in Mitteleuropa.[4] Aber da geht natürlich unseren Leuten die Puste aus. Ich fürchte, daß die Bruderschaften das auch nicht wagen werden. Und doch müßte hier dieser Durchbruch erfolgen, wenn wir leben – wirklich als Menschen leben wollen.

(...)

Ihr Hans Iwand

1 Geht wahrscheinlich auf die sozialphilosophische Untersuchung der »allgemeinen Geistigkeit des Menschen« am Anfang von Bonhoeffers Schrift »Sanctorum Communio. Eine dogmatische Untersuchung zur Soziologie der Kirche« (1930), 1954[2] (Theologische Bücherei Bd. 3), jetzt Werke I, 1986.
2 Kant nach einem Ausdruck Nietzsches (Jenseits von Gut und Böse, 210. Aphorismus, Messer II, 46).
3 Friede oder Atomkrieg (1958). Dritter Appell: Verhandlungen auf höchster Ebene, Ausgewählte Werke V, 1971, 600–611.
4 Das entspricht dem Plan des polnischen Außenministers Adam Rapacki, siehe Seite 166.

Zeugnisse über Iwand

Karl Barth

... Hans Iwand – ich kannte und liebte ihn, seit ich ihn 1924 in Königsberg zum ersten Mal sah... Ich traure mit euch. Uns war viel in ihm gegeben und nun ist uns mit ihm auch vieles genommen. Das Feuer, das in ihm brannte, hatte nicht seinesgleichen und wird sobald nicht seinesgleichen haben.
(Brief an die Freunde vom 15. 5. 1960 im K.-Barth-Archiv Basel)

Ernst Wolf

Das Geheimnis des theologischen Lehrers ruht hier auf der vorgelebten *Einheit von Lehre und Leben.* Denn die Wahrheit will getan werden. In diesem Sinn hat Iwand die Universität leidenschaftlich bejaht und den professoralen Egoismus des engen Spezialistentums ebenso verabscheut wie eine Fachtheologie, der die echte Bindung an den Auftrag der Kirche Christi gleichgültig wurde. So war er besorgt um die rechte *Predigt des Evangeliums.* Die von ihm ins Leben gerufenen und vierzehn Jahre hindurch betreuten »Göttinger Predigtmeditationen« sind dafür ein in Anlage und Wirkung großartiges Zeugnis, auch ein Zeugnis für Iwands Gabe, zusammenzurufen und zusammenzuhalten, der auf der anderen Seite die Schärfe der Trennung und Absage dort entspricht, wo die Wahrheit in Lüge verwandelt wird und die Verleugnung des Glaubens ihr Haupt erhebt – oder der Glaube sich das Schauen anmaßt.
(ThLZ 85, 1960, 796)

Helmut Gollwitzer

Der Umgang mit ihm selbst war gerade darum stets so belebend, weil er in jedem Wort mit der ganzen Dichte seiner Persönlichkeit präsent war, weil jedes Wort aus echter Erfahrung kam und nur anempfundenes oder erdachtes Gerede bei ihm nie zu hören war. Diese seltene Einheit von Denken und Existenz dürfte auch in allem, was er geschrieben hat, zu spüren sein.

Auch von hier aus ist es nicht zufällig, daß von seiner dogmatischen Arbeit das Predigen nicht weggedacht werden kann, daß er systematische und praktische Theologie, theologisches Denken und intensive Teilnahme am kirchlichen Geschehen miteinander aufs engste verband...
(PM I,6)

Josef L. Hromádka
Dieser Mann, der mit der ganzen Innigkeit seines Wesens sein Volk liebte und auf sich dankbar seinen Ruhm, aber auch seine Schuld trug, wurde als Verräter seines Volkes gebrandmarkt. Und doch gehörte gerade er zu den Gestalten, die uns den deutschen Menschen näher rückten und für uns die erhabenen Güter der deutschen Vergangenheit verkörperten. Im Gespräch mit ihm lernten wir das deutsche Volk wieder lieben und respektieren. Sooft er unter uns weilte, öffneten sich vor uns Horizonte jener europäischen, ja allmenschlichen Gemeinschaft, nach der wir alle uns so sehr sehnten.
(CV 1960, 122)

Josef B. Souček
Er war ein ganz außerordentlicher Mensch. Ein Mann warmen Herzens, unmittelbarer Begeisterung, aber auch strenger Entrüstung fähig; nur Lauwarmes gab es nicht an ihm. Zugleich war er ein Mann nüchterner Überlegung und reicher Lebenserfahrung, mit scharfer Einsicht in den Charakter der Menschen... Auf seinem Gebiet war er ein hervorragender Fachmann; es gibt nicht viele so tiefe Kenner und Ausleger Luthers, aber auch der deutschen klassischen Philosophie. Er wünschte sehr, die Ergebnisse seiner Lebensarbeit literarisch zusammenfassen zu können, aber er zögerte nicht, den dringlichen Aufgaben der Gegenwart den Vorzug zu geben. Dabei fand er Zeit für herzliche Gemeinschaft mit Freunden, wo sein Herz und sein Geist den allerunmittelbarsten Ausdruck fanden.
(Kostnické Jiskry, Prag, vom 19. 5. 1960)

Jan Milič Lochman
... im Zeitalter des »kalten Krieges« ist Prof. Iwand zu uns

gekommen und kam dann immer wieder – wie von einem Drang getrieben: nach Jahrzehnten, ja nach Jahrhunderten eines unheimlichen machtpolitischen und militärischen »Dranges nach Osten« allerdings von einem total entgegengesetzten »Drang nach Osten«: vom Drang der Versöhnung und der Liebe. Der evangelische Theologe, der vom Evangelium von der versöhnenden Liebe Jesu Christi unwiderstehlich geprägt und getragen wurde, der europäisch gesinnte Deutsche, der sich nach positiven und schöpferischen Möglichkeiten eines neuen Anfangs im Zusammenleben europäischer Völker sehnte, wurde ganz folgerichtig: ein Mann des Friedens ... Darum war er von Anfang an in der Friedensbewegung tätig, vor allem in der Prager Christlichen Friedenskonferenz, die ihm in ihrer theologischen Grundlage und als Ort der Begegnung der Christen von Ost und West besonders nahelag; sein Geist hat dann die Konferenz wesentlich beeinflußt und geprägt.
(JK 1960, 518)

Robert Raphael Geis
Professor Hans Joachim Iwand war nicht nur – wie man das heute gern zu nennen pflegt – ein Freund der Juden, der für seine Treue in den Jahren der Verfolgung Schweres willig trug, er war wirklich und wahrhaftig mit uns in dem Kampf um das Königtum Gottes geeint, für ihn gab es nie eine Scheidung zwischen Glaube und Tat; Politik bedeutete ihm immer Theopolitik. Es stimmt uns traurig, weil das noch immer genügte, um ihm ein Judenschicksal zu bereiten. Geschieden von uns in seinem Glauben, war er uns zutiefst verbunden in dem Ringen um die Planverwirklichung Gottes in dieser geschändeten und geliebten Welt, Zeichen einer Einheit, die weit über das hinausgeht, was christlich-jüdische Verständigung bis heute meint und vermag.
(Gottes Minorität, München 1971, 197)

Heinz Willmann
Wir denken nicht religiös, ... und doch gibt es eigentlich keine Lebensregung, bei der wir nicht Kontakt mit dem Denken und Fühlen von Hans Iwand haben. Das ist ein Phänomen, das mich

immer wieder zum Grübeln und Nachdenken bringt, das mir aber auch sehr viel Hoffnung gibt und mich bestärkt in der Gewißheit, daß Menschen der verschiedensten Art und Auffassung miteinander leben und wirken müssen, wenn es um das Leben aller geht und um den Bestand dessen, was durch die Jahrtausende hindurch von Menschenhand und Menschengeist geschaffen wurde.
(Brief von 1960 an die Familie Iwand im Archiv der H.-Iwand-Stiftung Beienrode)

Anna Seghers
Ich habe Professor Iwand durch die Arbeit im Weltfriedensrat recht gut gekannt... Ich kann mich noch gut erinnern, daß Iwand und einige Mitarbeiter und ich selbst in einem Hotel in Stockholm, in dem ich auch später öfter war, zusammengesessen, diskutiert und auch gelacht haben. Ich glaube, er war ein offener und sympathischer Mensch.
(Brief vom 17. 12. 1969 im Besitz von C.-J. Kaltenborn in Berlin)

Dieter Schellong
Wenn ich versuchen will zu sagen, worin die starken Eindrücke bestanden, die ich von Iwand empfangen habe, so ist vielleicht dreierlei zu nennen, das aber nicht voneinander getrennt werden darf. Zunächst ist es die strenge Sachlichkeit in der theologischen Arbeit, eine Sachlichkeit nicht nur formaler, sondern inhaltlicher Art: das schöpferische Handeln und den Primat Gottes auszudrücken und intellektuell zu verantworten. Dann ist es die geschichtlich-praktische Dimension allen theologischen Denkens und Redens. Immer war bei Iwand die Verantwortlichkeit der Kirche präsent, die Aufgabe der Verkündigung und die Verantwortung in politischer Hinsicht; dies aber nicht in kurzatmigem Praxis-Zwang, sondern in ständiger Aufarbeitung der geschichtlichen Herkunft, des geschichtlichen Versagens und der geschichtlichen Wandlungen. Schließlich möchte ich die Leidenschaft nennen: Leidenschaft zur Theologie und zur Verantwortung des Wortes Gottes im Leben. Daß Sachlichkeit und Leidenschaft sich nicht ausschließen, sondern erst an-

einander je ihre Berechtigung haben und ihre Kraft entfalten, das konnte man bei Iwand erleben.
(Reformatio 28, 1979, 390)

Hanfried Müller
Iwand ist einer der ganz wenigen Theologen unserer Zeit, die gegen alle irrationalistischen und existentialistischen Tendenzen wissen, daß die Freiheit der Tat ihre Wurzel nicht im Zufall, sondern in den Bedingungen der Wirklichkeit hat – und daß diesen Bedingungen eine Gesetzlichkeit innewohnt, die wir in der Geschichte lernen. Darum kann er in Schleiermachers Bemühen um die Ethik das Problem unserer Zeit wiederfinden, Natur und Geist nicht auseinanderzureißen, sondern zu bewußter Gestaltung der Wirklichkeit zu verbinden...

Sowohl von dem Nein zum Mißbrauch des Evangeliums für die Rechtfertigung christlicher Fronten als auch von dem Ja zur sauberen Rationalität und Menschlichkeit eines Schleiermacher führt eine gerade Linie dahin, das Erbe des Faschismus geistig bewältigend zu überwinden und den Weg freizulegen für die notwendigen Taten einer friedlichen Gestaltung menschlichen Zusammenlebens in der Zukunft.
(Neue Zeit, Berlin, vom 7. 7. 1959)

Klaus Schwarzwäller
Iwand entwirft... mit der theologischen Aufgaben- und Ortsbestimmung zugleich ein gesamtwissenschaftliches Konzept, das weit trägt, das freilich eine wesentliche Voraussetzung hat, um die er mit aller Leidenschaftlichkeit rang: daß die Theologie das Gebotene tue und sich der ihr damit aufgegebenen Unbequemlichkeit nicht entziehe; daß sie in ihrer Grenzexistenz durchhalte und nicht »wie eine Hammelherde im brennenden Stall die Köpfe zusammensteckt« und dem gerade Zeitgemäßen nachläuft... Die Wissenschaft wird dieser Konzeption zufolge nicht in die Wahrheit kommen, wenn die Theologie ihr den Hinweis auf den von Gott gewollten neuen Menschen schuldig bleibt. Diesen Hinweis aber gibt man nicht en passant – er hat Theologie als Beruf zur Voraussetzung.
(Die Wissenschaft der Torheit, Stuttgart – Berlin 1976, 235)

Gerhard Sauter
Iwand ist ein (im besten Sinne des Wortes:) »mitreißender« Lehrer der Theologie gewesen. Mit seinem Charisma der theologischen Meditation übt er in theologische Erkenntnis ein, die der Bewegung Gottes in unsere Welt, in seine Welt hinein, entspringt und diese Bewegung mitzuteilen vermag.
(GA II,7)

Milan Opočenský
Ein theologischer Lehrer, Kämpfer, Seelsorger, Europäer. Ein warmer und liebenswürdiger Mensch. Für mich gehört Hans Iwand zu den Gurus in der deutschen Theologie..., ohne die ich mich unsagbar ärmer fühlen würde.
(In: J. Seim/M. Stöhr, Hrsg., Beiträge zur Theologie H.J. Iwands, Frankfurt a.M. 1988, 75)

Helmut Thielicke
Hans Iwand ist wohl der mächtigste Interpret Luthers in unserer Generation gewesen. In ihm strömte die Fülle der Gedanken vor allem des jungen Luther, den ihm einst in Breslau Rudolf Hermann erschlossen hatte. So, wie er diese Gedanken Luthers auszusprechen, zusammenzustellen und zu deuten wußte, ließ er seinen Hörern eine neue Welt aufgehen. Die Vollmacht eines andern wurde in seiner Vollmacht erneuert... – Wer in unserer Generation konnte aus der eigenen Erschrokkenheit heraus so furchtbar das Wort des Gerichts sprechen – über Staaten, Völker und Kirchen, vor allem aber über uns selber – wie Hans Iwand! Und wer konnte so unsentimental, aber so zerschmelzend und tröstlich von der Gnade reden wie er! Er war ein begnadeter Prediger, und ich wüßte nicht, wo er größer gewesen und mehr gedient hätte: auf der Kanzel oder auf dem Katheder – oder im stillen Zwiegespräch.

Seine größte und, wenn ich so sagen darf, seine gnadenreichste Zeit verlebte er in Königsberg, als er unter Druck und Verfolgung des Regimes in den dreißiger Jahren mit Julius Schniewind zusammen wirkte... – Ich gehörte damals noch zur jüngeren Generation, die eben ihre Studentenzeit beendet hatte und erst im Anmarsch auf die akademischen Ämter war. Aber ich weiß es noch genau, wie wir in Richtung Königsberg blickten, um an unseren Lehrern Julius Schniewind und Hans Iwand Maß zu nehmen ... An ihnen haben wir gelernt, was geistliche Autorität ist. Und wenn wir schließlich den geraden Weg gingen, dann geschah es nicht zuletzt deshalb, weil es unerträglich schien, nicht bei diesen beiden Zeugen zu stehen und also ohne ihren Segen zu sein. In diesen Jahren habe ich begriffen, was ein theologischer Lehrer zu sein vermag...

Nach dem Kriege habe ich Hans Iwand in seinen politischen Meinungen und Wegen nur selten folgen können. Und doch blieben wir einander nahe. Ich spürte bei ihm etwas, das ich nicht von allen seinen Gesinnungsgenossen sagen könnte: daß bei ihm keine unkontrollierten Leidenschaften, keine Neigung, eine Rolle zu spielen, und keine Kollektiv-Neurose im Spiele waren. Ihn quälte und beunruhigte fortgesetzt sein Gewissen. Und dieses Gewissen war in dem ewigen Wort gebunden. Ich habe, glaube ich, noch nie einen Menschen erlebt, der so unter seinem Gewissen gelitten hätte wie Hans Iwand, dem das Schicksal der Kirche, dem ihre Fehlentscheidungen und Irrwege buchstäblich den Schlaf raubten und sich wie die Last eigener Schuld und eigenen Versäumens auf die Seele legten ... – Es war seine Liebe, die ihn das Fremde wie ein Eigenes erleben ließ. Und wenn »agape« im letzten Grunde nur heißt »für den anderen da sein«, dann war Hans Iwand ein Liebender wie wenige. Wenn er dabei auch unsereinen in seinem Herzen behielt, obwohl in sachlichen Meinungen und politischen Urteilen unsere Wege sich vielfach trennten, dann war es nicht nur menschliche Treue und ganz bestimmt nicht jene fade Toleranz, die sich die menschliche Nähe nur durch sachliche Indifferenz und Unentschiedenheit erkauft. Sondern dann beruhte seine bleibende Verbundenheit darauf, daß er wußte: Gott ist größer als unser Herz...

(Ansprache vor Studenten, SS 1960, im Archiv der H.-Iwand-Stiftung Beienrode. Vgl. INLL 9, 1960, 176–177)

Bibliographie

DIETER PAULY

Vorbemerkung

Bibliographische Hinweise zum Werk Iwands liegen bislang vor in:

- Hans Joachim Iwand, Um den rechten Glauben. Gesammelte Aufsätze. Hrsg. und eingeleitet von Karl Gerhard Steck (TB 9), München 1959, 2. Aufl. 1965, 269–277.
- Bibliographie Hans Joachim Iwand (Ergänzung und Weiterführung der in H. J. Iwand, »Um den rechten Glauben«, München 1959, S. 269–277, erschienenen Bibliographie). Zusammengestellt von Reinhard Tietz und Emmy Walther, Bonn, in: ThLZ 85, 1960, Sp. 877–880.
- Hans Joachim Iwand, Glaubensgerechtigkeit. Gesammelte Aufsätze Band II. Hrsg. von Gerhard Sauter (TB 64), München 1980, 276–281 (Ergänzung und Weiterführung der in H. J. Iwand, Um den rechten Glauben, München 1959, 1965², S. 269–277 erschienenen Bibliographie; vgl. auch ThLZ 85, 1960, Sp. 877–880).
- Rolf Heinrich, Verheißung des Kreuzes. Die Christologie Hans Joachim Iwands (Fundamentaltheologische Studien Nr. 4), München/Mainz 1982, 319–329 (Vervollständigung der in »Um den rechten Glauben«, 269–277; ThLZ 85, 1960, 877–880 erschienen Bibliographien).

Die hier vorgelegte Bibliographie faßt die bisherigen Teilbibliographien zusammen und nimmt die nötigen Ergänzungen und Korrekturen vor.

Die in Hans Joachim Iwand, Nachgelassene Werke Band 1–6, München 1962 ff. edierten Texte sind, soweit möglich, dem Entstehungsjahr zugewiesen. Ebenso werden anderweitig erst nach dem Tode Iwands veröffentlichte Arbeiten unter dem Entstehungsjahr und nicht dem Erscheinungsjahr vermerkt. Wiederabdrucke bereits veröffentlichter Texte werden im Jahr des Ersterscheinens verzeichnet.

1. Hans Joachim Iwand: Publikationen 1920–1960

1920

[Briefe:] An Rudolf Hermann
[vom:]
– 17. Januar 1920, in: NW 6, 33–35
– 27. August 1920, in: NW 6, 35–37
– 29. Dezember 1920, in: NW 6, 37–39

1921

[Briefe:] An Rudolf Hermann
[vom:]
– 8. März 1921, in: NW 6, 40–43
– 5. August 1921, in: NW 6, 43–46;
  abgedr. in: BVP, 15–17
– 20. November 1921, in: NW 6, 47–48
– 21. Dezember 1921, in: NW 6, 48–50

1923

[Briefe:] An Rudolf Hermann
[vom:]
– 27. April 1923, in: NW 6, 51–55
– 21. Mai 1923, in: NW 6, 56–58
– 21. Juni 1923, in: NW 6, 59–64

1924

Über die methodische Verwendung von Antinomien in der Religionsphilosophie. Dargestellt an Karl Heims »Glaubensgewißheit«, Inaugural-Dissertation, Königsberg 1924, maschinenschriftliches Manuskript, 119 S. [Fundort: Preußische Staatsbibliothek Berlin MS 25.5705; eine Abschrift (III + 66 + V S.) befindet sich in der Bibliothek des Landeskirchenamtes der Evangelischen Kirche von Westfalen in Bielefeld.]

Über die methodische Verwendung von Antinomien in der Religionsphilosophie. Dargestellt an Karl Heims »Glaubensgewißheit«. [Zusammenfassende Thesen der] Inaugural-Dissertation zur Erlangung der Lizentiatenwürde der theologischen Fakultät zu Königsberg i. Pr. vorgelegt und öffentlich verteidigt Sonnabend, den 29. November 1924, Königsberg 1924, 4 S.;
abgedr. in: NW 6, 327–329

Lebenslauf,
in: Über die methodische Verwendung von Antinomien in der Religionsphilosophie ... [Zusammenfassende Thesen ...], Königsberg 1924, 4;
abgedr. in: NW 6, 319

[Briefe:] An Rudolf Hermann
[vom:]
- 13. Januar 1924, in: NW 6, 65–71
- 18. März 1924, in: NW 6, 71–78 (77–78: Thesen zur Religion);
  abgedr. in: BVP, 19–20 (Thesen zur Religion)
- 25. April 1924, in: NW 6, 78–83;
  abgedr. in: BVP, 20–24 (gekürzt)
- 27. Juli 1924, in: NW 6, 83–84
- 24. Oktober 1924, in: NW 6, 84–89
- 11. Dezember 1924, in: NW 6, 89–92;
  abgedr. in: BVP, 24–26

1925

[Briefe:] An Rudolf Hermann
[vom:]
- 15. April 1925, in: NW 6, 92–95
- 24. April 1925, in: NW 6, 95–96
- 30. Juli 1925, in: NW 6, 96–100
- 12. November 1925, in: NW 6, 100–101
- [zwischen dem 12. November und 30. Dezember 1925,]
  in: NW 6, 101–104
- 30. Dezember 1925, in: NW 6, 104–106

1926

[Briefe:] An Rudolf Hermann
[vom:]
- 18. Juli 1926, in: NW 6, 106–110

– 31. August 1926, in: NW 6, 110–119
– 20. September 1926, in: NW 6, 120–124
– 2. Oktober 1926, in: NW 6, 124–126
– 16. Oktober 1926, in: NW 6, 126–130
– 20. Oktober 1926, in: NW 6, 131–135
– 31. Oktober 1926, in: NW 6, 135–137
– 25. Dezember 1926, in: NW 6, 137–139

1927

[Briefe:] An Rudolf Hermann
[vom:]
– 29. Januar 1927, in: NW 6, 139–140
– 27. März 1927, in: NW 6, 141
– 1. Mai 1927, in: NW 6, 141–143
– 2. Mai 1927, in: NW 6, 144–146
– 3. Mai 1927, in: NW 6, 146–147
– 12. Mai 1927, in: NW 6, 147–148
– 14. Juni 1927, in: NW 6, 148–152
– 8. Juli 1927, in: NW 6, 152–154
– 22. Juli 1927, in: NW 6, 154–156
– 28. Juli 1927, in: NW 6, 156
– 11. August 1927, in: NW 6, 156–157
– 1. September 1927, in: NW 6, 157–158
– 24. Oktober 1927, in: NW 6, 158–161; abgedr. in: BVP, 28–30
– 17. November 1927, in: NW 6, 161–162
– 21. November 1927, in: NW 6, 162–164
– 9. Dezember 1927, in: NW 6, 164–165
– 27. Dezember 1927, in: NW 6, 166–170; abgedr. in: BVP, 30–33

1928

[Briefe:] An Rudolf Hermann
[vom:]
– 24. Januar 1928, in: NW 6, 170–172
– 22. März 1928, in: NW 6, 172–173
– 7. Juni 1928, in: NW 6, 173–176
– 6. Juli 1928, in: NW 6, 176–177

– 14. Juli 1928, in: NW 6, 178
– 6. August 1928, in: NW 6, 178–179
– 21. Dezember 1928, in: NW 6, 179–182

1929

Gesetz und Evangelium. Unveränderter Abdruck aus einer öffentlichen Vorlesung: »Die Gedankenwelt des jungen Luther«. SS 1928,
in:
CuW 5, 1929, 209–218 (Die GA I, 269 gegebene Datierung der Veröffentlichung auf 1928 muß korrigiert werden.)

Theologie als Beruf,
in: Theologische Berufsausbildung. Zwei Reden von Professor D. Behm, Göttingen, und Privatdozent Lic. theol. Iwand, Königsberg i. Pr. (Schriften des Lutherheims. Konvikt für Studierende der evangelischen Theologie an der Albertus-Universität zu Königsberg i. Pr., Heft 1), Königsberg 1929, 17–26;
abgedr.:
– NW 1, 219–227
– Der Theologen Beruf: die Welt, in: ThBeitr 10, 1979, 175–177 (Auszug)
– BVP, 176–182

Rezensionen [von:]
Lucien *Febvre*, Un destin – Martin Luther (Christianisme, cahiers publ. sous la direct. de P.-L. Couchoud), Paris 1928,
in:
DLZ 50, 1929, Sp. 2137–2141 (auch als Sonderdruck)

Rudolf *Hermann*, Willensfreiheit und Gute Werke im Sinne der Reformation (Die Stellung des Christen zu den Fragen des sittlichen Lebens). Drei theologische Vorlesungen (Studien des apologetischen Seminars Heft 23), Gütersloh 1928,
in:
ThLZ 54, 1929, Sp. 567–570

Emanuel *Hirsch*, Der Sinn des Gebets, 2., neugestaltete Aufl., Göttingen 1928,
in:
DLZ 50, 1929, Sp. 1225–1230

Albrecht *Oepke*, Karl Barth und die Mystik, Leipzig 1928,
in:
ThLZ 54, 1929, Sp. 286

Hans *Reiner*, Freiheit, Wollen und Aktivität. Phänomenologische Untersuchungen in Richtung auf das Problem der Willensfreiheit, Halle a. d. S. 1927,
in:
ThLZ 54, 1929, Sp. 282–284

J. W. *Schmidt-Japing*, Die christologischen Anschauungen der dialektischen Theologie (Sonderdruck aus dem Apologetischen Jahrbuch 1925), Gütersloh,
in:
ThLZ 54, 1929, Sp. 285

Erich *Seeberg*, Luthers Theologie. Motive und Ideen. I. Die Gottesanschauung, Göttingen 1929,
in:
DLZ 50, 1929, Sp. 1612–1617

Carl *Stange*, Luther und das fünfte Laterankonzil (Studien des apologetischen Seminars Heft 24), Gütersloh 1928,
in:
ThLZ 54, 1929, Sp. 595–598

[Briefe:] An Rudolf Hermann
[vom:]
– 15. Februar 1929 (mit Ergänzungen vom 16./18. 2.), in: NW 6, 182–185
– 7. März 1929, in: NW 6, 185
– 26. März 1929, in: NW 6, 186–189
– 31. März 1929, in: NW 6, 190–192
– 9. April 1929, in: NW 6, 192–195;
  abgedr. in: BVP, 35–37 (gekürzt)
– 18. April 1929, in: NW 6, 195–196
– 17. Mai 1929, in: NW 6, 197
– 27. Mai 1929, in: NW 6, 198
– 31. August 1929, in: NW 6, 198–202
– 2. Oktober 1929, in: NW 6, 202–204
– 20. Dezember 1929, in: NW 6, 204–208

Rechtfertigungslehre und Christusglaube. Eine Untersuchung zur Systematik der Rechtfertigungslehre Luthers in ihren Anfängen, Leipzig 1930, 128 S.; 2. Aufl., Darmstadt 1961; 3. Aufl., München 1966 (TB 14)

Die grundlegende Bedeutung der Lehre vom unfreien Willen für den Glauben. Eine Einführung in Luthers Schrift vom unfreien Willen [Als Vortrag gehalten auf der Pfingstfreizeit der Seminargemeinschaft Mai 1929),
in: Blätter aus dem Evangel. Predigerseminar Kl. Neuhof Ostpr. Nr. 1, Januar 1930, 5–19;
abgedr. in: GA I, 13–30

Studien zum Problem des unfreien Willens [2. Teil des Vortrags über die »Grundlegende Bedeutung der Lehre vom unfreien Willen«],
in: ZSTh 8, 1930, 216–250 (auch als Sonderdruck);
abgedr. in: GA I, 31–61

Rezensionen [von:]
Robert Herndon *Fife*, Young Luther. The intellectual and religious development of Martin Luther to 1518, New York 1928,
in:
DLZ 51, 1930, Sp. 51–54

Johannes *Heber*, Die phänomenologische Methode in der Religionsphilosophie. Ein Beitrag zur Methodologie der Wesensbestimmung der Religion, Dresden 1929,
in:
ThLBl 51, 1930, Sp. 269–270

Alfred von *Martin* (Hrsg.), Luther in ökumenischer Sicht. Von evangelischen und katholischen Mitarbeitern, Stuttgart 1929;
Karl *Heim*, Das Wesen des evangelischen Christentums (Wissenschaft und Bildung Bd. 209), 4. und 5., durchges. und erw. Aufl., Leipzig 1929,
in:
DLZ 51, 1930, Sp. 435–441

Hans Michael *Müller*, Erfahrung und Glaube bei Luther, Leipzig 1929,
in:
DLZ 51, 1930, Sp. 963–968

Heinrich *Straubinger*, Einführung in die Religionsphilosophie, Freiburg 1929,
in:
ThLBl 51, 1930, Sp. 205

Hermann *Wendorf*, Martin Luther. Der Aufbau seiner Persönlichkeit, Leipzig 1930,
in:
DLZ 51, 1930, Sp. 2263–2266

L. van der *Zanden*, Christelijke Religie en Historische Openbaring. Enkele der voornaamste oplossingen van het probleem sinds Lessing, Purmerend 1928,
in:
ThLZ 55, 1930, Sp. 201–203

[Briefe:] An Rudolf Hermann
[vom:]
– 11. Januar 1930, in: NW 6, 209–210
– 19. April 1930 (ergänzt am 23. April), in: NW 6, 210–214
– 24. Mai 1930, in: NW 6, 215
– 4. Juni 1930, in: NW 6, 215–217
– 18. Juni 1930, in: NW 6, 217–218
– 29. Juli 1930, in: NW 6, 218–219
– 29. (?) August 1930, in: NW 6, 219–220

1931

Religion und Kultur. Ein Vortrag,
in: Jungnationale Stimmen 6, 1931, Heft 6, 164–173

Leben und Lehre. Etwas über vergessene Schätze aus Luthers Theologie. Ein Vortrag (Schriften des Lutherheims. Konvikt für Studierende der evangelischen Theologie an der Albertus-Universität zu Königsberg i. Pr., Heft 2), Königsberg 1931, 32 S.

Was sagst Du zur Gottlosigkeit?,
in: Bibelbote. Hrsg.: Ein Freundeskreis von evangelischen Pfarrern Ostpreußens, i. A.: Pfr. M. Grunwald, Schönfließ bei Korschen Ostpr., 1931, 2 S.

Arbeit und Ruhe,
in: Bibelbote 1931, 2 S.

Vom Gottsuchen und Gottfinden,
in: Bibelbote 1931, 2 S.
(Autorschaft Iwands und Datierung der Arbeiten im »Bibelboten« lt. handschriftlichen Vermerken von Ernst Burdach)

Rezensionen [von:]
Paul *Althaus*, Communio sanctorum. Die Gemeinde im lutherischen Kirchengedanken. I: Luther (Forschungen zur Geschichte und Lehre des Protestantismus 1. Reihe, Band 1), München 1929,
in:
DLZ 52, 1931, Sp. 337–341

Paul *Althaus*, Der Geist der lutherischen Ethik im augsburgischen Bekenntnis, München 1930,
in:
DLZ 52, 1931, Sp. 2257–2261

Adolf *Schneider*, Gesammelte Aufsätze. Hrsg. i. A. des Theologischen Seminars in Posen von Gottfried Greulich und Ernst Kienitz (Jahrbuch des Theologischen Seminars der Unierten Evangelischen Kirche in Polen, Bd. 1), Posen/Leipzig 1929,
in:
DLZ 52, 1931, Sp. 769–772

[Briefe:] An Rudolf Hermann
[vom:]
- 3. Januar 1931, in: NW 6, 220–226
- 18. Mai 1931, in: NW 6, 226–228;
  abgedr. in: BVP, 39–41
- 27. Mai 1931, in: NW 6, 229–232;
  abgedr. in: BVP, 41–43 (gekürzt)
- 17. Juni 1931, in: NW 6, 232–233
- 20. Juli 1931, in: NW 6, 234
- 25. September 1931, in: NW 6, 234–237

1932

Der Kampf um das Erbe der Reformation,
in: Baltische Monatshefte 1932, Heft 11 (November), 599–613;
abgedr. in: GA II, 126–144

Rezensionen [von:]
Die Bekenntnisschriften der evangelisch-lutherischen Kirche. Hrsg. vom Deutschen Evangelischen Kirchenausschuß im Gedenkjahr der Augsburgischen Konfession 1930, 2 Bde., Göttingen 1930,
in:
DLZ 53, 1932, Sp. 1637–1638

Rudolf *Hermann*, Luthers These »Gerecht und Sünder zugleich«. Eine systematische Untersuchung, Gütersloh 1930,
in:
DLZ 53, 1932, Sp. 1348–1353;
abgedr. in: GA II, 265–271

Reinhold *Seeberg*, Die religiösen Grundgedanken des jungen Luther und ihr Verhältnis zu dem Ockamismus und der deutschen Mystik, Berlin/Leipzig 1931,
in:
ThLBl 53, 1932, Sp. 329–331

[Briefe:] An Rudolf Hermann
[vom:]
- 18. Juni 1932, in: NW 6, 237–238
- 21. April 1932, in: NW 6, 239
- 1. Mai 1932, in: NW 6, 239–241
- 13. Mai 1932, in: NW 6, 241–243
- 20. Mai 1932, in: NW 6, 243

1933

Die Gegenwartslage des Protestantismus im östlichen Raum,
in: Protestantismus und östlicher Raum. Hrsg. vom Evangelischen Bund, Hauptverein für Ost- und Westpreußen, Königsberg 1933 (im Selbstverlag des Evangelischen Bundes), 17–23;
abgedr. in: FO, 9–16

Zur Stunde: Ein Wort der ostpreußischen Pfarrer vom 3. Mai 1933,
abgedr. in: Hugo Linck, Der Kirchenkampf in Ostpreußen 1933 bis 1945. Geschichte und Dokumentation, München 1968, 37 (lt. Linck, a.a.O., 41 ist Iwand der Verfasser)

Rezension [von:]
Franz *Hildebrandt*, Est. Das Lutherische Prinzip (Studien zur systematischen Theologie, Heft 7),
in:
DLZ 54, 1933, Sp. 1155–1158;
abgedr. in: GA II, 272–275

[Briefe:] An Rudolf Hermann
[vom:]
– 15. Februar 1933, in: NW 6, 243–246
– 2. März 1933, in: NW 6, 247–248
– 13. März 1933, in: NW 6, 248
– 23. April 1933, in: NW 6, 248–250
– 9. September 1933 (ergänzt am 10. 9.), in: NW 6, 250–256;
  abgedr. in: BVP, 45–50
– 2. Oktober 1933, in: NW 6, 256–257
– 31. Dezember 1933, in: NW 6, 257–260

1934

Die Predigt des Gesetzes,
in:
EvTh 1, 1934, 55–78;
abgedr. in: GA II, 145–170

[Vortrag:] Was ist die Theologie der Kirche schuldig?
[Auszug in:] Zum Weihnachtsfest 1961, München, Chr. Kaiser Verlag

Das Evangelium und der Osten
(nach Iwands Angabe in der Anlage zum Fragebogen des »Military Government of Germany« vom 22. 4. 1947; bisher nicht wiederaufgefunden)

Briefe
An Rudolf Hermann
[vom:]
– 12. Mai 1934, in: NW 6, 261–264;
  abgedr. in: BVP, 52–54
– 19. August 1934, in: NW 6, 264–268
– 25. Dezember 1934, in: NW 6, 268–273;
  abgedr. in: BVP, 57–62

An [DC-Bischof] Fritz Kessel
[vom:]
- 8. Juli 1934, in: NW 6, 346–347;
  abgedr. in: BVP, 54–55

1935

Die Krisis des Wissenschaftsbegriffes und die Theologie,
in: Zur Neugestaltung des Theologischen Studiums. Vorträge und Andachten auf der im Jahre 1934 in Königsberg i. Pr. veranstalteten 4. Konferenz theologischer Hochschullehrer der baltischen Länder, Göttingen 1935, 5–16;
abgedr. in:
- GA I, 62–74
- Theologie jediného Slova [Theologie des einzigen Wortes], in: KrR 27, 1960, 161–165
- Theologie als Wissenschaft. Aufsätze und Thesen. Hrsg. und eingeleitet von Gerhard Sauter (TB 43), München 1971, 279–291

Wir wandeln im Glauben, nicht im Schauen. Antwort auf W. Hauers »Deutsche Gottschau«,
in: EvTh 2, 1935, 153–183 (auch als Sonderdruck)

Die Sachlichkeit der theologischen Arbeit,
in: Gottes Herrschaft. Flugschriften für die evangelische Kirche im Osten. Hrsg. von Günther Bornkamm und Kurt von Grot, Heft 1, Königsberg 1935, 25–40;
abgedr. in:
- GA I, 75–86
- Věcnost theologické práce [Die Sachlichkeit der theologischen Arbeit], in: KrR 27, 1960, 161–165 (Auszug)
- BVP, 183–192
- Klaus Haacker (Hrsg.), Leben und Lernen. Ansprachen an Theologiestudenten, Wuppertal 1981, 85–97

Jenseits von Gesetz und Evangelium? Eine kritische Besprechung der Lehre vom Worte Gottes in Karl Barths »Prolegomena zur kirchlichen Dogmatik« I, 1,
in: ThBl 14, 1935, Sp. 25–40;
abgedr. in:
- GA I, 87–109

- Lidskost Slova Božího [Die Menschlichkeit des Wortes Gottes], in: KrR 27, 1960, 161–165 (Auszug)
- Nevěcnost theologické práce [Die Unsachlichkeit der theologischen Arbeit], in: KrR 27, 1960, 161–165 (Auszug)
- BVP, 200–219

Predigten und Andachten

Mein Wort [Jer 23,28–31; Predigt, gehalten beim 3. Ostpr. Kirchentag in Königsberg, am 27. November 1935],
in: Gottes Herrschaft. Flugschriften für die evangelische Kirche im Osten. Hrsg. von Günther Bornkamm und Kurt von Grot, Heft 2, Königsberg 1935, 9–15;
abgedr. in: NW 3, 23–28

Predigt über 2 Korinther 2,14–17,
in: Bekenntnispredigten. Schriftenreihe, hrsg. von Julius Sammetreuther, Heft 8, München 1935, 12–23;
abgedr. in: NW 3, 45–56

Noch nicht! [Phil 3,12–14],
Sonderdruck aus »Das evangelische Königsberg«;
abgedr. in: Der Name des Herrn. Geistliche Reden, München 1936, 28–31

Morgenandacht über Lukas 14,25–35,
in: Dritte Bekenntnissynode der Evangelischen Kirche der Altpreußischen Union in Berlin-Steglitz vom 23.–26. September 1935. I. A. des Bruderrates hrsg. von Karl Immer, Wuppertal o. J., 7–9;
abgedr. in: Wilhelm Niemöller (Hrsg.), Die Synode zu Steglitz. Die dritte Bekenntnissynode der Evangelischen Kirche der Altpreußischen Union. Geschichte – Dokumente – Berichte (AGK 23), Göttingen 1970, 159–162

Die Grenze [Gal 1,9],
in: Evangelisches Volksblatt für die Ostmark 16, 1935, Nr. 36 v. 8. 9., 1–2

[Briefe:] An Rudolf Hermann
[vom:]
- 11. April 1935, in: NW 6, 274
- 2. Juni 1935, in: NW 6, 275–280;
  abgedr. in: BVP, 62–66 (gekürzt; irrtümlich auf den 2. April datiert)
- 29. August 1935, in: NW 6, 280–281
- 20. September 1935, in: NW 6, 281–282;
  abgedr. in: BVP 70–71
- 14. Dezember 1935, in: NW 6, 283

Prof. H. J. Iwand an Pastor M. Niemöller. 13. September 1935,
in: Wilhelm Niemöller (Hrsg.), Die Synode zu Steglitz. Die dritte Bekenntnissynode der Evangelischen Kirche der Altpreußischen Union. Geschichte – Dokumente – Berichte (AGK 23), Göttingen 1970, 121–122

1936

Von Bildung, Einbildung und Unbildung. Ein Wort zum sogenannten Boykott der Königsberger Theologischen Fakultät. Als Handschrift gedruckt, 1936, Selbstverlag, 16 S.*

Um Einheit und Reinheit der Bekennenden Kirche. Hrsg.: Der vorbereitende Ausschuß des Reichs-Bruderrats, gedr. in Wuppertal-Barmen 1936, 4 S.*;
abgedr. in:
- Wir aber sind nicht von denen, die da weichen (Hebr 10,39). Der Kampf um die Kirche (Zeugnisse der Bekennenden Kirche. Hrsg. von Erik Wolf, Evangelische Reihe Heft 1), Tübingen/Stuttgart 1946, 51–57
- Dokumente des Kirchenkampfes II. Die Zeit des Reichskirchenausschusses 1935–1937. Erster Teil (1935 bis 28. Mai 1936) (AGK 13). Unter Mitarbeit von Claus-Hinrich Feilcke und Hans-Jörg Reese hrsg. von Kurt Dietrich Schmidt, Göttingen 1964, 280–287
- Hanfried Müller, Evangelische Dogmatik im Überblick. Teil 2. Anlagen, Anmerkungen und Register, Berlin (DDR) 1978, 298–300 (Anlage 5a, 1)
- BVP, 193–199

Warum ich dem Wort des Generalsuperintendenten D. Zoellner nicht zustimmen kann,
in: Dokumente des Kirchenkampfes II. Die Zeit des Reichskirchenausschusses 1935–1937. Zweiter Teil (29. Mai 1936 bis Ende Februar 1937) (AGK 14). Unter Mitarbeit von Claus-Hinrich Feilcke und Hans-Jörg Reese hrsg. von Kurt Dietrich Schmidt, Göttingen 1965, 875–880

Die Heilige Schrift als Zeugnis des lebendigen Gottes,
in: Der Gott der Wahrheit. Vorträge und geistliche Reden, gehalten auf der Deutschen Evangelischen Woche 24.–29. Juli 1936 in Stuttgart. Hrsg. von Eberhard Müller, Berlin 1936, 151–166;
abgedr. in:
- GA I, 110–124

- Bible bez Krista [Die Bibel ohne Christus], in: KrR 27, 1960, 161–165 (Auszug)
- Lidé bible [Die Menschen der Bibel], in: KrR 27, 1960, 161–165 (Auszug)

Was heißt Bekennende Kirche?,
in: Evangelisches Gemeindeblatt Nürnberg 43, 1936, Nr. 11 vom 15. 3. 1936, 120–121

Die 1. Barmer These und die Theologie Martin Luthers [Vortrag, nach einem maschinenschriftl. Manuskript und den handschriftlichen Ergänzungen und Korrekturen Iwands rekonstruiert von Dieter Pauly],
in: ZdZ 38, 1984, 106–115;
abgedr. in: EvTh 46, 1986, 214–231

Menschwerdung Gottes – nicht Vergottung des Menschen,
in: Evangelisches Gemeindeblatt für Ostpreußen 91, 1936, Heft 1 v. 1. 1. 1936, 3–5; Heft 4 v. 18. 2. 1936, 26–28

Predigten und Andachten
Der Name des Herrn. Geistliche Reden [über Apg 4,11–12; Röm 8,3–4; Röm 5,3–5; Phil 3,12–14; Gal 3,1–3; Mt 28,18b–20; 1 Kor 2,7–10; 1 Kor 15,26] (Bekennende Kirche. Schriftenreihe, hrsg. von Christian Stoll, Heft 38), München 1936, 49 S.;
daraus abgedruckt:
- Der Name des Herrn [Apg 4,11–12], in: NW 3, 29–44
- Der letzte Feind [1 Kor 15,26], in: Predigt im Gespräch, hrsg. von Rudolf Bohren/Hans-Georg Geyer/Jürgen Seim, Heft 20, Neukirchen-Vluyn 1968, 2–7

Das Zeugnis – das Martyrium. Predigt [über Joh 18,33–19,6] in der Markus-Kirche [Stuttgart] gehalten,
in: Was ist Wahrheit? Zehn Predigten über die Pilatusfrage, gehalten auf der Deutschen Evangelischen Woche Stuttgart 1936, Berlin 1936, 56–65

Predigt über Jeremia 13,1–11. Der Gürtel,
in: Bekenntnispredigten. Schriftenreihe, hrsg. von Julius Sammetreuther, Heft 14, München 1936, 1–13;
abgedr. in: NW 3, 57–66

Predigt über Lukas 8,22–25 (Gekürzte Nachschrift),
in: Bekenntnispredigten. Schriftenreihe, hrsg. von Julius Sammetreuther, Heft 26, München 1936, 3–6

[Briefe:] An Rudolf Hermann
[vom:]
– 1. Januar 1936, in: NW 6, 283–288;
abgedr. in: BVP, 71–75
– 26. Januar 1936, in: NW 6, 288–289
– 25. Februar 1936, in: NW 6, 289–290;
abgedr. in: BVP, 75–76

1937

Vor dem Sturm. Vortrag am 22. April 1937 vor ostpreußischen Pfarrern. Hrsg.: Bruderrat der Bekennenden Kirche der Altpreußischen Union, gedruckt in Durlach (Baden), 10 S. [identisch mit dem in den Bibliographien unter 1937 verzeichneten Text »Die Stunde des Abfalls«. Unter diesem Titel war die Arbeit zunächst veröffentlicht worden, aber sofort nach Druck von der Gestapo beschlagnahmt worden. Das maschinenschriftliche Manuskript des Vortrags trägt noch diesen Titel.]

Von der Gemeinschaft christlichen Lebens. Zwei Reden zur Feier der Beichte [über 1 Joh 1,5–9] und des Heiligen Abendmahls [über Joh 15,1–8] (TEH 52), München 1937, 27 S.;
abgedr. in: TEH Repr. Band II

Gesetz und Evangelium I. Nachschrift einer Vorlesung. Gehalten im Sommer 1937 im Predigerseminar der ostpreußischen Bekennenden Kirche in Blöstau und Jordan (Neumark),
in: NW 4, 11–230

[Wort zur Abendmahlsgemeinschaft von Lutheranern und Reformierten, verfaßt während der 4. altpreußischen Bekenntnissynode, 16.–18. Dezember 1936 in Breslau],
in: JK 5, 1937, 108–109

Predigt [über Hebr 13,12–14]. Ein Gruß an die Brüder und Gemeinden der Bekennenden Kirche in Ostpreußen (Das Wort sie sollen lassen stahn. [Eine Folge von Einzelpredigten.] Gedruckt i. A. des Presbyteriums der

evang.-reform. Gemeinde Barmen-Gemarke), Wuppertal-Elberfeld o. J., 4 S.;
abgedr. in: Im Namen Jesu. Zwanzig Predigten, Siegen/Leipzig o. J. [1937], 137–144

[Brief:] An Rudolf Hermann
[vom:]
– 20. Juni 1937, in: NW 6, 291–294;
abgedr. in: BVP, 76–79

1938

Coena Domini. Bemerkungen zu dem Buch von Helmut Gollwitzer [Coena Domini. Die altlutherische Abendmahlslehre in ihrer Auseinandersetzung mit dem Calvinismus, dargestellt an der lutherischen Frühorthodoxie, München 1937],
in: EvTh 5, 1938, 202–211;
abgedr. in: GA I, 125–137

[Rundbrief vom:] 8. Juni 1938,
in: Allein das Wort hat es getan. Hans-Joachim Iwand zum 60. Geburtstag am 11. Juli 1959, Sonderheft »Die Hilfe«, Beienrode 1959, 37–38

1939

Erläuterungen zu: Martin Luther, Vom unfreien Willen (Martin Luther, Ausgewählte Werke. Hrsg. von H. H. Borcherdt und Georg Merz, 1. Ergänzungsband), 2. Aufl., München 1939, 287–371 (Text weicht geringfügig von der 3. Aufl. 1954 ab.)

Zum Christfest 1939 [über Lk 2,8–14],
Sonderdruck aus der Weihnachts-Nummer des Evangelischen Volksblatts für die Ostmark 1939, 4 S.

Lukas 6, Vers 36–42 (vermutlich 1939),
in: NW 3, 67–75

1940

Vorwort [zu:] Ernst Kienitz, Das Opfer der größten Liebe. Zehn Predigten aus der Passions- und Verklärungszeit. Hrsg. von Hans J. Iwand, Siegen/Leipzig o. J. [1940], 3–6

Predigt über 2 Kor 5,19,
in: Evangelisches Volksblatt für die Ostmark 1940, Nr. 11 (zum Karfreitag)

Predigt über 2 Kor 5,1–10,
in: Evangelisches Volksblatt für die Ostmark 1940, Nr. 12 (zu Ostern)

Gott und dein Bruder [1 Joh 2,9–11],
in: Predige das Wort. Auslegung der Heiligen Schrift in Predigten. Dritter Band: 1. Johannesbrief. Hrsg. von Hermann Barth, Siegen/Leipzig 1940, 25–28

[Predigt zum:] 2. Advent [Lk 21,25–36],
in: Meine Worte werden nicht vergehen. Ein Predigtbuch über die altkirchlichen Evangelien. Hrsg. von J. Beckmann und Fr. Linz, Gütersloh o. J. [1940], 5–11
abgedr. in: Eberhard Schulze, Die Verkündigung vom Kommen des Reiches Gottes in unserer Zeit. Eine Untersuchung zur eschatologischen Verkündigung an Hand von Predigten zu Lukas 21,25–36 aus vier Jahrzehnten, Diss. Ev.-theol. Fakultät Hamburg, masch., Hannover 1974, 147–152

(Die in den Bibliographien unter 1940 verzeichnete Predigt über Lk 2,8–14 aus dem Evangelischen Volksblatt für die Ostmark muß richtig auf 1939 genommen werden.)

1941

Glaubensgerechtigkeit nach Luthers Lehre (TEH 75), München 1941, 93 S.; 2. Aufl. 1951; 3. Aufl. 1959; 4. Aufl. 1964;
abgedr. in:
- GA II, 11–125
- TEH Repr. Band III
- Übersetzung: A justiça da fé: exposição conforme a doutrina de Lutero (port.). Übersetzt von Walter Altmann und Lindolfo Weingärtner, São Leopoldo 1977, 2. Aufl. 1981, 120 S.

- Hřích a ospravedlnění [Sünde und Rechtfertigung], in: KrR 47, 1980, 124–126 (Auszug)

Predigtmeditationen
Mt 4,1–11 (Invokavit),
in: E 1, 1. Aufl. 1941, 78–81; 2.–6. Aufl. 1954–1962, 93–97;
abgedr. in: PM II, 7–11

Mt 5, 21–26 (6. S. n. Tr.),
in: E 1, 1. Aufl. 1941, 181–184; 2.–6. Aufl. 1954–1962, 233–237;
abgedr. in: PM II, 12–15

Mt 9,35–38 (7. S. n. Tr.),
in: E 1, 1. Aufl. 1941, 185–188; 2.–6. Aufl. 1954–1962, 238–241;
abgedr. in: PM II, 17–20

Mt 15,21–28 (Reminiscere),
in: E 1, 1. Aufl. 1941, 82–85; 2.–6. Aufl. 1954–1962, 97–101;
abgedr. in: PM II, 21–25

Lk 5,1–11 (5. S. n. Tr.),
in: E 1, 1. Aufl. 1941, 176–180; 2.–6. Aufl. 1954–1962, 228–233;
abgedr. in: PM II, 46–51

Lk 11,14–28 (Okuli),
in: E 1, 1. Aufl. 1941, 85–89; 2.–6. Aufl. 1954–1962, 102–106;
abgedr. in: PM II, 52–56

Joh 6,1–15 (Laetare),
in: E 1, 1. Aufl. 1941, 89–93; 2.–6. Aufl. 1954–1962, 106–110;
abgedr. in: PM II, 86–89

Joh 8,46–59 (Judika),
in: E 1, 1. Aufl. 1941, 93–96; 2.–6. Aufl. 1954–1962, 111–114;
abgedr. in: PM II, 90–93

Predigten
Jesaja 40, Vers 26–31 [Marienkirche Dortmund am 11. Januar 1941],
in: NW 3, 76–81; abgedr. in: JK 51, 1990, 674–676

Jesaja 43, Vers 24b–25 [8. Februar 1941, Wochenschlußgottesdienst],
in: NW 3, 82–86

Galater 1, Vers 10–24 [2. August 1941, Wochenschlußgottesdienst],
in: NW 3, 87–94

1942

Zu Edmund Schlink, Theologie der lutherischen Bekenntnisschriften,
in: ThBl 21, 1942, Sp. 158–169

[Predigt über:] Exodus 20, Vers 2–3 [13. Juni 1942, Wochenschlußgottesdienst],
in: NW 3, 95–100

[Briefe:] An Rudolf Hermann
[vom:]
– 24. Juli 1942, in: NW 6, 295
– 3. August 1942, in: NW 6, 296

Predigtmeditationen
Röm 5,1–11 (Laetare),
in: E 2, 1. Aufl. 1942, 130–135 (fehlt ab 2. Aufl.);
abgedr. in: PM II, 105–110

Eph 3,13–21 (16. S. n. Tr.),
in: E 2, 1. Aufl. 1942, 299–305 (fehlt ab 2. Aufl.);
abgedr. in: PM II, 151–157

Phil 1,3–11 (22. S. n. Tr.),
in: E 2, 1. Aufl. 1942, 331–337 (fehlt ab 2. Aufl.);
abgedr. in: PM II, 158–164

Kol 1,9–14 (24. S. n. Tr.),
in: E 2, 1. Aufl. 1942, 344–352 (fehlt ab 2. Aufl.);
abgedr. in: PM II, 165–173

2 Thess 1,3–10 (26. S. n. Tr.),
in: E 2, 1. Aufl. 1942, 358–364 (fehlt ab 2. Aufl.);
abgedr. in: PM II, 184–190

Tit 2,11–14 (1. Weihnachtstag),
in: E 2, 1. Aufl. 1942, 41–48 (fehlt ab 2. Aufl.);
abgedr. in: PM II, 191–197

Tit 3,4–7 (2. Weihnachtstag),
in: E 2, 1. Aufl. 1942, 48–53 (fehlt ab 2. Aufl.);
abgedr. in: PM II, 198–203

Hebr 1,1–12 (2. Weihnachtstag),
in: E 2, 1. Aufl. 1942, 41–48 (fehlt ab 2. Aufl.);
abgedr. in: PM II, 219–225

Hebr 9,11–15 (Judica),
in: E 2, 1. Aufl. 1942, 136–140 (fehlt ab 2. Aufl.);
abgedr. in: PM II, 226–230

1943

Sed originale per hominem unum. Luther, Römerbrief II 141, 18,
in: Theologische Abhandlungen und Predigten. Festgabe für Julius Schniewind zum 60. Geburtstag (Vervielfältigung), Bl. 1–8;
abgedr. in:
- »Sed originale per hominem unum«. Ein Beitrag zur Lehre vom Menschen, [in:] EvTh 6, 1946/47, 26–43;
- GA II, 171–193

[Briefe:] An Rudolf Hermann
[vom:]
- 17. August 1943, in: NW 6, 296–302;
  abgedr. in: BVP, 83–87
- 3. Dezember 1943, in: NW 6, 302

1944

Predigten
Römer 1, Vers 16–17 [Dortmund, Reformationstag 1944],
in: NW 3, 101–107;
abgedr. in: BVP, 405–410

Hesekiel 37, Vers 1–14 [Dortmund am 28. Mai 1944, 1. Pfingsttag],
in: NW 3, 108–113

Hiob, Kapitel 1 und 2 [3. Juni 1944, Wochenschlußgottesdienst],
in: NW 3, 114–120

Hebräer 13,8 [Dortmund, Sylvester 1944],
in: NW 3, 121–127

1945

Die Botschaft der großen Freude,
in: GUZ 1, 1945/46, Nr. 2 v. 24. 12. 1945, 10–11

[Lebenslauf],
in: NW 6, 319–320

Protokolle über das 1. und 2. Gespräch zur konfessionellen Lage in der APU vom 17./18. 6. 1945 und 15./16. 7. 1945 in Wuppertal,
in: Gerhard Besier/Hartmut Ludwig/Jörg Thierfelder/Ralf Tyra (Hrsg.), Kirche nach der Kapitulation, Bd. 2, Stuttgart/Berlin/Köln 1990, Nr. 137a u. b

An Heinz Kloppenburg
[vom:] 13. Juli 1945,
in: Gerhard Besier/Hartmut Ludwig/Jörg Thierfelder/Ralf Tyra (Hrsg.), Kirche nach der Kapitulation, Bd. 2, Stuttgart/Berlin/Köln 1990, Nr. 133

Rundbrief v. 12. August 1945,
in: Gerhard Besier/Hartmut Ludwig/Jörg Thierfelder/Ralf Tyra (Hrsg.), Kirche nach der Kapitulation, Bd. 2, Stuttgart/Berlin/Köln 1990, Nr. 241a

Predigten
Daß ihr bestehen könnt. Abschiedspredigt, gehalten in der Notkapelle von St. Marien. Dortmund, den 21. Oktober 1945 [über Eph 6,10–17], Selbstverlag, 10 S.;
abgedr. in: NW 3, 171–183

Römer 12, Vers 16b–21 [Dortmund am 21. Januar 1945 – richtig wohl: 20. Januar 1945 –],
abgedr. in: NW 3, 128–135

2. Korinther 12, Vers 1–10 [Dortmund am 3. Februar 1945],
abgedr. in: NW 3, 136–142

2. Korinther 6, Vers 1–10 [Dortmund am 10. Februar 1945],
abgedr. in: NW 3, 143–148

1. Johannes 2, Vers 15–23 [Dortmund am 17. Februar 1945],
abgedr. in: NW 3, 149–155

Römer 5, Vers 1–11 [Dortmund am 10. März 1945],
abgedr. in: NW 3, 156–161

Lukas 10, Vers 38–42 [Cappenberg/Westf. im Sommer 1945],
abgedr. in: NW 3, 162–170

1946

Ende der EKiD?
in: EKiD oder nicht? Aufsatzreihe, zusammengestellt vom Evangelischen Vortragsdienst Dortmund, 1946, 8–14

Detmold, Frühjahr 1946. Diskussionsrede,
in: ZdZ 43, 1989, 187

Rezensionen [von:]
Helmut *Thielicke*. Studien zur Anthropologie, Tübingen 1946,
in: GUZ 1, 1946, Nr. 10 v. 24. 5. 1946, 17

Helmut *Thielicke*, Tod und Leben. Studien zur christlichen Anthropologie, Tübingen 1946,
in: VF 1942/1946, 103–106
(Die beiden Rezensionen sind nicht textidentisch.)

[Brief] An Adolf Grimme [1. April 1946),
abgedr. in: BVP, 91–92

Predigtmeditationen (zuerst in hektographierter Fassung veröffentlicht)
Joh 16,23b–33 (Rogate),
abgedr. in: PM I, 13–16

Joh 15,26–16,4 (Exaudi),
abgedr. in: PM I, 16–19

Eph 2,19–22 (Pfingstsonntag),
abgedr. in: PM I, 20–23

Eph 4,11–16 (Pfingstmontag),
abgedr. in: PM I, 23–27

Mt 28,16–20 (Trinitatis),
abgedr. in: PM I, 27–30

Mt 13,31–35 (1. S. n. Tr.),
abgedr. in: PM I, 30–32

Mt 9,9–13 (2. S. n. Tr.),
abgedr. in: PM I, 32–35

Lk 15,11–32 (3. S. n. Tr.),
abgedr. in: PM I, 35–38

Predigtmeditationen in GPM
Mk 12,41–44 (13. S. n. Tr.),
in: GPM 1, 1946, Heft 1, 11–13;
abgedr. in: PM I, 38–41

Mt 12,1–8 (17. S. n. Tr.),
in: GPM 1, 1946, Heft 1, 21–24;
abgedr. in: PM I, 41–44

Mt 10,24–33 (23. S. n. Tr.),
in: GPM 1, 1946, Heft 1, 37–40;
abgedr. in: PM I, 44–47

Joh 1,9–13 (1. Weihnachtsfeiertag),
in: GPM 1, 1946/47, Heft 2, 16–21;
abgedr. in: PM I, 48–53

Joh 12,46–50 (S. n. Neujahr),
in: GPM 1, 1946/47, Heft 2, 31–33;
abgedr. in: PM I, 54–56

Lk 17,5–10 (Septuagesimae),
in: GPM 1, 1946/47, Heft 2, 43–45;
abgedr. in: PM I, 56–59

Predigten
Hütet Euch! Mt 7,13–23 – Göttingen am 10. August 1946,

in: EvTh 6, 1946/47, 169–178;
abgedr. in: NW 3, 184–194

Ansprache in der Schlußandacht der Konferenz über 1 Kor 6, 1–10,
in: Treysa 1945. Die Konferenz der evangelischen Kirchenführer 27.–31. August 1945. Mit einem Bericht über die Synode der Bekennenden Kirche in Berlin-Spandau 29.–31. Juli 1945 und über die unmittelbar vorangegangenen Tagungen des Reichsbruderrates und des Lutherischen Rates. Hrsg. von Fritz Söhlmann, Lüneburg 1946, 36–42;
abgedr. in:
- NW 3, 206–212;
- BVP, 427–432

(Die NW 3, 15 und BVP, 421 gegebene Datierung auf den 6. Juni 1947 muß korrigiert werden in: 31. August 1945.)

(Sed originale per hominem unum, s. 1943)

1947

Die Neuordnung der Kirche und die konfessionelle Frage,
in: Evangelische Selbstprüfung. Beiträge und Berichte von der gemeinsamen Arbeitstagung der kirchlich-theologischen Sozietät in Württemberg und der Gesellschaft für evangelische Theologie, Sektion Süddeutschland im Kurhaus Bad Boll vom 12. bis 16. Oktober 1946. Hrsg. von Paul Schempp, Stuttgart 1947, 34–68;
abgedr. in:
- GA I, 138–172
- Tváří v tvář nacismu [Angesichts des Nazismus], in: KrR 27, 1960, 161–165 (Auszug)
- Vyznavačský ekumenismus [Bekenntnisökumenismus], in: KrR 27, 1960, 161–165 (Auszug)

Wort der Kirche,
in: Max Fischer/Hans Joachim Iwand, Wie wir uns fanden! Ein Wort zur Begegnung von Kirche und Gemeinschaft (Einheit der Kirche Heft 2), Stuttgart 1947, 2. Aufl. 1948, 28–47

Lutherische Kirche? Warum ich als lutherischer Theologe grundsätzlicher Gegner der VELKD bin,
in: EvTh 6, 1946/47, 385–388 (auch als Sonderdruck)

Ecce homo [Ein Wort zu Eugen Kogon, Der SS-Staat],
in: Die Zeit v. 14. August 1947, 5, Sp. 1–3

Entwurf zum Darmstädter Wort,
in: Hartmut Ludwig, Die Entstehung des Darmstädter Wortes. Martin Niemöller zum 85. Geburtstag, Beiheft zu JK 38, 1977, Heft 8/9, 28–29;
abgedr. in:
- BVP, 281–282
- Martin Greschat (Hrsg.), Im Zeichen der Schuld. 40 Jahre Stuttgarter Schuldbekenntnis. Eine Dokumentation, Neukirchen-Vluyn 1985, 79–80
- Bertolt Klappert, Bekennende Kirche in ökumenischer Verantwortung. Die gesellschaftliche und ökumenische Bedeutung des Darmstädter Wortes (Ökumenische Existenz heute 4), München 1988, 115–116
- FO, 20–22

Vorwort
[zu:] GPM 1, 1946/47, Heft 3, 3–5;
abgedr. in:
- PM I, 59–61
- BVP, 493–494 (gekürzt)

Vorwort
[zu:] GPM 1, 1946/47, Heft 4, 2;
abgedr. in: PM I, 76 (gekürzt)

Vorwort
[zu:] GPM 1, 1946/47, Heft 5, 2;
abgedr. in:
- PM I, 94–95
- BVP, 494–495 (gekürzt)

Vorwort
[zu:] GPM 2, 1947/48, Heft 1, 3–4 (fehlt in PM I)

Predigtmeditationen
Joh 6,47–63 (Lätare),
in: GPM 1, 1946/47, Heft 3, 11–16;
abgedr. in: PM I, 62–67

Lk 24,1–11 (1. Osterfeiertag),
in: GPM 1, 1946/47, Heft 3, 29–32;
abgedr. in: PM I, 67–71

Lk 11,1–13 (Rogate),
in: GPM 1, 1946/47, Heft 3, 46–51;
abgedr. in: PM I, 71–76

Mt 10,16–22 (1. S. n. Tr.),
in: GPM 1, 1946/47, Heft 4, 7–12;
abgedr. in:
- PM I, 76–81
- GPM BA 1962/63, 183–187

Mt 6,19–24 (6. S. n. Tr.),
in: GPM 1, 1946/47, Heft 4, 22–30;
abgedr. in:
- PM I, 81–89
- BVP, 443–454
- Ludwig Weber, 1881–1914 Pfarrer der Evangelischen Gemeinde Mönchengladbach. Leben und Arbeit eines evangelischen Sozialreformers. Hrsg. und eingeleitet von Dieter Pauly, Mönchengladbach 1986, 99–108

Mt 9,35–38 (11. S. n. Tr.),
in: GPM 1, 1946/47, Heft 4, 41–45;
abgedr. in: PM I, 90–94

Joh 11,1–11 (15. S. n. Tr.),
in: GPM 1, 1946/47, Heft 5, 5–9;
abgedr. in:
- PM I, 95–99
- BVP, 422–427

Lk 10,17–20 (Michaelistag),
in: GPM 1, 1946/47, Heft 5, 18–23;
abgedr. in: PM I, 99–104

Offb 1,4–8 (1. Advent),
in: GPM 2, 1947/48, Heft 1, 5–9;
abgedr. in: PM I, 105–109

Offb 3,7–13 (3. Advent),
in: GPM 2, 1947/48, Heft 1, 14–19;
abgedr. in: PM I, 110–115

Hebr 1,1–6 (1. Weihnachtsfeiertag),
in: GPM 2, 1947/48, Heft 1, 22–27;
abgedr. in: PM I, 115–120

Lk 1,68–79 (1. Advent),
in: E 3, 1. Aufl. 1947, 1–10;
2./3. Aufl. 1957/1961, 1–12;
abgedr. in: PM II, 34–45

Lk 17,20–30 (2. Advent),
in: E 3, 1. Aufl. 1947, 10–17;
2./3. Aufl. 1957/1961, 13–22;
abgedr. in: PM II, 57–66

Lk 22, 14–20 (Gründonnerstag),
in: E 3, 1. Aufl. 1947, 127–136;
2./3. Aufl. 1957/1961, 173–184;
abgedr. in: PM II, 67–78

Lk 23,39–46 (Karfreitag),
in: E 3, 1. Aufl. 1947, 136–142;
2./3. Aufl. 1957/1961, 185–191;
abgedr. in: PM II, 79–85

Mt 28,1–10 (1. Ostertag),
in: E 3, 1. Aufl. 1947, 142–148;
2./3. Aufl. 1957/1961, 192–199;
abgedr. in: PM II, 26–33

Joh 20,11–18 (2. Ostertag),
in: E 3, 1. Aufl. 1947, 149–157;
2./3. Aufl. 1957/1961, 200–210;
abgedr. in: PM II, 94–104

Predigten
[Predigten über] Lukas 5,
in: Hermann Barth (Hrsg.), Predige das Wort! IV. Band – Erster Lukas-Teilband, 6. und 7. Lieferung, Siegen 1947, 92–113 (Lk 5,1–11: 92–96;

V. 12–16: 97–100; V. 17–26: 100–104; V. 27–32: 105–108; V. 33–39: 109–113)

Matthäus 12, Vers 43–45 [Marienkirche Dortmund zwischen 1947 und 1950], abgedr. in: NW 3, 195–205

1948

Durch Stillesein und Hoffen werdet ihr stark sein [Jes 5, 1–7; Am 5,14. 15.21–24].
Hrsg. vom Hilfskomitee der evangelischen Deutschen aus Ostpreußen, o. O. [Berlin], 1948, 15 S.

Einheit der Christenheit. Gedanken zur Weltkirchenkonferenz in Amsterdam,
in: Die Zeit Nr. 38 v. 16. September 1948, 3

Die Bedeutung der Eisenacher Kirchenversammlung für die evangelische Christenheit in Deutschland,
in: NBK Nr. 9 v. 19. 7. 1948, 4–7

Ende und Anfang. Rückblick auf die verfassunggebende Kirchenversammlung in Eisenach,
in: KiZ 3, 1948, Nr. 17/18, 167–168

Geleitwort
[zu:] Hans Ehrenberg, Heimkehr nach Deutschland. Fragmente aus dem christlichen Gespräch zwischen Briten und Deutschen, Gütersloh 1948, 7–8

Vom wahren Reichtum. Rundbrief Nr. 1, hrsg. vom Hilfswerk der Evangelischen Kirche in Deutschland – Hilfskomitee der ev. Deutschen aus Ostpreußen. Der Vorsitzende, Göttingen 18. August 1948, 1 S.

Der nächste Schritt. Rundbrief Nr. 2,
hrsg. vom Hilfswerk der Evangelischen Kirche in Deutschland – Hilfskomitee der ev. Deutschen aus Ostpreußen. Der Vorsitzende, Göttingen Weihnachten 1948, 6 S.

Kirche und Öffentlichkeit,
abgedr. in: NW 2, 11–45

[Voten Iwands,]
in: Eisenach 1948. Verhandlungen der verfassungsgebenden Kirchenversammlung der Evangelischen Kirche in Deutschland vom 9.–13. Juli 1948. Hrsg. i. A. des Rates von der Kirchenkanzlei der Evangelischen Kirche in Deutschland, Berlin 1951, 95–96 (zum Vorspruch der EKD-Verfassung); 136 und 186 (zur Judenmission)

Vorwort
[zu:] GPM 2, 1947/48, Heft 2, 3–6;
abgedr. in:
- PM I, 120–123
- BVP, 486–489

Vorwort
[zu:] GPM 2, 1947/48, Heft 3, 2 (fehlt in PM I)

Vorwort
[zu:] GPM 2, 1947/48, Heft 4, 3–4;
abgedr. in: PM I, 151–152 (dort als »Nachwort« überschrieben)

Predigtmeditationen
Phil 2,12–16 (Lätare),
in: GPM 2, 1947/48, Heft 2, 7–12;
abgedr. in: PM I, 123–128

1 Joh 2,24–29 (Exaudi),
in: GPM 2, 1947/48, Heft 2, 59–64;
abgedr. in: PM I, 129–133

Röm 14,17–19 (4. S. n. Tr.),
in: GPM 2, 1947/48, Heft 3, 21–24;
abgedr. in: PM I, 134–137

1 Joh 4,1–8 (13. S. n. Tr.),
in: GPM 2, 1947/48, Heft 3, 65–69;
abgedr. in: PM I, 137–141

2 Kor 1,3–7 (16. S. n. Tr.),
in: GPM 2, 1947/48, Heft 4, 14–18;
abgedr. in: PM I, 142–146

2 Kor 5,1–10 (26. S. n. Tr. – Totensonntag),
in: GPM 2, 1947/48, Heft 4, 67–72;
abgedr. in: PM I, 146–150

Hebr 10,19–25 (1. S. i. Adv.),
in: GPM 3, 1948/49 [= MPTh Dezember 1948], 28–33;
abgedr. in: PM I, 153–158

1949

Chiesa e società,
in: Protest. 4, 1949, Nr. 4, 157–160 (ital. Übersetzung eines Vortrags beim II Congresso internazionale per la riforma in Italia am 14. Oktober 1949 in Rom; dt. Text in: SGKL 2, 1950, Heft 1, 4–5)

»Die alte Kirche leuchtet wieder her für«,
in: NBK 1949, Nr. 1/2, 24–26

Form und Bewegung. Die 1. Synode der EKiD,
in: SGKL 1, 1949, Heft 3, 8–10

Ein Brief [an Wilhelm Niemöller],
in: Die Bekennende Kirche ist wieder da! Beiträge von Hans Iwand/Wilhelm Niemöller/Erica Küppers/Martin Niemöller, Bielefeld 1949, 1–6;
abgedr.: »Wir haben in unserer kirchlichen Entwicklung einen großen Schritt zurück getan.«, in: JK 11, 1950, Sp. 289–291 (Auszug)

Consultation fraternelle. Bemühung um deutsch-französische Verständigung im Zusammenhang mit dem europäischen Kongreß in Straßburg,
in: JK 10, 1949, 584–588

Zur religiösen Lage der Flüchtlinge,
in: Hamburger Bericht. Ein Überblick über das deutsche Flüchtlingsproblem im Jahre 1949. Hrsg. von der Flüchtlingsabteilung des Ökumenischen Rates der Kirchen, Genf o. J. [1949], 20–22;
abgedr.:
- Unser Weg. Rundbrief an evangelische Gemeindeglieder aus Ostpreußen. Hrsg. vom Ostpreußischen Hilfskomitee der Evangelischen Kirche, Berlin April 1949, 7–8
- Die Flüchtlingsfrage. Professor Iwand über die religiöse Lage der Flüchtlinge, in: JK 10, 1949, 227–230

– NBK 1949, Nr. 3/4 v. 1. April, 12–15
– Der Schatz der Kirche, in: FH 4, 1949, 908–909 (Auszug)
(Die verschiedenen Fassungen weichen im Schlußabschnitt voneinander ab.)
– FO, 27–32

Das »Haus der helfenden Hände«. Ein Beitrag zur Linderung des Flüchtlingselends. »Dona nobis pacem«,
in: Haus der helfenden Hände. Ein Werk des Glaubens und der Liebe, Göttingen o. J. [1949], 3–8;
abgedr. in: Die Gemeinde. Ein Mitteilungsblatt. Hrsg.: Die Ökumenische Flüchtlingskommission, Nr. 29, Genf Dezember 1949, 3 (Weicht im Schlußabschnitt vom Erstdruck ab.)

Aufruf zur Selbsthilfe der evangelischen Flüchtlingskirche Ostpreußens [Flugblatt], Göttingen 1949, 4 S.;
abgedr. in: Die Gemeinde. Ein Mitteilungsblatt. Hrsg.: Die Ökumenische Flüchtlingskommission, Nr. 30, Ostern/Pfingsten 1950, 10 (Schluß des Flugblatts fehlt.)

Nachwort
[zu:] Ilse Iwand, Meiner Heimat Kinder. Ein Wort zur Kindernot unserer Tage, Sonderdruck aus JK 10, 1949, 213–218, Göttingen 1949, 8

[Voten Iwands,]
in: Bethel 1949. Bericht über die erste Tagung der ersten Synode der Evangelischen Kirche in Deutschland vom 9. bis 13. Januar 1949. Hrsg. i. A. des Rates von der Kirchenkanzlei der Evangelischen Kirche in Deutschland, Göttingen 1953, 129–131 (zum Flüchtlingsproblem); 181. 182. 185 f. 187 (zur Frage des theologischen Nachwuchses); 272 f. (zu Martin Niemöller)

Vorwort
[zu:] GPM 4, 1949/50, Heft 1, 3–5;
abgedr. in:
– PM I, 194–197
– GPM AE, 3–5 (fehlt in GPM AE BA)
– BVP, 489–491 (gekürzt)

Predigtmeditationen
Acta 3,1–16 (Quasimodogeniti),
in: GPM 3, 1948/49, Heft 2, 44–47 = MPTh 38, 1949, Heft 3, 161–164;
abgedr. in: PM I, 158–162

2 Kor 1,18–22 (Trinitatis),
in: GPM 3, 1948/49, Heft 3, 13–18 = MPTh 38, 1949, Heft 5, 259–264;
abgedr. in: PM I, 162–167

Spr 9,1–10 (2. S. n. Tr.),
in: GPM 3, 1948/49, Heft 3, 26–28 = MPTh 38, 1949, Heft 5, 272–274;
abgedr. in: PM I, 167–169

1 Kor 12,12–27 (4. S. n. Tr.),
in: GPM 3, 1948/49, Heft 3, 32–37 = MPTh 38, 1949, Heft 6, 327–332;
abgedr. in: PM I, 170–175

Jak 5,13–20 (12. S. n. Tr.),
in: GPM 3, 1948/49, Heft 3, 61–64 = MPTh 38, 1949, Heft 7/8, 439–442;
abgedr. in: PM I, 175–178

Klagel 3,22–32 (16. S. n. Tr.),
in: GPM 3, 1948/49, Heft 4, 12–16;
abgedr. in: PM I, 179–183

2 Kor 2,14–17 (4. S. nach Michaelis),
in: GPM 3, 1948/49, Heft 4, 35–41;
abgedr. in:
- PM I, 183–189
- BVP, 483–486 (gekürzt)

Jer 17,5–10 (Reformationsfest),
in: GPM 3, 1948/49, Heft 4, 42–45;
abgedr. in: PM I, 190–193

Mt 21,1–9 (1. Advent),
in: GPM 4, 1949/50, Heft 1,6–11;
abgedr. in:
- PM I, 197–202
- GPM AE, 6–11 (BA: 3–8)

Lk 1,26–38 (Christnacht),
in: GPM 4, 1949/50, Heft 1, 24–28;
abgedr. in:
- GPM 15, 1960/61, Heft 1, 18–23 (BA: 18–22)
- PM I, 202–207
- GPM AE, 24–28 (BA: 20–24)

Lk 18,31–43 (Estomihi),
in: GPM 4, 1949/50, Heft 1, 77–81;
abgedr. in:
- PM I, 207–211
- GPM AE, 77–81 (BA: 71–75)

1950

Die Proklamation der Offenbarung gegenüber der Religion. Zu Karl Barths Kirchlicher Dogmatik,
In: KiZ 21, 1966, 206–208 (Auszüge aus der Vorlesung »Einführung in die gegenwärtige Lage der systematischen Theologie«, Göttingen SS 1950)

[Vortrag:] Erlösung zum Diesseits,
in: Zum Weihnachtsfest 1961, München, Chr. Kaiser Verlag

Kirche und Gesellschaft,
in: SGKL 2, 1950, Heft 1, 4–5

Die Bekennende Kirche gehört in die Opposition,
in: SGKL 2, 1950, Heft 6, 11

Erwartungen und Befürchtungen,
in: SGKL 2, 1950, Heft 8, 7–10

Die Bedeutung des Kirchentages,
in: SGKL 2, 1950, Heft 10, 10–11

Ein Brief von Professor Iwand [vom 15. Februar 1950],
in: JK 11, 1950, Sp. 163–166 (Auszug: a.a.O., Sp. 285)

Politisierende Kirche? Ein Wort zur gesamtdeutschen Synode der EKD in Berlin-Weißensee vom 23.–27. April 1950,
in: JK 11, 1950, Sp. 169–174

Kaufet die Zeit aus! Die französisch-deutsche Begegnung in Speyer,
in: JK 11, 1950, Sp. 179–184

Der Lobpreis der christlichen Gemeinde. Eindrücke eines Mitwirkenden vom Kirchentage in Essen,
in: JK 11, 1950, Sp. 537–542

Das Ende der restaurativen Episode. – Zum Treffen in Darmstadt,
in: JK 11, 1950, Sp. 755–759;
abgedr. in: BeKiW 1, 1950, Heft 11/12, 13–16

Dogmatics and Ecumenicity,
in: SW XLIII, 1950, Nr. 4, 327–338 (dt.: Dogmatik und Ökumene, in: NF 5, 1951, 6–13)

Ruf zum Frieden,
in: DUZ 5, 1950, Nr. 10 v. 26. Mai, 3–5

Que peuvent faire les Eglises pour le rapprochement franco-allemand?,
in: FV 48, 1950, 339–358

Votum [zur Wiederaufrüstung],
in: BeKiW 1, 1950, Heft 10, Sp. 9–10 (Auszug)

H. J. Iwand zum Flugblatt der Bruderschaften [»An die Gewehre? Nein! Handreichung an die Gemeinden zur Wiederaufrüstung«],
in: BeKiW 1, 1950, Heft 11/12, Sp. 22

Entwurf eines Friedenwortes für die Synode der EKD in Berlin-Weißensee 1950,
in: Johanna Vogel, Kirche und Wiederbewaffnung. Die Haltung der Evangelischen Kirche in Deutschland in den Auseinandersetzungen um die Wiederbewaffnung der Bundesrepublik 1949–1956 (AKIZ B 4), Göttingen 1978, 248–256;
abgedr. in: FO, 34–43 (korrigiert nach dem Originalmanuskript Iwands im Zentralarchiv der Ev. Kirche in Hessen und Nassau)

Gesetz und Evangelium II. Einführung in die Theologie der Reformatoren,
abgedr. in: NW 4, 231–401

Zwischen Karl Barth und Luther. Thesen einer Disputation zwischen G. Wingren und H. J. Iwand,
abgedr. in: NW 2, 399–405;
abgedr. in: BVP, 220–224

Nachwort
[zu:] Hi, 1. Heft 1950, 18

[Zur ersten Begegnung mit André Trocmé und zum Flüchtlingsproblem,]
in: Hi, 1. Heft 1950, 14–16

Bericht der Arbeitsgruppe »Rettet die Heimat«. Memorandum der Arbeitsgruppe II [beim 2. Deutschen Evangelischen Kirchentag in Essen], erarbeitet unter der Leitung von Prof. Iwand,
in: Kreuz auf den Trümmern. Zweiter Deutscher Evangelischer Kirchentag in Essen. I. A. des Präsidenten des Deutschen Evangelischen Kirchentages zusammengestellt von Hellmut Reitzenstein, Hamburg/Berlin o. J., 64–65

[Voten Iwands,]
in: Berlin-Weißensee 1950. Bericht über die zweite Tagung der ersten Synode der Evangelischen Kirche in Deutschland vom 23.–27. April 1950. Hrsg. i. A. des Rates von der Kirchenkanzlei der EKiD, Hannover o. J., 118–123 (zur Friedensfrage); 378–380 (zur Friedensfrage und der damit gegebenen Aufgabe der Synode)

Vorwort
[zu:] GPM 4, 1949/50, Heft 3, 165;
abgedr. in:
- PM I, 221–222
- GPM AE, 165 (fehlt in BA)

Statt eines Vorwortes,
in: GPM 5, 1950/51, Heft 1, 3;
abgedr. in: PM I, 248 (dort ohne die GPM vorangestellten Luther-Thesen 57–61 aus der »Disputatio de fide«)

Predigtmeditationen
Joh 10,11–16 (Misericordia Domini),
in: GPM 4, 1949/50, Heft 2, 134–139;
abgedr. in:
- PM I, 212–217
- GPM AE, 134–139 (BA: 114–119)

Joh 16,23b–33 (Rogate),
in: GPM 4, 1949/50, Heft 2, 150–153;
abgedr. in:
- PM I, 218–221
- GPM AE, 150–153 (BA: 129–132)

Joh 3,1–15 (Trinitatis),
in: GPM 4, 1949/50, Heft 3, 173–180;
abgedr. in:
- PM I, 222–229
- GPM AE, 173–180 (BA: 148–154)

Lk 15,1–10 (3. S. n. Tr.),
in: GPM 4, 1949/50, Heft 3, 190–194;
abgedr. in:
- PM I, 229–234
- GPM AE, 190–194 (BA: 163–167)

Lk 6,36–42 (4. S. n. Tr.),
in: GPM 4, 1949/50, Heft 3, 195–199;
abgedr. in:
- PM I, 234–239
- GPM AE, 195–199 (BA: 168–172)

Lk 7,11–17 (16. S. n. Tr.),
in: GPM 4, 1949/50, Heft 4, 247–252;
abgedr. in:
- PM I, 239–244
- GPM AE, 247–252 (BA: 215–219)

Mt 25,31–46 (26. S. n. Tr.),
in: GPM 4, 1949/50, Heft 4, 305–308;
abgedr. in:
- GPM 15, 1960/61, Heft 4, 317–320 (BA: 290–293)
- PM I, 244–247
- GPM AE, 305–308 (BA: 269–272)

Phil 4,4–7 (4. Advent),
in: GPM 5, 1950/51, Heft 1, 14–17;
abgedr. in: PM I, 248–252

2 Petr 1,16–21 (6. S. n. Epiphanias),
in: GPM 5, 1950/51, Heft 1, 56–59;
abgedr. in: PM I, 252–255

Bibelarbeiten und Predigten
Die Auferstehung Jesu. Evangelium Johannes 20 und 21. Bibelarbeit auf der Evangelischen Woche in Flensburg vom 30. Mai bis 2. Juni 1950,
in: SGKL 2, 1950, Heft 10, 7–9

Die Auferstehung Jesu [Joh 20,1–18],
in: SGKL 2, 1950, Heft 11, 7–10

Wunder der Weihnacht,
in: Die Zeit Nr. 51 vom 21. Dezember 1950, 1

Wenn die Sonne untergeht! 1 Joh 3,17,
in: Hi, 1. Heft 1950, 3

Wiedergeboren zu einer lebendigen Hoffnung. Fünf Predigten [zu Lk 11,14–28; Joh 13,1–15; 2 Kor 5,19–21; 1 Kor 15,3–5; 1 Petr 1,3],
in: Hi 1950, Heft 2, 23–50

Du sollst nicht töten. Predigt über Matth. 5,21 f. Gehalten bei der Tagung des »Christlichen Friedensdienstes« in Stein bei Nürnberg, 6. August 1950,
in: EvTh 10, 1950/51, 145–153 (auch als Sonderdruck);
abgedr. in:
- BeKiW 1, 1950, Nr. 11/12, Sp. 3–10
- NW 3, 213–225
- SF, 141–148
- BVP, 455–464

(Der ThLZ 85, 1960, Sp. 880 und GA II, 278 unter 1950 vermerkte Aufsatz »Ein guter Anfang. Bilder von der Synode der Evangelischen Kirche in Deutschland Berlin-Weißensee« stammt nicht von H. J. Iwand, sondern von Ilse Iwand.)

1951

Dogmatik und Ökumene,
in: NF 5, 1951, 6–13

Die Theologie vor der wartenden Gemeinde,
in: NF 5, 1951, 769–778

Die Liebe als Grund und Grenze der Freiheit,
in: FH 6, 1951, Heft 2, 81–89;
abgedr. in: KiZ 6, 1951, 166–167 (Auszug)

L'Allemagne entre l'Est et l'Ouest,
in: Rencontre. Revue littéraire 2, Lausanne 1951, Nr. 7, 51–58

Deutschland zwischen Ost und West,
in: FO, 44–55 (Deutsches Originalmanuskript Iwands, nach dem die französische Übersetzung »L'Allemagne entre l'Est et l'Ouest« gefertigt worden ist.)

Deutschland zwischen Weiß und Rot,
in: FO, 62–75;
Auszug in: Die Versöhnung. Unabhängige Blätter für Verständigung, Vertiefung und Erneuerung. I. A. des Versöhnungsbundes u. a. hrsg. von Rudolf Daur, Nr. 10/11, Stuttgart Juli 1951, 14–17

Das Wort der Kirche zum Frieden. Was bedeutet die Kundgebung von Weißensee für die heutige Situation?,
in: EvW 5, 1951, 595–597 (593–595: Stellungnahme von Walter Künneth zur Frage)

Die Einheit der Christenheit und die Konfessionen,
in: BuD 2, 1951, Heft 1, 1–4

Die Kirche und die Juden,
in: JK 12, 1951, 105–106;
abgedr. in:
- Verhandlungen der 28. ordentlichen rheinischen Landessynode. Tagung vom 6. bis 11. Januar 1980 in Bad Neuenahr. Statt Handschrift gedruckt, o. O., o. J. [1980], 58–60 (im Anhang)
- Zur Erneuerung des Verhältnisses von Christen und Juden. Handreichung Nr. 39 für die Mitglieder der Landessynode, der Kreissynoden und der Presbyterien in der Evangelischen Kirche im Rheinland, o. O., o. J. [1980], 2., erw. Aufl. 1985, 112–114

Betrachtungen zur Hamburger Synode der Evangelischen Kirche in Deutschland,
in: JK 12, 1951, Heft 8/9, 202–206

Der Berliner Kirchentag,
in: JK 12, 1951, 396–403;
Auszug in: KiZ 6, 1951, 200

Wunder der Weihnacht,
in: JK 12, 1951, 673–675

Schleiermacher als Ethiker,
in: EvTh 11, 1951/52, 49–64;
abgedr. in: BVP, 265–280

In wessen Händen liegt das Lehramt?,
in: EvTh 11, 1951/52, 86–92;
Auszug in: EvW 5, 1951, 598–599

Erneuerung unserer Bildung aus dem Evangelium. Vortrag vor den evangelischen Religionslehrern an Höheren Schulen des Rheinlandes,
in: EvErz 3, 1951, Nr. 4, 2–14

Grenzüberschreitung in der Kritik am Kirchentag. Antwort an einen Journalisten,
in: KiZ 6, 1951, 193–194

Martin Niemöllers Berufung. Ein Wort zu seinem 60. Geburtstage,
in: epd B Nr. 39 v. 31. Dezember 1951, 14–16;
abgedr. in: BeKiW 3, 1952, Nr. 1 v. 15. Januar 1952, Sp. 1–4

Vorwort
[zu:] Margarete Kühnapfel, Auch in der Hölle bist du da. Not und Gnade meiner Russenjahre, Stuttgart 1951, 5–6; Neuaufl. Neuhausen-Stuttgart 1983, 7–8

Vom Schutz des Lebens. Aus einem unveröffentlichten Vorlesungsmanuskript,
in: JK 40, 1979, 298–301

Das Aufrüstungsproblem – von Deutschland her gesehen,
in: FO, 57–61

Rundschreiben [vom 14. August 1951],
in: BVP, 95–97 [gekürzt)

Theologie als Beruf. Vorlesung, Göttingen SS 1951,
abgedr. in:
– NW 1, 228–274
– Des Theologen Beruf: die Welt, in: ThBeitr 10, 1979, 175–177 (gekürzt)

Die Predigt des Gesetzes,
abgedr. in: NW 2, 74–90

[Voten Iwands,]
in: Hamburg 1951. Bericht über die dritte Tagung der ersten Synode der Evangelischen Kirche in Deutschland vom 1.–5. April 1951. Hrsg. i. A. des Rates von der Kirchenkanzlei der EKiD, Hannover o. J., 106–109 (zur politischen Verantwortung der Christen); 227 (Gnade und Heiligung)

Predigtmeditationen

1 Kor 5,7b–8 (Ostersonntag),
in: GPM 5, 1950/51, Heft 2, 99–102;
abgedr. in: PM I, 256–259

1 Petr 4,7–11 (Exaudi),
in: GPM 5, 1950/51, Heft 2, 125–128;
abgedr. in: PM I, 259–262

Röm 6,19–23 (7. S. n. Tr.),
in: GPM 5, 1950/51, Heft 3, 161–166;
abgedr. in: PM I, 262–267

2 Kor 3,4–9 (12. S. n. Tr.),
in: GPM 5, 1950/51, Heft 3, 179–183;
abgedr. in: PM I, 267–271

Phil 3,17–21 (23. S. n. Tr.),
in: GPM 5, 1950/51, Heft 4, 211–219;
abgedr. in: PM I, 272–276

Röm 2,1–11 (Buß- und Bettag),
in: GPM 5, 1950/51, Heft 4, 231–238;
abgedr. in: PM I, 276–283

Mt 24,1–14 (2. Advent),
in: GPM 6, 1951/52, Heft 1, 5–10;
abgedr. in: PM I, 284–289

Joh 4,5–15 (3. S. n. Epiphanias),
in: GPM 6, 1951/52, Heft 1, 50–54;
abgedr. in: PM I, 290–293

Joh 7,10–18 (1. S. nach Epiphanias),
in: GPM 6, 1951/52, Heft 1, 59–63;
abgedr. in: PM I, 294–298

Bibelarbeiten und Predigten
Wie die Jünger froh wurden [Joh 20,19–23],
in: SGKL 3, 1951, Heft 3, 7–10

Thomas, der erste Protestant [Joh 20,24–29],
in: SGKL 3, 1951, Heft 4, 3–5

Die Erscheinung des Auferstandenen in Galiläa [Joh 21,1–14],
in: SGKL 3, 1951, Heft 5, 7–10

Das Mahl des Auferstandenen [Joh 21,10–23],
in: SGKL 3, 1951, Heft 6, 5–7

Bibelarbeit mit den Studenten [Röm 12,9–13,7],
in: Wir sind doch Brüder. Der Dritte Deutsche Evangelische Kirchentag vom 11.–15. Juli 1951 in Berlin. Hrsg. i. A. des Präsidiums des Deutschen Evangelischen Kirchentages. Zusammengestellt von Hellmut Reitzenstein. Als Manuskript gedruckt, Stuttgart o. J. [1951], 234–250;
abgedr. in: Deutscher Evangelischer Studententag im Rahmen des Deutschen Evangelischen Kirchentages – Berlin 1951. Vervielfältigtes Studienmaterial, o. O., o. J., 9–23

Gottesgerechtigkeit. Bibelarbeit über Römer 12,9–13,7, gehalten auf der Studententagung während des Deutschen Evangelischen Kirchentages in Berlin am 16./17. Juli 1951 [Einführung; Röm 12,9–13],
in: SGKL 3, 1951, Heft 8, 5–8; Heft 9, 5–7 (überarbeitete Fassung)

Seid untertan der Obrigkeit. Römer 13,1–7 [1. Teil],
in: SGKL 3, 1951, Heft 11,5–7

Das wahre Gesicht der Liebe. Römer 12,9–13,
in: NF 5, 1951, 684–685

Matthäus 12, Vers 31–33 [Göttingen im Herbst 1951],
abgedr. in:
- NW 3, 226–234
- BVP, 474–480

Kirche und Gesellschaft,
in: Bekennende Kirche. Martin Niemöller zum 60. Geburtstag, München 1952, 101–117;
abgedr. in:
- Stimme 22, 1970, Sp. 265–276
- BVP, 284–299

Die Bibel und die soziale Frage,
in: JK 13, 1952, Heft 3/4, 65–75 [1. Teil]; Heft 5/6, 113–123 [2. Teil]

Entwurf eines Gutachtens zur Frage des Widerstandrechts nach evangelischer Lehre (zusammen mit Ernst Wolf),
in: JK 13, 1952, 192–210;
abgedr.:
- Herbert Kraus (Hrsg.), Die im Braunschweiger Remerprozeß erstatteten moraltheologischen und historischen Gutachten nebst Urteil (Institut für Völkerrecht an der Universität Göttingen), Hamburg 1953, 9–18 (19–28: »Befragung des Professor Iwand durch die Verteidiger Dr. Wehage und Dr. Noack«)
- Gott mehr gehorchen als den Menschen! Evangelisch-theologisches Gutachten von Prof. D. Iwand, in: Das Parlament. Die Woche im Bundestag, Sonderausgabe vom 20. Juli 1952, Bonn, 27 (28: »Der Protestant im Kreuzverhör« – Verhandlung zum Gutachten Iwands)
- Gott mehr gehorchen als den Menschen. Evangelisch-theologisches Gutachten von Prof. D. Iwand, in: 20. Juli 1944. Geänderte und vervollständigte Bearbeitung der Sonderausgabe der Wochenzeitung Das Parlament: »Die Wahrheit über den 20. Juli 1944«, bearbeitet von Hans Royce. Hrsg. von der Bundeszentrale für Heimatdienst, 2. Aufl., Bonn 1954, 140–144
- Neubesinnung auf das Recht,
  in: GuT 7, 1952, Heft 7, 217–218 (Auszug)
- Es ist Dir nicht erlaubt! Widerstandspflicht gegen die Barbarei im Urteil von katholischen und evangelischen Moraltheologen, Offizieren, Historikern und Juristen, Frankfurt 1952 [Sonderausgabe von GuT 7, 1952, Heft 7], 25–26 (Auszug)
- Der evangelische Theologe über das Widerstandsrecht,
  in: KuM 5, 1952, Nr. 6, 10 (Auszug)

Warum »Protestantische Monatshefte«?,
in: JK 13, 1952, 354–361;

abgedr. in: KBRS 110, 1954, 210–214 (unter dem Titel: Warum »Protestantisch«?)

Luthers Theologie und der Konfessionalismus des leitenden Bischofs der VELKD,
in: KiZ 7, 1952, Heft 1/2, 17–19

[Stellungnahme zu Heinz Brunotte »Antwort an Prof. D. Iwand«],
in: KiZ 7, 1952, 53

Endlich!,
in: Hi, Mai 1952, 1–2

Menschen ohne Heimat,
in: Hi, Juni 1952, 2;
abgedr. in:
- BeKiW 3, 1952, Heft 3 v. 15. März 1952, Sp. 1–4
- FO, 91–95

Ausblicke und Einblicke,
in: Hi, Juni 1952, 3

Der Beienroder Konvent,
in: Hi, Oktober 1952, 1–2

Die Teilung zwischen Ost und West als Anfechtung des Geistes,
in: FO, 77–90

Das Widerstandsrecht der Christen nach der Lehre der Reformatoren,
in: NW 2, 193–229

[Voten Iwands,]
in: Elbingerode 1952. Bericht über die vierte Tagung der ersten Synode der Evangelischen Kirche in Deutschland vom 6.–10. Oktober 1952. Hrsg. i. A. des Rates von der Kirchenkanzlei der EKiD, Hannover 1954, 141–148 (Öffentlichkeitsanspruch des Evangeliums)

Was wird aus Deutschland? [Leserbrief],
in: FAZ v. 14. Februar 1952, 2, Sp. 3/4

Martin Niemöller und die Einheit der evangelischen Kirche [Aus einem Rundbrief des »Hilfskomitees der ev. Deutschen aus Ostpreußen«],

in: JK 13, 1952, 324–325;
abgedr. in: RKZ 93, 1952, Sp. 319

Vorwort
[zu:] GPM 7, 1952/53, Heft 1, 1;
abgedr. in:
- PM I, 327–328
- BVP, 491–492 (gekürzt)

Briefe
[An Rudolf Hermann v. 16. Januar 1952],
in: NW 6, 303–305

[An Heinz Willmann v. 4. März 1952],
in: BVP, 97–98

Predigtmeditationen
Joh 12,1–12 (Palmarum),
in: GPM 6, 1951/52, Heft 2, 91–94;
abgedr. in: PM I, 298–302

Joh 10,1–11 (Misericordia Domini),
in: GPM 6, 1951/52, Heft 2, 115–119;
abgedr. in: PM I, 302–306

Mt 10,16–22 (1. S. n. Tr.),
in: GPM 6, 1951/52, Heft 3, 149–155;
abgedr. in: PM I, 306–312

Lk 7,36–50 (11. S. n. Tr.),
in: GPM 6, 1951/52, Heft 3, 189–192;
abgedr. in: PM I, 312–316

Lk 18,1–8 (19. S. n. Tr.),
in: GPM 6, 1951/52, Heft 4, 229–232;
abgedr. in: PM I, 316–320

Mt 12,31–37 (Buß- und Bettag),
in: GPM 6, 1951/52, Heft 4, 263–268;
abgedr. in: PM I, 320–326

1 Joh 1,1–4 (2. Christtag),
in: GPM 7, 1952/53, Heft 1, 22–27;
abgedr. in:
- PM I, 328–333
- GPM 33, 1978/79, Heft 1, 41–47

1 Joh 1,5–10 (Epiphanias),
in: GPM 7, 1952/53, Heft 1, 38–42;
abgedr. in: PM I, 334–337

Bibelarbeiten und Andachten
Seid untertan der Obrigkeit. Römer 13,1–7 [2. Teil],
in: SGKL 4, 1952, Heft 1, Sp. 9–12

Der gute Hirte. Bibelarbeit auf dem Kirchentag Berlin 1951 über Johannes 10,1–16,
in: SGKL 4, 1952, Heft 3, Sp. 77–80 [Teil I/II]; Heft 4, Sp. 105–108 [Teil III/IV]

Der Größte [Lk 22,24–30],
in: SGKL 4, 1952, Heft 6, Sp. 173–178

Das Wort [Tit 2,11–14],
in: Hi, Dezember 1952, 1–2

1953

Wie studiere ich Philosophie?,
in: Kraft und Innigkeit. Hans Ehrenberg als Gabe der Freundschaft im 70. Lebensjahr überreicht. Zusammengestellt und hrsg. von Johannes Harder, Heidelberg 1953, 13–22 (auch als Sonderdruck);
abgedr. in:
- GA I, 173–182
- Užitek filosofie [Der Nutzen der Philosophie],
  in: KrR 27, 1960, 161–165 (Auszug)

Die Theologie und das Studium Generale,
in: Studium Generale in Nordrhein-Westfalen, hrsg. von Joachim Konrad (Kronenburger Schriften), Ratingen 1953, 45–49

Von der christlichen Freiheit. [Nachwort zu:] Martin Luther, Von der Freiheit eines Christenmenschen, Bielefeld 1953, 55–63;
abgedr. in: GA II, 194–197

Durchstoß zur Freiheit. Bemerkungen zur Bielefelder Tagung,
in: EvTh 13, 1953, 286–288;
abgedr. in:
- JK 14, 1953, 457–459
- Bielefelder Theologische Woche der Gesellschaft für evangelische Theologie vom 20.–23. September 1953. Sonderdruck aus: Jk 14, 1953, Heft 19/20, 2–4
- EvW 7, 1953, 630 (Auszug)
- KJ 80, 1954, 121–122 (Auszug)

Über den Verlust der theologischen Existenz heute,
in: JK 14, 1953, 509–517

Der Wandel der Berufsauffassung in der Reformation und in der Neuzeit,
in: JK 14, 1953, 565–570

Wider den Mißbrauch des pro me (»Für mich«) als methodisches Prinzip in der Grundlegung theologischer Erkenntnis,
in: SGKL 5, 1953, Heft 7, Sp. 205–212 [Teil I]; Heft 11, Sp. 333–336 [Teil II]

Hans Ehrenberg,
in: KiZ 8, 1953, 119–120

Evangelisches Elternrecht,
in: Elternrecht und Kindesrecht, bearbeitet von Maria Meyer-Sevenich (Sozialismus heute Heft 1/2. Schriftenreihe der Sozialistischen Bildungsgemeinschaften des Landes Nordrhein-Westfalen), Frankfurt/M. o. J. [1953], 22–25 (Zum Naturrecht), 37–43 (Zum Elternrecht), 49–53 (Vom Recht des Kindes), 60–65 (Über den evangelischen Kirchenbegriff), 65–68 (Luther und die Schulfrage) [Nachschrift einer Tonbandaufnahme bei einer Tagung des »Zentralausschusses Sozialistischer Bildungsgemeinschaften e. V.« Anfang Januar 1953 bei Bochum];
daraus abgedr.: Das Elternrecht. Der evangelische Standpunkt,
in: Christliche Daseinsgestaltung. Äußerungen evangelischer Ethik zu Fragen der Gegenwart. Ausgewählt von Heinz-Horst Schrey mit einer Einleitung von Helmut Thielicke (Sammlung Dieterich Bd. 187), Bre-

men 1958, 289–298 (identisch mit S. 37–43 des erstgenannten Titels); (fehlt in der neu ausgewählten Ausgabe 1971 von »Christliche Daseinsgestaltung«)

[Vorwort zu:]
Hi, Dezember 1953, 1

Vorwort
[zu:] GPM 7, 1952/53, Heft 4 (unpaginiert, vor S. 203);
abgedr. in:
- PM I, 353–354 (Die Einstellung in PM 1 ist falsch; das Vorwort gehört hinter die Meditation zu 2 Thess 3,6–16 und vor die Meditation zu 2 Kor 5,1–10.)
- BVP, 495 (gekürzt)

Begleitwort
[zu:] GPM 8, 1953/54, Heft 1 (nicht paginiert; vor S. 1. Fehlt in PM I.)

Briefe
An Georg Eichholz [vom:] 4. April 1953,
in: EvTh 44, 1984, 125–126 (Auszug)

An Rudolf Hermann
[vom:]
- 4. April 1953, in: NW 6, 305–309;
  abgedr. in: BVP, 102–105
- 21. April 1953, in: NW 6, 309–310

Predigtmeditationen
Hebr 2,10–18 (Reminiscere),
in: GPM 7, 1952/53, Heft 2, 69–74;
abgedr. in: PM I, 338–343

1 Petr 1,3–9 (Quasimodogeniti),
in: GPM 7, 1952/53, Heft 2, 103–106;
abgedr. in: PM I, 343–347

Jes 12,1–6 (3. S. n. Tr.),
in: GPM 7, 1952/53, Heft 3, 148–153;
abgedr. in: PM I, 347–353

2 Thess 3,6–16 (15. S. n. Tr.),
in: GPM 7, 1952/53, Heft 3, 198–202;
abgedr. in: PM I, 355–359

2 Kor 5,1–10 (17. S. n. Tr.),
in: GPM 7, 1952/53, Heft 4, 207–211;
abgedr. in: PM I, 360–364

Apg 2,42–47 (20. S. n. Tr.),
in: GPM 7, 1952/53, Heft 4, 229–234;
abgedr. in: PM I, 365–370

2 Kor 1,18–22 (4. Advent),
in: GPM 8, 1953/54, Heft 1, 13–18;
abgedr. in: PM I, 371–376

1 Kor 2,6–16 (2. S. n. Epiph.),
in: GPM 8, 1953/54, Heft 1, 47–50;
abgedr. in: PM I, 376–379

1954

Die politische Existenz des Christen unter dem Auftrag und der Verheißung des Evangeliums von Jesus Christus,
in: H. J. Iwand/W. Kreck/K. G. Steck, Die Verkündigung des Evangeliums und die politische Existenz (TEH NS 41), München 1954, 7–22;
abgedr. in: GA I, 183–201

Coexistence et bonnes relations,
in: Défense de la paix III, Paris 1954, 13–15

Wider den Mißbrauch des ›pro me‹ als methodisches Prinzip in der Theologie,
in: EvTh 14, 1954, 120–125 (auch als Sonderdruck);
abgedr. in:
- ThLZ 79, 1954, 454–458 (mit geringen Abweichungen von EvTh)
- Brüderliche Handreichung. Hrsg. von der Pfarrer-Gebets-Bruderschaft innerhalb der EKiD, Folge 36, Mai 1965, 12–16
- BVP, 225–230
- Rechtfertigung als Grundbegriff evangelischer Theologie. Eine Textsammlung eingel. und hrsg. von Gerhard Sauter (TB 78), München 1989,

274–279 (vom Hrsg. unter den Titel »Die Rechtfertigungslehre – eine Erkenntnistheorie praktischer Philosophie?« gestellt)
(Nicht textidentisch mit dem gleichnamigen Aufsatz in SGKL 1953!)

Bericht vom Theologentag (Berlin Johannesstift, 3. bis 6. Januar 1954),
in: JK 15, 1954, 59–62

Zur Tagung der Generalsynode der EKiD in Spandau vom 14. bis 19. 3. 1954,
in: JK 15, 1954, 166–171

Der Wandel der Berufsauffassung in der Reformation und der Neuzeit,
in: Die BASF 4, 1954, Nr. 1 (Themenheft: »Unser Beruf in unserer Zeit«), 6–8 (Heft auch als Sonderdruck) [Überarb. und gekürzte Fassung von JK 14, 1953, 565 ff.]

Erläuterungen
[zu:] Martin Luther, Daß der freie Wille nichts sei. Antwort D. Martin Luthers an Erasmus von Rotterdam (Martin Luther, Ausgewählte Werke. Hrsg. von H. H. Borcherdt und Georg Merz, Ergänzungsreihe 1. Band), München 1954, 251–315; 2. Aufl. 1962; 3. Aufl. 1975 (Überarb. Fassung der Erläuterungen zu: dass., 1939, 289–371)

Kaufet die Zeit aus! Betrachtung zum Sonntag,
in: RP Nr. 43 v. 20. Februar 1954

Gottes Wort. Betrachtung zum Reformationstag,
in: RP Nr. 254 v. 30. Oktober 1954

Rede,
in: Rencontre pour la détente internationale, Stockholm 19.–23. Juni 1954, Nr. 20 (vervielfältigtes Studienmaterial), 3 S.

[Voten Iwands,]
in: Berlin-Spandau 1954. Bericht über die fünfte Tagung der ersten Synode der Evangelischen Kirche in Deutschland vom 14.–19. März 1954. Hrsg. i. A. des Rates von der Kirchenkanzlei der EKiD, Hannover o. J., 120–129. 160. 312–314 (zu Ehe, Familie, Gleichberechtigung der Frau)

Vorwort
[zu:] GPM 8, 1953/54, Heft 3, 157;

abgedr. in:
- PM I, 392 (gekürzt)
- BVP, 492 (gekürzt)

An die Leser der »Göttinger Predigt-Meditationen« [Bitte, zu vier Fragen Stellung zu beziehen],
in: Beilage zu GPM 8, 1953/54, Heft 3, 4 S.

Vorwort
[zu:] GPM 8, 1953/54, Heft 4, 229–230;
abgedr. in:
- PM I, 407–408
- BVP, 495–496 (gekürzt)

Vorwort
[zu:] GPM 9, 1954/55, Heft 1, 1 (BA: 1);
abgedr. in: PM I, 419

Artikel
Gerechtigkeit
in: ESL, 1.–3. Aufl. 1954–1958, Sp. 413–417; 4. Aufl. 1963, Sp. 478–482

Kultur, Christliche,
in: ESL, 1.–3. Aufl. 1954–1958, Sp. 622–624; 4. Aufl. 1963, Sp. 746–748

Restauration,
in: ESL, 1.–3. Aufl. 1954–1958, Sp. 870–871; 4. Aufl. 1963, Sp. 1042–1044

Predigtmeditationen
Jes 43,22–26 (Karfreitag),
in: GPM 8, 1953/54, Heft 2, 101–106;
abgedr. in:
- PM I, 380–385
- BVP, 341–348

Jes 55,5–11 (6–13) (Rogate),
in: GPM 8, 1953/54, Heft 2, 134–140;
abgedr. in: PM I, 386–392

Apg 13,44–52 (10. S. n. Tr.),
in: GPM 8, 1953/54, Heft 3, 198–207;
abgedr. in: PM I, 392–401

Jes 38,10–20 (12. S. n. Tr.),
in: GPM 8, 1953/54, Heft 3, 210–215;
abgedr. in: PM I, 402–407

1 Mose 4,1–16 (18. S. n. Tr.),
in: GPM 8, 1953/54, Heft 4, 238–243;
abgedr. in: PM I, 409–414

Jes 35,1–10 (letzter S. d. Kj.),
in: GPM 8, 1953/54, Heft 4, 294–298;
abgedr. in:
- PM I, 414–418
- EPM 1982/83, 11–14

Joh 1,19–28 (4. Advent),
in: GPM 9, 1954/55, Heft 1, 16–20 (BA: 16–20);
abgedr. in: PM I, 420–424
(Die erste Ausgabe von GPM, die zugleich in der DDR erschien.)

Joh 1,1–14 (1. Weihnachtstag),
in: GPM 9, 1954/55, Heft 1, 24–30 (BA: 24–30);
abgedr. in:
- PM I, 425–431
- BVP, 331–340

Predigten
Auslegung von Lukas 12 in Predigten,
in: Predige das Wort. Eine Auslegung der Heiligen Schrift in Predigten. V. Band. Zweiter Lukas-Teilband, Siegen 1954, 51–85

Predigt über Gal 2,16–21,
in: EvTh 14, 1954, 289–297;
abgedr. in: NW 3, 245–256

Lebendige Hoffnung! Osterpredigt [über 1 Petr 1,3],
in: SGKL 6, 1954, Sp. 177–182;
abgedr.:
- Das Geheimnis von Ostern [1 Petr 1,3], in:
  Stimme 13, 1961, Sp. 197–200;
  Stimme 23, 1971, 117–119

Das geschichtliche Phänomen der Atomwaffe und die Angst (Ein Versuch ihrer Überwindung),
in: Weltmacht Atom. Die atomaren Kräfte und ihre Auswirkungen auf das geistige, wirtschaftliche, militärische und politische Leben. Hrsg. von der Arbeitsgemeinschaft sozialdemokratischer Akademiker, Frankfurt/M. 1955, 87–115;
abgedr. in:
- SF, 149–159 (gekürzt)
- FO, 97–122

Die Autonomie des Menschen in ihrer Bedeutung für Glaube und Recht [Vortrag am 10. Juni 1954 bei der Berggewerbelehrertagung in Schloß Haus Berge, Gelsenkirchen-Buer],
in: Mitteilungen für die Bergberufsschulen der Westfälischen Berggewerkschaftskasse 1955, Nr. 9 v. 15. Oktober, 1–6

Bildung aus christlicher Verantwortung,
in: Fragen des Höheren Schulwesens in unserer Zeit. Gemener Kongresse 1954 bis 1960 (Dritte Gemener Broschüre). I. A. des »Kuratoriums Gemener Kongreß« hrsg. von Aloys Zillien und Wolfgang Hollweg, Frankfurt/Berlin/Bonn 1961, 10–26
(Nachschrift einer Tonbandaufnahme)

Die christliche Verantwortung für die Bildung [Vortrag 22. September 1955 vor Gymnasiallehrern in Gehmen],
in: NW 2, 286–304
(Nicht identisch mit »Bildung aus christlicher Verantwortung«)

Besuch bei der Christenheit in der Sowjet-Union,
in: JK 16, 1955, 427–430 (auch als Sonderdruck);
abgedr. in:
- Hi, November 1955, 3–6
- FO, 126–128 (gekürzt)

Die Kundgebung in der Paulskirche im Lichte der Osterhoffnung,
in: Hi, April 1955, 1–2

Glauben und Wissen. Vortrag,
in: NW 1, 17–26. 295–300

Glauben und Wissen [Vorlesung, Bonn Sommersemester 1955],
in: NW 1, 27–216. 301–309

Die Frage der Gottesbeweise. Vortragsentwurf,
in: NW 1, 310–315

Protestantismus als Aufgabe,
in: NW 2, 305–320

Boj o principy v německé evangelické theologii. Uvodní část přednášky na Komenského fakultě [Prinzipienstreit in der deutschen Theologie. Aus einer Gastvorlesung an der Comeniusfakultät in Prag],
in: Kj 1955, 38

Statt eines Vorworts
[zu:] GPM 9,1954/55, Heft 3, 155 (fehlt in PM I)

Ein kleines Nachwort (in einer anderen Sache) insbesondere an unsere westlichen Leser,
in: GPM 9,1954/55, Heft 3, 155 (fehlt in PM I)

Vorwort
[zu:] GPM 10,1955/56, Heft 1, 1 (fehlt in BA);
abgedr. in: PM I, 470–471

Briefe
An Rudolf Hermann
[vom:] 2. Januar 1955,
in: NW 6, 311–312

An Heinz Willmann
[vom:] 16. März 1955,
in: BVP, 105–107

An J. B. Souček
[vom:] 4. April 1955,
in: BIS, 177 (Auszug)

An Georg Lukács [zum 13. April 1955],
in: Festschrift Georg Lukács zum siebzigsten Geburtstag, Berlin (DDR) 1955, 111–114;
abgedr. in: BVP, 107–109

An Hermann Diem
[vom:] 17. Oktober 1955,
in: Hermann Diem, Ja oder Nein. 50 Jahre Theologie in Kirche und Staat, Stuttgart/Berlin 1974, 273–275

Predigtmeditationen
Mt 4,1–10 (Invokavit),
in: GPM 9,1954/55, Heft 2, 71–78 (BA: 5–13);
abgedr. in: PM I, 432–439

Joh 16,5–15 (Kantate),
in: GPM),1954/55, Heft 2, 128–134 (BA: 67–74);
abgedr. in: PM I, 440–446

Lk 5,1–10 (5. S. n. Tr.),
in: GPM 9,1954/55, Heft 3, 177–184 (BA: 24–32);
abgedr. in: PM I, 447–454

Mt 5,20–26 (6. S. n. Tr.),
in: GPM 9,1954/55, Heft 3, 185–192 (BA: 32–40),
abgedr. in:
- GPM 15,1960/61, Heft 3, 205–212 (BA: 191–198)
- PM I, 455–462
- BVP, 464–473

Mt 9,1–9 (19. S. n. Tr.),
in: GPM 9,1954/55, Heft 5, 235–241 (BA: 21–27);
abgedr. in: PM I, 463–469

Tit 2,11–14 (Heiliger Abend),
in: GPM 10,1955/56, Heft 1, 18–23 (BA: 19–24);
abgedr. in: PM I, 471–476

Gal 3,23–29 (Neujahr),
in: GPM 10,1955/56, Heft 1, 33–40 (BA: 35–43);
abgedr. in: PM I, 477–484

1 Kor 15,12–20 (Ostersonntag),
in: E 4, 1.–5. Aufl. 1955–1965, 243–255;
abgedr. in: PM II, 126–138

1 Kor 15,54–58 (Ostermontag),
in: E 4, 1.–5. Aufl. 1955–1965, 255–266;
abgedr. in:
- PM II, 139–150
- BVP, 372–380

Kol 3,1–4 (5. S. n. Epiph.),
in: E 4, 1.–5. Aufl. 1955–1965, 304–313;
abgedr. in: PM II, 174–183

1 Joh 3,1–5 (1. Weihnachtstag),
in: E 4, 1.–5. Aufl. 1955–1965, 43–47;
abgedr. in: PM II, 204–218

Predigten und Andachten
Die Gegenwart des Kommenden. Auslegung von Lukas 12, Siegen 1955, 42 S.;
abgedr.:
- Die Gegenwart des Kommenden. Eine Auslegung von Lukas 12 (BSt 50), 2. Aufl. Neukirchen-Vluyn 1966, 47 S.

daraus:
- Lukas 12,49–59, in: Hi, November 1955, 1
- Die Gegenwart des Kommenden [Lk 12,35–48], in: Heinz Bluhm, Prophetische Verkündigung heute (ThA XXIII), Berlin (DDR) 1967, 143–147

Wo viel Träume sind, da ist viel Eitelkeit und viel Worte. Aber fürchte du Gott. Pred. 5,6,
in: Hi, Februar 1955, 2–3

Römer 8, Vers 33–39 [Reformationsgottesdienst, Reise in die Slowakei 1955],
in: NW 3, 257–263

Z kázání H. J. Iwanda (na text Mt 8,23–27) [Aus einer Predigt über Mt 8,23–27],
in: Kj 1955, 38

(Der ThLZ 85, 1960, Sp. 880 und GA I, 279 unter 1955 verzeichnete Aufsatz »Segnet die Kirche die Waffen?«, KiZ 10,1955,126 f. ist keine Arbeit Iwands, sondern ein Bericht über Äußerungen, die er in der Arbeitsgruppe »Staat« bei der Evangelischen Woche in Oberhausen gemacht hat.)

Über das Zusammenleben in einer Welt widerstreitender Ideologien und politischer und wirtschaftlicher Systeme [Vortrag am 9. Juli 1956 bei einer Konferenz der Studienabteilung des ÖRK in Arnoldshain],
in: JK 17,1956, 493–500;
abgedr.: Co-Existing in a World of Conflicting Ideologies and Political and Economic Systems, in: World Council of Churches – Division of Studies, Conference on »The Responsible Society in National and International Affairs«, 9.–14. 7. 1956 (vervielfältigtes Studienmaterial);
abgedr. in: FO, 138–152

Besuch bei den Glaubensbrüdern in der Tschechoslowakei,
in: JK 17,1956, 253–260 [Teil I]; 553–560 [Teil II];
abgedr. in:
- GlGe 2, 1956, 149–150 (Auszug)
- FO, 129–137 (gekürzt)

Entgegnung,
in: JK 17,1956, 512–514

Vom Primat der Christologie,
in: Antwort. Karl Barth zum siebzigsten Geburtstag am 10. Mai 1956. Hrsg. von Ernst Wolf/Charlotte von Kirschbaum/Rudolf Frey, Zollikon – Zürich 1956, 172–189 (auch als Separatdruck)

Umkehr und Einsicht,
in: BldiPol 1,1956, 39–41;
abgedr. in: FO, 153–157

Karl Barth zum 70. Geburtstag,
in: JK 17,1956, 201–203

Zur Versöhnungslehre,
in: Das tat Gott. Fünfzig Jahre Bahnau. Bericht und Besinnung einer Bruderschaft. Hrsg. von Max Fischer, Unterweißach 1956, 208–216;
abgedr. in: GA I, 214–221

Über das Verhältnis von Theologie und Kirche. Eine Festrede,
in: Festschrift zur Feier des hundertjährigen Bestehens (Schriftenreihe des Evangelisch-Theologischen Stifts an der Universität Bonn. Hrsg. von H. J. Iwand, Heft 1), Neukirchen 1956, 5–16;

abgedr. in: GA I, 202–213
(Die Rede wurde bereits 1954 gehalten.)

Die Pfingstbotschaft der Kirche. Das Fest des Heiligen Geistes – ein Prüfstein für unsere volkskirchliche Frömmigkeit,
in: Der Weg 1956, Nr. 21, 5

Treffen im H(aus) (der) H(elfenden) H(ände) am 22.–23. Mai 1956,
in: Hi, Juni 1956, 5

Eine kleine Korrektur,
in: SGKL 8,1956, 646

Zum Gedächtnis [an Superintendent Johannes Gemmel, am 22. 11. 1955 verstorben],
in: Hi, Februar 1956, 2–3

[Artikel:] Gesetz und Evangelium. B. Dogmatisch,
in: EKL I, Sp. 1562–1567

Nachwort,
[zu:] GPM 10,1955/56, Heft 4, 283–284 (fehlt in BA),
abgedr. in:
- PM I, 528–529
- BVP, 492–493 (gekürzt)

Vorwort,
[zu:] GPM 11,1956/57, Heft 1, 1–2 (BA: 1–2);
abgedr. in:
- PM I, 530–531
- BVP, 497 (gekürzt)

Briefe
An Martin Fischer
[vom:] 7. Februar 1956,
in: PTh 71,1982, 358

An J. B. Souček
[vom:] 18. Juni 1956,
in: BIS, 177 (gekürzt)

Predigtmeditationen
Hebr 9,11–15 (Judika),
in: GPM 10, 1955/56, Heft 2, 82–89 (fehlt in BA);
abgedr. in: PM I, 485–492

Acta, 1,1–11 (Himmelfahrt),
in: GPM 10,1955/56, Heft 2, 134–143 (BA: 146–155),
abgedr. in:
- PM I, 492–501
- BVP, 381–391

1 Petr 5,5b–11 (3. S. n. Tr.),
in: GPM 10,1955/56, Heft 3, 167–174 (BA: 182–190);
abgedr. in:
- PM I, 501–508
- EPM 1979/80, 275–281

Gal 3,15–22 (13. S. n. Tr.),
in: GPM 10,1955/56, Heft 3, 209–216 (BA: 228–236);
abgedr. in: PM I, 509–516

Gal 5,25–6,10 (15. S. n. Tr.),
in: GPM 10,1955/56, Heft 4, 219–224 (BA: 241–247);
abgedr. in: PM I, 516–522

2 Petr 3,3–13 (letzter S. d. Kj.),
in: GPM 10,1955/56, Heft 4, 277–282 (BA: 306–312);
abgedr. in: PM I, 522–527

Jes 62,10–12 (1. Advent),
in: GPM 11,1956/57, Heft 1, 3–10 (BA: 3–10);
abgedr. in: PM I, 532–539

Mk 2,18–22 (2. S. n. Epiph.),
in: GPM 11,1956/57, Heft 1, 52–60 (BA: 57–65),
abgedr. in:
- PM I, 539–547
- BVP, 433–442

Predigten und Andachten
Die Auferstehung des Menschen,

in: Weihnachten 1956. Beilage zum Kölner Stadtanzeiger;
abgedr.: Weihnachten: Die Auferstehung des Menschen, in: JK 34, 701–703; JK 47, 1986, 658–660

Offenbarung 1,17b und 18,
in: Hi, Februar 1956, 1–2

Römer 11,33,
in: Hi, Juni 1956, 1

Betrachtung zu Johannes 8,36,
in: NW 3, 264–270

Galater 5, Vers 25– 6, Vers 10 [Dortmund am 9. September 1956],
in: NW 3, 271–277

1957

Stand und Sakrament,
in: Verantwortung für den Menschen. Beiträge zur gesellschaftlichen Problematik der Gegenwart. Präses D. Heinrich Held zur Vollendung des 60. Lebensjahres. Hrsg. von Friedrich Karrenberg und Joachim Beckmann, Stuttgart 1957, 37–53;
abgedr. in: GA II, 240–264

Die Freiheit des Christen und die Unfreiheit des Willens,
in: Solange es »heute« heißt. Festgabe für Rudolf Hermann zum 70. Geburtstag, Berlin (DDR) 1957, 132–146 (auch als Sonderdruck);
abgedr. in: GA I, 247–268

Zur Entstehung von Luthers Kirchenbegriff. Ein kritischer Beitrag zu dem gleichnamigen Aufsatz von Karl Holl,
in: Festschrift für Günther Dehn. Hrsg. von W. Schneemelcher, Neukirchen 1957, 145–166 (auch als Sonderdruck);
abgedr. in: GA II, 198–239

Geistige Entscheidungen lassen sich nicht vertagen,
in: BldiPol 2,1957, 381–387;
abgedr. in:
– SF, 159–166

- Mathias Jung (Hrsg.), Für eine bessere Republik. Ein Lesebuch des Pahl-Rugenstein Verlages 1957–1987, Köln 1987, 3–5 (gekürzt)

Die Bedeutung der kommenden Wahl (zusammen mit Helmut Gollwitzer),
in: NG 4,1957, 287–293;
abgedr. in: KiZ 12,1957, 203 (Auszug)

Was sollen wir tun? Zu dem Buche von H. H. Kirst »Keiner kommt davon«,
in: SGKL 9,1957, Sp. 753–758

Richtigstellung,
in: Hi, September 1957, 3–4

Die Heilige Dreieinigkeit. Betrachtung zum Sonntag,
in: RP Nr. 137 v. 15. Juni 1957

[Artikel:] Blut Christi II. Dogmatisch,
in: RGG^3 I, Sp. 1330–1331

Vorwort
[zu:] GPM 11,1956/57, Heft 3, 147–148 (BA: 162–163);
abgedr. in: PM I, 556–557

Vorwort
[zu:] GPM 12,1957/58, Heft 1, 1–2;
abgedr. in:
- PM I, 590–592
- BVP, 496–497 (gekürzt)

Luthers Theologie,
in: NW 5

Immanuel Kant als Theologe und Philosoph [Vortrag Bonn am 4. Dezember 1957],
in: NW 2, 321–337

[Voten Iwands,]
in: Berlin-Spandau 1957. Bericht über die zweite Tagung der zweiten Synode der Evangelischen Kirche in Deutschland vom 3. bis 8. März 1957. Hrsg. i. A. des Rates von der Kirchenkanzlei der EKiD, Hannover o. J., 197–199 (Fragwürdigkeit der Lehre vom gerechten Krieg); 252–257 (Militärseelsorgevertrag); 437–438 (zur Diakonie)

Briefe
An Otto Dibelius
[vom:] 7. April 1957,
in: Kirchliches Vermächtnis. Aus Briefen an Hans Iwand, JK 21,1960, 348–352;
abgedr. in: BVP, 109–115

H. J. Iwand J. L. Hromádkovi. Uryvek dopisu z 12. 7. 1957
[H. J. Iwand an J. L. Hromadka. Aus dem Brief vom 12. Juli 1957],
in: KrR 47, 1980, 127

An Rudolf Hermann
[vom:] 14. Oktober 1957,
in: NW 6, 313–316;
abgedr. in: BVP, 119–122

An J. B. Souček
[vom:]
– 13. August 1957, in: BIS, 177 (gekürzt)
– 29. November 1957, in: BIS, 178 (gekürzt)

Predigtmeditationen
2 Kor 5,19–21 (Karfreitag),
in: GPM 11,1956/57, Heft 2, 109–117 (BA: 119–129);
abgedr. in:
– PM I, 547–555
– BVP, 348–359

Joh 15,18–21 (Exaudi),
in: GMP 11,1956/57, Heft 3, 148–152 (BA: 164–168);
abgedr. in: PM I, 557–561

Mt 16,13–20 (1. Pfingsttag),
in: GPM 11,1956/57, Heft 3, 152–163 (BA: 168–179);
abgedr. in:
– PM I, 561–572
– BVP, 392–404

Mt 21,33–44 (10. S. n. Tr.),
in: GPM 11,1956/57, Heft 3, 208–211 (BA: 231–235);
abgedr. in: PM I, 572–575

Joh 8,30–36 (Reformationsfest),
in: GPM 11,1956/57, Heft 4, 251–260 (BA: 278–286);
abgedr. in:
- PM I, 576–584
- BVP, 410–420

Lk 19,11–27 (vorl. S. d. Kj.),
in: GPM 11,1956/57, Heft 4, 268–273 (BA: 296–301);
abgedr. in: PM I, 584–589

Röm 5,12–14.17–21 (4. Advent),
in: GPM 12,1957/58, Heft 1, 14–21 (BA: 14–21);
abgedr. in: PM I, 592–599

Predigten und Andachten
Karfreitag – 2 Korinther 5,19–21,
in: Botschafter an Christi Statt. Predigten aus der Evangelischen Kirche im Rheinland [Gedenkband für Präses D. Heinr. Held]. Hrsg. von Joachim Beckmann und Günther Heidtmann, Düsseldorf 1957, 93–99;
abgedr. in:
- NW 3, 278–287
- BVP, 359–366
- Joachim Konrad, Die evangelische Predigt. Grundsätze und Beispiele homiletischer Analysen, Vergleiche und Kritiken (Sammlung Dieterich Bd. 226), Bremen 1963, 2. Aufl. 1966, 456–458 (gekürzt)

Römer 8,33–39,
in: Hi, September 1957, 1–3

1958

Geistige Entscheidungen und die Politik,
in: BldiPol 3,1958, 56–64 (auch als Sonderdruck);
abgedr. in:
- KiZ 13,1958, 71 (Auszug)
- Der Kalte Krieg, in: Der Christ in der Welt. Werkblätter für christliche Erneuerung VIII,1958,91 (Auszug)
- Uskutečnit mír [Den Frieden verwirklichen], in: KJ 1959, 36 (Auszug)
- Studená válka [Der Kalte Krieg], in: Kj 1959, 42 (Auszug)

- Unbewältigte Vergangenheit heißt unbewältigte Schuld,
  in: BldiPol 32,1987, 491–494 (Auszug)
- FO, 159–174

Die evangelische Kirche und der Protest gegen die atomare Bewaffnung,
in: BldiPol 3,1958, 185–187;
abgedr. in: SF, 166–168

Die Verantwortung und die Aufgaben der Christen in der heutigen internationalen Situation,
in: Aufgabe und Zeugnis. Christliche Friedenskonferenz Prag 1.–4. Juni 1958, Prag 1958, 41–57 (Nachschrift des von Iwand gehaltenen Vortrags, der in einer von Iwand stark korrigierten und überarbeiteten Fassung dann in CV erschienen ist. Die beiden Texte stimmen vor allem im Schlußteil nicht überein.)
abgedr. in:
- CV I, 1958, 200–209
- Křesťan a mezinárodní situace. Z přednášky [Der Christ und die internationale Lage],
  in: KJ 1958, 22–23 (Auszug)
- Soužití v pokoji a míru [Zusammenleben in Frieden],
  in: KrR 27,1960,161–165 (Auszug)
- Der Christ und die internationale Lage, ZdZ 23,1969, 413–419
- BVP, 307–317
- FO, 182–197

[Erklärung zur Frage der atomaren Bewaffnung],
in: Welt der Arbeit vom 14. März 1958;
abgedr. in: Blaubuch. Dokumentation über den Widerstand gegen die atomare Aufrüstung der Bundesrepublik. Zusammengestellt und hrsg. vom Friedenskomitee der Bundesrepublik Deutschland, 2. Aufl., o. O., o. J. [1958], 202

Das Liebesgebot und der Wiederaufbau Europas,
in: 4. Villigster Studententag. Hrsg. vom Evangelischen Studienwerk e. V., Studentenhaus Villigst bei Schwerte Ruhr, August 1958, 19–28 (enthält nur den Schluß des Vortrags);
abgedr. in:
- JK 21,1960, 519–537 (vollständige Fassung nach einem Tonbandmitschnitt; auch als Sonderdruck)
- Das Ärgernis der Liebe, in: Ref. 28,1979, 386–390 (Auszug)

Osterbesuch bei der russisch-orthodoxen Christenheit,
in: BldiPol 3,1958, 340–345.610–619;
abgedr. in: Hi, Juni 1958, 4–7 [Teil I]; Januar 1959, 2–6 [Teil II]

Die Ostkirche und wir. Eine Stellungnahme und eine Antwort,
in: Nachrichten aus dem Evang. Pfarrerverein für die Provinz Westfalen 1958, Heft 3/4 (November), 21–26; Iwands Beitrag: 22–26

Kirche und Tradition [Vortrag in der Geistlichen Akademie in Leningrad, 1958],
in: NW 2, 371–380

Umkehr und Wiedergeburt [Vortrag zur »Woche der Brüderlichkeit« in Düsseldorf am 9. März 1958),
in: Die Reichskristallnacht. Der Antisemitismus in der deutschen Geschichte. Hrsg. von der Friedrich-Ebert-Stiftung, Bonn, Februar 1959, 2. Aufl. 1960, 33–41;
abgedr. in: KiZ 17,1962, 9–12 (bis auf geringe Abweichungen identisch. *Nicht* identisch mit NW 2, 362–370!)

Umkehr und Wiedergeburt [Vortrag am 9. November 1958 zum 20. Gedenken der »Kristallnacht« in der Heimvolkshochschule Bergneustadt],
in: NW 2, 362–370;
abgedr. in: BVP, 300–306

Der Prinzipienstreit innerhalb der protestantischen Theologie,
in: KiZ 13,1958, 113–116.147–151;
abgedr. in:
- KiZ 13, Sonderheft zur Weltausstellung Brüssel 1958 für die Besucher des Pavillons protestantischer Kirchen, Mai 1958, 1–8
- GA I, 222–246
- Wissenschaftliche Zeitschrift der Ernst-Moritz-Arndt-Universität Greifswald X,1961, Gesellschafts- und sprachwissenschaftliche Reihe Nr. 4/5, 383–392
- Klaus-Martin Beckmann, Protestantische Theologie, Düsseldorf/Wien 1973, 154–173
- BVP, 231–250

O významu barmenského theologického prohlášeni. Z přednášky [Über die Bedeutung der Barmer Theologischen Erklärung. Ein Vortrag],
in: Kj 1958, 7

[Die 2. These der Barmer Theologischen Erklärung],
in: Frohe Befreiung – dankbarer Dienst. Die Theologische Erklärung der 1. Bekenntnissynode der Deutschen Evangelischen Kirche in Barmen 1934. Hrsg.: Evangelische Akademie Haus der Begegnung Mülheim/ Ruhr, Düsseldorf 1958, 28–38

Quousque tandem?,
in: JK 19,1958, 475–479

Die selbstwachsende Saat. Betrachtung zum Sonntag,
in: RP vom 19. Juli 1958

Das Christentum und die geistige Krise der Gegenwart,
in: NW 2, 106–124;
abgedr. in: BVP, 251–264

Schleiermacher,
in: NW 2, 338–355

Viertes und sechstes Gebot,
in: NW 2, 356–361

[Artikel:] Gottesfurcht IV. Dogmatisch,
in: RGG^3 II, Sp. 1795–1798

[Voten Iwands,]
in: Berlin 1958. Bericht über die dritte Tagung der zweiten Synode der Evangelischen Kirche in Deutschland 26. bis 30. April 1958 (Berichte über die Tagungen der EKiD Bd. X), o. O., o. J., 285–288 (zum Gebet)

Briefe
An J. B. Souček
[vom:]
– 11. Februar 1958, in: BIS, 178 (gekürzt)
– 14. März 1958, in: BIS, 178 (gekürzt); vollständig abgedr. in: FO, 177–181
– 25. April 1958, in: BIS, 178–179 (gekürzt)
– 21. August 1958, in: BIS, 179 (gekürzt)
– 26. Oktober 1958, in: BIS, 205 (gekürzt)
– 16. Dezember 1958, in: BIS, 205–206 (gekürzt)

Predigtmeditationen
Hebr 2,10–18 (Palmarum),
in: GPM 12,1957/58, Heft 2, 96–101 (BA: 18–24);
abgedr. in: PM I, 599–604

Röm 8,5–11 (Pfingstsonntag),
in: GPM 12,1957/58, Heft 3, 145–149 (BA: 1–6);
abgedr. in: PM I, 605–609

1 Kor 6,9–20 (7. S. n. Tr.),
in: GPM 12,1957/58, Heft 3, 190–197 (Ba: 50–57);
abgedr. in: PM I, 610–617

1 Thess 1,1–10 (14. S. n. Tr.),
in: GPM 12,1957/58, Heft 4, 225–230 (BA: 5–12);
abgedr. in: PM I, 617–623

2 Kor 1,3–7 (16. S. n. Tr.),
in: GPM 12,1957/58, Heft 4, 235–240 (BA: 17–22);
abgedr. in: PM I, 623–627

Lk 10,38–42 (Sexagesimae),
in: GPM 13, 1958/59, Heft 1, 57–61 (BA: 62–66);
abgedr. in:
- PM I, 628–632
- EPM 1976/77, 91–94

Röm 13,11–14 (1. Advent),
in: E 2, 2.–5. Aufl. 1959–1966, 1–15;
abgedr. in: PM II, 111–125

Boží světlo. Z kázání (na text 1 Joh 1,7) [Das Licht Gottes. Aus einer Predigt über 1 Joh 1,7],
in: Kj 1958, 7

1959

Ad malos informatores melius informandos,
in: PV 3,1959, Nr. 10, 1–2

The Ecumenical Contribution of the Churches in Eastern Europe,
in: ER 11,1959, 282–290

Der ökumenische Beitrag der osteuropäischen Kirchen,
in: FO, 218–231 (Vorlage der englischen Übersetzung in ER)

Situation in Westdeutschland,
in: Elige vitam. Zweite Tagung der Christlichen Friedenskonferenz Prag 16.–19. April 1959. Hrsg. von dem Ökumenischen Institut der Comenius-Fakultät in Prag für die Christliche Friedenskonferenz, Prag 1959, 64–67;
abgedr. in:
- The Situation in Western Germany,
  in: Elige vitam. The Second Meeting of the Christian Peace Conference Prague, April 16th to 19th, 1959, Prag 1959, 59–62 (englische Übersetzung von »Situation in Westdeutschland«)
- JK 20,1959, 284–286
- Přátelství se slovankými národy [Die Freundschaft mit slavischen Völkern], in: KrR 27,1960, 161–165 (Auszug)

Tag der Heimat. Moralische Unverfrorenheit [Leserbrief],
in: Die Welt v. 18. September 1959;
abgedr. in:
- JK 20,1959, 481
- GuT 14,1959, 367
- BVP, 133–134

Das Recht auf Heimat [mit Briefen von und an Iwand],
in: JK 20,1959, 477–487;
daraus: An eine Studentin [vom: 1. 10. 1959], abgedr. in: BVP, 136–139

Briefe an Professor Iwand [und] Antworten,
in: JK 20,1959, 615–623

Das Recht auf Heimat (zusammen mit Fritjof Berg],
in: GuT 14,1959, 367–377

Den Cäsaren keinen Weihrauch opfern,
in: Die Zeit Nr. 45 v. 6. November 1959, 3;
abgedr. in:
- Dokumente zur Frage der Obrigkeit als Material zur Vorbereitung der Synoden 1960, vorgelegt von Martin Fischer und Helmut Gollwitzer. Als Manuskript gedruckt, o. O., o. J., 81–83
- Violett-Buch zur Obrigkeitsschrift von Bischof Dibelius. Dokumente zur Frage der Obrigkeit (antworten 4), 3. Aufl., Frankfurt 1963, 81–83

Martin Luther – Der Kampf um die reine Lehre,
in: H.-J. Kraus/H. J. Iwand/H. Diem/E. Mülhaupt, Im Kampf um die Erneuerung der Kirche (Bekennen und Bekenntnis Heft 6), Neukirchen 20–34;
abgedr.: Von der Reformation bis zur Gegenwart. Martin Luther – Der Kampf um die reine Lehre, in: Wir sind nicht katholisch! – Was heißt evangelisch? (Materialmappen für die evangelische Jugendarbeit 15/16), hrsg. von Wilhelm Fuhrmann, Berlin/Gelnhausen 1961, 55–61

Die theologischen Aussagen der Arnoldshainer Thesen [Gastvorlesung am 10. April 1959, Universität Halle/S.],
in: KiZ 15,1960, 327–331

Rechtfertigungslehre; Glaube und Werke,
in: Tradition und Glaubensgerechtigkeit. Das Arnoldshainer Gespräch zwischen Vertretern der Ev. Kirche Deutschlands und der Russischen Orthodoxen Kirche vom Oktober 1959 (Studienheft Nr. 3). Hrsg. vom Außenamt der EKiD, Witten 1961, 41–50

Kdo nás vysvobodí z iluzí? Z přednášky [Wer wird uns aus den Illusionen befreien? Aus einem Vortrag],
in: Kj 1959, 15

Theologia crucis,
in: NW 2, 381–398

Kreuz und Auferstehung Jesu Christi [aus der Vorlesung »Christologie II: Tod und Auferstehung Jesu«, Bonn SS 1959],
in: Bertolt Klappert (Hrsg.), Diskussion um Kreuz und Auferstehung. Zur gegenwärtigen Auseinandersetzung in Theologie und Gemeinde, Wuppertal 1967, 5. Aufl. 1981, 279–297

Um den rechten Glauben. Gesammelte Aufsätze. Hrsg. und eingeleitet von Karl Gerhard Steck (TB 9), München 1959, 2. Aufl. 1965, 277 S.

Vorwort
[zu:] GPM 14,1959/60, Heft 1, 1–2 (fehlt in BA);
abgedr. in: PM I, 666–668

Briefe
Antwort. Ein Brief an J. L. Hromádka [zum 8. Juni 1959],
in: CV 2,1959, 126–136;

abgedr. in:
- BVP, 122–133 (gekürzt)
- FO, 199–217
- ZdZ 43,1989, 177–182

An J. B. Souček
[vom:]
- 7. Februar 1959, in: BIS, 206 (gekürzt)
- 20. Mai 1959, in: BIS, 206–207 (gekürzt)
- 26. Juni 1959, in: BIS, 207 (gekürzt)
- 31. Dezember 1959, in: BIS, 279 (gekürzt)

An Martin Fischer
[vom:] 12. Juli 1959,
in: PTh 71,1982, 358–359

An Rudolf Hermann
[vom:] 28. August 1959,
in: NW 6, 316

An Karl Barth
[vom:] 31. Dezember 1959,
in: Kirchliches Vermächtnis. Aus Briefen von Hans Iwand, Jk 21,1960, 345–348 (Auszug);
abgedr. in: BVP, 139–144

Predigtmeditationen
Joh 17,1–8 (Palmarum),
in: GPM 13,1958/59, Heft 2, 88–95 (BA: 97–104);
abgedr. in: PM I, 632–638

Joh 14,1–14 (Himmelfahrt),
in: GPM 13,1958/59, Heft 2, 131–139 (BA: 143–151);
abgedr. in: PM I, 639–646

Mt 10,7–15 (2. S. n. Tr.),
in: GPM 13, 1958/59, Heft 3, 167–174 (BA: 180–188);
abgedr. in: PM I, 647–654

Mt 13,44–46 (9. S. n. Tr.),
in: GPM 13,1958/59, Heft 3, 198–202 (BA: 215–220);
abgedr. in: PM I, 654–658

Joh 11,1.3.17–27 (16. S. n. Tr.),
in: GPM 13,1958/59, Heft 4, 229–235 (BA: 251–258);
abgedr. in: PM I, 659–665

1 Joh 1,5–10 (1. S. n. Weihn.),
in: GPM 14, 1959/60, Heft 1, 36–42 (BA: 28–36);
abgedr. in: PM I, 668–674

Röm 13,11–14 (1. Advent),
in: E 2, 2.–5. Aufl. 1959–1966, 1–15;
abgedr. in: PM II, 111–125 (auch als Sonderdruck)

Predigten und Andachten
Wenn ich schwach bin, dann bin ich stark. 2 Kor 12,10b,
in: Hi, Januar 1959, 1;
abgedr. in:
- NW 3, 288–290
- JK 46,1985, 2–3

Schaffe in mir, Gott ein reines Herz ... Psalm 51,12–13 [Bonn, 21. Juni 1959],
in: Hi, August 1959, 1–2;
abgedr. in: NW 3, 299–303

Predigt über Matth. 18,23–35,
in: Bonner Universitätspredigten. Hrsg. von Joachim Konrad, Neukirchen 1959, 22–29

Von nun an. Johannes 1, Vers 43–51 [Bonn, 11. Januar 1959],
in: NW 3, 291–298

1960

Die Lebensfrage von heute – der Frieden,
in: BldiPol 5,1960, 220–222;
abgedr.:
- Krieg dem Kriege, in: Ostpreußenwarte 1960, Nr. 6 (Juni)
- SF, 169–171
- BVP, 318–321

Über das Wesen und die Wurzel des Bösen,
in: Woord en Wereld. Opgedragen aan Prof. Dr. K. H. Miskotte naar aanleiding van zijn aftreden als kerkelijk hoogleraar te Leiden op 14 december 1959, Amsterdam 1961, 200–211

Vom Wesen und von der Wurzel des Bösen [Zusammenfassende Thesen],
in: VoxTh 30,1960, 92–93

Gegen Hakenkreuz und Antisemitismus [Ansprache bei einer Kundgebung der Universität Bonn am 1. Februar 1960],
in: GPM 40,1985/86, Heft 4 = PTh 75,1986, Heft 8, 518–525

Im Zeichen des Kreuzes. Betrachtung zu Karfreitag,
in: RP Nr. 89 v. 14. April 1960

Z odkazu H. J. Iwanda [Aus dem Erbe Iwands. Auszüge aus GA I],
in: KrR 27,1960, 161–165

Christentum in veränderter Welt. Ein umfassendes Werk aus protestantischer Sicht. [Rezension:] Weltkirchenlexikon. Handbuch der Ökumene. I. A. des Deutschen Evangelischen Kirchentages hrsg. von Franklin Littell und Hans Hermann Walz, Stuttgart 1960,
in: Die Welt Nr. 107 v. 7. Juni 1960

Ökumenische Weite der Christenheit [Rezension: Weltkirchenlexikon],
in: Evangelisches Sonntagsblatt für Bonn und Umgegend 103, 1960, Nr. 15, 151–152; Nr. 16, 164–165

Nachwort
[zu:] GPM 14,1959/60, Heft 2, 190 (fehlt in BA);
abgedr. in: PM I, 689

Briefe
An Martin Fischer
[vom:] 8. Januar 1960,
in: PTh 71,1982, 359–360

An Robert Raphael Geis
[vom:] 22. Januar 1960,
in: Dietrich Goldschmidt (Hrsg.), Leiden an der Unerlöstheit der Welt. Robert Raphael Geis 1906–1972. Briefe, Reden, Aufsätze, München 1984, 323

An J. B. Souček
[vom:]
- 11. Februar 1960, in: BIS, 279 (gekürzt)
- 4. März 1960, in: BIS, 280 (gekürzt)
- 16. März 1960, in: BIS, 280 (gekürzt)
- 19./20. April 1960, in: BIS, 280 (gekürzt)

An Hanfried und Rosemarie Müller
[vom:]
- 9. Januar 1960, in: BVP, 144–147
- 16. Januar 1960, in: BVP, 148–149
- 11. März 1960, in: BVP, 149–151

[Brief,]
[vom:] 10. Januar 1960,
in: Kirchliches Vermächtnis. Aus Briefen von Hans Iwand, JK 21,1960, 352–353

[Rundbrief,]
[vom:] 16. April 1960,
in: Hi, Juli 1960, 3–4

An Heinz Kloppenburg
[vom:] 28. April 1960,
in: Kirchliches Vermächtnis. Aus Briefen von Hans Iwand, JK 21,1960, 353

Predigtmeditationen
Hebr 9,15.23–28 (Karfreitag),
in: GPM 14,1959/60, Heft 2, 134–143 (BA: 148–158);
abgedr. in:
- PM I, 675–684
- GPM BA 1971/72, 140–148

1. Petr 1,3–9 (Quasimodogeniti),
in: GPM 14,1959/60, Heft 2, 154–158 (ohne Verfasserangabe) (BA: 170–174);
abgedr. in: PM 1, 684–688

Apg 13,42–52 (10. S. n. Tr.),
in: GPM 14,1959/60, Heft 3, 253–259 (BA: 276–283);
abgedr. in: PM I, 690–696

Predigt

Osterpredigt 1960. Jo 14,19: »Ich lebe und ihr sollt auch leben«, in: Hi, Juli 1960, 5–7;
abgedr. in:
- JK 21,1960, 218–221 (auch als Sonderdruck)
- NW 3, 304–309
- Predigt im Gespräch 13,1968, 21–22 (gekürzt)
- BVP, 368–372
- ThBeitr 12,1981, 49–53

Nicht datierbare Arbeiten Iwands

[Thesen:] Glaube und Skepsis, in: NW 1, 277–278 (vermutlich vor 1933)

Acht Thesenreihen, in: NW 1, 279–286 (zwischen 1946 und 1952)

[Thesen:] Von der Offenbarung, in: NW 1, 287–291 (zwischen 1946 und 1952)

Das Gebot Gottes und das Leben, in: NW 2, 46–73

Der moderne Mensch und das Dogma, in: NW 2, 91–105

Das Gewissen und das öffentliche Leben, in: NW 2, 125–152

Von Ordnung und Revolution. Das Thema in der ersten Hälfte des 19. Jahrhunderts, in: NW 2, 153–192

Zur theologischen Begründung des Widerstandes gegen die Staatsgewalt, in: NW 2, 230–242

Quousque tandem? Ein Wort wider den Bruderzwist im evangelischen Lager, in: NW 2, 243–271

Evangelium und Bildung, in: NW 2, 272–285

Toter Glaube. [Predigt über:] Jakobus 2,14–26, in: NW 3, 17–22

[Predigt über:] Markus 10,17–31, in: NW 3, 235–244

Gesetz und Evangelium in Luthers Vorlesung zum Galaterbrief von 1531/35, in: NW 4, 404–440

Evangelium und Gesetz (aus der Vorlesung über »Rechtfertigung«), in: NW 4, 441–451; abgedr. in: Ernst Kinder/Klaus Haendler (Hrsg.), Gesetz und Evangelium. Beiträge zur gegenwärtigen theologischen Diskussion (WdF CXLII), Darmstadt 1968, 30–41

Nachtrag

1934
[Aus einem Brief vom 27.10.1934],
in: Rundbrief des Präses der Bekenntnissynode der DEK Nr. 24 vom 23.11.1934, 6

1945
Wort an die Pfarrer,
in: Hans Prolingheuer, Wir sind in die Irre gegangen. Die Schuld der Kirche unterm Hakenkreuz, nach dem Bekenntnis des »Darmstädter Wortes« von 1947, Köln 1987, 91.

1950
Essen. Eine Stadt im Mittelpunkt des kirchlichen Interesses,
in: Potsdamer Kirche 1950, Nr. 36 vom 3.9., 279

1964
... wir aber predigen den gekreuzigten Christus! 1 Kor 1,23,
in: Hi, Januar 1964, 1–2

1990
Morgenröte der Verheißung. Texte zum Kirchenjahr von Hans Joachim Iwand. Hg. von Christa Charlotte Lauther, Neukirchen-Vluyn 1990, 128 S. (Auszüge aus PM I und II)

1991
Gerard C. den Hertog, Om de eenheid van denken en leven. De stem van Hans Joachim Iwand, 's-Gravenhage/NL 1991, 149 S. Enthält Übersetzungen ins Niederländische von:
- Die Krisis des Wissenschaftsbegriffes (1935)
- Die Heilige Schrift als Zeugnis des lebendigen Gottes (1936)
- Die Liebe als Grund und Grenze der Freiheit (1951)
- Kirche und Gesellschaft (1952)
- Von der christlichen Freiheit (1953)
- Über den Verlust der theologischen Existenz heute (1953)
- Wider den Mißbrauch des ›pro me‹ als methodisches Prinzip in der Theologie (1954)
- Über das Verhältnis von Theologie und Kirche (1956)

2. Über Hans Joachim Iwand: Sekundärliteratur (Stand: 31.12.1989)

Vorbemerkung: Bei der Verzeichnung der Sekundärliteratur wird Vollständigkeit nicht angestrebt. So bleiben außer Betracht:

- die zahlreichen Hinweise auf und Berichte über Hans Joachim Iwand, soweit sie zu seinen Lebzeiten veröffentlicht wurden;
- Rezensionen Iwandscher Arbeiten, die kaum mehr als Anzeigen sind;
- theologische Literatur, an der sich die Wirkungsgeschichte Iwands aufzeigen ließe.

Dagegen sind, wenn auch nur sehr sparsam, einige Titel aufgeführt, die den zeitgeschichtlichen Hintergrund von Iwands Wirken besonders nach dem Zweiten Weltkrieg erhellen und Themenbereiche behandeln, in denen Iwand in besonderer Weise tätig war.

Die Auflistung erfolgt ohne jede sachliche Gliederung in alphabetischer Weise nach Verfassernamen.

A

Kristlieb *Adloff*, Die Predigt als Plädoyer. Versuch einer homiletischen Ortsbestimmung erarbeitet am Zweiten Korintherbrief, Hamburg 1971, 129–137.284–290

Lothar *Ahne*, Das Haus der helfenden Hände in Beienrode, in: SGKL 4, 1952, Sp. 281–282

Lothar *Ahne*, Beienrode – vita communis um ein Erbe als Hoffnung. Gruß an D. Iwand zum 11. Juli 1959, in: JK 20, 1959, 321–323;
abgedr.: BVP, 152–153 (gekürzt)

Allein das Wort hat es getan. Hans-Joachim Iwand zum 60. Geburtstag am 11. Juli 1959. Hrsg. vom Ostpreußischen Bruderrat der Bekennenden Kirche, o. O., o. J. [1959], 48 S.

Adolf *Arndt*, Bekenner in Ost und West. Zum Tode von Hans-Joachim Iwand, in: Vorwärts v. 13. Mai 1960;
abgedr. in: PV 4,1960, Nr. 5, 3

Ulrich *Asendorf*, Rezension [von:] NW 5, in: ThBeitr 6,1975, 215–218

B

Klaus *Bäumlin*, Befreiende Theologie, in: Ref. 28,1979,385

J. T. *Bakker*, Hans-Joachim Iwand: Gods gebod en het leven, in: GThT 81,1981, 133–152

Gerhard *Bassarak*, Iwand-Renaissance?, in: ZdZ 35,1981, 114–115

Gerhard *Bassarak,* Zum Friedenskampf. Ein Briefwechsel zwischen Hromádka, Iwand und Barth, in: Standpunkt 17,1989,121–124.209–212

Klaus-Martin *Beckmann,* Rezension [von:] NW 6, in: KiZ 19,1964

Klaus-Martin *Beckmann,* Glaube und politische Existenz des Christen in der Theologie Hans-Joachim Iwands, in: EvTh 31,1971, 210–223

Klaus Martin *Beckmann,* Politische Ethik bei Hans Joachim Iwand, in: Jürgen Seim/Martin Stöhr (Hrsg.), Beiträge zur Theologie Hans Joachim Iwands (Arnoldshainer Texte Bd. 51), Frankfurt/M. 1988, 326–338

Heinrich *Benckert,* Meditation über die Meditation, in: ders., Theologische Bagatellen. Gesammelte Aufsätze, Berlin 1970, 191–196

P. *Benoit,* Rezension [von:] H. J. Iwand/W. Kreck/K. G. Steck, Die Verkündigung des Evangeliums und die politische Existenz, 1954, in: Revue Biblique 62,1955, 467–468

W.(ilhelm) *B.(ente),* Schlechte Lehrer, in: Der Lutheraner. Zeitblatt für evangelisch-lutherische Gemeinden in Deutschland 14,1960, Nr. 1, 2–3 (Antwort auf H. J. Iwand, Ad malos informatores melius informandos, in: PV 3,1959, Nr. 10, 1–2)

Wolfgang *Bittner,* Aspekte der Predigt bei Hans Joachim Iwand, in: ThBeitr 12,1981, 72–93

Christoph *Bizer,* Die Predigt in der Meditationstheorie (Hans Joachim Iwand), in: ders., Unterricht und Predigt. Analysen und Skizzen zum Ansatz katechetischer Theologie, Gütersloh 1972, 87–106

Ernst *Brinkmann,* Die evangelische Kirche im Dortmunder Raum in der Zeit von 1815 bis 1945 (Geschichte Dortmunds im 19. und 20. Jahrhundert Bd. 2), Dortmund 1979, 203–227, bes. 222 ff.

Ludek *Broz,* Das Vermächtnis H. J. Iwands, in: CV XIII, 1980, 120

Ernst *Burdach,* Trauer um Hans Iwand. Ansprache anläßlich der Aufbahrung des Verstorbenen im »Haus der helfenden Hände«, Beienrode b. Königslutter (2 Kor 6,4a.8b–10), in: PTh 49,1960, 193–196;
abgedr. in:
- PV 4,1960, Nr. 5, 1–2
- Hi, Juli 1960, 9–10

Ernst *Burdach,* Das Flüchtlingsselbsthilfewerk Beienrode, in: Versöhnung und Friede. Heinz Kloppenburg zum 65. Geburtstag am 10. Mai 1968. Hrsg. i. A. des Internationalen Versöhnungsbundes, Deutscher Zweig, von Hans Gressel und Otto Herrnfeld, Dortmund 1968, 20–21

Ernst *Burdach,* Hans Joachim Iwand. Theologe zwischen den Zeiten. Ein Fragment 1899–1937. Mit einer biographischen Skizze des Verfassers von Jürgen Seim, Beienrode 1982, 481 S.

Ewald *Burger,* Rezension [von:] H. J. Iwand, Wir wandeln im Glauben, nicht im Schauen. Antwort auf Wilh. Hauers »Deutsche Gottschau«, 1935, in: PBl 78, 1935/36, 505

C

Georges *Casalis,* Rezension [von:] H. J. Iwand, Glaubensgerechtigkeit nach Luthers Lehre, 2. Aufl. 1951, in: RHPhR 32,1952, 137–138
– *ch* –, Theologie im Bekennen, in: Neue Zürcher Zeitung v. 30. 4. 1965 (zu NW 4 und NW 6)
Erich *Cohen,* Rezension [von:] NW 1, NW 3, NW 6, in: EvTh 26,1966,160–166
Erich *Cohen,* Rezension [von:] NW 2, in: EvTh 29, 1969, 163–164

D

Werner *Danielsmeyer,* Rezension [von:] NW 3, PM I, NW 6, in: KiZ 19,1964, 530
Friedrich *Delekat,* Rezension [von:] H. J. Iwand/W. Kreck/K. G. Steck, Die Verkündigung des Evangeliums und die politische Existenz, 1954, in: Evangelischer Literaturbeobachter 18,1955, 343–345
– *dk* –, Iwands theologisches Erbe. Ein theologischer Advokat der Vernunft – Zu einer interessanten Akademietagung, in: Neue Zeit v. 14. Juli 1962
Hans Joachim *Dörger,* H. J. Iwand, in: ders., Kirche in der Öffentlichkeit. Programme und Probleme ihrer publizistischen Repräsentanz, Stuttgart/Berlin/Köln/Mainz 1979, 38–39

E

Willi *Eichler,* Wir gedenken. Hans Joachim Iwand †, in: GuT 15,1960, 186
Hans Helmut *Eßer*/Helmut *Gollwitzer,* Vorwort [in:] NW 3, 7–13

F

Leonhard *Fendt,* Rezension [von:] H. J. Iwand (Hrsg.), Die altkirchlichen Episteln für das Kirchenjahr 1955/56, 1956, in: ThLZ 91,1956, 625
Walter *Feurich,* Für kirchliche Erneuerung – Hans Joachim Iwand, in: ders., Lebensbericht eines Dresdner Gemeindepfarrers, Berlin (DDR) 1982, 147–161
Martin *Fischer,* Zeuge Christi an unsere Zeit. Hans Joachim Iwand zum 60. Geburtstag, in: KiZ 14,1959, 272–274; wiederabgedr.: Hans Joachim Iwand. Dem theologischen Lehrer zum 60. Geburtstag, in: ders., Geschichte in Gestalten, Stuttgart 1975, 107–113
Max *Fischer* (Hrsg.), Das tat Gott. Fünfzig Jahre Bahnau. Bericht und Besinnung einer Bruderschaft, Unterweißach 1956, bes. 88–93; 94–95 (Max Fischer an H. J. Iwand)
Robert *Frick,* [Nachruf auf H. J. Iwand,] in: GPM 14,1959/60, 191

Gerhard *Friedrich,* Hans Joachim Iwand (11. Juli 1899–2. Mai 1960), in: Pfarramtskalender 1970 (20. Jahrgang). Hrsg. vom Verband der Evangelischen Pfarrervereine in Deutschland, Neustadt/Aisch o. J. (1969), 8–18; wiederabgedr. in: Gerhard Friedrich, Auf das Wort kommt es an. Gesammelte Aufsätze. Zum 70. Geburtstag hrsg. von Johannes H. Friedrich, Göttingen 1978, 492–505

Walther *Fürst,* In gaudio tamen dolor. Hans-Joachim Iwand zum Gedächtnis – 10 Jahre nach seinem Tod am 2. Mai 1960, in: DtPfrBl 70,1970, 265–268

Walther *Fürst,* Zur Andacht [H. J. Iwands über 1 Kor 15,26 zum Totenfest 1935], in: Rudolf Bohren/Hans-Georg Geyer (Hrsg.), Predigt im Gespräch 20, Neukirchen-Vluyn 1968, 7–16

G

G., Rezension von GA I, in: KiZ 15,1960, 180

Joachim *Gandras,* Predigt als Zeugendienst bei Hans Joachim Iwand. Aspekte und Perspektiven einer homiletischen Theorie und theologischen Kommunikation nach seinen Predigtmeditationen im Kontext seiner Theologie (APTh Bd. 14), Göttingen 1975, 214 S.

Robert Raphael *Geis,* Bauleute Gottes, in: SGKL 12, 1960, 382; wiederabgedr.: Bauleute Gottes. Predigt zum jüdischen Pfingstfest 1960. In Memoriam Hans Joachim Iwand, in: ders., Gottes Minorität. Beiträge zur jüdischen Theologie und zur Geschichte der Juden in Deutschland, München 1971, 196–198. Auszug in: Georges Casalis, Das Risiko der Proexistenz, in: JK 33,1972, 290–291; wiederabgedr. in: Dietrich Goldschmidt (Hrsg.), Leiden an der Unerlöstheit der Welt. Robert Raphael Geis 1906–1972. Briefe, Reden, Aufsätze, München 1984, 366–367

Klaus *Geyer,* Hans Joachim Iwands Erbe für heute, in: JK 49,1988, 689–700; wiederabgedr. in:
- Weißenseer Blätter 2/1989,16–26
- CV 32,1989, 39–55

Herbert *Girgensohn,* Hans-Joachim Iwand, in: Der Remter. Zeitschrift für Kultur und Politik in Osteuropa 6,1960, 277–278

Hans-Peter *Göll,* Iwand-Nachlaß und Iwand-Studien, in: VF 34,1989, Heft 1, 52–61

Helmut *Gollwitzer,* Hans-Joachim Iwand, in: KiZ 15,1960, 183–186; wiederabgedr. in: ZdZ 14,1960, 287–292

Helmut *Gollwitzer,* Zum Andenken an Prof. Hans Joachim Iwand, in: KBRS 116,1960, 216–218

Helmut *Gollwitzer,* Vorwort [in:] NW 1, 7–12

Helmut *Gollwitzer,* Geleitwort [in:] PM I, 5–11;
wiederabgedr. in: JK 30,1969, 373–374 (gekürzt)

Helmut *Gollwitzer,* Hans Joachim Iwand, in: Hans Jürgen Schultz (Hrsg.), Tendenzen der Theologie im 20. Jahrhundert. Eine Geschichte in Porträts, Stuttgart/Olten 1966, 435–441; wiederabgedr. in: ZdZ 33,1979, 263–267

Kurt von *Grot,* Hans Iwands Stimme zu den Fragen der EKD über »Die Lage der Vertriebenen und das Verhältnis des deutschen Volkes zu seinen östlichen Nachbarn«, in: Hi, Juli 1968, 1–5

H

Johann *Haar,* Dank an Hans Iwand. Bericht über eine Sammlung seiner Aufsätze, in: PTh 49, 1960, 196–200

Johann *Haar,* Ein Leben mit der Wahrheit. Zu Hans Joachim Iwands Briefen an Rudolf Hermann, in: PTh 54,1965, 305–309

Johann *Haar,* Zeuge lebendiger Hoffnung. Zur 10. Wiederkehr des Todestages von Hans-Joachim Iwand am 2. Mai 1970, in: JK 31,1970, 283–285

Johann *Haar,* Vorwort [in:] NW 5, 11–14

Oskar *Hammelsbeck,* Hans Joachim Iwand, in: EvErz 12, 1960, 189–190

Niels *Hasselmann,* H.-J. Iwand: Die Bewegung des Wortes Gottes zwischen Text und Verheißung, in: ders., Predigthilfen und Predigtvorbereitung. Exemplarische Methodenprofile deutschsprachiger evangelischer Predigtvorbereitungshilfen seit 1934 und ein Modell ihrer hermeneutischen und kommunikativen Grundfaktoren samt der sich daraus ergebenden methodischen Kategorien, Gütersloh 1977, 68–85

Gustav W. *Heinemann,* Im Gedenken an Professor Iwand, in: SPD-Pressedienst v. 5. 5. 1960; abgedr. in: PV 4,1960, Nr. 5, 3

Ewald *Hein-Janke,* Hans Joachim Iwand: Kirche und Konterrevolution, in: ders., Protestantismus und Faschismus nach der Katastrophe (1945–1949), Stuttgart 1982, 112–120

Rolf *Heinrich,* Ein politischer Theologe des Kreuzes – H. J. Iwand, in: JK 37,1976, 243–253

Rolf *Heinrich,* Anzeige [von:] Promissio Crucis. Der Ansatz der Simul-Christologie Hans-Joachim Iwands, Diss. Tübingen 1975, 581 S., in: ThLZ 103,1978, Sp. 457–458

Rolf *Heinrich,* Verheißung des Kreuzes. Die Christologie Hans-Joachim Iwands (Fundamentaltheol. Studien Bd. 4), München/Mainz 1982, 338 S.

Günther *Heipp,* Rezension [von:] NW 1, in: PV 6, 1962, Nr. 5/6

Günther *Heipp* (Hrsg.), Es geht ums Leben. Der Kampf gegen die Bombe 1945–1965. Eine Dokumentation. Stimmen des Gewissens aus aller Welt zur Atomgefahr. Zur Vorgeschichte des Moskauer Teststoppabkommens, Hamburg 1965 (Enthält eine Reihe von Dokumenten, in denen Iwand als Mitunterzeichner erscheint.)

Gerard C. den *Hertog,* Hans-Joachim Iwand – Theologie en biografie onder druk van de tijd, in: GThT 81,1981, 153–174

Gerard C. den *Hertog,* Hans-Joachim Iwand 1918 bis 1933 – Bewältigung der Vergangenheit, in: RKZ 124, 1983, 323–328

Gerard C. den *Hertog,* Durchbruch nach vorn. Zu H. J. Iwands Vortrag »Die Bibel und die soziale Frage«, Teil I in: DialTh 1,1985, Nr. 2, 149–159; Teil II in: DialTh 2,1986, Nr. 1, 89–108

Gerard C. den *Hertog*, Iwand-Symposium 1987, in: DialTh 3,1987, Nr. 2, 237
Gerard C. den *Hertog*, Hans Joachim Iwands Verarbeitung der Inkarnation im Kirchenkampf als Ursprung einer theologischen und politischen Neuorientierung, in: Jürgen Seim/Martin Stöhr (Hrsg.), Beiträge zur Theologie Hans Joachim Iwands (Arnoldshainer Texte Bd. 51), Frankfurt/M. 1988, 134–158
Gerard C. den *Hertog*, Die Schule des Glaubens – Kreuzestheologie in den Predigtmeditationen von Hans-Joachim Iwand, in: Jürgen Seim/Martin Stöhr (Hrsg.), Beiträge zur Theologie Hans Joachim Iwands (Arnoldshainer Texte Bd. 51), Frankfurt/M. 1988, 226–262
Gerard C. den *Hertog*, Vorwort [in:] FO, I-IV, und die Einleitungen zu den einzelnen Texten Iwands
Gerard C. den *Hertog*, Bevrijdende kennis. De 'leer van de onvrije wil' in de theologie van Hans Joachim Iwand, 's-Gravenhage 1989, 479 S.
Fritz *Heuner*, Das erste Evangelische Predigerseminar in Dortmund in den Jahren [ab] 1937, in: JK 22,1961, 690–692
Martin *Hoffmann*, Über den Verlust der theologischen Existenz heute. Ein Bericht über das diesjährige Iwand-Symposium in Beienrode, in: DialTh 3,1987, Nr. 2, 238–241
Martin *Hoffmann*, Bezeugte Versöhnung. Die trinitarische Grundlegung der Ethik bei Hans Joachim Iwand (Theol. im Gespräch Bd. 5), Essen 1988, 311 S.
Hans *Hohlwein*, Art. Hans-Joachim Iwand, in: NDB 10,1974, 206–207
Josef L. *Hromádka*, Hans-Joachim Iwand 11. 7. 1899–2. 5. 1960. In memoriam, in: CV III,1960, 116–122
Konrad *Hüttel* von Heidenfeld, Iwands Predigtmeditationen, in: ZdZ 33,1979, 295–297
Herbert *Hug*, Rezension [von:] H. J. Iwand, Glaubensgerechtigkeit nach Luthers Lehre, 1941, in: KBRS 98, 1942, 27

I J

Karl *Immer*, Rundfunk-Nachruf, in: PV 4,1960, Nr. 5, 4
Eberhard *Jüngel*, Hinweise (darin Rezension von NW 2), in: EvTh 28,1968, 219–220
Hans-Gernot *Jung*, Befreiende Herrschaft. Die politische Verkündigung der Herrschaft Christi (BEvTh Bd. 40), München 1965, 126–128

K

E. K., Hans Joachim Iwands theologisches Erbe. Assistententagung der Evangelischen Akademie in Berlin-Weißensee, in: JK 23,1962, 460–466
Carl-Jürgen *Kaltenborn*, Hans Joachim Iwand (Reihe Christ in der Welt Heft 30), Berlin (DDR) 1971, 34 S.
Carl-Jürgen *Kaltenborn*, Iwands protestantischer Realismus, in: Standpunkt 2,1974, 181

Carl-Jürgen *Kaltenborn*, Der Briefwechsel Iwand – Souček, in: Standpunkt 7,1979, 117–179 (Teil I); 205–208 (Teil II); 279–282 (Teil III)

Carl-Jürgen *Kaltenborn*, Protestantische Ökumenizität. Zur Theologie Hans Joachim Iwands, in: ZdZ 34,1979, 329–333

kl, In der Studierstube des Predigers. Predigt-Meditationen von Hans-Joachim Iwand, in: Heidelberger Tageblatt v. 8./9. August 1964

Bertolt *Klappert*, H. J. Iwand: Kreuz und Auferstehung Jesu Christi. Die Einführung, in: ders. (Hrsg.), Diskussion um Kreuz und Auferstehung. Zur gegenwärtigen Auseinandersetzung in Theologie und Gemeinde, 1. Aufl. Wuppertal 1967, 5. Aufl. 1981, 275–279

Bertolt *Klappert*, Promissio und Bund. Gesetz und Evangelium bei Luther und Barth, Göttingen 1976, s. Reg.

Bertolt *Klappert*, Die ökumenische Bedeutung des Darmstädter Wortes, in: A. Baudis u. a. (Hrsg.), Richte unsere Füße auf den Weg des Friedens. Helmut Gollwitzer zum 70. Geburtstag, München 1979, 629–656

Bertolt *Klappert*, Bibelarbeit über Hebräer 11,1. 32–40; 12,1 f., in: Zur Erneuerung des Verhältnisses von Christen und Juden. Handreichung Nr. 39 für Mitglieder der Landessynode, der Kreissynoden und der Presbyterien in der Evangelischen Kirche im Rheinland, Düsseldorf o. J. [1980], 2., erw. Aufl. 1985, 79–100

Bertolt *Klappert*, »Wer seinen Bruder Atheist nennt, ist des höllischen Feuers schuldig.« H. J. Iwands Engagement in der Friedensfrage. Einführung, in: ders./Ulrich Weidner (Hrsg.), Schritte zum Frieden. Theologische Texte zu Frieden und Abrüstung, Wuppertal 1983, 128–141; wiederabgedr. in: Jürgen Seim/Martin Stöhr (Hrsg.), Beiträge zur Theologie Hans Joachim Iwands (Arnoldshainer Texte Bd. 51), Frankfurt/M. 1988, 263–276

Bertolt *Klappert*, »Darüber später mehr«. Anzeige eines biografischen Fragmentes zu H. J. Iwand, in: EvTh 43,1983, 392–395

Bertolt *Klappert*, Bekennende Kirche in ökumenischer Verantwortung. Die gesellschaftliche und ökumenische Bedeutung des Darmstädter Wortes (Ökumenische Existenz heute 4), München 1988, 126 S.

Bertolt *Klappert*, Versöhnung, Reich Gottes und Gesellschaft. H. J. Iwands theol. Existenz im Dienst der einen Menschheit, in: EvTh 49,1989, 341–369

Bertolt *Klappert*, Rezension von H. J. Iwand: Frieden mit dem Osten, in: EvTh 49,1989, 389–394

Heinz *Kloppenburg*, Hans Iwand †, in: JK 21,1960, 217; abgedr. in: BVP, 154–155 (gekürzt)

Heinz *Kloppenburg*, Hans J. Iwand †, in: Atomzeitalter. Informationen aus Politik, Wissenschaft und Technik 1960, Heft 5, 2

Diether *Koch*, Heinemann und die Deutschlandfrage, München 1972, s. Reg.

W. *Köhler*, Rezension [von:] H. J. Iwand, Glaubensgerechtigkeit nach Luthers Lehre, 1941, in: ThLZ 68,1943, 251

Manfred *Koschorke*, Materialsammlung vom Kirchenkampf in Ostpreußen, o. O., o. J., Selbstverlag, 150 S.

Manfred *Koschorke* (Hrsg.), Geschichte der Bekennenden Kirche in Ostpreußen 1933–1945: Allein das Wort hat's getan, Göttingen 1976, s. Reg.

Erich *Kramp*, Begegnungen mit Iwand. »Die Kirche Jesu Christi in dieser Welt ist eine leidende«, in: DW Nr. 21 v. 22. 5. 1960, 8; wiederabgedr. in: Sonntagsgruß Saarland v. 29. 5. 1960

Oswald *Krause*, Die Osterpredigt nach dem Ersten Weltkrieg bis zur Gegenwart, Gütersloh 1964, bes. 140–164; vgl. auch Register

Walter *Kreck*, Lebendige Hoffnung. Predigt, gehalten am 4. Mai 1960 in Bonn anläßlich der Trauerfeier für Prof. Hans Joachim Iwand, gest. am 2. Mai 1960, in: EvTh 20,1960, 241–244; abgedr. in: Hi, Juli 1960, 7–9

Walter *Kreck*, Vorwort [in:] NW 4, 7–8

Walter *Kreck*, Hans Joachim Iwand 1899–1960, in: Bonner Gelehrte. Beiträge zur Geschichte der Wissenschaften in Bonn. Evangelische Theologie, Bonn 1968, 215–226 (auch als Sonderdruck); wiederabgedr. in: ders., Tradition und Verantwortung. Ges. Aufsätze, Neukirchen-Vluyn 1974, 244–261

Walter *Kreck*, Reformation oder Restauration. H. J. Iwands Warnung an die Kirche, in: EvTh 36,1976, 485–497; wiederabgedr. in: ders., Kirche in der Krise der bürgerlichen Welt. Vorträge und Aufsätze 1973–1978, München 1980, 60–73

Karl *Kupisch*, Zwei Unvergessenen [zu H. J. Iwand, GA I und Paul Schempp, Gesammelte Aufsätze] in: ZdZ 14,1960, Heft 12

L

Jaap H. van der *Laan*, Iwand en de prediking: een nood-zaak, in: GThT 81,1981, 175–190

Jaap H. van der *Laan*, Ter zake: politieke prediking bij Hans Joachim Iwand, in: Bewerken en bewaren. Studies aangeboden aan prof. dr. K. Runia, Kampen/NL 1982, 24–35

Rudolf *Landau*, Rezension [von:] H. J. Iwand, Predigtmeditationen I, in: ThBeitr 10,1979, 184–185

Rudolf *Landau*, Einleitung [zu:] Hans Joachim Iwand, Die Sachlichkeit der theologischen Arbeit, in: Klaus Haacker (Hrsg.), Leben und Lernen. Ansprachen an Theologiestudenten, Wuppertal 1981, 77–84

Eberhard *Lempp*/Edgar *Thaidigsmann*, Gottesgerechtigkeit in der Dialektik der Aufklärung. Annäherungen an die Theologie Hans Joachim Iwands, München 1990, 148 S.

Josef *Leuthner*, Rezension [von:] Joachim Gandras, Predigt als Zeugendienst bei Hans Joachim Iwand, 1975, in: ThBeitr 7,1976, 83–85

Hugo *Linck*, Der Kirchenkampf in Ostpreußen 1933 bis 1945. Geschichte und Dokumentation, München 1968; s. Register

Jan M. *Lochman*, Hans Iwand – Theologe, Deutscher, Friedensstifter. Ein Wort des Gedenkens aus der Tschechoslowakei, in: PTh 49,1960, 257–259

Jan M. *Lochman*, [Aus seiner Rede zur Prager Ehrenpromotion Iwands] in: KiZ 15,1960, 357

Jan Milic *Lochman*, Zum Ableben von Prof. H. J. Iwand, in: Die protestantische Kirche in der Tschechoslowakei VII, 1960, Nr. 5, 41–43

Jan Milic *Lochman*, Hans Joachim Iwand in memoriam, in: JK 21,1960, 517–519

Jan Milic *Lochman*, Der Nachruf eines Freundes aus der Tschechoslowakei, in: Hi, Juli 1960, 10–11

Walther von *Loewenich*, Rezension [von:] H. J. Iwand, Rechtfertigungslehre und Christusglaube, 1930, in: ThLBl 52, 1931, Sp. 28–29

Hartmut *Ludwig*, Die Entstehung des Darmstädter Wortes, Beiheft zu JK 38,1977, Heft 8/9, 34 S.; wiederabgedr. in: Standpunkt 5,1977, Beilage zu Heft 8, 15–20 (Auszug)

Hartmut *Ludwig*, Der Beitrag Hans Joachim Iwands zur Diskussion um das rechte Verständnis der Barmer Theologischen Erklärung, in: Wolf-Dieter Hauschild/Georg Kretschmar/Carsten Nicolaisen (Hrsg.), Die lutherischen Kirchen und die Bekenntnissynode von Barmen. Referate des Internationalen Symposiums auf der Reisensburg 1984, Göttingen 1984, 289–306

Hartmut *Ludwig*, Das klare Wegzeichen. Hans Joachim Iwands Wirken für die Barmer Theologische Erklärung, in: ZdZ 38,1984, 127–131

Hartmut *Ludwig*, »Ein aufgeschlagenes Fenster«. Die Barmer Theologische Erklärung in der Sicht Hans Joachim Iwands, in: Günther van Norden (Hrsg.), Zwischen Bekenntnis und Anpassung. Aufsätze zum Kirchenkampf in rheinischen Gemeinden, in Kirche und Gesellschaft, Köln 1985, 71–88

Hartmut *Ludwig*, Kritik und Erbschaft der Bekennenden Kirche – Hans Joachim Iwands Verarbeitung des Kirchenkampfes, in: Jürgen Seim/Martin Stöhr (Hrsg.), Beiträge zur Theologie Hans Joachim Iwands (Arnoldshainer Texte Bd. 51), Frankfurt/M. 1988, 96–133

M

P. M., Dem Erbe Iwands verpflichtet. Bonner Theologiestudenten bei Berliner FDJ, in: Junge Begegnung 7,1960, Nr. 9 (Berlin/DDR)

Eeva *Martikainen*, Evankeliumin keskus. Hans Joachim Iwandin ekumeeninen metodi. [Mit deutscher] Zusammenfassung: Mitte des Evangeliums. Die ökumenische Methode bei Hans Joachim Iwand (SFThL 120), Helsinki 1980, 214 S. (vorhanden in der Universitätsbibliothek Tübingen, Theologische Abteilung, unter der Bestell-Nr. 3 E 1678); dt.: Evangelium als Mitte. Das Verhältnis von Wort und Lehre in der ökumenischen Methode Hans Joachim Iwands (Arbeiten zur Geschichte und Theologie des Luthertums NF Bd. 9), Hannover 1989, 184 S.

Walter *Matthias*, Zum Begriff »Sünde« – Der unvollkommene sündige Mensch, in: Martin Stöhr (Hrsg.), Disputation zwischen Christen und Marxisten, München 1966, 132–167

Me., Ein Theologe der Neutralität, in: FAZ v. 5. 5. 1960; abgedr. in:
– JK 21,1960, 314; – BVP, 156–157
Reaktionen darauf:
– Karl Seffer, Professor Iwand und die Neutralität [Leserbrief], in: FAZ v. 12. 5. 1960

– Helmut Gollwitzer, »Organisierte Unbußfertigkeit« [Leserbrief], in: FAZ v. 12. 5. 1960
– Hans-Joachim Meyer, Das Erlebnis der Verfolgungszeit [Leserbrief], in: FAZ v. 12. 5. 1960
– Erklärung der Evang.-theol. Fakultät der Universität Bonn, in: SGKL 12,1960, 399; abgedr. in: PV 4,1960, Nr. 7/8, 6–7
– Johannes Harder, Rufmord nach dem Tode, in: PV 4,1960, Nr. 7/8, 7

Otto *Michel,* Hans Joachim Iwand 1899–1960. Dank und Erinnerung, in: ThBeitr 10,1979, 150–160

Martin *Möller,* Evangelische Kirche und Sozialdemokratische Partei in den Jahren 1945–1950. Grundlagen der Verständigung und Beginn des Dialoges (Göttinger theologische Arbeiten Bd. 29), Göttingen 1984; s. Register

Jürgen *Moltmann,* Zu diesem Heft, in: EvTh 49,1989, 306

Oskar *Moppert,* Kongeniales Lutherverständnis, in: Basler Nachrichten v. 15. 4. 1965

Oskar *Moppert,* Ein unbekannter deutscher Denker und Bekenner, in: Basler Nachrichten v. 4. 8. 1967 (zu NW 2)

Hanfried *Müller,* Miteinander leben in der einen Welt. Zum 60. Geburtstag des Bonner Theologen Prof. D. Hans Iwand, in: Neue Zeit v. 11. Juli 1959; wiederabgedr. in: BVP, 153–154 (gekürzt)

Hanfried *Müller,* Zum Tode von Prof. D. Iwand, in: Neue Zeit Nr. 105 v. 5. Mai 1960

Hanfried *Müller,* Zur »Freude der Buße«. Anläßlich eines Iwand-Buchs, in: Standpunkt 8, 1980, 147–149

Hans Michael *Müller,* Rezension [von:] H. J. Iwand, Rechtfertigungslehre und Christusglaube, 1930, in: ThLZ 57, 1932, 42–43

N

Nachruf des Deutschen Friedensrates, in: Stimme des Friedens 6/1960

G. W. *Neven,* Recht op vrede. De samenhang van pacifisme en theologie bij Hans Joachim Iwand in de jaren na de Tweede Wereldoorlog, in: GThT 81,1981, 191–213

NN., Hans Joachim Iwand, in: KuM Juli 1960, 5

NN., Trauer der ungarischen protestantischen Kirchen um Professor Iwand, in: Ungarischer Kirchlicher Nachrichtendienst (Hungarian Church Press) XII,1960, Nr. 10 v. 15. 5. 1960, 1

NN. (Hanns *Lilje*), Hans Joachim Iwand †, in: Sonntagsblatt v. 15. 5. 1960

NN., Hans Joachim Iwand †, in: KiZ 15,1960, 173

NN. (Oskar *Bartel*), S. p. Prof. Hans Iwand, in: Straznica Ewangeliczna XV,1960, Nr. 12, 192 (Die Zeitschrift erscheint in Warschau)

NN., Rezension [von:] PM I, in: Lebendige Seelsorge 16, 1965, Heft 2

NN., Overzicht van de voornaamste litteratuur van en over Iwand, in: GThT 81,1981, 130–132

O

Rainer *Oechslen*, »Laokoon war kein Schwärmer«. Hans-Joachim Iwand als »politischer Theologe« der Nachkriegszeit, in: Korrespondenzblatt. Hrsg. vom Pfarrerverein in der Evang.-lutherischen Kirche in Bayern 99,1984, 37–41

P. *Oltra*, Rezension [von:] H. J. Iwand, Glaubensgerechtigkeit nach Luthers Lehre, 1941, in: RET 14,1955/56

Milan *Opočenský*, Hans Joachim Iwand von Prag aus gesehen, in: Jürgen Seim/Martin Stöhr (Hrsg.), Beiträge zur Theologie Hans Joachim Iwands (Arnoldshainer Texte Bd. 51), Frankfurt/M. 1988, 61–76

P

Lászlo Márton *Pákozdy*, Hans Joachim Iwand emlékezete, in: ThSz III,1960, 129–133;
wiederabgedr. in:
– The Memory of Hans Joachim Iwand, in: Theological Review III, 1960, Nr. 5/6
– Hans Joachim Iwand †, in: ThR 3,1960, Nr. 5/6

Dieter *Pauly*, »... daß echte ethische Entscheidungen nicht theoretisch lösbar sind ...«. Hans Joachim Iwand zum Problem der Gewalt, in: Weißenseer Blätter 6/1984, 2–16

August *Penz*, Hans Joachim Iwand – Lehrer und Prediger, in: KiZ 15,1960, 261–264

Petr *Pokorný*, Iwands aktuelle Bedeutung, in: Jürgen Seim/Martin Stöhr (Hrsg.), Beiträge zur Theologie Hans Joachim Iwands (Arnoldshainer Texte Bd. 51), Frankfurt/M. 1988, 90–95

R

Roland *Reuter*, Rezension [von:] H. J. Iwand, GA II, in: ThBeitr 11,1980, 290–291

Otto *Rodenberg*, »Wie wir uns fanden!« Signale – Hoffnungen – Ziele. Hans Joachim Iwand (1899–1960) in meliorem memoriam!, in: ThBeitr 10,1979, 161–174

Martin *Rohkrämer*, Kirchliche Ost-West-Begegnungen zwischen 1952 und 1959, in: Willy Brandt/Helmut Gollwitzer/Johann Friedrich Henschel (Hrsg.), Ein Richter, ein Bürger, ein Christ. Festschrift für Helmut Simon, Baden-Baden 1987, 929–950

Hartmut *Rudolph*, Evangelische Kirche und Vertriebene 1945 bis 1972. Band I: Kirchen ohne Land. Die Aufnahme von Pfarrern und Gemeindegliedern aus dem Osten im westlichen Nachkriegsdeutschland: Nothilfe – Seelsorge – kirchliche Eingliederung (AKIZ 11), Göttingen 1984; Band II: Kirche in der neuen Heimat. Vertriebenenseelsorge – politische Diakonie – das Erbe der Ostkirchen (AKIZ 12), Göttingen 1985; s. Register

Hans Karl *Rupp*, Außerparlamentarische Opposition in der Ära Adenauer. Der Kampf gegen die Atombewaffnung in den fünfziger Jahren. Eine Studie zur innenpolitischen Entwicklung der BRD, 2., unveränd. Aufl. Köln 1980 (1. Aufl. 1970); s. Register

S

Peter (Paul) *Sänger*, Hans Joachim Iwand, in: ZdZ 33,1979, 297–300

Peter (Paul) *Sänger*, Voranzeige [von:] H. J. Iwand, Briefe, Vorträge, Predigtmeditationen, Berlin 1979, in: ZdZ 33,1979, 318–319

Peter-Paul *Sänger* (Hrsg.), Hans Joachim Iwand, Briefe, Vorträge, Predigtmeditationen. Eine Auswahl, Berlin (DDR) 1979 (S. 7–158 bietet, im Zusammenhang mit Briefen Iwands, einen Überblick über seinen Lebensgang, S. 325–330 in sein Predigen und Meditieren; S. 161–175 gibt eine Einführung in Iwands theologisches Denken; das Nachwort, S. 513–516, gibt Auskunft über die Absicht dieser Iwand-Ausgabe.)

Peter (Paul) *Sänger*, Enttäuschung und Erfüllung. Hans Joachim Iwand zu Jesaja 62,10–12, in: Theologische Versuche XIII,1983, 69–82

Peter (Paul) *Sänger*, Die eine Menschheit. Ein Argument H. J. Iwands gegen den Krieg, in: CV XVIII,1985, 147–160;
wiederabgedr. in:
– Weißenseer Blätter 1985, Heft 5, 2–11
– BThZ 3,1986, 132–143

Peter (Paul) *Sänger*, Iwands theologische Lehrer, in: Jürgen Seim/Martin Stöhr (Hrsg.), Beiträge zur Theologie Hans Joachim Iwands (Arnoldshainer Texte Bd. 51), Frankfurt/M. 1988, 3–60

Peter (Paul) *Sänger*, Das Niemandsland der Mitte. Ein Bildwort Hans Joachim Iwands zur Positionsbestimmung – nicht nur im kalten Krieg, in: CV XXI,1988, 193–217;
abgedr. in: EvTh 49, 1989, 320–340

Peter (Paul) *Sänger*, Zur Wirkung von Iwands Theologie, in: ZdZ 43,1989, 182–186

Gerhard *Sauter*, Vorwort [in:] GA II, 7–10

Dieter *Schellong*, Versöhnung und Politik. Zur Aktualität des Darmstädter Wortes, in: Karl Gerhard Steck/Dieter Schellong, Umstrittene Versöhnung (TEH 196), München 1977, 35–66

Dieter *Schellong*, Hans Joachim Iwand – Die Aktualität eines Lebenswerks, in: Ref. 28,1979, 390–401

H. W. *Schmidt*, H. J. Iwands nachgelassene Werke, in: Nachrichten der Evang.-luth. Kirche in Bayern 20, 1965, 363–364

Wilhelm *Schneemelcher*, Ein Lebensbild von Prof. D. Iwand, in: Evangelisches Sonntagsblatt für Bonn und Umgegend 103,1960, 207–208

Eberhard *Schulze*, Die Verkündigung vom Kommen des Reiches Gottes in

unserer Zeit. Eine Untersuchung zur eschatologischen Verkündigung anhand von Predigten zu Lukas 21,25–36 aus vier Jahrzehnten, Diss. Ev.-theol. Fakultät Hamburg, masch., Hannover 1974, 147–173
Klaus *Schwarzwäller*, sibboleth. Die Interpretation von Luthers Schrift De servo arbitrio seit Theodosius Harnack. Ein systematisch-kritischer Überblick (TEH 153), München 1969, bes. 56–63
Klaus *Schwarzwäller*, Gehorsame Kirche. Kirche in der Sicht von H. J. Iwand, in: DtPfrBl 70,1970, 370–374
Klaus *Schwarzwäller*, Von Zeit zu Zeit. Ein Aspekt in H. J. Iwands Anleitung zur Unterscheidung zwischen Gesetz und Evangelium, in: KuD 27,1981, 20–44
Erich *Seeberg*, Rezension [von:] H. J. Iwand, Rechtfertigungslehre und Christusglaube, in: DLZ 51,1930, Sp. 1969–1973
Jürgen *Seim*, Das Evangelium und das Heute, in: Stimme 22,1970, 219–222 (zu NW 2)
Jürgen *Seim*, Der Grund des christlichen Lebens. Über die theologische Begründung ethischer Sätze in den Predigtmeditationen von Hans J. Iwand, in: Hermann Horn (Hrsg.), Entscheidung und Solidarität. Festschrift für Johannes Harder, Wuppertal 1973, 45–52
Jürgen *Seim*, Luther aus der Nähe betrachtet, in: EK 8,1975, 693–694
Jürgen *Seim*, Ist die Reformation zu Ende? Zu Leben und Werk von Hans Joachim Iwand; in: Mennonitisches Jahrbuch 1977, 10–14
Jürgen *Seim*, Zur Methode der Biographie. Eberhard Bethge zum 28. 8. 1979, in: EvTh 39,1979, 431–450
Jürgen *Seim*, Meditation über Epheser 6,10–17, in: GPM 34,1979/80, 400–409
Jürgen *Seim*, Luther-Studien von Hans Joachim Iwand, in: EvTh 41,1981, 171–184
Jürgen *Seim*, Ernst Burdach – erste Bemühung um eine Iwand-Biographie, in: Ernst Burdach, Hans Joachim Iwand. Theologe zwischen den Zeiten. Ein Fragment 1899–1937, Beienrode 1982, 5–23
Jürgen *Seim*, Vorüberlegungen für eine mögliche Iwand-Biographie, in: PTh 72,1983, 46–63
Jürgen *Seim*, Politische Predigt bei Hans J. Iwand, in: BThZ 1,1984, 81–96
Jürgen *Seim*, Die Lehre von Gesetz und Evangelium bei Hans J. Iwand, in: EvTh 44,1984, 77–94
Jürgen *Seim*, Israel und die Juden im Leben und Werk Hans Joachim Iwands, in: Heinz Kremers (Hrsg.), Die Juden und Martin Luther – Martin Luther und die Juden. Geschichte, Wirkungsgeschichte, Herausforderung, Neukirchen-Vluyn 1985, 249–286
Jürgen *Seim*, Die Lehre von Evangelium und Gesetz bei Hans J. Iwand, in: EvTh 46,1986, 231–247
Jürgen *Seim*, Christologie bei Hans Joachim Iwand, in: Jürgen Seim/Martin Stöhr (Hrsg.), Beiträge zur Theologie Hans Joachim Iwands (Arnoldshainer Texte Bd. 51), Frankfurt/M. 1988, 189–225
Jürgen *Seim*, Bergpredigt und Politik – Hans Joachim Iwands Auslegung der Bergpredigt, in: Jürgen Seim/Martin Stöhr (Hrsg.), Beiträge zur Theologie

Hans Joachim Iwands (Arnoldshainer Texte Bd. 51), Frankfurt/M. 1988, 277–325
Jürgen *Seim*, Meditation über 1 Thess 1,2–10, in: GPM 42,1988, 377–386
Jürgen *Seim*, »Das Christuszeugnis des Alten Testaments«. Hermeneutische Anstöße von Hans-Joachim Iwand, in: KuI 2,1989, 149–155
Jürgen *Seim*/Martin *Stöhr* (Hrsg.), Beiträge zur Theologie Hans Joachim Iwands (Arnoldshainer Texte Bd. 51), Frankfurt/M. 1988, 339 S.
Annemarie *Smith-von Osten*, Von Treysa 1945 bis Eisenach 1948. Zur Geschichte der Grundordnung der Evangelischen Kirche in Deutschland (AKIZ 9), Göttingen 1980; s. Register
Josef *Smolik*, Iwands Korrespondenz mit J. L. Hromádka und J. B. Souček, in: Jürgen Seim/Martin Stöhr (Hrsg.), Beiträge zur Theologie Hans Joachim Iwands (Arnoldshainer Texte Bd. 51), Frankfurt/M. 1988, 77–89
N. H. *Søe*, Rezension [von:] H. J. Iwand, NW 1, in: ThLZ 89,1964, Sp. 696–698
N. H. *Søe*, Rezension [von:] H. J. Iwand, NW 4, in: ThLZ 92,1967, Sp. 949–951
N. H. *Søe*, Rezension [von:] H. J. Iwand, NW 2 und NW 3, in: ThLZ 93, 1968, Sp. 138–140
N. H. *Søe*, Rezension [von:] H. J. Iwand, NW 6, in: ThLZ 93,1968, Sp. 211–213
N. H. *Søe*, Rezension [von:] H. J. Iwand, NW 5, in: ThLZ 100,1975, Sp. 777–779
J. B. *Souček*, Zum Andenken an Professor Iwand, in: Kj v. 19. 5. 1960 (tschechisch); deutsch in: BVP, 155–156 (gekürzt)
Karl Gerhard *Steck*, [Hans Joachim Iwand zum] sechzigsten Geburtstag am 11. Juli 1959, in: GA I, 5–9
Karl Gerhard *Steck*, Hans Joachim Iwand †, in: SGKL 12,1960, 293–295
Karl Gerhard *Steck*, Vorwort und Einleitung [in:] NW 6, 7–8.11–32; Erläuterungen: 319–351
Karl Gerhard *Steck*, Zu den Briefen Iwands an Rudolf Hermann, in: EvTh 24, 1964, 273–275
Karl Gerhard *Steck*, Vorwort [in:] NW 2, 7–8
Karl Gerhard *Steck*, Zur Einführung [in:] NW 5, 15–25
Karl Gerhard *Steck*, H. J. Iwands Beitrag zu einer theologischen Anthropologie, in: WPKG 63,1974, 230–240
Karl Gerhard *Steck*, Erinnerung an Hans Joachim Iwand, in: Festschrift zur Feier des 125jährigen Bestehens des Evangelisch-Theologischen Stifts (Hans-Iwand-Haus) in Bonn (Bonner akademische Reden 52), Bonn 1980, 31–48
Martin *Stöhr*, Die Aufgabe der Versöhnung, in: Jürgen Seim/Martin Stöhr (Hrsg.), Beiträge zur Theologie Hans Joachim Iwands (Arnoldshainer Texte Bd. 51), Frankfurt/M. 1988, 159–188
Hans-Werner *Surkau*, Art. Hans Joachim Iwand, in: TRE Bd. XVI,1987, 427–432

T

Helmut *Tacke,* »Verheißung« in den Predigtmeditationen Hans Joachim Iwands, in: Hans-Georg Geyer u.a. (Hrsg.), »Wenn nicht jetzt, wann dann?« Aufsätze für Hans-Joachim Kraus zum 65. Geburtstag, Neukirchen-Vluyn 1983, 395–404; wiederabgedr. in: ders., Mit den Müden zur rechten Zeit reden. Beiträge zu einer bibelorientierten Seelsorge, Neukirchen-Vluyn 1989, 178–192

Edgar *Thaidigsmann,* Theologie in der Zeit. Das Beispiel Hans Joachim Iwands, in: EvTh 41,1981, 114–142

Edgar *Thaidigsmann,* Geschehene und aufgegebene Versöhnung. Die Stellung Hans Joachim Iwands zur Philosophie Hegels, in: EvTh 49,1989, 307–320

Helmut *Thielicke,* In memoriam Hans Iwand, in: INLL 9,1960, 176–177

Anselm *Tietsch,* Rezension [von:] PM I, in: ZdZ 19,1965, Heft 10

Reinhard *Tietz,* Hans-Joachim Iwand 60 Jahre, in: PV 3,1959, Nr. 7/8, 4–5

Reinhard *Tietz,* Hans Joachim Iwand †. Theologische Existenz in der politischen Wirklichkeit, in: BldiPol 5,1960, 489–494; Auszug in: BVP, 157–158

V

Johanna *Vogel,* Kirche und Wiederbewaffnung. Die Haltung der Evangelischen Kirche in Deutschland in den Auseinandersetzungen um die Wiederbewaffnung der Bundesrepublik 1949–1956 (AKIZ 4), Göttingen 1978; s. Register

W

Peter *Walter,* Der Nachlaß Hans Joachim Iwands, in: KBRS 121,1965, 354–356

Peter *Walter,* Rezension [von:] NW 2, in: KBRS 123,1967, v. 14.12.1967

Udo *Waschelitz,* Er wollte Versöhnung mit dem Osten. Professor Hans Joachim Iwand zum 90. Geburtstag, in: Der Weg 44,1989, Nr. 28 v. 9. Juli 1989, 8

Hans Emil *Weber,* Rezension [von:] H.J. Iwand, Glaubensgerechtigkeit nach Luthers Lehre, 1941, in: VF 1942/46, 83–85

Gert *Wendelborn,* Charta der Neuorientierung. Die Rezeption des »Darmstädter Wortes« heute (Fakten – Argumente), Berlin (DDR) 1977, bes. 59–61.109–115

Ernst *Wilm,* Nachruf, in: PV 4,1960, Nr. 5, 2–3

Johannes Michael *Wischnath,* Kirche in Aktion. Das Evangelische Hilfswerk 1945–1957 und sein Verhältnis zu Kirche und Innerer Mission (AKIZ 14), Göttingen 1986; s. Register

Ernst *Wolf,* In memoriam Hans Joachim Iwand (11.7.1899–2.5.1960), in: ThLZ 85,1960, Sp. 793–796; abgedr. in: BVP, 155 (gekürzt)

Ernst *Wolf,* Prof. Hans Joachim Iwand †, in: Deutsche Volkszeitung 1960, Nr. 135

Ernst *Wolf,* Vorwort [in:] H.J. Iwand, Rechtfertigungslehre und Christusglaube, Neuauflagen Darmstadt 1961 und München 1966 (TB 14), XI

Z

U. *Zimmermann*, Rezension [von:] PM I, in: Das Evangelische Düsseldorf Nr. 193, März 1965

Nachtrag

Klaus-Martin *Beckmann*, Kongenialer Interpret Luthers, in: EK 13, 1980, 363 (zu GA II)
Walter *Feurich*, Professor D. Iwand zum Gedächtnis, in: Die Union (Ausgabe Dresden) vom 5. Mai 1960
Walter *Feurich*, Wegbereiter einer neuen Kirche – Zum Gedenken an Hans Iwand, in: GlGe 14, 1969, Heft 7
Karl *Herbert*, Kirche zwischen Aufbruch und Tradition. Entscheidungsjahre nach 1945, Stuttgart 1989, s. Reg.
Stewart W. *Herman*, Memorandum of Conversation with Professor Iwand at Lünen on Sept. 11, 1945, in: Gerhard Besier, Ökumenische Mission in Nachkriegsdeutschland, Kirchliche Zeitgeschichte 1, 1988, 326–328
Gerard C. den *Hertog*, Versuch einer Rekonstruktion. Zu Martin Hoffmann, Bezeugte Versöhnung. Die trinitarische Grundlegung der Ethik bei Hans Joachim Iwand, Essen 1988, in: DialTh 6, 1990, 93–100
Gerard C. den *Hertog*, Gescheiden werelden? De aard en de fundering van theologische ›is-uitspraken‹ en de relevantie ervan voor de ethiek in de theologische ontwerpen van H. M. Kuitert en H. J. Iwand, in: Theologia reformata 34, 1991, 6–28
Gerard C. den *Hertog*, Woord vooraf/Inleiding, (zu:) ders., Om de eenheid van denken en leven. De stem van Hans Joachim Iwand, 's-Gravenhage/NL 1991, 9–31
Bertold *Klappert*, Israel und die Völkerwelt. Etappen der Israel-Theologie H. J. Iwands seit 1937, in: G. van Norden/V. Wittmütz (Hg.), Die Evangelische Kirche im Zweiten Weltkrieg, Düsseldorf 1991, 57–75
Evert van *Leersum*, Die Rationalität und die Offenbarungstheologie, in: DialTh 5, 1989, 279–290
Peter (Paul) *Sänger*, Hans Joachim Iwand, in: ZdZ 44, 1990, 113–115
Rosemarie *Müller-Streisand*, Überlegungen zu H. J. Iwand: »Die Predigt des Gesetzes«, in: Weißenseer Blätter 4/1991, 5–14
Günther *Wirth*, Iwand-Hommage [zu G. C. den Hertog (Hg.), Frieden mit dem Osten], in: Standpunkt 16, 1988, 245–246
A. W. *Velema*, God ter sprake. Een homiletisch onderzoek naar de vooronderstellingen van de prediking bij Karl Barth in vergelijking met Hans Joachim Iwand, Ernst Lange en Rudolf Bohren, 's-Gravenhage/NL 1991, 150–188. 271–279
Widerstand und Verfolgung in Dortmund 1933–1945. Ständige Ausstellung und Dokumentation im Auftrag des Rates der Stadt Dortmund erstellt vom Stadtarchiv, Dortmund 1981, s. Reg.

Anhang

Abkürzungen

AGK	Arbeiten zur Geschichte des Kirchenkampfes
AKIZ	Arbeiten zur kirchlichen Zeitgeschichte
APTh	Arbeiten zur Pastoraltheologie
BeKi	Bekennende Kirche
BeKiW	Bekennende Kirche auf dem Wege
BEvTh	Beiträge zur evangelischen Theologie
BIS	Carl-Jürgen Kaltenborn, Der Briefwechsel Iwand – Soucek, in: Standpunkt 7,1979, 177–179 (I); 205–208 (II); 279–282 (III)
BldiPol	Blätter für deutsche und internationale Politik
BSt	Biblische Studien
BThZ	Berliner Theologische Zeitschrift
BuD	Botschaft und Dienst
BVP	Hans Joachim Iwand, Briefe, Vorträge, Predigtmeditationen. Eine Auswahl, hrsg. von Peter-Paul Sänger, Berlin (DDR) 1979
CuW	Christentum und Wissenschaft
CV	Communio viatorum
DialTh	Dialektische Theologie, Kampen/NL
DLZ	Deutsche Literaturzeitung
DtPfrBl	Deutsches Pfarrerblatt
DUZ	Deutsche Universitätszeitung
DW	Der Weg
E 1	Georg Eichholz (Hrsg.), Herr, tue meine Lippen auf. Eine Predigthilfe, Wuppertal. Band 1: Die altkirchlichen Evangelien, 1. Aufl. 1939 (richtig: 1941!), 2., überarb. Aufl. 1954, 7., unveränd. Aufl. 1964
E 2	Band 2: Die altkirchlichen Episteln, 1. Aufl. 1942, 2., neu geschriebene Aufl. 1959, 5., unveränd. Aufl. 1966
E 3	Band 3: Die neuen Evangelien, 1. Aufl. 1947, 2., überarb. Aufl. 1957, 5., unveränd. Aufl. 1964
E 4	Band 4: Die neuen Episteln, 1. Aufl. 1955, 5., unveränd. Aufl. 1965

EK	Evangelische Kommentare
EKL	Evangelisches Kirchenlexikon
ELKZ (AELKZ)	(Allgemeine) Evangelisch-lutherische Kirchenzeitung
epd	Evangelischer Pressedienst
EPM	Evangelische Predigtmeditationen
ER	The Ecumenical Review
ESL	Evangelisches Soziallexikon
EvErz	Der evangelische Erzieher
EvTh	Evangelische Theologie
EvW	Evangelische Welt
FAZ	Frankfurter Allgemeine Zeitung
FBK	Flugblätter der Bekennenden Kirche
FH	Frankfurter Hefte
FO	Hans Joachim Iwand, Frieden mit dem Osten. Texte 1933–1959. Hrsg. von Gerard C. den Hertog unter Mitarbeit von Klaus Geyer, Jürgen Seim und Dieter Schellong (KT 28), München 1988
FV	Foi et vie
GA I	Hans Joachim Iwand, Um den rechten Glauben. Gesammelte Aufsätze. Hrsg. und eingeleitet von Karl Gerhard Steck (TB 9), München 1959, 2. Aufl. 1965
GA II	Hans Joachim Iwand, Glaubensgerechtigkeit. Gesammelte Aufsätze Band II. Hrsg. von Gerhard Sauter (TB 64), München 1980
GlGe	Glaube und Gewissen
GPM	Göttinger Predigtmeditationen
GPM AE	Göttinger Predigtmeditationen. In Verbindung mit G. Bornkamm, W. Trillhaas, O. Weber, K. G. Steck hrsg. von H. J. Iwand. 4. Jahrgang 1949/50: Die altkirchlichen Evangelien, 2. Aufl., Göttingen 1966
GPM BA	Göttinger Predigtmeditationen – Berliner Ausgabe
GThT	Gereformeerd theologisch tijdschrift
GuT	Geist und Tat
GUZ	Göttinger Universitätszeitung
Hi	Die Hilfe. Blätter aus dem Haus der helfenden Hände, Beienrode
INLL	Informationsblatt für die Gemeinden in den niederdeutschen lutherischen Landeskirchen

JK	Junge Kirche
KBRS	Kirchenblatt für die reformierte Schweiz
KiZ	Kirche in der Zeit
Kj	Kostnicke jiskry/Konstanzer Funken
KJ	Kirchliches Jahrbuch
KrR	Křesťanska revue
KuD	Kerygma und Dogma
KuI	Kirche und Israel
KuM	Kirche und Mann
NBK	Nachrichten der Bekennenden Kirche
NDB	Neue Deutsche Biographie
NF	Die neue Furche
NG	Die neue Gesellschaft
NW 1	Hans Joachim Iwand, Nachgelassene Werke. Hrsg. von Helmut Gollwitzer, Walter Kreck, Karl Gerhard Steck und Ernst Wolf. Erster Band: Glauben und Wissen. Hrsg. von Helmut Gollwitzer, München 1962
NW 2	Zweiter Band: Vorträge und Aufsätze. Hrsg. von Dieter Schellong und Karl Gerhard Steck, München 1966
NW 3	Dritter Band: Ausgewählte Predigten. Hrsg. von Hans Helmut Eßer und Helmut Gollwitzer, München 1963, 2. Aufl. 1967
NW 4	Vierter Band: Gesetz und Evangelium. Hrsg. von Walter Kreck, München 1964
NW 5	Fünfter Band: Luthers Theologie. Hrsg. von Johann Haar, München 1974
NW 6	Sechster Band: Briefe an Rudolf Hermann. Hrsg. und eingeleitet von Karl Gerhard Steck, München 1964
PBl	Pastoralblätter für Homiletik, Katechetik und Seelsorge
PL	Patrologiae cursus completus. Accurante Jaques-Paul Migne. Series Latina
PM I	Hans Joachim Iwand, Predigtmeditationen (I), Göttingen 1963, 2. Aufl. 1964, 3. Aufl. 1966, 4. Aufl. 1977, Nachdruck der 4. Aufl. 1984 (Studienausgabe)
PM II	Hans Joachim Iwand, Predigtmeditationen. Zweite Folge, Göttingen o. J.
Protest.	Protestantesimo

PTh	Pastoraltheologie
PV	Politische Verantwortung
Ref.	Reformatio
RET	Revista espanola de teología
RGG^3	Die Religion in Geschichte und Gegenwart
RHPhR	Revue d'histoire et de philosophie religieuses
RKZ	Reformierte Kirchenzeitung
RP	Rheinische Post
SF	Bertolt Klappert/Ulrich Weidner (Hrsg.), Schritte zum Frieden. Theologische Texte zu Frieden und Abrüstung, Wuppertal 1983
SFThL	Schriften der finnischen theologischen Literaturgesellschaft
SGKL (ab 1960: Stimme)	Die Stimme der Gemeinde
SW	Student World
TB	Theologische Bücherei
TEH	Theologische Existenz heute
TEH Repr.	Theologische Existenz heute. Schriftenreihe, hrsg. von Karl Barth und Eduard Thurneysen. Reprint der Hefte 1–77. Erschienen in den Jahren 1933–1941. Band I: Hefte 1–31; Band II: Hefte 32–58; Band III: Hefte 59–77, München 1980
ThA	Theologische Arbeiten
ThBeitr	Theologische Beiträge
ThBl	Theologische Blätter
ThLBl	Theologisches Literaturblatt
ThLZ	Theologische Literaturzeitung
ThR	Theologische Rundschau
ThSz	Theológiai szemle
TRE	Theologische Realenzyklopädie
VF	Verkündigung und Forschung
VoxTh	Vox theologica
WA	Martin Luther: Werke. Kritische Gesamtausgabe (Weimarer Ausgabe)
WdF	Wege der Forschung
WPKG	Wissenschaft und Praxis in Kirche und Gesellschaft

ZdZ	Die Zeichen der Zeit
ZSTh	Zeitschrift für systematische Theologie

* Lt. Angaben Iwands in der Anlage zum Fragebogen des »Military Government of Germany« vom 22. 4. 1947 nach Erscheinen beschlagnahmt.

Personenregister

Schräggestellte Namen weisen die Briefpartner Iwands aus, schräggestellte Zahlen hinter diesen Namen die Briefe oder Briefauszüge. Sonst bedeuten schräggestellte Zahlen Äußerungen des Genannten über Iwand. Zahlen in Klammern beziehen sich auf Texte des Herausgebers.